读客

读客三个圈经典文库

经典就读三个圈　导读解读样样全

哲学简史

[英]伯特兰·罗素 著
(1872—1970)
崔人元 译

读客三个圈经典文库

经典就读三个圈　导读解读样样全

江苏凤凰文艺出版社
JIANGSU PHOENIX LITERATURE AND ART PUBLISHING

图书在版编目（CIP）数据

哲学简史 / (英) 伯特兰·罗素 (Bertrand Russell) 著 ; 崔人元译. -- 南京 : 江苏凤凰文艺出版社, 2023.3
（读客三个圈经典文库）
ISBN 978-7-5594-7196-3

Ⅰ. ①哲… Ⅱ. ①伯… ②崔… Ⅲ. ①西方哲学－哲学史 Ⅳ. ①B5

中国版本图书馆CIP数据核字(2022)第177426号

哲学简史

［英］伯特兰·罗素(Bertrand Russell) 著 崔人元 译

责任编辑 丁小卉
特约编辑 李亚茹 张 宇
封面设计 汪 芳 白益凡
责任印制 刘 巍
出版发行 江苏凤凰文艺出版社
南京市中央路165号，邮编：210009
网 址 http://www.jswenyi.com
印 刷 三河市龙大印装有限公司
开 本 890 毫米 × 1270 毫米 1/32
印 张 15
字 数 339 千字
版 次 2023 年 3 月第 1 版
印 次 2023 年 3 月第 1 次印刷
标准书号 ISBN 978-7-5594-7196-3
定 价 49.90 元

目 录

三个圈独家文学手册

开 篇

哲学家们工作的时候都在干些什么？这的确是一个奇怪的问题，或许可以先了解他们没有做什么来回答这个问题。在这个世界上，我们周围有许多事物都已被人们了解得相当透彻了。譬如蒸汽机的运行方式，属于力学和热力学的领域；我们还相当熟悉人体的构造及其功能，这些是解剖学和生理学研究的对象；或者拿星体的运行来说，我们也知道不少，这属于天文学的范畴。所有诸如此类定义明确的知识都属于这门或那门具体的科学。

但是，所有这些知识又都被未知的领域所包围着。一旦你跨越边界，踏进这个领域，你也就从科学进入了“沉思”的境界。这种沉思活动是一种探索，其中就包含了对哲学是什么的问题的探索。正如我们在下面的叙述里将见到的那样，在这个意义上，科学的各种领域的发展无不开始于哲学探索。一旦某门科学有了牢固的根基，除了一些边缘问题和方法问题外，它会在发展中或多或少地变得独立。但是从某个方面看，探求的过程并不会一成不变地进行下去，它在不断向前发展，从而发现新的研究内容。

同时，我们必须将哲学和其他沉思区别开来，哲学本身既不会试图解除我们的烦忧，也不是为了拯救我们的灵魂而存在。正如希腊人所指出的，哲学就是一种出于自身原因而进行的“观光冒险”。因此，原则上不存在什么教条、礼仪或神圣的问题，尽管个别哲学家当然有可能变得越来越固执和死板教条。对于未知的东西，实际上有两种态度：一种就是接受人们基于书本、神话或其他神灵启示所作的声明；另一种就是自己走出去，“眼见为实”，而后一种方法正是哲学和科学的方法。

最后，我们可能还注意到哲学的一个特性。如果有人问什么是数学，我们可以给他一个词典上作出的定义，出于辩论的需要，我们可以说数学就是有关数的科学。这样的回答不仅无可非议，而且能够被提问者相当容易地理解，尽管他可能对数学一无所知。对于任何一个存在具体知识的学科领域，我们都可以通过这种方式给出定义；但是，对哲学我们不能采用这种方法来定义。任何一个关于哲学的定义都会引起争议，因为它只是体现了某一种哲学态度。探求哲学究竟为何物的唯一途径就是从事哲学研究。本书的主要目的也就是揭示以往的人们是如何研究哲学的。

人们时常会对自己提出许多问题，而这些问题却在科学中找不到答案，而且那些有主见、善于独立思考的人也不情愿轻易相信预言家提供的所谓现成答案。哲学的任务正是去探求这些问题，有时还要解决这些问题。

因此，我们可以试着问自己一些这样的问题，譬如，生活的意义是什么，如果确实有的话？世界是否有一个目的？历史究竟将走向何处？或者这些问题是否毫无意义？

另外，还有这样的一些问题，如自然是否真的为某些规律所支配？或者是否因为人们愿意看到万物有一定的秩序，从而认定应该如此？另外，还有一个普遍的疑问，那就是世界是否被分割成不同的两部分——精神和物质？如果是，那它们又是如何彼此关联的？

关于人类，我们又该说些什么呢？是否像天文学家所见，人只是在宇宙中一个微乎其微的星球上无助爬行的几许尘埃？或者像化学家认为的那样，人就是通过奇妙方式组合起来的一堆化合物？或者像哈姆雷特所认为的那样，人都是在理性上高贵，在能力上是无限的？或许人同时具备所有这样的特点？

同时，这里面还存在着关于善恶的伦理问题。对人类来讲，是否可以说有一种生活方式是善的，而另一种却是恶的，或者无论哪种方式都无关紧要呢？如果确实有一种善的生活方式，那它是什么？人们能不能在这中间学有所得？是否有一种可以称为“智慧”的东西？或者这种智慧只不过是空洞无物的疯狂而已？

所有这些问题都会令人迷惑不解，它们不可能通过实验室的实验来解决；而具有独立思想的人又不愿意苟同那些“灵丹妙药”兜售者的见解。对于这样的问题，哲学史提供了尽可能让人满意的答案。为了研究这个困难的课题，我们需要了解不同的人在不同的时代是如何思考这些问题的。这样，就能够逐渐对其加深理解。因为他们把处理哲学的方式当作了自己生活方式的一个重要方面。这将最终引导人们学会如何去生活，尽管我们从中知道的可能并不多。

苏格拉底之前

当有人提出一个具有普遍性的问题时，哲学就产生了，科学也是如此。最先表现出这种好奇心的是希腊人。我们现在所了解的哲学和科学都是希腊人的发明。导致了思想活动迸发的希腊文明的兴起，可以说是历史上最为壮观的事件之一。无论在此以前，还是在此之后，都没有出现过类似的巅峰时期。在短短的两个世纪里，希腊人在艺术、文学、科学和哲学方面都取得了令人叹服的卓越成就，这些杰作汇聚成滔滔不绝的激流，从而奠定了整个西方文明的普遍标准。

哲学和科学开始于公元前6世纪初期米利都的泰勒斯。在此之前，到底是什么事件导致了希腊人的天赋爆发式地凸显呢？我们必须尽最大可能找到其中的答案。进入20世纪以来，考古学取得了极大的进展，借助于它的帮助，我们或许可以从一些片段中窥见希腊世界的发展脉络。

在世界的所有文明体系中，希腊文明应该算是后来者。埃及文明和美索不达米亚文明就比希腊文明早了好几千年。这些农业社会沿着河流两岸发展起来，其统治者或是神圣的君王，或是军事贵族，或是掌握多神教体系阐释权的祭司强权阶级，人口的主体是那些耕田种地的农奴。

埃及人和巴比伦人都为后来希腊人的进步提供了某些方面的知识。但他们谁也没有发展出哲学和科学。这是因为缺乏先天智慧还是社会条件，在这里探讨并无多大的实际意义，尽管两者都起了某种程度上的作用。重要的是，宗教在智力探险方面并没有发挥积极的作用。

在埃及，宗教更多地关注人死后的生活。金字塔就是丧葬的纪念物，其中用到了某些天文知识，以保证对尼罗河洪水泛滥的有效预测。作为管理者的祭司创造了象形文字，但是没有为其他方面的发展提供多少可以利用的遗产。

在美索不达米亚地区，强大的闪米特帝国驱赶、取代了先前的苏美尔人，并采纳了他们的楔形文字。在宗教方面，其主要关注点在于今生的幸福。日月星辰的运行记录也好，与巫术和占卜相关的活动也好，都受到这一关注点的约束、指导。

我们可以发现，随后又出现了交易社会，其中最主要的是地中海东部克里特岛的居民，他们的文明直到最近才重现于世。克里特人可能来自小亚细亚的沿海地带，并且很快在整个爱琴海诸岛占据了主导地位。公元前1500年左右的新移民潮推动了克里特文化的兴旺发展。在克诺索斯和菲斯托斯，克里特人兴建了宏伟的宫殿，他们的船队往返于地中海水域各地。

自公元前1700年开始，频繁的地震和火山喷发迫使克里特人离开并向临近的希腊和小亚细亚移民。克里特的手工艺人改变了大陆人民的文化。在希腊，能够证实这一点的最有名的遗址是阿哥里德的迈锡尼城，也就是传说中阿伽门农的故乡。《荷马史诗》正是记载了迈锡尼时代的历史。大约在公元前1400年，克里特人遭到一场强烈地震的打击，其霸权和优越性也就突然宣告终止了。

在此之前，希腊半岛已连续两次受到外人入侵，第一次是来自其北部的爱奥尼亚人，时间大约在公元前2000年，这些人后来似乎和当地的人民逐渐融为一体。三百年后，亚该亚人接着入侵，这一次入侵者成了统治者。一般来说，在迈锡尼时代和荷马时代，希腊人的统治者就属于这一统治阶级。

克里特-亚该亚人在整个地中海有着广泛的贸易联系。即使是公元前1400年的地震大灾难也没有中断克里特人与其他地区的这种联系。在公元前1200年前后威胁埃及的“海洋民族”当中，就有克里特人，埃及人称他们为“培力斯人”，他们是最早的菲力斯坦人，其定居的地方“巴勒斯坦”，也就因此得名。

大约在公元前1100年，更进一步的入侵带来了自然灾害也无法造成的后果。受多立亚人入侵的影响，整个希腊和爱琴海，都被这个尚未开化却又生机勃发的游牧民族所征服。亚该亚人早在公元前12世纪初期的特洛伊战争中就元气大伤，根本无法抵抗多立亚人的猛攻。海上霸权也落入了腓尼基人的手中，希腊从此进入了默默无闻的时期。大约就是在这个时期，希腊人从腓尼基商人那里学会了闪语字母，然后增加了一些元音，使整套字母体系变得完整起来。

希腊本土的地形复杂，气候多变。国土被贫瘠的山脉分割开来，山谷之间的陆上交通非常困难。不同的社区只有在肥沃的平原上才得以发展起来，当土地再也无法承载更多人口时，一些人便开始漂洋过海，寻找新的殖民地。公元前8世纪中叶到公元前

6世纪中叶，希腊人的城市星星点点地散布在西西里海岸、意大利南部以及黑海周边。随着殖民地贸易的产生和发展，希腊人又重新恢复了与东方的联系。

在政治上，多立亚以后的希腊经历了一系列有序的变迁，这些变迁首先从王权开始。权力逐渐为贵族所把持，随后是非世袭的君主制或僭主时代。最后，政治权力落入了公民手中，这里“公民”的字面意思就是“民主”。僭主政治和民主就这样交替实施。只要全体公民能够被召集到集市上，那么“纯粹”的民主就可以发挥作用。而在我们生活的时代，纯粹的民主仅仅在像瑞士这样的国家的一些小州中才得以幸存。

希腊世界最早和最伟大的文学成就当属荷马的作品，它是一座丰碑。关于荷马这个人，现在人们所知道的没有一样算得上确切，有人甚至认为在其之后有为数不少的诗人都冠以此名。不管如何，荷马的两部伟大史诗《伊利亚特》和《奥德赛》，似乎在公元前800年左右就已经写成问世了。史诗围绕发生在公元前1200年后不久的特洛伊战争展开。因此，我们能够从后多立亚人那里找到他们对前多立亚人事件的描述；也正因如此，其描述当中必然有很多不太连贯的地方。从目前的版本来看，史诗追溯到公元前6世纪雅典僭主庇西特拉西的退位。统治者早期的残酷暴行在荷马史诗中已经有所淡化，只残留一些痕迹。史诗确实反映了当时思想开放的统治阶级的一些理性态度。正如我们所知，在迈锡尼时代，人的尸骸要被埋葬，而此时的尸骸却是被火化。在奥林匹亚的万神庙里，诸神熙熙攘攘、刻苦修行。由于宗教形同虚设，诸如对陌生人的客套之类的繁文缛节和社会习俗，就变得强有力起来。一些更原始的因素，例如处死囚犯以作仪式上的献祭，虽然偶尔也有出现，但已相当少见。总的来看，社会气氛是克制的。

从某个方面来说，这象征着希腊人灵魂的张力。一方面存在着秩序和理性，另一方面存在着无序和本能冲动。前者产生了哲学、艺术和科学；后者出现在与丰富仪式相关的更原始的宗教活动中，这类因素似乎在荷马史诗里受到了极大的抑制。在后期，尤其是与东方的联系恢复以后，它再次大量涌现了出来。它与人们对酒神狄俄尼索斯或巴克斯的崇拜有关。对这种原始野性的革新，是因为受到了神话人物俄耳浦斯的影响，据说他是被喝醉酒的疯狂女祭司们所肢解的。俄耳浦斯教义倾向于禁欲和对精神狂喜的强调，它希望达到一种“神秘灵感”或“天人合一”的状态，以此来获得用别的方式得不到的神秘知识。俄耳浦斯宗教正是通过这种形式，对希腊哲学产生了深远的影响。最初是毕达哥拉斯在自己的神秘主义里吸纳了这种观念，随后在非纯粹科学的范围内，它的各种因素相继在柏拉图和绝大多数希腊哲学家的书中找到了各自的位置。

但是，更原始的因素甚至在俄耳浦斯传统中也存在着。他们实际上是古希腊悲剧的缘起。在古希腊悲剧中，同情总是给予那些被强烈情感和热情所折磨、困扰的人们。亚里士多德正确地将悲剧称为“感情（因受艺术作用而引起的）净化”。也正是希腊人的这种双重性格最终彻底改变了整个世界，尼采将这两种因素称为“阿波罗因素”和“狄俄尼索斯因素”。但任何一个因素都不能单独带来希腊文化的非凡发展。在东方，神秘主义的因素主宰一切。将希腊人从对单一因素的迷惑中拯救出来的正是爱奥尼亚科学学派。但是宁静本身如同神秘主义一样，是无法导致思想演变的。人们所需要的是对真和美的热烈探索，而俄耳浦斯影响似乎提供的正是这种观念。哲学对苏格拉底来说，就是生活的方式。值得注意的是，“理论”一词在希腊语中最初有点“观光”的意味。希罗多德正是在这个意义上使用这个词的。长久不衰的好奇心以及热烈而不带偏见的探索，使得古希腊人在历史上占有了独一无二的地位。

西方文明发源于古希腊，其根基就是始于两千五百年前米利都的哲学和科学传统，在这一点上，西方文明不同于世界上其他主要文明。古希腊哲学的主导概念是“逻各斯”，它包含着“言词”和“量度”的意思，当然还有其他意思。因此，哲学讨论和科学探索是紧密相连的。从这种联系中产生的伦理学说看到了知识中的善，而这正是需要公正探讨的论题。

前面说过，提出普遍性问题就是哲学和科学的开始。那么，这类问题是以什么形式提出的呢？广义上讲，对漫不经心的观察者而言，提出这些问题相当于在一连串无章法可寻的偶发事件中寻觅一种秩序。想想秩序这种观念最初从何而来、因何而来，是一件有趣的事情。亚里士多德认为人是政治动物。人不能孤立存活，而是要在一定的社会当中生活。即使在最原始的水平上，秩序观念也包含着某种程度的组织形式。秩序首先是社会秩序。自然界一些有规律的变化，如昼夜的更替、四季的变换，毫无疑问在很早以前就被人发现了。只有根据一些具有人情味的解释，这些变化才能被当时的人们所理解。所谓天体是神灵，是自然的精神力量，都是人依照自身的想象创造出来的。

生存问题首先意味着人必须按人类自己的意愿去征服自然。在运用人们现在称为科学的方法做到这一点之前，人们则是借助于巫术。在这两种情况中，总的基本观念是相同的。巫术是一种尝试，它试图按照从严格操作的仪式中获取某种特定的结果，它的出发点是对因果关系原则的认同，认为一旦给出同样的前提条件，就会出现同样的结果。因而巫术可以说是原始的科学。而宗教与此相反，它企图得到违背或不符合规则序列的结果，它只在出现奇迹时才起作用，这其中包含着对因果关系的摒弃。两种思维方式有很多的不同，尽管我们常常会发现它们在原始思维中混杂在一起。

在团体参与的各种共同活动中，产生了人们称为语言的交流方式。语言的根本目的在于使人实现共同的目标。因此，它的基本概念就是同意。而且，这可以被视为逻辑的出发点。语言源于这样的事实：人们在交流过程中，最终达成了一致，尽管有时候只不过是同意保留各自的意见。当出现无法达成共识的僵局时，我们的祖先无疑会通过武力的方式来解决问题。一旦你战胜了对手，当然他也就无法再与你意见相左了。有时候也采用另一种方法，那就是通过讨论来探讨问题，如果能够探讨的话。这种方法就是一种哲学和科学的方法。读者可以自己判断一下，自史前时代以来，人们在这方面取得了多大的进展。

希腊哲学在其各个时期都受到许多二元论的影响。这种状况一直以不同的形式成为哲学家们撰写或争论的主题。其最基本的问题在于对真和假的区别。在希腊人的哲学思想中，与真、假密切相关的是善恶论、和谐冲突二元论，其次还有至今仍然属于热门话题的现象与实在二元论。同时，还有精神与物质的问题，自由与必然的问题。甚至还有宇宙论问题，如事物是“一”还是“多”，是简单还是复杂。最后，还有混乱与秩序以及无限与有限二元论。

早期哲学家们对这类问题的处理方式是具有指导意义的。一个学派可能会攻击某个二元论的一个方面；随后的另一学派则可能对此提出批判，并采纳相反的观点。最后，第三个学派也许会更进一步达成某种妥协，以取代前两种观点。正是通过观察前苏格拉底哲学家中对立学说的这种“拉锯战”，黑格尔才建立起他自己的辩证法概念。

许多这类二元论都以某种方式相互关联。但我们可以用一种粗略简便的方式将其区分开来，以揭示哲学所着手研究的不同类型的问题是什么样子。真与假在逻辑学中讨论。善与恶、和谐与冲突，从表面上看，是属于伦理学的问题；现象与实在、精神与物质则归属于知识论或认识论的传统问题。其他的二元论或多或少属于本体论或存在论。当然，这些划分并非不容变通。实际上，希腊哲学的某些更典型特征在于它打破这些划分界限所用的方法。

第一个科学的哲学学派起源于米利都。这座位于爱奥尼亚海岸的城市，当时是生机勃勃的商贸中心。该城的东南面是塞浦路斯、腓尼基和埃及，北面是爱琴海和黑海，渡过爱琴海再往西就是希腊半岛和克里特岛。米利都的东部紧靠着吕底亚，并通过吕底亚与美索不达米亚帝国密切关联。米利都人从吕底亚人那里学会了铸造作为货币流通的金币。米利都港挤满了各国的商船，它们的货仓堆满了来自世界各地的货物。人们以金币这种可以保值的货币作为流通手段，交换各种商品。因此，米利都的哲学家会提出万物由什么构成的问题也就不足为奇了。

据说米利都的泰勒斯认为“万物皆由水构成”。哲学和科学也由此产生。希腊传统将泰勒斯誉为“七贤”之一。我们可以从希罗多德那里了解到泰勒斯曾预见过一次日食。天文学家推算其发生的时间大约在公元前585年，因此这也可以确定他的在世期（泰勒斯生卒年月不详）。泰勒斯虽然不大可能具备日食理论，但他一定熟知巴比伦人对日食现象所做的记录，因而能知道何时会再发生日食。幸运的是，这种日食现象在米利都是能够看得着的，它不仅对编撰年表是一件好事，而且使泰勒斯本人也出了名。同样，他是否在几何学方面建立了三角形相似定理也值得怀疑。但他显然在测量海上船只或其他无法触及的目标的距离时，应用了埃及人测量“金字塔”高度的“凭经验估算法”。他还从中提出了“几何原理具有普遍应用范围”的概念，因此可以说，这个普遍性概念正是由希腊人首创的。

据说泰勒斯还认为磁石具有灵魂，因为它能够移动铁。至于说万物都包含着神灵的进一步论述，就更加令人怀疑了。这很可能是人们根据他的前一种说法类推而强加给他的。但这样做其实毫无必要，只有当其他一切事物都没有灵魂的时候，磁石具有灵魂的说法才会有意义。

与泰勒斯有关的故事还有很多，或许其中有一些是真实的。据说有一次受到挑战时，泰勒斯通过垄断橄榄油市场显示了他的实践天赋。根据所掌握的气象学知识，泰勒斯预见到将会出现橄榄大丰收，因此他提前将所有能弄到手的榨油机控制起来，时机一到，再以高价租出去，从而大获其利；同时也向那些嘲笑者证明了：哲学家也可以赚到钱，如果他们愿意的话。

泰勒斯最重要的观点就是“万物皆由水构成”。这既不是匆忙一瞥的印象，也不是脱离观察的纯粹的凭空臆想。我们现在把生成水的氢称为一种化学元素，其他任何元素都能与之相合成。这种“万物归一”的观点是一种相当可敬的科学假说。单就观察而言，近海观察使得这一假说看起来似乎尤为合理。人们看到太阳蒸发海水，雾气升腾于海面，形成云彩，然后又化作雨降落入海。照这种观点看，大地就是以浓缩水的形式而存在。其间的细节可能属于相当奇特的想象，但它仍是一个了不起的功绩，那就是发现了一种物质能够在各种不同的聚合状态中保持不变。

第二位米利都哲学家是阿那克西曼德，他大约出生于公元前610年。像泰勒斯一样，阿那克西曼德既是一位发明家，又是一位注重实践的人。此外，他还是第一位地图绘制者和黑海沿岸某个米利都殖民地的统领。

阿那克西曼德批评了他的前辈泰勒斯的宇宙论。的确，为什么一定要选择水呢？构成事物的基本要素不可能以事物自身的某种形式出现，它一定是一种与所有这些形式都不同的东西，即它是一种更基础的东西。因为物质的各种形式一直都在相互发生冲突，如热与冷、湿与干；它们不断地彼此侵犯，或者在希腊人看来，它们处于“不公正”状态，也就是缺乏平衡的意思。如果其中任何一种形式是基本物质的话，那它可能早就战胜别的形式了。亚里士多德将起始物质称为“物质因”，阿那克西曼德则称之为“无定”，也就是能够全方位扩展的无限物，世界由此而产生，并且最终归于这种无限物。

阿那克西曼德认为地球是一个自由飘浮的圆柱体，而人类就生活在其中一个切面上。而且，他还设想我们的世界被无数其他的世界所包围。这里所指的其他世界之一就是我们现在的银河。每一个世界的内部功能都受到旋涡运动的控制，该运动将地球向地心吸引。天体就是被气所隐蔽的火轮，只有一点例外。我们可以将其喻为自行车轮胎，未被掩蔽的那一点就是气门。我们一定记得，当时的希腊人认为气就是能够使事物隐形的东西。

关于人的起源，阿那克西曼德提出了一个相当“现代”的观点。他观察到年幼的人需要长时间的照料和看护，从而得出这样一个结论：如果人最初也像现在这个样子，就不可能存活到今天。因此，他认为以前的人必定不同于现在的人，也就是说，人必定是从一种能够很快做到自我养活的动物进化而来。这种论证法就是归谬法，即从一个给定的假设中推断出某些明显的错误。在他看来，既然人活不到今天，这种假设（人最初跟现在一样）就只能被排除。如果这种说法是正确的，即“如果最初的人跟现在一样需要长期呵护才能长大，人类就不可能生存至今”。那么，我们可以毫不费力地建立这样的论点：其间一定发生了某种形式的进化过程。但阿那克西曼德对此并未感到满足，他还进一步认为人是由海洋中的鱼类演变而来，并以他对化石遗迹和鲨鱼喂养幼鲨的观察来证明这一点。无疑正是由于这种缘故，他劝告人们不要吃鱼。而我们的海洋同胞们——那些鱼类——是否也对我们怀有同样微妙的深情厚谊，就不得而知了。

第三位著名的米利都哲学家是阿那克西美尼。除了知道他是三位哲学家中年龄最小的一位外，我们对他所处的年代了解得并不具体。从某种意义上看，阿那克西美尼的理论比起他的前辈是一种倒退。他的思想虽然不够大胆，但从总体上来说却更加经得起考验。像阿那克西曼德一样，阿那克西美尼也坚持认为存在一种基本物质，不过他是从具体的物质“气”中看到这一点的。我们发现物质的各种形式在我们周围都是通过聚散过程从“气”中产生出来。既然这种看法认为一切差异只是量的差异，那么把某种具体的物质视为基本因素就该是对的。“气”构成灵魂，它赋予人生命，也使世界存活下来。这种观点后来被毕达哥拉斯学派所采纳。阿那克西美尼在宇宙论问题上误入了歧途，幸运的是，毕达哥拉斯学派在这方面追随了阿那克西曼德的宇宙观。至于其他方面，他们更倾向于借用阿那克西美尼的学说，这在某种意义上是对的。阿那克西美尼是米利都学派的最后一位代表人物，他继承了该学派的所有传统。除此以外，正是他的“聚散论”真正完善了米利都人的世界观。

米利都的哲学家在气质上不同于今天某些顶着哲学家头衔的所谓专家。他们从事的是城邦的实际事务，并且能够亲身感受各种突发事件。据说阿那克西曼德的理论还在一篇地理学论文中得到过广义的阐释。这些早期论文的内容已经失传，流传下来的题目大意是“论事物的物理本质”。由此可见，因为课题的范围过于宏大，因而论述可能不是很深入。后来的赫拉克利特无疑是反对这种“关于多种事物的知识”的。

在哲学中，重要的不是给出答案，而是要提出问题。从这点看，米利都学派是名副其实的。不过，孕育了荷马史诗的爱奥尼亚也应当称得上科学和哲学的摇篮。正如我们所知，荷马时代的宗教具有奥林匹亚特征，而且一直如此。在那里，神秘主义未能对社会产生巨大冲击，科学思辨却更有可能得以顺利进行。虽然后来的许多希腊哲学学派都接受了神秘主义，但必须记住，他们全都受惠于米利都学派。

米利都学派和任何宗教运动都没有关系。的确，这是前苏格拉底哲学家的显著特征之一，他们全都有别于流行的宗教传统。

甚至像毕达哥拉斯这种本身并不反对宗教的学派也如此。从总体上看，希腊人的宗教活动与各个城邦的约定习俗有关系。当哲学家们坚持己见，走自己的路时，他们与所在城邦的国教发生冲突是不足为奇的。这种不幸的命运能够在任何时间、任何地点轻易压服那些具有独立思想的人。

距离爱奥尼亚不远就是萨摩斯岛，虽然地理位置很近，岛上的传统在某些重要方面却比大陆的城邦更为保守。在萨摩斯岛，昔日的爱琴海文明似乎更为连贯地保存了下来。我们应当牢记，两地的这种差异带来了什么样的结局。荷马笔下的爱奥尼亚和早期的米利都学派总的看来并没有认真考虑过宗教，而萨摩斯岛人却从一开始就更多地接受了俄耳浦斯的影响，这种影响最终移植到了从克里特—爱琴海时代流传下来的信念当中。

奥林匹亚崇拜是一种没有严格宗教教义的国家事务。另外，俄耳浦斯教义具有神圣的经文，通过灌输分享信念的方式将信徒们聚集到一起。这种背景下的哲学变成了一种生活方式，后来的苏格拉底采纳了这种观点。

哲学中这种新精神的先驱正是萨摩斯人毕达哥拉斯。我们对他所在的年代和生活细节了解甚少。据说他在公元前532年曾名噪一时，那时正好是波吕克拉底的僭主统治时期。萨摩斯城可与米利都及其他大陆城邦相匹敌。波斯人在公元前544年占领萨狄斯后攻陷了萨摩斯，而萨摩斯的船队仍在整个地中海往返穿梭。波吕克拉底曾一度和埃及国王阿玛西斯结成紧密联盟，这无疑使得下面的故事有了发生的可能：毕达哥拉斯曾游历埃及，而且在那里获得了他的数学知识。毕达哥拉斯无论如何也要离开萨摩斯的原因，就是他无法忍受波吕克拉底的压迫统治。他选择定居在意大利南部的一座希腊城市——克罗顿，并且在那里建立了自己的社团。在克罗顿生活了二十年之久，直到公元前510年发生了反对学派的内讧，毕达哥拉斯才退居到梅达彭提翁，并一直住到去世。

对米利都人而言，正如我们所知，哲学是一种紧张的实践事务，哲学家们应当而且确实都是务实行动的人。在毕达哥拉斯的传统中出现了一种对立的观念，即哲学变成了对世界的孤立思索。这种观念受到了俄耳浦斯教义的影响，毕达哥拉斯对生活的态度就体现了这一点。我们把人按生活方式分为三类。就像有三种人参加奥林匹克运动会一样，我们的社会中也存在着三种人。最低层次的人是那些做买卖的人；第二种人是参加比赛的人；最后一种人是赛场里的旁观者，也就是字面意义上的理论家。最后这种人与哲学家就有相符合之处。哲学的生活方式是唯一有希望超越存在偶然性并逃脱轮回的途径，根据毕达哥拉斯的观点，灵魂要服从于一系列轮回的支配。

这方面的传统与大量原始的禁忌和禁欲原则有关。我们将在柏拉图的《理想国》以及毕达哥拉斯学派、其他前苏格拉底学派中再次遇到生活方式的三分法。可以说，它综合了早期哲学家们的种种学说争论。

另一方面，毕达哥拉斯学派还产生了一种科学传统，具体地说，就是数学传统。数学家们才是毕达哥拉斯学派的真正继承者。尽管在俄耳浦斯复兴中出现了神秘主义的因素，但该学派科学的一面却没有被宗教观念所扭曲。科学本身并不会变成宗教，即使对科学生活方式的追求具有某些宗教的意义。

净化这种生活方式的最强动因就是音乐。毕达哥拉斯对音乐的爱好很可能就受其影响。他可能发现了被我们称为音乐“音程”的简单的数的关系。一根调和的琴弦按其长度平分，则可获得八度音。相似的，如果长度减为四分之三，则可发出四度音；如果减为三分之二，则为五度音；四度音和五度音合在一起则可得到八度音，即4/3 × 3/2=2/1。因此，这些音程符合调和级数的比值2 ∶ 4/3 ∶ 1。据称调和弦的三个音程可以与人的三种生活方式相类比。虽然这种比较只是一种思辨，但调和弦肯定在希腊哲学思想中起了中心作用。平衡意义上的和谐概念，像适当调高或调低音程一样进行对立面的编配、组合，伦理学中的中庸或中道观念、四种气质的学说，所有这些都可以追溯到毕达哥拉斯的发现中去。其中有相当部分我们会在柏拉图的学说中看到。

毕达哥拉斯在音乐中的发现很可能导致了他的“万物皆数”观点的产生。由此看来，如果想认识周围的世界，我们就必须找出事物中的数。一旦数的结构被抓住，我们就能控制整个世界。这的确是一个极为重要的观念。虽然它的意义在古希腊人文主义时代之后被暂时埋没，但是到文艺复兴时期，人们重新对古代资料产生兴趣的时候，它的意义得到了更多认同。这是近代科学观念的一个主要特征。我们从毕达哥拉斯身上也首次发现了他对于数学的兴趣最初并不是因为实践需要。埃及人掌握了数学知识，但只不过用它们来建造金字塔或丈量田地。希腊人则是“为了探求”而开始研究数学问题。用希罗多德的一句话来讲，毕达哥拉斯是他们当中最重要的研究者。

毕达哥拉斯提出了排列卵石或点的计算方法。这种计算方法的确以这样或那样的形式存在了很长一段时间。拉丁文中的“计算”就有“摆布石子”的意思。与此相关的是他对算术级数的研究。如果我们将卵石排列成行，第一行放一个，以下每行都比上一行多放一个，这样我们就可以得到一个“三角形”数。特别的意义还在于“1+2+3+4=10”这种四行三角形数里面。相似的，连续奇数之和可以得到一个“正方形”数；而连续偶数之和则可以产生一个“长方形”数。

在几何学方面，毕达哥拉斯发现了一个著名的定理，即直角三角形的弦的平方等于其他两边的平方之和。尽管我们不知道他是如何证明这一点的，但在这里，我们再次找到了与“凭经验估算法”相对立的普遍性方法的实例。然而，这个定理的发现却将学派置于进退两难的尴尬境地，因为它的推论之一就是正方形对角线的平方等于边长平方的两倍，可是没有任何一个“正方形”数能够被分解为两个相等的正方形数；因此，这个问题无法用我们现在称为“有理数”的方法来解决。对角线是无法用边来实际测量的，要解决这个问题，我们需要用到后期毕达哥拉斯学派所提出的“无理数”。很显然，这个意义上的“无理”可以被追溯到这桩早期的数学丑闻中去，传说当时学派的一个成员就是因为泄露了秘密才被沉入大海给淹死的。

在世界论方面，毕达哥拉斯直接在米利都学派的基础上，结合了他自己的数的理论。前面提到的用于排列计数的数字被称为“界石”，无疑是因为它起源于对田地边界的测量或字面意义上的“几何”。拉丁文“界石”就有同样的字面意思。根据毕达哥拉斯的观点，无限的气使得各种基本单元分开，而单元又使无限得以量度。进一步说，无限等同于黑暗，而有限相当于火。这种观念显然来自对天空和星辰的观察。像米利都人一样，毕达哥拉斯认为存在着许多世界，尽管从他的数字观看来，他不大可能认为世界是无数的。他发展了阿那克西曼德的观点，坚持认为地球是一个球体，而舍弃了米利都人的旋涡理论。然而，这还不够完善，后来的萨摩斯人又将其发展为日心说。

正是潜心研究数学的毕达哥拉斯提出了我们将碰到的理念论或共相论。当数学家证明一个三角形命题时，它所涉及的不是正在谈论的、画在某个地方的任何图形，而是在他心目中才能见到的东西。由此产生了可知事物与可感事物的区别。而且这个已确定的命题永远都是毫无保留的完全正确。从这个观点到以下观点只有一步之遥：只有可知事物才是真实的、完美的、永恒的；而可感事物则是表象的、有缺陷的、暂时的。这些都是此后一直支配哲学和神学的毕达哥拉斯学说的直接推论。

我们还必须记住，毕达哥拉斯信徒们的主神是阿波罗。尽管他们的信仰中也有俄耳浦斯因素，但正是这种阿波罗倾向才将欧洲的理性主义与东方的神秘主义区分开。

在早期毕达哥拉斯学派的影响下，旧有的奥林匹亚宗教被一种新的宗教观念所取代。色诺芬尼对传统诸神进行了更为猛烈的抨击。色诺芬尼可能是公元前565年出生在爱奥尼亚的。当波斯人在公元前540年入侵爱奥尼亚时，色诺芬尼逃到了西西里岛。他的主要目标就是彻底推翻奥林匹亚万神庙中以人的形象塑造的诸神。同样，他也反对俄耳浦斯复兴的神秘主义，并且嘲笑毕达哥拉斯。这种哲学传统的下一位代表人物也是爱奥尼亚人——爱菲斯的赫拉克利特。赫拉克利特的巅峰期大约出现在公元前6世纪末。除了清楚他出生于一个贵族家庭之外，关于他的生平，人们几乎一无所知。不过他的一些遗作残篇却流传了下来，从中不难看出，他为什么会被人看作难以捉摸的。他的一些看法常常以预言形式表达出来，其残稿简洁而雅致，充满了生动的隐喻。谈到永恒的生死轮回，赫拉克利特说："时间是一个下跳棋的孩子，而支配权就在孩子的手中。"在轻蔑地奚落迟钝的人时，赫拉克利特毫无顾忌地说出尖刻的话："傻瓜即使听见了别人的谈话也会像聋子一样无动于衷；即使他们在场，也跟不在场一个样。""如果人们的头脑不能理解对方的语言，那么眼睛与耳朵对于他们只是一种无用的摆设。"

为了提醒我们，有价值的成就需要付出大量的工作和努力，赫拉克利特说："那些寻觅金子的人即使挖掘了很多的泥土也所获无几。"有些人会认为这项任务过于艰难而半途而废，他挖苦他们正如"驴子宁要草料，不要黄金"。不仅如此，他还预示了后来苏格拉底在一句名言中所表述的思想，即我们不应当对自己掌握的东西沾沾自喜，苏格拉底的名言则是："孩子在成人的眼里是幼稚的，而成人在上帝的眼里同样是幼稚的。"

进一步研究赫拉克利特的理论有助于我们更为明确地理解这些格言。尽管赫拉克利特缺少他的爱奥尼亚前辈们所具备的科学兴趣，然而他的理论还是根植于爱奥尼亚学派和毕达哥拉斯的教谕。阿那克西曼德曾经说过，相互斗争的对立面最终将回归到无限中去，以调和彼此的侵犯。赫拉克利特从毕达哥拉斯的和谐概念中发展了一个新的理论，这也是他对哲学的卓越发现和贡献，即真实世界在平衡调节中蕴含着对立倾向。根据不同的量度，在对立面冲突的背后，世界存在着一种潜藏的和谐或协调。

这种普遍性概念通常不是一目了然的，因为"自然喜欢隐藏自己"。确实，在某种意义上，赫拉克利特似乎坚持认为，和谐肯定不是那种立刻能够引人注目的东西。"潜藏的和谐优于公开的和谐。"事实上，人们常常忽视和谐的存在。"人们不知道事物如何实现对立又统一。它是一种对立、紧张的和谐，如同弓与七弦竖琴。”

因此，冲突就是使得世界保持生机的动力原则。“荷马说过：‘要是神灵与人之间再也没有冲突该多好啊！’可荷马错了。他没有看到他是在祈求宇宙的毁灭，因为，如果他的祷告能够被神灵听见的话，万物都将消亡。”我们必须从逻辑意义上，而不是根据军事准则来理解赫拉克利特的论断“战争乃万物之父”。这种观点要求有一种能够强调活动重要性的新的基本物质。赫拉克利特在原则上而不是在细节上追随了米利都学派，他也选择了火。“万物皆可化为火，火亦能化为万物，犹如货物可以换得黄金，黄金可以交换货物一样。”这种商业性比喻展示了该理论的观点。一盏油灯的火苗看起来像是固定不变的，然而在整个过程中，油不断被吸取，燃料转换为火焰，烟灰随着燃烧而掉落。因此，世界上一切事物的发展都是这类转换的过程，没有什么东西能够保持原样。“人不能两次踏入同一条河流，因为你面前流动的总是新的河水。”正是因为有这种解释，后来的作家们才将“万物流变”的名言归于赫拉克利特。苏格拉底还给赫拉克利特及其信徒取了一个诨名，叫“流动者”。

将赫拉克利特的这一句名言与其另一句名言进行对比十分重要。另一句名言：“我们既踏入又没有踏入同样的河流，我们既存在又不存在。”乍一看，这句话似乎与赫拉克利特的前一句名言不大一致，但这只是属于同一理论的不同方面罢了。线索就在它的后半部分。“我们存在又不存在”这种说法听起来有些令人费解，它的意思是，我们的存在既有固定性，又包含着不断地变化；或者用柏拉图后来创造的话来说，即我们的存在是一种不断地形成。同样，以河流为例，如果我今天踏入了泰晤士河，明天又踏入了一次，虽然我踏入的河流都叫泰晤士河，但第二次的河水与第一次是不同的。我想这种观点再明白不过了，也就不必建议读者去做一番尝试。另外一种说法也论述了这种观点，即“上行路与下行路是同一条路，没有什么区别”。我们已经观察过火苗的情况：油被吸上灯芯，烟灰掉落在地上，两者都是燃烧过程的一部分。首先，这种观点必须从字面上来理解。一条坡路既向上，又向下，取决于你怎么走。赫拉克利特的对立面理论提醒我们，那些表面上看来有冲突的东西实际上却代表了问题的本质部分。对此最为鲜明的一个表述就是“善恶同一”。这当然不是说善恶是同一事物。相反，正如一个人不可能设想一条无法下行的上行路一样，人们也不可能在不理解恶的同时却能理解善的概念。事实上，如果你铲平坡路，破坏上行路的时候，你也就消除了下行路；对于善恶的认识也是如此。

这样看来，“万物流变”的理论其实并不是什么新思想。阿那克西曼德就曾提出过非常相似的观点。但赫拉克利特对于为什么事物会保持同一的解释却比米利都学派多跨出了一步。尺度的主要概念来源于毕达哥拉斯。正是通过保持适当的尺度，虽存在不断的变化，事物仍能维持原样。这一点对于人或对于世界都是正确的。

在自然界，事物根据尺度而转化。同样，在人的灵魂中也存在着干与湿的变化。湿的灵魂如果不受火的抑制，那它就会堕落，而且面临崩溃的危险；这一点可以通过观察醉酒的人得到验证。另一方面，“干的灵魂是最具智慧和最优秀的灵魂”，尽管如此，我们也绝不应误入歧途，对其过分赞誉。过度的“火”

如同过多的“湿”一样，能够扼杀灵魂。但毁灭于火似乎让人觉得是一种更光彩的结局，因为“死得越伟大，赢得的赞誉就越多”。我们可以设想其缘由是火是永恒的物质：“这个世界对于万物都是一样的，既不为人所创造，也不为神所创造；它过去、现在和将来都只是一团永恒的火，按照某种尺度燃烧和熄灭。”

自然的种种过程无不遵循各自的尺度。正如阿那克西曼德认为的那样，“不公正”不是出现在对立的冲突中，而是存在于对尺度的漠视。“太阳不会超越它的尺度，否则爱林尼神（正义神的侍女们）就会有所觉察。”但是尺度并不是绝对严苛的，只要它们没有超出边界，它们实际上可以在一定范围内摆动。这也可以用来说明某些周期现象，如昼夜的更替，人的清醒与睡眠，以及其他类似的变化。将这种尺度摆动概念和毕达哥拉斯的连分数构成无理数理论联系起来是一件很有吸引力的事情。在后者中，连续的近似值有时大于精确值，有时小于精确值。然而我们不知道早期的毕达哥拉斯学派是否发展了这种方法，尽管它在柏拉图时代众所周知。我们不能确定地将这种知识归功于赫拉克利特。

和色诺芬尼一样，赫拉克利特也藐视当时的奥林匹亚教和俄耳浦斯教。人并不能通过仪式和献祭而变得善良。赫拉克利特清楚地认识到了宗教仪式活动肤浅而原始的特点。“他们徒劳地往自己身上涂抹鲜血，以求净化灵魂，就像一个人跳进泥坑，却企图用污泥洗净双脚一样。任何人看到这种做法，都必然会称他为疯子。”善是不可能从这方面得到的。

然而，智慧却能够通过抓住事物的基本原则来获取。这个定则就是对立面的和谐，虽然它无处不在，人们却未能认识到它。“我所谈到的定则，人们或许听说过，或许没有，但他们都未能掌握。因为，虽然万物皆据此而产生，但人们从未有过体验。即使当他们去感受我所解释的这些言辞和行为时，即使当我分门别类地将每一事物区分开，并剖析其中缘由时，他们也不甚了了。”如果我们认识不到这个定则，那么任何学习都将变得毫无用处。“学习了许多事物并不等于就学会了理解它们。”我们在黑格尔的著作中将再次看到这种观点，赫拉克利特则是这种观点的原创者。

智慧存在于对基本定则的掌握之中，而这个定则又适用于一切事物。我们必须遵循这一点，就像城市必须遵守法律一样。的确，我们甚至还必须更为严格地遵循它，因为共同的定则具有普遍性，尽管不同的城市可以有不同的法律。赫拉克利特因而坚持共同性的绝对特征，反对当时基于对不同民族的不同习俗进行比较而建立起来的相对主义概念。他的学说是与智者的实用主义观点相对立的，后来，毕达哥拉斯在其论述中将它表达为“人是万物的尺度”。

尽管这种普遍定则或“逻各斯”随处都是，但很多人依然对此视而不见，他们各行其是，仿佛每个人都有各自的智慧似的。由于盲目地认为共同定则绝不会是公众的意见，赫拉克利特有些藐视公众。他自己是一个贵族，他赞赏最优秀的一些人拥有权力。“爱菲斯人应当把所有成年人都吊死，让毛头小子们来管理城市；因为那些成年人放逐了他们当中最优秀的人赫尔谟多罗，并且说‘我们中间不需要最优秀的人；如果有，就把他赶出去，赶到他人中间去’。”

赫拉克利特本人无疑相当自命不凡，或许我们可以原谅他这一点。他是一位很有影响的思想家，除了有些偏执。他综合了前人的主要观点，并且对柏拉图产生了至关重要的影响。

赫拉克利特的万物流变学说注意到了万物皆包含某种运动的事实。希腊哲学的下一个转折点又将我们带到了另一个极端，那就是彻底否定了运动。

迄今为止，我们所谈到的一切理论都具有这样的特征：每一种学说都试图用某种单一原则解释世界。虽然不同的学说提出了不同的解决办法，但它们都涉及了万物构成的基本原则。然而，直到那时，还没有任何人对这种普遍性观点做过批判性的验证。首先承担起批判任务的人就是巴门尼德。

关于巴门尼德的生平，就像对这一时代其他许多哲学家一样，我们知之甚少。巴门尼德是意大利南部的爱利亚人，他建立了名为“爱利亚”的学派。他的活跃期出现在公元前5世纪上半叶。如果我们相信柏拉图的说法，则巴门尼德曾和他的弟子芝诺访问过雅典，大约在公元前450年的某个时候，两人见到了苏格拉底。在所有希腊哲学家中，巴门尼德和恩培多克勒是仅有的两位用诗歌形式提出理论的。巴门尼德的诗篇和许多前期哲学家的作品一样，也取名为《论自然》。全诗分为两部分：第一部分叫作“真理之道”，其中包含了人们感兴趣的逻辑理论；第二部分叫作“舆论之道”，其中提出了实质上属于毕达哥拉斯学派的宇宙论，但他非常明确地指出，人们必须把这一切看作虚幻的东西。虽然曾是毕达哥拉斯学派的信徒，但当他最终阐述自己的批判观点时，却抛弃了毕达哥拉斯学派思想。因此，巴门尼德在这部分诗中有意地收录了毕达哥拉斯学派的各种错误，而他正是从这些错误中解放了出来。

巴门尼德的批判从他所有前辈理论的一个共同弱点开始。

在“万物皆由某种基本物质构成”，同时又谈及虚空的观点之间，巴门尼德找到了这个弱点。对于物质，我们可以这样描述：“它存在”；对于虚空，则可称为“它不存在”。在巴门尼德之前的所有哲学家都犯了一个错误，那就是认为“它”不存在，好像“它”存在过似的。赫拉克利特甚至还说过“在同一时间既存在，又不存在”。与此不同的是，巴门尼德仅仅断言了“它存在”。这种观点的意思就是说，不存在的东西是不能被思考的，因为人不可能思考“无”。不能被思考的东西是不存在的，而存在的东西是可以被思考的。这就是巴门尼德论断的一般主导思想。

由此我们可以立刻得出一些推论来。“它存在”意味着世界充满了物质。虚空是根本不存在的，无论在世界的外部，还是在世界的内部。而且，一个地方必定和另一个地方拥有同样多的物质。这是因为，若不如此，人们将不得不说物质密度较小的地方，“它”就不存在，而这是不可能的。“它”一定在各个方面都相等，也不能到达无穷，因为这将意味着“它”是不完整的。“它”是不可创造的，也是永恒的；“它”既不能消解于某种物质，也不能产生于某种物质，因为没有任何别的东西和“它”在一起。这样，我们所看到的世界画像就是一个坚固的、有限的、均匀的物质球体；没有时间，没有运动，也没有变化。这对我们的常识来说的确是一个可怕的打击，但它是彻底的物质一元论的逻辑结论。如果冒犯我们的感知——因为对它们来说将是一件很糟糕的事，人们必然会将感性经验当作幻觉抛弃，这正是巴门尼德想做的事情。通过将一元论理论推向极致，巴门尼德迫使后来的思想家不得不寻找新的起点。巴门尼德的球体理论阐释了赫拉克利特的观点，即如果冲突消失，那么世界也会消失。

值得指出的是，巴门尼德的批判并没有妨碍赫拉克利特的理论被人们正确理解。因为万物构成于火的观点并不是赫拉克利特理论的本质所在。其理论的作用是隐喻性的，亦即是火焰以一种多彩的方式阐述了这个重要观点：没有任何东西是静止的，一切都在发展。我们在前面已经谈到赫拉克利特如何解释"它存在又不存在"这样的论断。事实上，赫拉克利特学说已经隐含着对巴门尼德语言上的形而上学的批判。

巴门尼德理论在其语言形式上，简单地说就是：当你想或说的时候，你想到了或谈到了某种东西。那么，一定有某种独立的、永恒的东西可供思考或谈论。你可以在很多不同的场合做到这一点，因此，想到或谈到的东西一定是永存的。如果它们不存在，那么变化就不可能发生。在这种观点中，巴门尼德忽略了他自己永远不可能否定任何东西，因为这样做将迫使自己也承认"它不存在"的发生。另一方面，如果他真是这样的话，那他就再也无法断言任何东西都永存了。这样一来，一切谈论、语言和思想都成了不可能的东西。除了"它存在"以外，任何事物都不存在，这是一个空洞的恒等式。

然而，巴门尼德的理论也提出了一个重要的观点，即如果我们能够运用某个可理解的词语，它就一定具有某种意思，而这种意思一定在某种意义上存在。如果还记得赫拉克利特的话，就不存在自相矛盾的问题。当问题变得十分明确时，我们发现没有人会真的认为有"它不存在"，而只是有"某种类型的不存在"。因此，当我说"草不是红色的"，并不是指草不存在，而是指它与其他红颜色的物体不是同一类型。如果我找不出别的物体是红色的例子，如汽车，那我的确不能说“草不是红色的”。赫拉克利特的观点就是：现在是红颜色的物体或许明天就变成了绿颜色，你可以把一辆红色的汽车漆成绿色。

这就产生了词语在什么条件下才有意义的普遍性问题。这个问题太大，故在此不作讨论。然而巴门尼德对变化的否定却给后来的所有唯物主义理论提供了来源。巴门尼德以“它”来代表存在，而“它”后来被称作“物质”，唯物主义者认为这种不变、不灭的物质构成了万物。

在所有前苏格拉底时代的思想家当中，巴门尼德和赫拉克利特建立了两个极端对立的理论。值得指出的是，除了柏拉图，原子论者也综合了这两种对立的观点。他们从巴门尼德那里借用了不变的基本粒子；从赫拉克利特那里得出了绝对运动的概念。这是首次启发黑格尔辩证法中的经典例子之一。这确实是一种思想进步，这种进步源于对各种观点的综合，也是对极端论点进行不懈探索的必然结果。

对巴门尼德的批判要求人们对“世界由什么构成”的问题提出新的解决办法。阿克拉加斯的恩培多克勒提供了新的答案。同样，我们对恩培多克勒的生平也知之不详。他的活跃期在公元前5世纪上半叶。从政治角度看，恩培多克勒站在大多数人一边。传统的说法认为他是一位民主的领袖。同时，他的身上也有一种看起来与毕达哥拉斯的俄耳浦斯影响有关的神秘色彩。与巴门尼德一样，恩培多克勒先是对毕达哥拉斯的说教迷恋不已，但后来又与之脱离。关于他的一些离奇故事流传了下来。据说恩培多克勒会呼风唤雨、影响天气。毫无疑问，他借助自己所掌握的医学知识，曾经成功地抑制了塞利努斯的一次疟疾流行，事后人们感激他，将这件事铸在塞利努斯城的金币上留作纪念。据称他把自己当作天神，当他死去的时候，有人说他升了天，有人说他跳入了爱特纳火山口，尽管这些说法完全不可信，因为没有任何一位称职的政治家会跳入火山口的。

为了在爱利亚学说和通常的感知经验之间达成妥协，恩培多克勒采纳了以往所有尝试过的基本项目，并且将其内容增加到四项。他把它们称为事物的“根”，亚里士多德则称为“元素”，这就是著名的“水、气、火、土”四元素理论。这个理论主宰了化学科学几乎两千年之久，其中一些痕迹甚至在今天的日常用语中还残存着，如我们所说的“狂风暴雨（其英文字面意义为“诸元素之怒”）”。该理论实际上揭示了两组对立面“干与湿、热与冷”之间的本质。我们可能注意到，为了对付巴门尼德的批判，仅仅增加基础物质的种类是不够的，还必须有某种能够以不同方式混合基础物质的东西。恩培多克勒于是提出了“爱”与“冲突”两个动力原则，它们唯一的作用就是去统一和分裂物质。由于当时还没有建立非物质动因的概念，“爱”与“冲突”也只能被视为物质。所以它们自身被认为是物质的或实在的，并且和另外四个加在一起构成六元素。这样，当四元素分裂时，“冲突”就在它们中间占有一席之地；而当四元素统一时，“爱”就将它们结合在一起。我们可能在无意中发现，有些东西能够证明“动因必须是物质”这种观点。尽管这种观点是否正确多少值得推敲，但它仍是近代科学的观点，即动因必须在某个地方有一种物质源泉，即使在它不起作用的地方。

阿那克西曼德已经提出“气”是动因，尽管我们不知道他的根据是什么。恩培多克勒找到了不同的根据，因为他发现了

“气”是物质的事实，这是他通过做水漏壶实验发现的。因此值得注意的是，他的前辈们提到的“气”与他所说的“以太”都是希腊语单词。后者在19世纪后半叶，当电磁理论要求为波的传播提供介质时，赢得了新的科学地位。

在对这些理论进行改进时，恩培多克勒保留了爱利亚理论的相当部分。如基本物质是永恒的、不变的，且其本身不能被进一步解释。这也仍是科学解释的一个重要原则。举一个熟悉的例子，人们用原子来解释化学现象，这些原子本身必定是不能被进一步解释的。为了解释它们，人们必须认为它们又由更小的粒子构成，而这些更小的粒子则不能被进一步解释。

正如前面谈到的“存在与不存在”的问题，没有任何东西能够从“不存在”中产生，也没有任何东西能够变成“不存在”。所有这些都属于彻底的爱利亚唯物主义。我们可能注意到，恩培多克勒对唯物主义学说进行修正而提出的一般观点并不能应付得了巴门尼德的批判。这个观点是，如果你承认变化，你也必须承认虚空。因为，如果变化是可能的，那么原则上，在一定空间里的一定数量的物质同样可能逐渐消失殆尽，仅仅增加物质的数量是不够的。因此，巴门尼德在否定虚空的可能性的同时也否定了变化的可能性，倒是相当正确的。恩培多克勒并没有真正克服这种困难。我们将在以后看到原子论者如何解决这一问题。

恩培多克勒知道光的传播需要时间，月光是间接产生的。尽管我们无法得知他是怎样获得这种知识的。恩培多克勒的宇宙论建立在以外部“冲突”和内部“爱”结合其他元素推动世界的一系列循环基础上。“冲突”不断排挤“爱”，直到其他元素分崩离析，而“爱”也就无影无踪了；然后再反过来，世界又回到起点上。恩培多克勒的生命观与这种循环论相关联。在最低的循环阶段，当“爱”侵入球体，各种不同的动物分别产生；当“冲突”消失，就服从于“适者生存”原则，任由各类事物发展组合；当“冲突”出现时，分化过程就开始了。我们人类的世界位于这种过程的高级阶段，更多地受到“适者生存”进化原则的支配。

最后，我们必须注意到恩培多克勒对医学和生理学的兴趣。恩培多克勒从毕达哥拉斯学派的弟子克罗顿的阿尔克梅翁医生那里，吸收了如下理论，即健康就是对立因素之间的适当平衡；如果任何一个因素占了上风，疾病就会出现。同样，恩培多克勒还采纳了气孔理论，即整个人体通过气孔进行呼吸，正是这些气孔使得我们有了感性知觉。尤其是他的视觉理论，在相当长的时期内都处于支配地位。该理论提供了如下观点：视觉是从所视物体中流出来的东西与眼睛里发出的光交汇的结果。

恩培多克勒的宗教观念属于俄耳浦斯传统，与其哲学相距甚远，故在此我们不必多作停留。然而，我们有点感兴趣的是，在其宗教著作中，恩培多克勒似乎提出了某些与其世界论不一致的观点。这种差异是常见的现象，特别是在那些没有对自身信仰进行批判性检验的人当中出现得更多。的确，同时接受这种相互冲突的观念是不大可能的；但有人就乐于今天相信这个，明天却相信完全对立的另一个，而从不怀疑其中可能存在着不连贯、不一致的地方。

现在谈到的故事将把我们带回到公元前5世纪。那些只能在前苏格拉底哲学中讨论的许多问题，实际上也出现在苏格拉底时代，因此我们在某些方面的讨论常常不可避免地会有些重叠。为了说明彼此关联的问题，我们必须时不时地超越纯粹编年史的界限。这是一个困扰一切历史研究的难题。因为历史无暇为年代史编纂者提供便利。

稍后，我们还将更加具体地关注雅典。现在，我们必须对公元前5世纪希腊的社会、政治背景作一个简短的浏览。

尽管希波战争使希腊人对自己的语言、文化及国家之间的共同联系有了更为深刻的理解，但是城邦仍然是利害攸关的中心。除了所有讲希腊语的人共同的传统外，每个城市都继续地保持了各自地方习俗的生机和一致性。荷马史诗可以算作他们的共同遗产，但斯巴达不同于雅典，就像监狱不同于操场一样，它也不同于科林斯或底比斯。

斯巴达的发展将自身带入了独特的转折点。由于人口的膨胀，斯巴达人被迫向外扩张，征服了临近的迈锡尼部落，并将他们变为了奴隶民族。结果，斯巴达逐渐变成了一个军事帝国。

斯巴达的政府包括一个民众大会。大会选举出一个元老院，并且任命两名执政官或监察官。另外还有两位国王，他们来自不同的贵族家庭，但实权掌握在执政官手中。其教育的全部目的就在于培养出纪律严明的士兵。斯巴达的穷兵黩武闻名于整个希腊，它也确实是一支令人生畏的军队。列奥尼达斯和他的三百名军士在温泉关顽强抵抗薛西斯统率的波斯军队，这一定算得上最值得纪念的历史功绩之一。斯巴达人并不是感情脆弱、病态的民族，他们的纪律严厉，个人情感受到抑制。为了避免削弱种族的活力，畸形婴儿将被遗弃。年轻人小小年纪就得离开父母，到那种类似于兵营的机构里接受训练。女童基本上与男童同等对待，当时妇女的社会地位在大多数情况下与男子是平等的。柏拉图的理想国中有许多观念都是受到了斯巴达的启示。

科林斯城位于地峡之上，占据着贸易和商业的主导地位。由一个寡头统治的科林斯城曾经参加过斯巴达领导下的伯罗奔尼撒联盟。科林斯人虽然偶尔加入对波斯的战争，但他们没有行使过领导权。他们的兴趣主要在商业上，科林斯并不是以政治家和思想家的故乡闻名，而是以其娱乐场所著称于世。它是所有希腊殖民地当中最出名的大都市之一。在它与西西里岛的锡腊库萨之间，沿科林斯海湾有一条受到保护的航道，它与一般意义上的大希腊地区有着活跃的贸易联系。

在西西里岛，希腊人的近邻是强大的迦太基的腓尼基城。在薛西斯入侵希腊的同时，迦太基人也在公元前480年试图侵扰该岛。但有着丰富资源的锡腊库萨，在僭主杰拉的领导下，挫败了这种企图，就像希腊半岛在伟大君主的领导下，一次又一次地抵挡了被征服的危险一样。

雅典在公元前5世纪的进程中逐渐取代了科林斯，这无疑是引发伯罗奔尼撒战争的导火索，然而正是灾难性的锡腊库萨战役最终击败了雅典。

在雅典西北部的玻俄提亚平原上，坐落着古城底比斯，俄狄浦斯的传说就与该城有关。公元前5世纪，底比斯也由一名贵族寡头统治。它在希波战争中所起的作用根本不值得称道。底比斯人在战前与列奥尼达斯并没有分裂，但当薛西斯率波斯军队入侵其国土时，他们却在普拉太亚与波斯人并肩作战。因为他们的背叛行为，雅典人剥夺了他们在玻俄提亚的领导权以示惩罚，并且从此以后对底比斯人就有些轻视。但是随着雅典的势力不断增长，斯巴达与底比斯站到了一起，以抗衡雅典。在伯罗奔尼撒战争中，尽管底比斯周围的乡村遭到了波斯军队的蹂躏，但他们还是坚持反对雅典。不过当斯巴达人取得胜利后，底比斯人却改变了立场，转而支持雅典。

绝大多数希腊城邦都控制着它们临近的地带。那些生活在乡村的人耕田种地，政府的权力集中在城市。公民们有机会参与公共事务，而且这种参与意识相当普遍。一个对政治不感兴趣的人会遭人鄙视，会被人叫作“白痴”。在希腊语中，“白痴”这个词就是“沉湎于私利”。

希腊没有适合大面积耕种的土地，当人口膨胀时，当地就必须从外面进口谷物。这种供给的主要来源就是靠近黑海沿岸的那些地方，几个世纪以来，大量的希腊殖民地在那里建立起来。作为交换，希腊人对外出口橄榄油和陶器。

希腊人强烈的个人主义特点体现在他们对法律的态度上。在这方面，他们相当独立，完全不同于同时代的亚洲人。在亚洲，统治者的权威来自神授的法律；而希腊人认为法律是人制定的，并且服务于人。如果某项法律不再符合时代的要求，那就可以通过一致同意的方式加以修正。但是，只要该法律得到了公民的共同支持，那就必须遵守。这方面经典的守法范例就是苏格拉底拒绝逃避雅典法院对他的死刑判决。

同时，这也意味着不同的城市有不同的法律，人们无法以和平的方式解决城市之间的争端，因为缺乏统一的权威。

内部的彼此忌妒和具有破坏性的个人主义使得希腊人分歧严重，国家也一直无法实现稳定。它先后沦陷于亚历山大和罗马人的手中。但是希腊拥有一种允许其作为文化整体存在下来的制度和理想。在前面我们提到过它的民族史诗，但还有其他一些文化联系。所有希腊人都敬畏科林斯海湾北部山顶上的德尔菲神殿，并且以某种方式尊敬德尔菲的神谕。

德尔菲是阿波罗神崇拜的中心，而阿波罗神则代表着光明与理性。在古代的传说中，阿波罗杀死了象征黑暗的神虫皮彤，人们因此修建了德尔菲神殿来纪念他的功绩。阿波罗神为希腊精神的各种成就提供保护。同时，阿波罗崇拜还包含着一种与净化仪式相关的伦理意味。神灵本身不得不为因战胜皮彤而沾染的瘴气赎罪，现在它又为那些以血迹玷污自身的人们提供帮助。只有一项例外，那就是弑母罪不能得到宽恕。但有一件事成为雅典人自信心增强的一个引人注目的征兆，他们发现在埃斯库罗斯的悲剧中，奥列斯特被雅典娜和阿埃罗帕哥斯宣判无罪的就是这项罪名。另一座主要的阿波罗神殿位于德罗河岛上，该岛曾是爱奥尼亚部落的一个宗教集会地点，还一度是提洛岛联盟的财宝库所在地。

另一种伟大的泛希腊风俗就是在西伯罗奔尼撒举行的奥林匹克运动会。运动会每四年举办一次，而且举办时，任何别的活动，包括战争都得停下来。再没有什么荣誉比获得奥林匹克胜利更伟大的了。优胜者将戴上桂冠，其所在城市还要在自己的奥林匹亚神殿里竖起一尊雕像以资纪念。公元前776年进行了第一次竞赛，从那以后，希腊人就用奥林匹克运动会的四年间隔期来计算年代。

奥林匹克运动会是希腊人迷恋身体价值的一个生动标志，也是强调和谐的一个典型特征。人既有肉体又有思想，两者都必须接受训练。值得注意的是，希腊的思想家与我们现代社会那种从中世纪学究传统中继承下来的“象牙塔里”的知识分子有着本质的区别。

最后，我们还必须对奴隶制多说几句。人们常说希腊人不是好的实践者，因担心实践会弄脏他们的手，这种消遣便留给奴隶们去做。再没有什么概括性结论像这样更给人以误导了。但有证据清楚地指出了事实并非如此，这些证据就是他们的科学成就记录和雕塑、建筑的遗迹。无论在何种情况下，奴隶的重要性是不能被估量得过高的，即使存在那种认为绅士不必动手的势利观念。的确，工作在劳里昂银矿的奴隶们经受着非人的待遇，但从总体上看，城市的奴隶并没有遭到故意的残酷对待。其中一个理由就是，奴隶太有价值了，尤其是当他还精通某项手工艺的时候。许多奴隶最终都变成了自由人。大规模的奴隶制出现在公元前5世纪以后的希腊。

公元前5世纪最令人惊叹的事件或许是知识的实验和发明突然大量涌现，无论在艺术方面还是哲学方面，都确实如此。前一世纪的雕塑在形式上依然生搬硬套地保留了埃及原型，而现在却突然贴近了生活。在文学方面，旧的形式主义惯例变成了更具灵活特性的希腊戏剧。一切都在扩展，似乎没有什么目标是希腊人达不到的。这种巨大的自信感在索福克勒斯的《安提戈涅》的著名开场白中表现得最为充分："虽然有许多强大的生物活着，但它们无一能比人更强大。"这种情感在后来的时代中消失了，但在近代文艺复兴时期又得到了恢复。在意大利人文主义者阿尔伯蒂的作品中，我们可以发现有关人的地位的极为相似的观点。这个如此充满生机的时代却并没有冷静地评价自身，而过分的自信很容易导致毁灭性的狂傲。正是那个世纪后期的苏格拉底开始提醒人们去注意善的形式。

这就是希腊文明达到无与伦比高度的历史背景，它以和谐的根本原则为基础，内部冲突虽曾将其扰乱，却也最终使它显得更加伟大。因为，尽管它从未发展成为一个有生命力的泛希腊化国家，但它征服了所有曾占领过希腊土地的人，直到今天还保持着西方文明的主体框架。

第一位来到雅典生活的哲学家是阿那克萨哥拉，从希波战争结束到该世纪中叶，他在那里居住了差不多三十年，但他却是一位克拉左美尼的爱奥尼亚人。阿那克萨哥拉在兴趣方面继承了米利都的爱奥尼亚学派。他的家乡在爱奥尼亚人起义时被波斯人占领，阿那克萨哥拉似乎就是随着波斯军队一起来到雅典的。据史料记载，阿那克萨哥拉在雅典做了一名教师，还成了伯里克利的朋友。甚至还有人说，欧里庇得斯曾经当过阿那克萨哥拉的学生。

阿那克萨哥拉主要关注科学和宇宙论方面的问题。我们至少知道有一个证据可说明他是一位敏锐的观察家。公元前468年至公元前467年，有一块体积相当大的陨石坠入了埃果斯波达莫斯河。无疑正是以此现象作为部分依据，他提出了星星由发光的灼热石块构成的观点。

尽管阿那克萨哥拉在雅典有一些有权势的朋友，但还是引起了更为狭隘的雅典保守主义者的恶意。独立的、非大众化的思想在大多数时代都是不稳妥、危险的事情。当它违背那些自以为最聪明的人的固执偏见时，它就可能对“异教徒”们造成一种实实在在的危险。阿那克萨哥拉年轻时曾是波斯人的同情者这一事实，使得这种情况变得更为复杂。时至今日，已经过去两千五百年之久，但这种情况似乎并没有多大的改变。无论如何，阿那克萨哥拉因被指控不敬神和归化波斯而受到了审判。至于是什么样的惩罚，以及他如何逃脱，我们不得而知。阿那克萨哥拉可能是被朋友伯里克利从狱中劫走，并将他迅速转移到了别的地方。从那以后，阿那克萨哥拉居住在兰萨库斯，并且继续讲学，直到去世。非常值得称道的是，该市的居民对他的活动持一种更加开明的态度。阿那克萨哥拉肯定是历史上唯一一位死后受到学校每年放假纪念的哲学家。他的教谕被载入课本，他的部分遗作在别的一些资料中流传了下来。苏格拉底后来同样被指控犯了不敬神的罪名。苏格拉底对法官说，他所坚持的这种不合传统的观点实际上是阿那克萨哥拉的观点，任何人都可以花一个古希腊银币买到阿那克萨哥拉的书。

阿那克萨哥拉的理论，如同在他之前的恩培多克勒一样，是对消化巴门尼德批判的一种新尝试。恩培多克勒认为基本物质是对立面的各个部分：热与冷，干与湿。与之相反，阿那克萨哥拉认为这样的各个部分都按一定比例存在于一切微小的物质之中，不管它有多小。为了证明这种观点，他求助于物质的无限可分性。正如他说的那样，仅仅将事物分成更小的事物，并不能最终使我们获得不同的事物。因为巴门尼德已经证明了：无法存在的东西是无论如何也不能被划分的，也不能通过划分把事物变得不存在。物质可以无限划分的假设是十分有趣的，他首次提出了这种观点。它的错误在这里并不重要，其重要之处在于无限可分的概念适用于空间。似乎从这里找到了一个起点，原子论者后来提出了虚空的概念。就其最大限度的正确性而言，如果我们同意这种假设，那么阿那克萨哥拉对恩培多克勒的批判到那时为止是最为合理的。

事物之间存在着差异，是因为对立面中的某一方占了较大的优势。由此，阿那克萨哥拉可能会认为，从某种角度看，雪是黑色的，除非白色占了上风。这在某些方面有点赫拉克利特的特色。对立面结合在一起，一切事物都可以转变成别的事物。阿那克萨哥拉说“世界上的事物都不是分离的，也不是用斧子从彼此间切割下来的”，他还说“每一件事物里都存在着一部分别的事物，理性除外；但也有一些事物包含着理性”。

这里提到的理性或智力就是取代恩培多克勒“爱与冲突”的活动原则。它仍然被认为是一种物质，尽管十分少见而微妙。理性不同于其他物质，因为它是纯一的、未经混杂的。正是理性在驱使事物进行运动，对理性的拥有还使有生命体与无生命体区分开来。

关于我们这个世界的起源，阿那克萨哥拉提出了在某些方面与近代思辨相类似的观点，即理性在某个地方产生旋涡运动，由此积聚力量；各种不同的事物根据它们量的大小出现分离，沉重的大石块被地球旋转抛了出来，而且比别的物体抛得更远。由于运行速度太快，它们开始发光，这就解释了星星的性质。和爱奥尼亚人一样，他也认为存在着许多个世界。

关于知觉，阿那克萨哥拉提出了知觉取决于对比反差的独创性生物原则。因此，视觉就是光线闯入了对立的黑暗。非常强烈的感觉会引起痛苦和不适。这些观点至今仍在生理学领域当中流行。

在某些方面，阿那克萨哥拉提出了比其前辈更为精确的理论。至少有一些线索可以说明他试图努力获得虚空的概念。尽管他不时地想使理性成为一种非物质因素，但他似乎不太成功。和恩培多克勒的情况一样，他对巴门尼德的根本批判最终未能实现。然而，他的无限可分性设想却在解释世界由何构成方面标志着新的进步。但他与“无限可分性属于空间”的认识还有一段距

总是可以用这种方式选择一个有理数作为单元，任何一个有理数都是单元的整倍数。但是当我们遇到无理数时，这种理论就遭到了失败。无理数是无法用这种方法测量的。值得注意的是，“无理”是从希腊语中翻译过来的单词，它的意思是“不可测量”，而不是“丧失理性”之意。为了克服这种困难，毕达哥拉斯想方设法发明了一种通过连续的近似值而找出这些难以捉摸的数字的方法。我们在前面提到过这种连分数的解释。在这种数列中，我们可以通过递减数的量，使近似值大于或小于精确值，但这个过程本质上是无限的。无理数的目标在于这个过程的极限。通过这种观点我们能够像接近极限一样，获得有理数的近似值。这个特征实际上与现代极限的解释是一样的。

数的理论因而可以按照这些方法设计出来，但是单元的概念掩盖了离散数与连续量之间的根本混淆。直到毕达哥拉斯将此理论应用于几何学时，这一点才暴露出来。其间有些什么样的难题，我们将在讨论芝诺的批判时看到。

毕达哥拉斯对数学的另一个主要遗产是他的理念论。该理论后来被苏格拉底吸收和进一步发展；如果柏拉图的话可信，则这种理论也受到了爱利亚学派的有效批判。我们已经初步了解了这种理论的数学起源。以毕达哥拉斯的定理为例，要想绝对精确地画出一个直角三角形，并在其各边画出正方形，然后测量它们的面积，这是徒劳的。尽管画得精确，但不是完美的精确，实际上也永远做不到这一点。这样的图形是不能证明其定理的，因为，要想证明它，我们就需要有一个不能被画出而只能被想象的完美精确的图形。任何实际的图形必然或多或少地忠实反映了我们脑子里的图像，这就成了理念论的一个负担，也是晚期毕达哥拉斯学说著名的一部分。

我们已经知道毕达哥拉斯是怎样从他的调和弦发现中提出和谐原则的。在此基础上，他还提出了健康就是对立面之间某种平衡的医学理论。晚期毕达哥拉斯学派将这一理论进一步发展，并将和谐概念应用于灵魂。根据这种观点，灵魂是肉体的一种和谐。这样，灵魂就变成了肉体有序状态下才具备的一种功能。当肉体组织坏掉，肉体分解时，灵魂也随之消失。我们可以将灵魂看作某件乐器上张开的弦，将肉体看作安装弦的骨架。如果骨架被破坏，那么弦就会松弛，失去它的和谐。这种观点和早期毕达哥拉斯学派在这个问题上的概念是不一样的：毕达哥拉斯似乎相信灵魂的轮回，而其后来的信徒们却认为灵魂必然像肉体一样消亡。

在天文学方面，晚期毕达哥拉斯学派提出了一个非常大胆的假说。根据这个假说，世界的中心不是地球，而是一团位于中心的火。地球是围绕这团火旋转的一颗行星。但我们却看不见这团火，因为我们所处的地球这一面始终背向这个中心。他们认为太阳也是一颗行星，它的光芒来自中心火的反射。这个假说朝着后来亚里斯塔克提出的“日心说”迈出了一大步。但在毕达哥拉斯学派提出该理论的形式上，却存在着如此多的难点，以致亚里士多德又恢复了地球是平面的观点。由于亚里士多德在其他问题上的较大权威，这个观点竟取代了正确的观点，在后来的时代里曾盛行一时，而该理论的来源却被人们所遗忘。

在事物构成理论的发展方面，毕达哥拉斯认识到了许多早期思想家所忽略或误解的一个特征，那就是虚空的概念。没有虚空，要想对运动作出满意的解释是不可能的。在这方面，亚里士多德后来又一次退步，他认为“自然憎恨虚空”。而在原子论者看来，我们却必须寻找物理学理论发展的真实脉络。

同时，毕达哥拉斯学派试图吸收恩培多克勒所取得的进展。当然，他们的数学观不允许他们吸收这些元素作为终极元素。于是他们达成了一种妥协，这种妥协奠定了物质构成的数学理论基础。他们现在认为元素是由规则的、立体状的粒子构成的。这个理论在柏拉图的《蒂迈欧篇》中得到了进一步的发展。“元素”一词本身似乎就是由晚期毕达哥拉斯学派的思想家们所创造出来的。

在这一点上，还没有任何一位唯物主义者对巴门尼德的批判作出过完全令人满意的应战努力。无论爱利亚学说本身有什么样的缺陷，事实依然摆在那里：单纯增加基本物质的种类是无法提供解决办法的。巴门尼德的信徒们提出的一系列论证，强有力地表明了这一点。他们当中最重要的一位哲学家就是爱利亚的芝诺，他是巴门尼德的同乡和信徒，大约出生于公元前490年。除了知道他对政治感兴趣以外，我们还知道一件重要的事，那就是他和巴门尼德曾经在雅典见过苏格拉底。这话是柏拉图讲的，我们没有理由不相信他。

如前所述，爱利亚学说引出了令人十分吃惊的结论。为此很多人都在尝试弥补这种唯物论。芝诺试图证明，如果爱利亚学说都不符合常识的话，那么其他声称能够克服这一僵局的理论只会带来更加奇怪的难题。因此，他没有直接为巴门尼德辩护，而是“以子之矛，攻子之盾”。芝诺从对方的假设着手，通过演绎论证法来证实对方的假设中包含了不可能的结论，从而表明其假设不可接受，在事实上对其予以摧毁。

这种论证法与我们在讨论阿那克西曼德的进化论时提到的归谬法是相似的，但也有一个重要的差异。一般归谬法是这样论证的：既然结论在事实上是错误的，那么必然有一个前提在事实上也是错误的。

另一方面，芝诺试图表明，从一个给定的假设中，人们可以推导出两个相互矛盾的结论，也就是说这些结论不仅在事实上不真实，而且不可能。于是他论证说，产生这种结论的假设本身也是不可能的。这种论证法无须在结论和事实之间作任何比较就可以进行下去。从这种意义上说，它在问答范围内是纯粹辩证的。第一次系统地运用了辩证法的人正是芝诺，而辩证法在哲学中具有十分重要的作用。苏格拉底和柏拉图从爱利亚学说中继承了它，并且按照各自的方式加以发展。从那以后，辩证法就在哲学中占据了突出的位置。

芝诺的论证主要是为了攻击毕达哥拉斯的单元概念。与此有关的是，他还提出了反对虚空和反对运动可能性的论证。

我们首先来看一看芝诺是如何论证单元概念的谬误性的。芝诺论证道：任何存在事物必然具有某种量值。如果根本没有量值，它就不可能存在。同样，事物的每一部分也会具有一定量值。他还继续提出，这种说法在一时或一直都是正确的。这是一种介绍无限可分性的简洁方式，没有任何部分可以说成是最小的，否则，事物很多，这些部分将不得不同时既是大的又是小的。实际上，它们必须小到没有尺寸，因为无限可分性表明了事物的部分有无限之多，这就要求单元没有量值，因而这些单元的总和也没有量值。但同时，单元又必须具有某种量值，因此事物是无限大的。

这个论证是重要的，它表明了毕达哥拉斯数的理论在几何学中的失败。如果我们在考虑一条线，那么根据毕达哥拉斯的理论，应当能够说线里面存在着多少个单元。很明显，如果用无限可分性来假设，单元理论立刻就瓦解了。同时，我们还应抓住重要的一点，即它并不是证明了毕达哥拉斯的错误，而是证明了单元理论和无限可分性不能同时被接受；换句话说，它们是不相容的，必须放弃其中一个。由于数学需要无限可分性，所以毕达哥拉斯的单元理论必须被抛弃。还有一点值得注意，那就是归谬法本身。一个有意义的单一命题，不可能产生不相容的直接结论。只有当它和别的命题结合在一起时，矛盾才可能产生。也就是说，在两个不同的论证中，当其中一个论证的附加命题与另一个论证的附加命题不相容时，矛盾才会出现。在现在的例子中，我们就有两个论证：第一，事物是很多的，单元没有大小，因此事物没有大小；第二，事物是很多的，单元有大小，因此事物在尺度上是无限的。这两个不相容的附加前提就是：单元没有大小和单元有一定大小。在任何一种解释里，结论显然都是荒谬的。因为在每个论证中，前提都有错误。错误的本身正是毕达哥拉斯的单元理论。

为了替巴门尼德反对虚空的立场进行辩护，芝诺提出了一个新的论证。如果空间存在的话，那它就必然包含在什么东西里面，这也只能意味着还有更多的空间，依此类推，无穷之多。但是芝诺并不愿接受这种“退步”，于是他得出的结论就是不存在空间，这实际上等于否定了“空间是一个空容器”的观点。按照芝诺的观点，我们绝不可能把某个物体和它所处的空间区分开来。不难看出，“容器理论”是与巴门尼德的“球体理论”背道而驰的。因为，如果说世界是一个有限的球体，那就意味着它存在于虚空之中。芝诺在此试图维护其老师的理论，但令人怀疑的是，当他谈及一个有限的球体，如果球体之外空空如也，那么他的话是否还有意义呢？

这种能够被一再重复的论证叫作“无限回归”。它并不总是引出矛盾结论。事实上，现在已经没有人会反对这个观点了：任何空间都是更大空间的一部分。对芝诺来说，矛盾之所以会出现，就因为他想当然地认为“存在是有限的”，因此他才会面临这种“谬误性的无限回归”。

这种谬误性的回归论证实际上是某种形式的归谬法。它所揭示的是，论证的基础与别的某个真命题是不相容的。

芝诺最有名的论证就是关于运动的四个悖论，其中最重要的是阿基里斯与乌龟的故事。在此，他又一次间接地对巴门尼德的理论进行了辩护。由于他们自己的理论也无法解释运动，于是他们把过失推给了毕达哥拉斯学派，让他们去寻找更好的办法。论证是：如果阿基里斯与乌龟进行障碍赛跑，那么阿基里斯永远也不可能超过他的竞争对手。假设乌龟沿跑道先跑一段距离，那么当阿基里斯跑到乌龟的起点时，后者将跑到更前面的某个位置。而当阿基里斯赶到那个新位置时，乌龟又将跑到稍前的某一点。每当阿基里斯接近乌龟的前一位置时，这个讨厌的小东西又已经跑开了。当然，阿基里斯会越来越逼近乌龟，但他永远也不可能超过它。

我们必须记住，芝诺的论证是直接针对毕达哥拉斯学派的。因此他利用了毕达哥拉斯学派的假设，即一条线是由许多单元或点组成的。这样的结论就等于说，无论乌龟跑得多慢，它在赛跑之前就已经跑了一段无限长的距离。这是另一种形式的论证，其前提是事物在尺度上是无限的。

尽管我们不难看出这个结论有何错误，但很明显，作为毕达哥拉斯单元理论的反对意见，其论证是无懈可击的。只有当我们抛弃了单元观点，我们才能提出一个显示结论错在何处的无限级数理论。比如，一个级数包含了许多个以某个常数递减的项，就像比赛中各连续路程的长度，由此我们可以算出阿基里斯将在什么地方赶上乌龟。我们把这样一个级数之和定义为某个数；无论多少个项，无论多大的项，它们加起来的总和都绝不会超过级数之和。但是，如果有足够多、足够大的项相加，那么它们的和就会越来越接近级数之和。对一个给定的级数而言，我们无须证明就可以指出，一定有一个，而且只有一个这样的数。在赛跑中涉及的这种级数就是几何级数。现在，任何熟悉初等数学的人都能够处理这个问题。但我们不要忘记，正是芝诺的批判性工作，才使得充分的连续量理论有了发展的可能，这种理论是和数的基础，现在对我们来说却像孩子的游戏一样简单了。

芝诺的另一个悖论有时被称为“跑道论”，它揭示了辩证攻击的另一面。该论证是：我们绝不可能从跑道的一边跨到另一边去，因为这将意味着我们必须在有限的时间内横越无限多的点。更确切地说，就是在到达任何一点之前，我们都必须先到达半个点位置，以此类推，无穷无尽。因此我们永远也不可能起跑。这一论证，再加上阿基里斯与乌龟的论证，表明了已经起跑的人永远也不能停下来，从而否定了一条线包含着无限多单元的假说。

通过设定一条线包含着有限的单元来补救问题。首先，我们以三条长度相等的平行线为例，它们都由同样有限多的单元构成。让其中一条原地不动，另外两条以同等速度向相反方向移动。通过这种方式，当移动的两条线经过静止的那一条线时，三条线彼此并排在了一起。两条移动线之间的相对速度是任意一条移动线与静止线之间的相对速度的两倍。现在，论证又根据进一步的假设，即时间和空间都是由许多单元构成，那么速度就可以通过计量在给定时间内经过某一给定点的距离点数计算出来。当其中一条移动线经过静止线长度的一半时，它就经过了另一条移动线的全长。因此，后一时间就是前一时间的两倍。但是为了到达相互并排的位置，两条移动线要使用同样的时间。于是，两条移动线的速度似乎是它们实际移动速度的两倍。这个论证有些复杂，因为我们通常并不是在距离上，而是更多地在时间上思考速度的。但它的确是对单元理论的极为合理的批判。

最后是关于飞矢的悖论。飞行中的箭在任何时候所占有的空间都和它自身相等，因此它是静止不动的，而且永远是静止不动的。这就表明了运动甚至不可能开始，但前一个悖论却指出运动总是比实际速度快。芝诺正是通过这一论证推翻了毕达哥拉斯的离散量理论，并且为连续量理论奠定了基础，这也正是维护巴门尼德"球体理论"所需要的。

爱利亚学派的另一位重要哲学家是萨摩斯的梅里苏斯，他与芝诺是同时代的人。关于他的生平，我们只知道他是萨摩斯造反时期的一位将军，在公元前441年打败了雅典的一支舰队。梅里苏斯修正了巴门尼德理论的一个重要方面。我们已经知道芝诺为了维护师尊，不得不一再坚持否认虚空。但是把存在说成一个有限的球体，这是不可能的，因为这暗示着外面还有别的东西，也就是说还存在虚空。一旦排除了虚空，我们将不得不把物质世界看成在所有方向上都是无限的。这就是梅里苏斯的结论。

在为爱利亚学派的“太一”理论辩护时，梅里苏斯几乎预见了原子论。他辩称道，如果事物是很多的，那么每一事物本身必然像巴门尼德的“太一”一样。因为没有任何事物能够形成或消亡，所以唯一站得住脚的理论就是把巴门尼德的球体分解成许多小的球体，这样才能产生很多事物，而这正是原子论者在继续进行的课题。

芝诺的辩证法主要是对毕达哥拉斯观点的一次破坏性攻击，同时也为苏格拉底的辩证法，尤其是为我们以后将遇到的假说方法奠定了基础。而且，首次针对某个具体的问题，芝诺系统地运用了严密的论证。爱利亚学派可能精通毕达哥拉斯的数学理论，因而他们期待在该领域看到这种方法得到应用。遗憾的是，希腊数学家进行分析的实际方法却鲜为人知。但显然，公元前5世纪后半叶数学的迅速发展，与论证的既定原则的出现是相关联的。

人们怎样才能从根本上解释自己周围千变万化的世界呢？显然，解释的真正本质是它的本身基础不能变化无常。首先提出这个问题的是早期的米利都学派，我们已经看到后来的学派逐渐转变并修正了这个问题，并最终由另一位米利都学派的思想家对此作出了结论，他就是留基波。我们除了知道留基波被誉为“原子论之父”外，并不知道留基波还有什么重要的建树。而原子论是爱利亚学说的一个直接产物，梅里苏斯几乎是在偶然之间发现了它。

留基波的理论是对“一”和“多”的折中。他采用了无数粒子作为组成部分的概念。每一粒子都具有“巴门尼德球体”的特征：坚固、立体和不可再分。这就是“原子”，即那些不可分割的东西。它们总是在虚空里运动着。所有原子都被设定为具有同样的成分，但在形态上可以有所不同。关于这些粒子不可分割或“原子”的特性，是指不能用物理方法将它们分解碎裂。它们所占的空间在数学上当然可以无限分割。人们用一般方法看不见原子的原因是它们过于微小。现在，我们就可以对事物的形成或变化作出解释了，世界永远变化的一面正是由于原子的种种重新组合造成的。

原子论者如果使用巴门尼德的语言，那他们就不得不说“不存在”与“存在”是一样的真实。换句话说，空间之类的东西是存在的。至于究竟是什么，就很难说。我认为在这方面，今天的人们并不比古希腊人进步多少。我们所能真正信心十足说出的一切，就是几何学在某种意义上是适用于虚空的。唯物主义早先的困难正是出自他们坚持认为万物必须是有形的。唯一对虚空概念有清晰认识的人可能就是巴门尼德，当然他否认了虚空的存在。同时值得注意的是，“不存在的是存在的”在希腊语中并不等于措辞自相矛盾。线索就在于以下事实：希腊语中有两个词表示“不”。其中一个是范畴性的，如陈述句“我不喜欢×”；另一个是假设性的，用来表示命令、愿望等。这种假设性的“不”出现在爱利亚人运用的短语“不存在”里面。如果范畴性的“不”用在了“不存在的是存在的”这句话里面，当然就完全令人莫名其妙了。由于英语里缺乏这种区别，因此免不了要在这里说一些离题的话。

人们常常会问，古希腊人的原子论是以观察为基础，还是在黑暗中碰巧所获呢？除了哲学沉思以外，有没有做别的基础工作？这个问题的答案根本不像我们想得那么简单。一方面如上所述，原子论显然是常识与爱利亚学说之间的唯一可行的妥协之处，爱利亚理论是对早期唯物主义学说的逻辑上的批判。另一方面，留基波是一位米利都人，他精通其伟大同胞及前辈们的各种理论。他自己的宇宙论就证明了这一点，因为他并没有追随毕达哥拉斯学派，而是回到了阿那克西曼德早期的观点上去。

从某种标准来看，阿那克西美尼的“聚散论”，显然是以观察如下现象作为基础的，如雾气在光滑地面上的凝聚等。因此这个问题是把爱利亚的批判纳入“粒子理论”的结果。原子应该服从于永恒运动的提法很可能也出自同样的观察，或是对一束阳光里尘埃飞舞的观察。不管怎么说，阿那克西美尼的理论并不真正起作用，除非我们想的是一大批或多或少密集的粒子。因此，那种认为希腊的原子论是猜想的看法显然是不真实的。当近代的道尔顿重振“原子论”时，他清楚地意识到了古希腊人在这个问题上的观点，并且发现这个观点还为他观察到的化学物质按固定比例结合提供了某种解释。

然而还有更深层的理由可以表明“原子论”并不是偶然的发现，这牵涉到对本身逻辑结构的解释。在对事物作出某种解释的时候，那就是要证明所出现的现象如何才是事物构型变化的结果。因此，如果我们想解释某个物体的变化，我们就必须指出所假设的各成分（这些成分本身不被解释）排列组合的变化。只要不探究原子本身，那么原子的解释能力就不会受到影响。一旦我们探究原子本身，那么原子就变成了经验探索的目标，而起解释作用的实体则变成了次原子微粒，这次又轮到次原子微粒不能被进一步解释。法国哲学家E. 梅耶松曾经对“原子论”的这个方面做过非常详尽的讨论。因此，这样的原子论是遵循因果解释结构的。

德谟克利特进一步发展了原子论。他是阿伯德拉人，其活跃期大约在公元前420年。特别的是，他进一步将事物的本来面目和表面现象区别开来。因此按照他的原子观，人们周围的世界实际上是由处于运动状态的原子组成，并且人们以各种各样的方式体验它。这就产生了很久以后才被称为本初性和从属性的区别。一方面存在着形状、大小和物质，另一方面却是色彩、声音和味道等。那么从属性就要根据属于原子本身的本初性来加以解释。

在我们的探讨过程中，还将多次遇到“原子论”，因此我们将在适当时候讨论它的局限性。在此，我们只是指出“原子论”不是异想天开的结果，而是历时一百五十年才发展起来的、针对米利都学派的问题而作出的一个严肃答案。

除了对自然科学的重要作用以外，原子论还产生了一个新的灵魂理论：与其他一切事物一样，灵魂也是由原子组成的。灵魂的这些成分比别的原子更加精致，并且分布于全身。伊壁鸠鲁和他的信徒们后来根据这个观点，得出了以下结论：死亡意味着瓦解，个人的不朽是不存在的。作为生命最终目标的幸福，就存在于灵魂的平衡状态之中。

伴随着公元前5世纪各个哲学学派的发展，一些在某种意义上处于哲学边缘的人也出现了，他们一般被称为“智者”。苏格拉底轻蔑地说这些人是把无理说成看似有理的人。了解这种运动的形成，以及它在古希腊社会所起的作用是相当重要的。

哲学论战不断变化的背景，使得人们难以看出真理在哪一方。务实的人没有时间听那些悬而未决的争论。对这些人来说，他们仅仅希望问题得到积极的解决，一个没有定论的问题只能遭到他们的诅咒。总的来看，这也正是智者们发现自己有用武之地的范畴。因为哲学家们彼此冲突的理论使得人们对其知识是否可信根本不抱希望。除此以外，与其他民族广泛交往的经历已经表明，不同民族的习俗之间存在着不可逾越的鸿沟。希罗多德曾讲过一桩逸闻趣事：在波斯大帝的宫廷上，来自帝国各个部落的代表们济济一堂，当他们了解到其他部落的丧葬习俗时，都不禁感到恐惧万分，大气也不敢出。因为有的部落过去常常是将尸体焚化，而有的则把尸体吃个精光。希罗多德在其结论中引用了品达的话："习俗乃万物之王。"

由于智者们感到知识不可能被拥有，所以他们宣称知识并不重要，重要的是有用的意见。这里面当然也包含着一定的真理，因为在处理实际事务时，成功的确是压倒一切的想法。苏格拉底对此又提出了相反的观点。智者们感兴趣的是完全彻底的实践，而苏格拉底却认为这是不够的，他还认为，未经验证的生活是不值得去过的。

在一段时期内，希腊几乎没有多少系统的教育，正是智者们承担了系统教育的任务。他们都是专职教师，进行巡回讲课或指导。他们为苏格拉底所讨厌的行为之一就是收取学费。人们也许会觉得苏格拉底在这里有点不公平，因为即使是空谈家也得吃饭才行。值得注意的是，学术传统至今仍然认为工资是一种能够让教授们忘却物质问题的聘用费。

智者们在授课时各自强调不同的科目。他们最值得尊敬的活动仅仅是提供了某种文字教育，但也有一些人在讲授具有直接实践意义的科目。随着公元前5世纪民主制度在希腊的扩展，发表演讲的能力变得重要起来，而修辞学教师正是迎合了这种需要。

同样，政治学教师会指导他们的学生如何在集会中处理事务。最后，还有争论或辩论学教师，他们能够把坏的情况说成是好的。这种技巧在被告必须为自己辩护的法庭上具有明显的用途，教师们会传授如何去歪曲论证，提出反论。

区分辩论与辩证是十分重要的。辩论者的目的是为了取胜，而辩证者则是为了努力发现真理。这实际上就是辩论和讨论的不同之处。

虽然智者在教育领域承担的使命是有价值的，但他们的哲学观点却不利于对真理的探索。因为他们的观点是一种绝望的怀疑主义，是一种对知识问题的否定态度。这种立场概括起来就像普罗泰戈拉的一句名言："人是万物的尺度，是存在事物存在的尺度，也是不存在事物不存在的尺度。"因此每个人的意见对自己来说都是真实的，人与人之间的不同意见不可能用真理来决断。这就难怪智者特拉西马库斯会把"正义"定义为"强者的优势"。

虽然普罗泰戈拉放弃了对真理的探索，但从实用的意义上看，他似乎还允许一种意见可以比另一种意见好，尽管这一立场容易受到对实用主义的一般逻辑批判。因为，如果要问到两种意见哪一种实际上更好时，我们立刻就会返回到绝对真理的概念上去。不管怎样，普罗泰戈拉都是实用主义的创始者。

这里有一个有趣的故事可以说明人们是怎样看待智者的。普罗泰戈拉自信他的授课简单明了，即使是傻瓜也能听懂。他告诉自己的一个贫穷的学生，可以在接手第一桩法庭诉讼案挣到收入之后，再支付给老师学费。而那个年轻人接受培训后却并不去开业。于是普罗泰戈拉就诉诸法庭，要求学生偿还应付的学费。普罗泰戈拉在法庭上辩论说，该学生必须付给他学费：如果学生胜诉，就按原约付款；如果学生败诉，就按判决付款。不料这个学生却是青出于蓝而胜于蓝，他说：如果我胜诉，按照判决我就不用付款；如果我败诉（我没有获得诉讼收入），按照原约定我也不用付款。

“智者”一词本身就带点“智慧的人”的意思。因为苏格拉底也是一位教师，这就难怪当时的人们会不加区分地称他为智者。我们在前面已经讲过这种划分是错误的。不过直到柏拉图时代，这种差异才被人们正确地认识到。从某种意义上说，哲学家和智者当然会引起人们相似的反应。

远古以来，那些没有哲学头脑的人对哲学怀有相当奇怪而多变的态度。一方面，他们会把那些温和而仁慈的哲学家当作无害的傻瓜或怪人：他们走路时抬头望天，问一些傻兮兮的问题；他们脱离人们真正关注的事，对明智的公民们应当参与的事务漠不关心。另一方面，哲学的思索对既定惯例和习俗又确实有一种深刻而令人不安的影响。哲学家此时被怀疑是意欲推翻传统与惯例的“异教徒”，他们没有无条件地同意那些在别人看来似乎已足够好的习惯和观点。哲学家一旦对人们珍视的信仰提出怀疑，那些不习惯受此对待的人就会感到不安全，并且会做出憎恨和敌视的反应。因此苏格拉底被混同于一般“智者”，尤其是“巧辩术”教师，从而受到了进行颠覆性教学的指控。

雅　典

希腊哲学中最伟大的三位人物无不与雅典有关。苏格拉底和柏拉图出生于雅典，而亚里士多德先是在雅典学习，后来又在那里讲学。因此在讨论他们的作品之前，先了解一下他们生活过的城市对我们是有帮助的。公元前490年，雅典人在马拉松平原上独自击败了大流士的野蛮游牧部落。十年之后，希腊人的联合努力又粉碎了薛西斯的陆军和海军。斯巴达的一支后卫部队在温泉关使波斯人伤亡惨重。随后，雅典领导下的希腊舰队在萨拉米斯给了敌人海军致命的一击。第二年，波斯人在普拉太亚遭到了最后的失败。

然而雅典也变得荒芜了。她的人民已经四散逃命，波斯人焚烧了城市和庙宇。一次伟大的重建由此拉开序幕。雅典在战斗中首当其冲，曾是战争的领袖。现在危险已经过去，她又成为和平时期的领袖。希腊的人民获救之后，下一步就是解放爱琴海诸岛。斯巴达军队在这方面几乎派不上什么用场，因此在海湾围困波斯王的使命就落到了雅典海军的身上。这样，雅典人就控制了爱琴海。以德洛斯岛为中心而开始的德洛斯联盟，最终变成了雅典帝国，财宝库也从德洛斯迁到了雅典。

雅典在共同的事业中蒙受了损失，因此她认为她的庙宇应该用共同的资金来修复，这是最正确不过的事情。于是雅典人建起了拥有巴特农神庙及其他建筑物的新的“山顶之城”卫城，其遗址一直保存到了今天。雅典变成了希腊最重要的城市，她是艺术家和思想家云集之地，也是航运和贸易中心。雕塑家菲狄亚斯为新神庙创作了许多雕像，特别是雅典娜女神的巨像高耸于卫城，俯瞰着神殿的前厅和台阶。历史学家希罗多德从爱奥尼亚的哈利卡纳苏斯来到了雅典定居，并且撰写了他的希波战争史。希腊悲剧正是从参加过萨拉米斯战役的埃斯库罗斯开始，才进入了繁荣阶段。在《波斯人》一剧中埃斯库罗斯讲述了薛西斯的战败，这是他第一次没有从荷马史诗中引出主题。悲剧作家索福克勒斯和欧里庇得斯生前还目睹了雅典的衰落，喜剧诗人阿里斯托芬同样如此，他那辛辣尖刻的讽刺对任何人也不放过。修昔底德是第一位科学的历史学家，他记录了斯巴达与雅典的战争。在希波战争和伯罗奔尼撒战争之间的数十年里，雅典无论在政治上还是在文化上，都达到了她的巅峰。后人曾用一个人的名字称呼这一时代，这就是伯里克利。

伯里克利出身于贵族家族。他的母亲是改革家克利斯提尼的侄女，克利斯提尼开创了使雅典政体更为民主化的事业。据说阿那克萨哥拉曾经当过伯里克利的教师，这位贵族青年正是从他那里学习了机械宇宙论。伯里克利逐渐脱离当时盛行的迷信，性格含蓄而稳健，而且总的来看有点藐视平民百姓。正是在他的领导下，雅典的民主获得了完全的成熟。类似上议院的雅典最高法院那时已经失去了大部分权力，除了审判杀人罪以外，其全部作用已被五百人议会、市民大会以及法庭所取代。这些机构的所有成员都是通过简单抽签选举产生并享受俸禄的国家官员。一种新的社会服务制度在某种程度上改变了旧有的传统美德。

伯里克利具有担当领袖的天分。公元前443年修昔底德被放逐以后，伯里克利年年都被选为将军之一。由于深受人民的拥戴，这位强有力的演说家和能干的政治家使得同僚们黯然失色，伯里克利几乎就像独裁者一样统治着雅典。修昔底德后来在提到伯里克利时期的雅典时写道，民主只是一句空话，雅典实际上是在第一公民伯里克利的统治之下。只有在伯罗奔尼撒战争开始前的几年里，民主党派才开始要求获得更多的权力。直到那时，人们才开始感觉到把公民权只赋予公元前441年之前的雅典父母所生的雅典人这一做法所带来的恶果，以及由于毫无节制的大兴土木而造成的财政紧张。由斯巴达对雅典帝国主义的忌妒而引发的战争，从公元前431年持续到了公元前404年，最后以雅典的彻底失败而告终。伯里克利死于公元前429年战争爆发的初期，即瘟疫袭击雅典的公元前430年。雅典虽然在政治上衰落了，但它作为一个文化中心，却历久不衰。直到我们生活的今天，它仍然是人类努力奋斗追求的一切伟大、美丽目标的象征。

现在来谈谈雅典人苏格拉底。他也许是一位尽人皆知的哲学家。对他的生平我们了解得不是很多。他大约出生于公元前470年，是雅典公民，几乎没有什么钱，也不想拼命去赚更多的钱。他最喜欢的消遣就是和朋友们或其他人讨论问题，以及给年轻的雅典人讲授哲学。不过他不像智者那样索取费用。喜剧作家阿里斯托芬在《云》一剧中曾取笑过苏格拉底，因此他一定是雅典全城皆知的人物。公元前399年，苏格拉底受到了指控，说他从事了危害雅典的活动，并被判处死刑，令其服毒自尽。

至于其他方面，我们则必须依靠他的两位学生——色诺芬将军和哲学家柏拉图的著作了。其中柏拉图的著作更为重要。在几篇对话录中，柏拉图给我们展示了苏格拉底的生活和言论。我们从《会饮篇》中了解到苏格拉底很容易进入一阵阵的失神状态。他会在某个地方突然打住，陷入沉思有时达数小时之久。同时他又体格健壮，据称在服兵役期间，他比别人更能忍受酷热与严寒，能够不吃不喝，比别人熬得更久。我们还知道他作战勇敢，有一次曾冒着极大危险救了他的朋友阿尔西庇亚德的命，当时阿尔西庇亚德负了伤，跌倒在地。无论在战争还是和平时期，苏格拉底都是一个无畏的人，这一点直到他临终之时也没有改变。他长得其貌不扬，不修边幅，衣着随便，他的短袖长袍破破烂烂、皱皱巴巴，而且他还总是打着赤脚。他做任何事都不温不火，对其身体有惊人的控制力。尽管他很少饮酒，但一旦饮起来，他却能让同伴们瘫倒在桌子底下，而自己却毫无醉意。

在苏格拉底身上，我们发现了晚期希腊哲学中斯多葛学派和犬儒学派的前兆。犬儒学派与他一样不太关注世俗的利益；而他和斯多葛学派都对把德行作为众善之首抱有兴趣。除了在年轻时期，苏格拉底并不对科学做更多的思考，而是把主要兴趣放在善的问题上。柏拉图早期的一些对话录中，苏格拉底在这一点上表现最为突出，我们发现苏格拉底在寻求伦理学术语的定义。《卡密德篇》提出了什么是适度的问题；《露西思篇》提出了什么是友谊；而《拉黑斯篇》则提出了什么是勇气。虽然苏格拉底没有给出那些问题的最终答案，却向人们表明了提出那些问题的重要性。

这显示了苏格拉底本人的主要思路。尽管苏格拉底总是说自己一无所知，但他并不认为知识是我们不可企及的东西。重要的恰恰是我们应当努力去寻求知识，因为苏格拉底认为一个人有过失或犯罪的原因正是缺乏知识。只有当他懂得了知识，他才不会有过失。因此，无知是产生罪恶的一个首要根源。于是，为了达到善，我们必须具有知识，因此善也就是知识。善与知识的联系是整个希腊思想的一个标志。基督教的伦理观是与此完全对立的，它认为重要的是一颗纯净的心，而纯净的心可能在无知者中更为容易发现。

苏格拉底于是试图通过讨论来澄清这些伦理学问题。这种用问答方式来发现事物的方法被称为辩证法，苏格拉底在这方面很擅长，尽管他不是辩证法的最先使用者。根据柏拉图的对话录《巴门尼德篇》的记述，苏格拉底年轻时曾见到了芝诺和巴门尼德，并且获知了这种辩证法，后来他又传授给了别人。在柏拉图的对话录中，苏格拉底是一位具有生动的幽默感和犀利的机智的人。使苏格拉底闻名，且令人生畏的就是他的反讽。“反讽”是一个希腊单词，其字面意义有点像英语里的“有意识的非充分陈述”。因此当苏格拉底说自己只知道自己一无所知的时候，他就是在运用反讽，在玩笑的表层下面总是潜藏着某个严肃的观点。苏格拉底无疑是熟悉希腊所有思想家、作家和艺术家的成就的。但是当我们面对无边无际的未知领域时，我们所知道的实在太少太少，正如一无所知一样。一旦明白了这一点，我们就能真的说自己是一无所知的。

《申辩篇》是对苏格拉底行为的最佳写照，它展示了对苏格拉底的审判情形。文章是他自己作的辩护，或者确切地说，这是柏拉图后来根据回忆记下的话，它不是逐字逐句的记录报道，而是苏格拉底能够和可能说的一些话。这种“报道”方式并无不同寻常之处，历史学家修昔底德就曾相当坦然地使用过这种方式。因此《申辩篇》算是一件历史作品。

苏格拉底被指控为不信奉国教的异端，而且还以授课方式腐蚀年轻人。这完全是一个欲加之罪的诬告。政府反对他，是因为他和贵族派别联系在一起，他的绝大多数朋友和学生就属于这个派别。但是由于有大赦法，法院无法在这项指控上大做文章，于是由民主派政客安匿托士、悲剧诗人迈雷托士和修辞学教师吕康充当了正式的起诉人。

从审判一开始，苏格拉底就充分发挥了他的反讽才能。他这样说，指控他的人犯了强辩罪，所作的发言辞藻华丽而无实质性内容。他自己已经年过七旬，以前从未上过法庭，故请求法官们容忍他不合法律程式的讲话。苏格拉底此时还提到了一些更老练、更阴险的控告者，因为他们躲在背后，更加难以捉摸。这些人一直在四处宣称苏格拉底是“一位智者，他上知天文，下知地理，能使坏的变成好的”。苏格拉底回答说，他不是科学家，也不像智者那样为了钱而授课，也不知道智者们知道些什么。

那么，为什么人们会称他为智者呢？原因就是德尔菲的神谕曾经说过，没有人比苏格拉底更具智慧。苏格拉底也曾想方设法证明神谕是错误的。于是他找到那些会被认为很聪明的人，向他们提出问题。他问过政治家、诗人、手工艺人，发现他们当中没有一个人能够解释自己在做些什么，没有一人是真正聪明的。在指出别人无知的同时，苏格拉底树敌不少。他终于明白了神谕的深意：只有神才最具智慧，人的智慧在神的面前是微不足道的。

人们当中，像苏格拉底这样最具智慧的人却看到了自己的智慧也是毫无价值的。因此，苏格拉底一生都在揭穿假装有智慧的人。虽然这样做使得他成了穷人，但他认为必须去实践神谕。

苏格拉底在质问原告迈雷托士的时候，迫使这个原告承认整个国家除了苏格拉底以外，所有人都在使青年进步。但是生活在好人中间应该比生活在坏人中间好一些。因此苏格拉底本人不可能去故意腐蚀雅典人，如果他无意中做了，迈雷托士就应该纠正他，而不是控告他。指控还说苏格拉底建立了自己的新神，在审判中迈雷托士又严厉指责苏格拉底是一个无神论者，这显然是自相矛盾的说法。

苏格拉底此时告诉法庭说，自己的职责就是执行神的旨意，研究自己和别人，即使要冒着与国家发生冲突的危险。苏格拉底的这种态度提醒我们，“分裂忠诚”的问题正是希腊悲剧的主题之一。他继续说自己是一只令国家讨厌的牛虻，并且提到有一个内心的声音一直在指引他，它禁止，但从不命令他去做什么。正是这种声音阻止他涉足政治，因为没有任何人能够在政治中保持长久的诚实。原告们没有提出让他以前的任何一位学生出庭做证，他也不会带着自己哭哭啼啼的孩子们来乞求怜悯，他必须说服法官，而不是恳求施恩。

当法庭判决苏格拉底有罪时，他发表了一通辛辣凌厉的演说，提出愿意为此付三十米尼的罚金。这理所当然地遭到了拒绝，死刑被再次确认。在最后的陈词中，苏格拉底警告那些指控他的人，说这些人将为自己的罪行而受到重重的惩罚。随后苏格拉底转向自己的朋友们，告诉他们所发生的一切并不是罪恶。对死亡不应该感到恐惧，死亡或像无梦的睡眠，或像另一世界的生活，在那里，他可以不受打扰地与欧尔费、缪索斯、赫西俄德以及荷马交谈，而他们肯定是不会杀死一个提问者的。

前往德洛斯进行年度宗教之旅的国家仪典船因风暴而推迟返航，按惯例，在其返回之前是不可以处死囚犯的。因此，苏格拉底在服下毒芹酒之前，在狱中关了一个月的时间。在这期间，他拒绝越狱逃跑。《斐多篇》中说，在临死之前的最后几小时，苏格拉底还在和朋友及信徒们讨论永生不朽的问题。

如果看完本书，你将会发现没有哪位哲学家像柏拉图或亚里士多德那样占有很大的篇幅，这应当归因于他们在哲学史中的独特地位。首先，他们作为前苏格拉底各学派的继承者和系统整理者，发展了那些思想，并且使大量未能被早期思想家充分揭示的东西变得明晰起来。其次，他们在各个时期，都对人类想象力产生了巨大的影响。西方的思辨推理无论在什么方面兴旺发达，其背后都徘徊着柏拉图和亚里士多德的影子。最后，与他们之前或之后的任何思想家相比，可能他们对哲学的贡献更具实质性。他们几乎在每一个哲学问题上都说过一些有价值的话。任何人现在试图独树一帜而忽视雅典的哲学，都得承担很大的风险。

柏拉图的一生经历了从雅典衰落到马其顿兴起这一时期。他生于公元前428年，也就是伯里克利死后那一年，因此他是在伯罗奔尼撒战争中长大的。他活了八十多岁，于公元前348年辞世。他的家庭背景和成长环境是贵族式的。其父亲阿里斯顿的祖先可追溯到古代雅典的王族，而他的母亲伯里克蒂奥尼则来自长期活跃于政坛的家庭。当柏拉图还是个孩童的时候，阿里斯顿就去世了，伯里克蒂奥尼随后改嫁她的叔叔毕利兰伯，毕利兰伯是伯里克利的朋友和同党。柏拉图似乎就是在他继父家中度过性格形成期的。有了这种背景，也就难怪他会对公民的政治责任抱有坚定的信念。他不仅在其《理想国》一书中鲜明地提出了这些观点，而且还身体力行。在他的早年时代，他似乎渴望成为诗人，而且或多或少被认为应该从事政治营生。但这种雄心在苏格拉底被处死之后突然消失了。令人恐惧的政治阴谋和政治的险恶性在这位年轻人的脑海里留下了抹不掉的永久印象。没有人能够在党派政治的圈子里长期保持独立和正直。从此以后，毕其一生柏拉图都致力于哲学研究。

苏格拉底是柏拉图家族的一位老朋友，柏拉图自孩提时代起就已经认识他了。苏格拉底被处死后，柏拉图和其他一些苏格拉底的追随者逃到了梅加腊避难，一直住到流言蜚语平息下去。在这之后，柏拉图似乎曾在外旅行多年，到过西西里、意大利南部，甚至可能还去过埃及，但我们对他这一时期的情况知之甚少。不管怎样，柏拉图在公元前387年又出现在了雅典。这时他创办了一所学校，学校位于距离雅典西北部很近的一个小树林里。这片土地与传奇英雄阿卡得摩斯有关，因此学校便取名为“阿卡得米（Academy，学院）”。它的组织结构以南部意大利的毕达哥拉斯学校为模板，柏拉图曾经在旅行中与该学校有过交往。阿卡得米是中世纪以后发展起来的大学的前身。作为一所学校，它存在了九百多年，比它之前或之后的任何同类机构都要长久。公元529年，它终于被查士丁尼大帝关闭，因为这种古典传统的存在冒犯了他的基督教原则。

阿卡得米的种种学习大致类似于毕达哥拉斯学派的传统科目。算术、平面几何、立体几何、天文学和声学构成了课程的基本内容。可能因为与毕达哥拉斯学派的紧密联系，阿卡得米着重强调了数学。据说在通往学院的入口处有一块铭碑，上面刻有铭文，要求那些不喜欢这些学科的人不要入学。学生们要花十年时间接受各个学科的训练。

这一漫长的受教育过程的目的就是要把人们的思想从经验世界的纷纭变化转向世界背后永恒不变的架构上来，用柏拉图的话来说，就是从形成转向存在。

然而这些学科并不是独立存在的。它们最终都要服从于辩证法的原则，对这些原则的研究正是教育真正的显著特点。

从非常现实的意义上看，即使到了今天，这仍然是真正教育的目的。大学的作用不是填鸭式地把尽可能多的事实塞满学生的头脑。大学的正确任务是要引导学生养成批判考察的习惯，以及理解与所有问题相关的原则、标准。

我们不可能得知阿卡得米的组织细节。但是从一些文字材料中，我们可以推断它一定在很多方面都与近代的高等教育机构有相似之处。学院配有科学设备和一座图书馆，并且进行授课和举办研讨会。

因为有了这样一所学校来提供教育，智者们的活动很快就衰落了。毫无疑问，为了对学院进行维持，来这里上课的人必然得捐献点什么。但那时钱的问题并不是真正重要的问题，除了因为柏拉图相当富有，有钱支付，能够忽略这些问题以外，更重要的是因为学院的办学目的是训练人们按照理性进行独立思考。学生们不必面临直接的实践目标，这与智者截然相反，后者除了精通实务外，对别的一无所求。

亚里士多德既是阿卡得米的首批学生之一，也是其中最著名的学生。他在年少时就前往雅典，进入了该学院，并且在那里住了差不多二十年之久，直到柏拉图去世。亚里士多德对人们说，他的老师讲课从来不备课。从其他的资料中，人们还了解到，在专题研讨会或小组讨论中，老师会提出一些问题，让学生们去解决。他们的对话录就是书面的哲学论文，这些论文不是针对学生们的，而是针对更广泛的受过教育的公众的。柏拉图从未写过一本教科书，也一直拒绝将他的哲学建成某种体系。他似乎感到世界总的看来实在太复杂了，以至于无法将其压缩到一个预先设计好的书面模式中去。

柏拉图在阿卡得米开办二十年的时候再次出国。公元前367年，锡腊库萨的统治者狄奥尼修斯一世去世。他的儿子狄奥尼修斯二世作为继承人继位。这位三十岁的年轻人似乎不太成熟，缺乏经验和能力去把握像锡腊库萨这样重要的国家的命运。他的姐夫狄奥掌握着实权，此人是柏拉图的挚友与崇拜者。狄奥邀请柏拉图到锡腊库萨的目的，是想让他检验一下狄奥尼修斯二世的本领，并且把他培养成一个见识广博的人。人们要在这样一个计划中取得成功，其可能性常常都是渺茫的；但柏拉图同意去试一试，毫无疑问，一方面是因为他与狄奥的交情，另一方面则是由于这是对阿卡得米声望的一种挑战。这也的确给了柏拉图一个机会，看看他的教育理论能否在统治者身上经受住考验。像这样的科学教育能否使一个政治家在政治事务中成为更聪明的思想家，这的确值得怀疑，不过柏拉图显然认为这是可能的。如果西部的希腊人面对迦太基日益增强的势力，要想站稳脚跟的话，那么在西西里有一位强有力的统治者十分关键。如果一些数学训练能够将狄奥尼修斯二世变成这样的人，那么收获就不小；要是失败了，也没有什么损失。柏拉图一开始取得了某些进展，但好景不长，狄奥尼修斯二世对长期坚持接受教育缺乏精神上的动力，而且从骨子里他就是一个非常令人厌恶的阴谋家。由于妒嫉狄奥在锡腊库萨的影响以及与柏拉图的友谊，他强迫狄奥流亡他方。此时即使继续留下来也不可能再有所作为了，于是柏拉图返回了雅典和阿卡得米。虽然他远在雅典仍尽力设法补救，但已无济于事。公元前361年，柏拉图再次来到锡腊库萨，为匡正时局做最后一次努力。柏拉图花了将近一年时间去制定一些切实可行的措施，试图把面临迦太基威胁的西西里的希腊人团结起来，结果证实，保守派的敌意是一个无法越过的障碍。起初并不是没有给柏拉图自己的生命招来危险，但最终他还是于公元前360年设法离开锡腊库萨，回到了雅典。后来狄奥借助武力恢复了原位，但是，尽管柏拉图给了狄奥忠告，狄奥还是暴露出自己是一个失策的、不高明的统治者，在某个时候被人暗杀了。虽然后来柏拉图竭力鼓动狄奥的追随者奉行原有的策略，但他的忠告没有引起人们的注意。西西里的最终命运，就像柏拉图所预见的那样，被外国征服了。

公元前360年返回雅典后，柏拉图继续在阿卡得米讲学和著书，作为一位活跃的作家度过了余生。在所有的古代哲学家中，柏拉图是唯一把其作品几近完整地传给我们的人。前面提到的对话录并没有被他当作哲学话题的正式论文和技术性论文。柏拉图清楚地意识到，要像以往许多哲学家所做的那样，去追求建立一套体系，以取代所有别的体系，这种探索必然面临重重困难。另外，在哲学家中，他还是独一无二的人，因为他既是伟大的思想家，同时又是伟大的作家。柏拉图的作品标志着他是世界文学史上杰出的人物之一。遗憾的是，这种特征至今在哲学界仍属罕见。有大量的哲学著作浮华臃肿、枯燥乏味和言过其实。在某些地方几乎形成了一种传统，那就是为了显得玄妙高深，哲学作品一定要在文字上晦涩难懂，而不是流畅明了。这真是令人遗憾，因为它吓跑了那些对哲学感兴趣的外行人。当然，我们也绝不会想象柏拉图时代受过教育的雅典人就能读懂他的对话录，并且一下子就能理解其哲学的重要性。就像不可能期望一个不懂数学的门外汉翻开一本微分几何书，能够比以前懂得更多。然而无论如何，你是能够读懂柏拉图的，而对大多数别的哲学家而言，那就不好说了。

除了对话录以外，柏拉图还有一些书信流传了下来，这些书信主要是写给他在锡腊库萨的朋友们的。作为历史文献，这些书信是有价值的，不过缺少了特别的哲学趣味。

我们必须谈到苏格拉底在对话录中所扮演的角色。苏格拉底本人从未写过任何东西，因此他的哲学思想主要是通过柏拉图留存下来的。同时，柏拉图在晚年的著作中又提出了自己的理论。所以我们必须区分对话录中，哪些是柏拉图的观点，哪些是苏格拉底的观点。这项任务虽然有些棘手，但并非不可能。譬如说，在我们由独立依据判断出的后期对话录里面，柏拉图批判了苏格拉底提出的某些早期理论。过去常常有人认为对话录中的苏格拉底只是柏拉图的代言人，通过这种文学手法，柏拉图把当时碰巧符合他思想的种种观点提了出来罢了。但这种评价是违反事实的，而且如今已经没几个人认同了。

柏拉图在哲学方面的影响可能比任何人都大。作为苏格拉底和前苏格拉底各学派的继承人，作为阿卡得米的创始人和亚里士多德的老师，柏拉图占据了哲学思想的中心位置。无疑正是这个原因，法国逻辑学家E. 戈博才会这样写道，柏拉图的哲学不是某一种形而上学，而是唯一的形而上学。如果我们记住苏格拉底和柏拉图之间的区别，就可以更准确地说，正是柏拉图式的苏格拉底学说对哲学产生了重要的影响。柏拉图哲学凭自身的力量再次复兴是最近的事。在科学领域，它可以追溯到17世纪初期，而在哲学本身，它的复兴出现在我们自己这个时代。

要研究柏拉图，记住数学所起的中心作用是十分重要的。这是柏拉图有别于苏格拉底的特征之一，苏格拉底早就不再对科学和数学感兴趣了。在以后的年代里，由于不能足够敏锐地掌握柏拉图的理论，于是人们把他严肃的哲学研究当成了数字上的神秘来贩卖。不幸的是，这种不正常的现象并不像人们期望的那样少见。当然，对逻辑学家而言，数学仍是他们特别感兴趣的一个领域。我们现在必须要考察一下对话录中所涉及的某些问题。要表达出这些作品的文学价值并非易事，好在这毕竟不是我们主要关心的方面。不过即使是翻译，我们还是保留了足够的文采，以此表明哲学无须搞得不可卒读才算真的有意义。

一提到柏拉图，人们立刻就会想到理念论。在流传下来的对话录中，苏格拉底提出了这一理论。但究竟是苏格拉底提出的，还是柏拉图提出的，则是一个长期争议不休的话题。《巴门尼德篇》虽然是一篇后来的对话录，但它却描述了苏格拉底年轻时的一幕，而柏拉图那时还未出世。我们从中看到苏格拉底试图坚持理念论，以反对芝诺和巴门尼德。我们在另一些地方还发现苏格拉底与一些显然熟悉其理论的人交谈（理念论起源于毕达哥拉斯学派）。我们来看一看《理想国》中对它的解释。

我们从这个问题开始：什么是哲学家？从字面上看，哲学家就是智慧的爱好者。但并非每个有求知欲的人都是哲学家。因此该定义的范围必须缩小：哲学家就是爱好真理本身的人。艺术品收藏家爱好各种美的事物，但这并不能使他成为哲学家。哲学家爱好的是美的本身。爱好美的事物的人是在做梦，而爱好美本身的人却是清醒的。爱好艺术的人只有意见，而爱好美本身的人却有知识。正如巴门尼德所说，知识必须要有一个对象，而对象必须是某种存在的事物，否则便没有知识。知识是固定和明确的，它是摆脱了谬误的真理。另一方面，意见则可能是错误的。但由于意见既不是存在的知识，也不是空空如也，所以正如赫拉克利特提到的那样，它一定既是存在的，又是不存在的。

因此苏格拉底认为，人们通过感知所掌握的一切个体事物，都具有相反的特性。一尊美丽雕像也有某些丑的方面。从某个观点看，个体事物是大的；从另一观点看，它又是小的。这一切都是意见的对象。但是我们并不能通过感知把握这样的美和这样的大，它们是不变的和永恒的，它们是知识的对象。苏格拉底结合了巴门尼德和赫拉克利特两人的观点，提出了他的理念论或形式论，这个新的理论是这两位早期的思想家都没有的。在希腊语中，“理念”的意思就是“图画”或“样式”。

理念论既有逻辑的一面，又有形而上学的一面。在逻辑方面，人们可以区分某一类的个体对象和这一类的共同名称。因此，共同名称“马”指的不是具体的这匹马或那匹马，而是任何一匹马。它的含义与个体的马，以及发生在这些马身上的种种情况都没有关系。它既不存在于空间，也不存在于时间，而是永恒的。在形而上学这方面，理念论意味着在某个地方存在着一匹“理想的”马，这样的马是独一无二的，也是不变的，这就是共同名称“马”的含义。个体的马之所以为马，是因为它们归属于或部分归属于“理想的”马。理念是完美而真实的，而个体则是表象的，是有缺陷的。

为了帮助我们理解理念论，苏格拉底概括性地提到了著名的洞穴比喻。没有哲学思想的人就像洞穴里的囚犯。他们戴着镣铐，无法转身。在他们的后面是一堆火，前面是一堵空白的墙，隔断了空空的洞穴。墙就像屏幕一样，他们从中看见了自己的影子，以及他们与火之间的东西的影子。由于无法看到别的东西，他们就认为影子是真实的。最后，有一个人抛开了枷锁，摸索着爬到了洞口。在那里，他第一次见到了阳光，阳光正照耀着真实世界的蓬勃万物。然后他又返回洞穴，对他的同伴们讲述他的发现，并试图证明他们所见到的东西只不过是现实的模糊反映，只是一个影子的世界。但是由于见到了灿烂的阳光，那个人有些头晕目眩，发觉自己此时更难辨别影子了。他企图指引同伴们走向光明，可在同伴们的眼里，他似乎比以前更加愚蠢，因此要说服他们可不是一件容易的事情。如果我们对哲学感到陌生，那么我们就如同这些囚犯一样。我们只看到了影子，看到了事物的外表。但是当我们懂得哲学的时候，我们就能在理智与真理的阳光下，看待外界的事物，而这就是实在。这种光芒赋予我们真理，赋予我们求知的力量，代表着善的理念。

如前所述，这里提到的理论主要是受到了毕达哥拉斯学派的启发。无论如何，它也不是柏拉图晚期和成熟期的观点，这一点似乎可以由以下事实充分证明：在柏拉图后期的对话录中，理念论先是被推翻，然后完全消失了。《巴门尼德篇》的中心主题之一就是承担了批驳这个理论的任务。巴门尼德与芝诺会晤过苏格拉底并非不可信，视其为历史事件倒也无妨，尽管他们当时的谈话内容不大可能被对话录所记载。然而他们的谈话都符合各自的性格，他们所表达的观点也与我们从其他独立资料所获知的相一致。其实，巴门尼德年轻时曾受到毕达哥拉斯学派的影响，后来又与其说教决裂。因此理念论对巴门尼德而言并非新观点，要想批判青年苏格拉底对这一理论的解释，是能够找到现成理由的。

首先，巴门尼德指出，苏格拉底允许“形式”（形式论）适用于数学对象和善、美之类的概念，却拒绝把它用于元素和一些较微小的事物，这是没有什么道理的，因为这将引出一个更为严重的问题。苏格拉底形式论的主要难点就在于如何把形式与个体事物联系起来，毕竟形式只有一个，而个体事物却有很多。苏格拉底为了解释这种联系，使用了参与概念，但有些让人迷惑不解的是，个体事物怎样才能参与到形式中去。很显然，整体形式是无法出现在每一个个体事物里的，因为那样它就不可能成为一种形式。或者说，每个个体事物包含着形式的一部分，但这样一来，形式就不能说明任何问题了。

但更糟糕的还在后面。为了解释形式与其所属个体事物之间的联系，苏格拉底不得不提出了参与概念，而这个在许多事例中得到证明的概念本身就是一个形式。但我们一定会马上发问，这个形式（参与概念）是如何一方面与原来的形式相联系，而另一方面又和个体事物相联系的？这样一来，我们需要的似乎还不止这两种形式，于是我们就陷入了恶性的无限回归。每当我们提出一个形式，试图弥合一个缺口时，又会出现两个新的缺口。因此弥合缺口就像服赫拉克勒斯式劳役一样，始终得不到赫拉克勒斯的逃脱。这就是著名的第三者论证，它的得名是因为在它的一个特殊事例中，所讨论的形式是人的形式。苏格拉底企图回避困难，于是又提出形式就是样式，而个体事物则与之相类似。但这也解释不了第三者论证。因此，苏格拉底无法解释各种形式是如何与它们的个体事物相联系的。其实这一点是能够直接证明的，因为我们已经设定形式是不可感知的，而是可理喻的。在它们自身的领域，只能在它们的彼此间发生联系，个体事物同样如此。这样看来，形式似乎是不可知的。如果形式是不可知的，那么它们当然就是多余的，也不能再解释任何东西。由此，我们或许可以换一种说法提出这个问题：如果形式只是其本身，与我们的世界无关，那么它们就是空洞无意义的；如果它们与我们的世界有关，那么它们就不属于它们自己的世界。因此，形而上学的形式论是站不住脚的。

我们将在以后看到柏拉图本人是如何解决共相问题的。在此我们只需注意苏格拉底的学说是经不起严密验证的。在《巴门尼德篇》中，这个问题没有再被追究下去。巴门尼德转向了另一个问题，他指出即使在苏格拉底的形式领域之内，也并非所有的解释都令人满意。芝诺对此作了详尽的辩证批判，证明了苏格拉底关于各种形式都是彼此分离的观点是错误的，这也为柏拉图找出解决的办法奠定了基础。

然而还有另一个困难，这个困难使我们回到了毕达哥拉斯学派提出的最初的理念论。我们已经知道，理念论的另一面产生于数学中关于论证对象的解释。当数学家建立某个三角形定理时，显然实实在在画在纸上的图形不在其思考范围内，因为任何这样的图形都有其缺陷，它已经不属于数学考虑的范畴。无论人们如何去尝试画出一条精确的直线，它也永远不会是完美的精确。由此得出结论，完美的直线属于另外一个世界，于是我们就有了以下观点，即形式属于与感知对象不同的存在层次。

乍一看，这个观点并非没有某种合理性。比如，认为两个感知对象几乎接近于相同，但又不完全相同；它们可能趋向于相同，却又永远达不到相同，这种观点似乎并非不合理。无论如何，要想断定它们完完全全的相同，即使不是不可能，也是很困难的。另一方面，我们以两个不相同的事物为例。这时候人们总是一眼就能看出它们是不相同的，因此不相同的形式似乎在感知世界里才会相当明了地展示自己。如果不用形式术语来系统阐述这一点，而是转而使用通常的方式，那我们就会完全自然地说，两个事物几乎相同，而又不完全相同。不过这种说法并没有什么实在意义。因此，这种批判直接揭穿了形式论。

或许有人会问，既然理念论已经遭到了爱利亚学派的破坏性批判，为什么苏格拉底还要继续坚持呢？他肯定非常清楚这种批判的威力。然而我们把这个问题倒过来看似乎更为中肯些。正是因为苏格拉底在智力兴趣方面遇到了诸多困难，他才会退却到伦理学和美学问题中去。无论如何，人的善是无法用感知头发颜色的方式来发现的。但即使在这一领域，苏格拉底也逐渐变得对分有理论有些不太满意，尽管他从未提出过别的什么新理论。但这也给了我们一个暗示，那就是答案绝不能从事物里寻找，而是要在我们对事物的论证中获得。柏拉图本人正是朝着这一方向继续对共相问题做出努力的。

苏格拉底曾在《斐多篇》中顺便提到过这个问题，尽管他没有继续展开问题的这一方面。而柏拉图在《泰阿泰德篇》及《智者篇》中则再次提出了它。

《理想国》可能是柏拉图最有名的对话录。它包含了后世直至我们这个时代的思想家们所从事的许多探索的先兆。对话录的得名就是因为书中讨论了一个理想国度的建立。我们现在要描述的就是这种国家政体。正如我们所知，希腊人把国家当成一座城市来看。希腊语“政体”一词就表明了这一点，它的大意是“城镇”，其含义还包括一座运转良好的城镇所具备的所有社会组织机构。“政体”就是这篇对话录的希腊语标题。英语里的“政治”一词就源于此。

柏拉图把理想国中的公民分为三个阶级：监管者、兵士和平民。监管者是一小部分精英，他们单独行使政治权力。国家初建时，由立法者任命监管者，而且可以由其亲属世袭职位。低阶层中优秀的孩子可以被提拔进入统治阶级，而统治阶级平庸的后代也可以被贬为兵士或平民。监管者的任务就是去落实立法者的意愿。为了确保他们会这样做，柏拉图制订了一整套的计划，规定他们必须如何接受培养和怎样生活。他们将受到精神与肉体两个方面的教育。精神方面有“音乐”，即缪斯女神主管的任何一门艺术。肉体方面有“体操”，即无须编组练习的运动。“音乐”或文化方面的训练就是为了产生有教养的人。英国人所理解的“绅士”概念，就是从柏拉图那里派生出来的。受教育的年轻人必须做到举止高贵、典雅和英勇。为了实现这一目标，书籍必须受到严格的审查。诗人的书必须被查禁：荷马和赫西俄德把诸神描绘成好争吵、放纵无节制的样子，这不利于众人对神的崇拜。神不应当被表现为整个世界的创造者，而它只是世界上非邪恶事物的造物主。另外，有些章节容易激起人们对死亡的恐惧和对叛逆行为的赞赏，或者怀疑恶人将会得势而好人却会遭殃。诸如此类的一切内容都必须被查禁。今天狭义的音乐，也要受到审查：

只有那些能激发勇敢与节制的调式、韵律才被允许。监管者必须过一种清淡的生活，这样他们就无须求医。他们在年轻时必须与庸俗的东西隔离，到了一定年纪就得学会应付恐惧和诱惑。只有那些能够同时抵制恐惧和诱惑的人才适合成为监管者。

监管者的社会、经济生活应当是严格的大同社会。他们的住房很小，仅有一些维持个人生存所需的物品。他们分组进餐，吃得很简单。两性完全平等，所有女人都是所有男人的共同妻子。为了保持他们的数量，统治者会在某些节日，通过抽签选定一组合适的男女，让他们聚集到一起繁衍后代，实际上这种选定是出于优生的考虑。孩子一出生就被抱走，在亲生父母和亲生子女互不知晓的方式下集体抚养成人。未经许可而生育的孩子是非法的，畸形或劣种的婴儿将被抛弃。这样一来，个人情感就显得微弱，而集体精神就变得强大起来。最优秀的孩子被选出来接受哲学训练，这些掌握哲学的人最终将适于成为统治者。

如果公共利益需要的话，政府就有权“撒谎”。尤其是它将反复灌输那种“忠诚的谎言”，即把这个美丽的新世界说成是神授的。两代人以后，这个谎言将逐渐被毫无异议地接受，至少对平民百姓是如此。

我们最后来看看正义的定义。自从柏拉图提出理想国观念以来，这个定义就是整个讨论得以展开的理由，因为他觉得首先在一个大的范围内讨论正义可能会更容易些。当每个人都只关注自己的事情时，正义就会占据支配地位。每个人都在从事属于自己岗位的工作，而不去干涉别人的事务，这样，国家政体机构才能从容而有效地发挥作用。在希腊语义中，“正义”一词是与“和谐”概念相联系的，是与理想国家中每部分机构各司其职、整体上平稳运作相联系的。

我们从这里的确看到了一幅可怕的国家机器图画，作为个体的人在其中几乎消失殆尽。《理想国》中描绘的乌托邦正是延续到阿尔道斯·赫胥黎的《美丽新世界》这一类幻想的起源，而且毫无疑问，它曾鼓舞过很多当权者，他们处在影响社会变革的主要地位，却完全不顾可能给人带来的苦难。在这种观点盛行的任何地方，必然会产生这样的结果，即人不得不适应预先设计好的制度。即使到了今天，在某些地方，“国家应是公民的仆人，而不是相反”的观点仍被认为是异端邪说。国家与公民之间如何实现平衡是一个复杂的问题，我们在此无须急于知道答案。总而言之，《理想国》中的理想国家使许多反对其原则的人，给柏拉图贴上了各种各样耸人听闻的标签，因此必须查验它所阐述的政治理论的准确含义。

首先，我们必须记住，柏拉图本人在政治事务中的晚期发展有一个完全不同的转变。这一点稍后再作检验。《理想国》里的理想国家与其说是柏拉图式的，不如说是苏格拉底式的，它似乎更是受到了毕达哥拉斯学派理想的直接启发。这才是问题的症结所在。“理想国”实际上是一种用恰当方式治理国家的科学家式的观点。作为一种科学家的模式，它很可能会诱导一位社会工程师去进行巨大变革，因为他可能天真地相信自己正在干一件科学的事。如果听任技术专家们去做，这种事他们是干得出来的。同时，这种认识也从理想国的概念中获得了很大的激励。因为理想国毕竟只是一个为了讨论和澄清某些问题而设置的模式。很明显，苏格拉底正是出于这种意图才提出建立理想国的。对此，我们看一下这个“人间天堂”的某些更极端的措施，就不难明白。

此外，我们还必须考虑到某种程度上的反讽因素。例如，没有人真的愿意查禁诗人，也没有人真的期望实行一种彻底的性爱共产主义。当然，理想国的某些特征是源于对斯巴达实情的考察。但模式毕竟只是模式，并不意味着它会作为一项切实可行的计划，去建立一座现实中的城市。当柏拉图后来卷入锡腊库萨政局的时候，也并没有试图按照这种模式去建立一个理想国。我们知道，柏拉图的目标是更为稳妥、更为实际的，只是想改变一位被宠坏了的王子，使其适合处理一个日渐引人注目的重要城邦的事务。柏拉图没有取得成功则是另一回事，但仅此一例就说明了教育并不是人们所想象的那种能医治百病的方法。

在晚期的对话录中，柏拉图曾两次回到了政治问题的讨论上。在《政治家篇》中，我们发现了他对可能存在于城市里的各种政治组织的解释。不同的可能性取决于统治者的数量和他们统治的方式。既可以是君主制或寡头政治，也可以是民主制；每种制度既可以根据法律原则发挥作用，也可以不要这些原则，总共可以有六种不同的组合。如果没有法律原则，因为不存在统一的目的，掌握在多数人手中的权力就会产生最少的罪恶。另外，如果存在法律原则，那么民主制就是最糟糕的制度，因为此时要实现任何事情，都需要有一个共同的意愿，既然如此，那么君主制就摆在了优先的位置。

实行混合政体的可能性仍然存在，即从六种简单政体中提取某些因素加以组合。在最后一部作品《法律篇》中，柏拉图最终认为在这个世界上似乎找不到哲学家式的君王，人们所能采取的最好办法就是在法律原则下，把个人统治与多数人统治结合起来。《法律篇》对如何组织这种政体，以及如何选举官员都作了非常详尽的指导。同时在教育问题上，也对我们现在所称的中等教育的时间安排与内容，给出了大量的详细说明。在希腊化时代，文法学校是青年人接受教育的一个必经阶段。《法律篇》就为这类教育机构确立了基础。

如前所述，《理想国》中的政治理想并非意味着要付诸实践。在这个方面，柏拉图后期的思想是完全不同的。他对政治、教育的看法是极其现实的。其中有很多观点都被后世悄然采纳，而它们的起源却很快被忘掉了。《理想国》中的体系却相反，作为一种体系，它曾受到普遍的误读，但它那惊人的条款却不止一次找到了热情的支持者，结果使那些人类的“豚鼠”（实验的牺牲品）受害不浅。正是出于这种状况，柏拉图有时被描绘成这些人的先驱，他们先是未能理解他，而后又为其力量所征服，即使是误入了歧途也趋之若鹜。

尽管如此，我们必须承认，即使是柏拉图本人，也在其政治思想中表现出了一定的局限性。在这方面，他也带有一般希腊人对野蛮民族的疏离感。这是一种自我意识里的优越感，或者仅仅是一种从希腊文化无可争议的至高地位中产生的思维方式，这一点很难判断。无论如何，《法律篇》中的柏拉图仍然认为，在建立一座新的城市时，为了避免对外贸易及交往带来腐化影响，人们应该在远离大海的地方选择建立城市的地点。当然，这样做会导致一些困难，因为一定程度上的贸易活动是必须要进行的，毕竟总得让那些没有独立收入的人以某种方式谋生吧。特别是在谈到他所设想的文法学校中的教师时，柏拉图说必须付给他们薪水，因此这些教师必须是外国人。

这种政治问题上的孤立态度，最终导致了希腊世界无力在更大范围上建立一个有生命力的组织。他们所想象的这种政治生活是静态的，而他们周围的世界却在飞速变化。这就是希腊人政治思想的主要弱点。罗马帝国最终将建立一个世界性的国家。若说罗马人缺乏希腊人的创造性，那么，他们也未受城邦的极端个人主义影响。

在政治理论问题上，我们能够把苏格拉底式的理论与柏拉图后来发展的理论区分开来。但一般来说，仍有某些社会理论的特征为两人所共有，比如他们对教育本质的看法。的确，他们的态度仅仅是为了明确希腊探索传统的观点而已。不妨回顾一下，科学和哲学都是在师生之间有密切合作的学校或社团里进行研究的。有一个重要的真理似乎从一开始就已经被认识到，或者至少是被含蓄地理解，那就是学习并不是一个发布知识的过程。当然，其中有一些也是必须要发布的。但教师所起的作用既不是唯一的，也不是最重要的。和那个时代相比，这一点在今天更为明显，因为那时的书面记录比现在更少，也更难找到。而我们今天却有理由说，任何一个能够阅读的人都可以从图书馆收集信息，和以前相比，教师更不应当仅仅是传授知识就可以了。这一切更得归功于古希腊的哲学家，他们早就掌握了进行真正的教育的方法。教师的作用就是一种引导，引导学生自己领会知识。

然而学会独立思考并不是每一个人一下子就能达到的能力。它必须要靠本人的努力，而且还要有良师的帮助，以便指导这种努力。这就是我们今天大学里的那种有指导的研究方法。可以说，大学所起的恰当作用就是要达到这样的程度，即培养独立思考的习惯和摆脱当前成见与偏见的探索精神。如果一所大学完不成这项任务，那么它就降到了只会灌输知识的水平。同时这一失败还会导致更加严重的后果，因为在独立思维消失的地方，无论是由于缺乏勇气，还是缺少训练，宣教和独裁主义的恶习便会毫无节制地扩散开来。压制批评是一个严重的问题，它要比许多人认为的严重得多。因为这样一来，既不能在社会上创造出一个充满生气的统一目标，又会强加给国家政体某种枯燥无味、脆弱的一致性。遗憾的是，那些当权者和负责人并没有更多地意识到这一点。

由此可见，教育就是在教师的指导下使人们学会自主思考。事实上，爱奥尼亚学派一开始就有这样的实践，毕达哥拉斯学派则清楚地认识到了这一点。法国哲学家G. 索雷尔曾经提出过，哲学最初的含义并不是热爱智慧，而是“朋友们的智慧”。这里谈到的朋友当然指的是毕达哥拉斯学派的弟兄们。无论正确与否，这个定义至少强调了科学和哲学是作为传统，而不是作为孤立的个人尝试发展起来的。同时我们还明白了苏格拉底与柏拉图强烈反对智者的缘由，是因为智者们只是提供一些有用的知识，他们的教导，如果能够被称为教导的话，也是肤浅的。他们或许能够在某些方面指导别人对不同情形做出适当反应，但这种知识堆砌是没有基础的，也是未经验证的。当然，这并不意味着一个真正的教师就能使每一个学生获得成功。事实上，教育过程的一个显著特征就是它必须要有参与其中的师生双方的共同努力。

苏格拉底认为，这一教育理论与另一概念有关，这个概念将追溯到早期的毕达哥拉斯学派。在《美诺篇》中，学习的过程被叫作“回忆”，也就是对先前知道的，而后又被忘却了的存在事物的回忆。这就需要前面所说的那种共同努力。回忆概念的基础就是灵魂要经历一系列进入肉体或脱离肉体的交替状态的观点，这一观点显然与毕达哥拉斯学派所坚持的轮回学说有联系。脱离肉体的灵魂就像在睡眠中一样，这就解释了为什么当我们处于苏醒的（或进入肉体的）状态时，先前学过的东西也必然会苏醒。苏格拉底曾试图通过对美诺的一个少年奴隶提问来证明这一点。除了日常希腊语知识外，这个小奴隶几乎没有受过什么教育。然而苏格拉底仅仅提了一些简单的问题，就成功地诱导这个男孩按照给定的某个正方形，画出了一个两倍大的正方形来。我们必须承认，这个故事作为回忆论的证据并非是完全令人信服的。因为正是苏格拉底把图形画在了沙地上，并且每当男孩有偏差时，就被苏格拉底指出错误来。但是，这却是一次对教育场景的准确描述。正是按照这一例子所提出的方式，即在教师和学生互动与影响中，才产生了真正的学习过程。在这个意义上，学习可以被描述为某种辩证的过程，这也正是“学习”一词的希腊文原义所在。

有趣的是，这里所描述的教育理论，不仅在学习或哲学中，而且还在日常口语中留下了痕迹。我们经常会谈及某人在某个问题上的兴趣被唤醒或激发。这个例子实际上反映了语言发展过程中的一个普遍现象。日常语言是以往点滴哲学思维的归宿。如果那些倾向于崇尚日常语言的人，能够偶尔回忆起这一点，似乎有些超越探索原则，倒也不失为一件好事。

苏格拉底使用了回忆理论，其目的在于试图证明灵魂的不朽。《斐多篇》描述了这种观点，尽管有人会认为那个例子并不成功。无论如何，晚期毕达哥拉斯学派丢弃了轮回理论，这是值得记住的。如前所述，他们采纳了一种新的观点，这种观点以和谐概念为基础，并且在事实上导致了相反的结论，即灵魂终将消亡。关于回忆过程的教育性方面，我们或许还注意到精神分析疗法正是完全根植于对过去记忆重新觉醒的概念。尽管它具有某些更神秘的因素，但比起以休谟观点为基础的联想心理学来，精神分析疗法更为正确地掌握了教育与疗法之间的联系。从广义上讲，教育在苏格拉底的眼里就是灵魂疗法。

教育的过程就是引导通往知识的过程，因此也是引向善的过程。这样，无知就可以被视为自由道路上的某个阶段，生活的自由方式正是通过知识与洞察力来实现的。我们发现在黑格尔的哲学中也有类似的观点，根据他的描述，自由意味着人们对必然性的理解。

《美诺篇》还论述了另一个或许更为重要的问题，尽管《尤塞弗洛篇》对这个问题的讨论更有趣味。这就是定义的逻辑问题。《尤塞弗洛篇》提出的问题是：什么是神圣？对话录表明尤塞弗洛试图给其一个定义。在这里，他的全部努力最终是徒劳无功的这一点并不重要，重要的是在讨论的过程中，苏格拉底使他明白了形成一个定义需要些什么，并因此澄清了以“种”和“属差”来下定义的形式逻辑特征。

对现代读者来说，这种逻辑问题的论述方法似乎有些离奇古怪，面对枯燥、呆板的教科书解释，今天的人们更习惯于按照亚里士多德的方式，而柏拉图发明的这种哲学对话录体裁曾经有许多人争相效仿，但现在已经落伍了。这也许是一个遗憾，因为不能说只有我们今天的哲学作品的风格才是对的。与其他写作形式相比，对话录要求作者应具备更好的文学修养。在这一方面，柏拉图早期的对话录是无人可以企及的。我们还必须记住，这里所讨论的篇章是柏拉图在苏格拉底死后不久写成的，而那个时候，柏拉图自己的哲学思想仍在形成之中，但作为一位令人瞩目的艺术家，他的影响力却如日中天。因此，这些对话录比起后期的作品来更容易阅读，因为它们更文学化，只是探明其中的哲学要旨会更难。

在柏拉图早期的几篇对话录中，我们遇到这样一些谈话者，当要求他们给某个术语下定义时，他们都犯了一个基本而普遍的错误：他们不是在下定义，只是在举例。像尤塞弗洛那样回答何为神圣的问题是没有意义的。他说，神圣就是检举亵渎宗教的人。但实际上这根本算不上什么定义，它只是说明了检举亵渎者是一种行为且是神圣的，但这样的行为也可以是别的。至于究竟何为神圣，人们依旧茫然不知。这就像问到何为哲学家，有人回答说苏格拉底就是一位哲学家。如果回顾一下当时的谈话情景，我们就会发现那种场面带有可笑的讽刺意味。苏格拉底为了揭穿受人指控的真相前往法庭，途中遇见了尤塞弗洛，尤氏也正好有法律事务在身，尤氏要去控告自己的父亲杀死了一个玩忽职守的奴隶。尤塞弗洛是按照公众的正统惯例和宗教习俗来行事的，并表现出常见的自负和自信。这种人对自己社会的习俗总是不加批评并给予有效的支持。于是苏格拉底便奉承尤塞弗洛是一位专家，还假装向他请教道德问题，在这些问题上，尤塞弗洛自然一定是权威了。

道德问题姑且先搁到一边，我们发现苏格拉底成功地解释了逻辑上所要求的东西。我们在寻找神圣的“形式”，也就是说，是什么使得神圣的事物成为“神圣”。用大家更为熟悉的语言来说，我们现在应该运用必要条件和充分条件来论述这个问题。因此，只有当某种动物具有理性的时候，“它”才会是人，或许应该排除掉蹒跚学步的孩子，他们开始于匍匐爬行，如同其他四足动物。我们可以用两个相交圆的图解方法来表明这一点。人就是两个相交圆的共同部分，而这两个圆分别涵盖的是理性的和动物的范畴。我们如此定义的方法就是取出其中一个术语，再用第二个术语“理性的”对其加以限定。第一个术语被称为“种”，第二个则是“属差”，即从动物中挑选出人来。只要你愿意，人就是具有理性属差的动物。至少教科书似乎是这样认为的。如果慎重考虑的话，人们就会怀疑，这个定义尽管在形式上是正确的，在实质上会不会是一个虔诚的错误呢？

在伦理学方面，对话录清楚地展示了雅典国教以及苏格拉底的伦理观如何与之不同。这是权威主义与原教旨主义伦理观之间的差异。尤塞弗洛对神圣的定义是诸神的一致赞同，当苏格拉底寻求对此定义作出进一步阐释时，问题就变得明晰起来。苏格拉底想知道，某个事物之所以是神圣的，是因为诸神赞同它呢，还是因为它是神圣的，诸神才赞同它？显然，这一问题实际上是对尤塞弗洛观点的含蓄批判。对他而言，问题的关键就在于诸神会发布是否该做某事的命令或指示。在雅典历史上存在过国教，实际上这就意味着市民大会的法令必须被完全服从。奇怪的是，苏格拉底本人竟同意这个问题是一项政治惯例，但同时他也感到自己不得不对国家本身的活动提出伦理上的质疑，这一举动是当今的“尤塞弗洛们”不会也不可能想到的。同时，这立刻就引出了古老的“分裂忠诚”的二难推理，如前所述，“分裂忠诚”正是古希腊戏剧的一大主题。从法律与正义的问题永远与我们相伴这一事实中，就能清楚地看到，“分裂忠诚”绝不是一个已经消亡和被埋葬了的问题。法律与公正之间有什么样的联系？当人们发现某项法律不公正，但又被要求服从时，人们将会怎么做？当人们盲从于政治主子，使世界面临彻底且无法挽回的毁灭威胁时，这个问题会变得比以往任何时候都更为敏感。

总而言之，尤塞弗洛与苏格拉底之间的差异就在于：前者认为法律是某种静态的东西，而苏格拉底的观点却暗示法律并非不可更改。尽管没有用更多的话来详述这一点，但苏格拉底在此表现得更像是一位社会理论中的经验主义者。这就使他感到有责任去探询某些惯例是善的还是恶的，而不管是谁在控制它们。他也一定明白，这样做将会招致国家的恶意和迫害。这对于那些触动了正统观念根基的“异端”思想家而言，似乎确实是一种常见的命运。尽管可能是出于完全不偏不倚的动机，去纠正别人所受的不公正，他们也会遇到同样的敌视。

苏格拉底对雅典法律的态度在《克里托篇》中表现了出来，该篇说他不愿意采用越狱的方式来逃避死刑。尽管法律是不公正的，但是必须得到遵守，以免使法律声名扫地。然而他并没有认识到，正是由于不公正，法律才会变得臭名昭著。

苏格拉底在权威问题上的前后不一致的态度，导致他放弃了那种简单易行的逃亡方式。由于拒绝妥协，苏格拉底迫使检察官动手行刑，自己则成了自由思想的殉道者。《斐多篇》描述了苏格拉底的临终时刻，这一作品也在众多西方文学杰作中榜上有名。谈话的中心议题是试图证明灵魂的不朽。我们在此无须考虑这些论证的细节。尽管他们提出了灵与肉问题的一些有趣话题，但作为论证，它们还是不够合理的。在谈话快结束时，讨论达到了无人再提出反对意见的地步。虽然他们不可能完全忽视毕达哥拉斯学派提出的观点，即新的难点将随即产生，但似乎是因为该事件的不祥征兆和对苏格拉底的虔诚感情，使得苏格拉底的朋友们克制了自己，不再对他的结论提出最后的疑问。从哲学方面来看，对话录中最重要的部分也许是对假说和演绎法的描述，这正是一切科学论证的基本框架。

当朋友们在论证中因为遇到无法克服的困难而有些沮丧时，苏格拉底就对问题进行解释。他劝告自己的朋友不要厌恶讨论，不要怀疑和拒绝论证，随后他还就自己的方法作了一番认真的概括。

我们现在必须先从某种假设或假说开始。这两个词的含义是一样的，都有在某种前提下提出问题的意思。关键是我们必须为准备建立的论证打好基础。从假说中演绎出必然的结论，然后看它们是否与事实一致。这就是“顾全现象”的最初含义，即如果一个假设的结论与事实酷似，那就是顾全了现象（在我们周围出现的事物）。毫无疑问，这一概念起初是与晚期毕达哥拉斯学派的天文学有关的，尤其是与流星或行星的概念相关。它们的表象运动是不规则的，而不规则的特征是不符合形而上学对简单化的要求的。因此他们需要一个简单的假说来顾全现象。

如果事实与假设的结论不一致，那么后者就失败了，我们就不得不去尝试别的假说。有一个重要的问题需要注意，那就是假说本身依然没有获得证明。这并不是说我们可以任意选择出发点，但它的确意味着在论证中，我们必须从所有参与者所承认的某个事物开始，即使不是为了作出定论，至少也得出于论证的需要。而假说的证明则完全是另一码事，这时候我们必须从一个更高的起点开始论证，该假设应能够导出一定的结论。这正是苏格拉底所设想的辩证法的任务。我们必须在消除其特殊性的意义上，摧毁各类科学的特殊假说。归根结底，辩证法的目标就是要达到某个最高起点，即善的形式。这当然会让我们觉得有些希望渺茫，但实际上，理论科学总是在朝着更普遍化的方向前进，也就是朝着各个领域的统一化方向前进，而这些领域乍看起来，彼此间似乎是各不相关的。对于数理哲学家而言，理论科学更是朝着算术与几何的统一化方向发展的。大约两千年之后，笛卡尔以其出色的才华解决了这个问题。

我们已经知道，苏格拉底并不是第一位从假设中进行论证的人。爱利亚学派早就已经把这一程序运用到了反对多元论者的辩论中。但总的来看，他们论证的目的是破坏性的。而这里却有一个顾全现象的新概念。换句话说，问题在于当我们观察事实的时候，我们要对其作出某种肯定的解释或逻各斯。我们正是通过给出理由，用假说来解释事实的。值得注意的是，在这种方法中隐含着一个伦理概念，即被解释过的事实总是要比没有被解释过的事实好。我们可以回顾一下，苏格拉底就曾经认为，未经审验的生活方式是不值得采纳的。总而言之，这一切都与毕达哥拉斯"探索本身即为善"的伦理观念相联系。而且，那种越来越大的统一化趋势（直至万物最终归于善的形式），在某种程度上还表明了爱利亚学说的积极内容。善的形式与爱利亚学派的"太一"在以下这一点上是相同的，即理论科学会以这些概念所暗示的方式发挥作用。

对假说与演绎法的最佳论述，首推《斐多篇》。奇怪的是，苏格拉底似乎从未发觉这一方法与其知识论之间存在着某种难以理解的矛盾。因为运用了假说的演绎理论，显然要求所需顾全的现象本身必须是明白无误的，否则就无法在现象与假说的结论之间作出比较。另外，现象可以通过感知来理解，而苏格拉底认为感知可能会产生错误的意见。因此，如果想认真考虑假说和演绎法，我们就必须抛弃他的知识和意见论。同时，这也间接破坏了理念论，因为它的建立基础正是知识与意见的区别。这个问题早已为经验主义者所解决。

一种假说最初是如何建立起来的？这是一个完全没有被触及的问题。对此我们无法给出统一的答案，何况也不存在什么可以确保探寻成功的正式规定。也许正是因为苏格拉底具有远见，他才根本不提这个问题。诸如发明的逻辑性这一类东西是没有的。

在同一种意义上看，《斐多篇》与《申辩篇》显然都是历史文献。《斐多篇》本身展示了苏格拉底坚持其生活态度，直到去世也没有改变这一事实。他总是体谅别人，有一种天生的自豪感；他勇敢而泰然自若，他认为情感过分外露有失尊严；他还责备他的朋友们，在他喝下毒芹酒之前的最后时刻，不应该紧张得几乎精神崩溃。相反，他若无其事地喝下了毒酒，然后躺下来静候死神的召唤。苏格拉底临终前的最后请求是希望他的朋友克力同，在阿斯克勒庇俄斯面前献祭一只公鸡。在苏格拉底眼里，死亡，即灵魂从肉体中得到解脱，就像病人接受治疗一样。

我们已经在柏拉图的对话录《巴门尼德篇》中讨论了巴门尼德对苏格拉底理念论的批判。在也许是同一时期写成的《泰阿泰德篇》中，我们的确远离了苏格拉底的理论，柏拉图自己的观点正开始形成。我们可以回顾一下，苏格拉底认为知识具有形式，而感知只能产生意见。这一观点正确地强调了数理知识与感知经验之间的某种差异，但作为一般的知识论却从未成功过。事实上，《巴门尼德篇》就揭示了它不可能成功的原因，而《泰阿泰德篇》为解决这个问题又做出新的努力。

在《泰阿泰德篇》中，苏格拉底仍然是一位中心人物。该篇对《理想国》中所隐含的知识论提出了批判，所以这个问题应该由苏格拉底本人来论述，这似乎不是不恰当的。然而苏格拉底的观点已经不再处于支配地位了。在接下来的对话录中，柏拉图最终提出了自己的成熟观点，并且借一个陌生人之口介绍了自己的理论，于是苏格拉底从柏拉图的作品中销声匿迹了。

对话录以之命名的泰阿泰德是一位有名的数学家，以精于算术和几何学著称。他发明了计算二次不尽根的一般方法，还完成了正立面体的理论。我们从对话录中发现，在苏格拉底受审前不久，泰阿泰德就已经是一个有前途的青年了。公元前369年的科林斯战役之后，泰阿泰德死于伤病。本篇的问世就是为了纪念他。

对话录序言中的玩笑引出了何为知识的问题。起初，泰阿泰德也犯了常见的毛病，即不是下定义，而是去举例，但他很快就发现了错误，并且给出了第一个定义。他说，知识就是基本的感觉。这是一个通用的希腊术语，意指任何种类的感觉。英语中的“麻醉”只有丧失知觉的意思。更具体地说，我们在此考虑的就是感知。知识就是感知的观点实际上与普罗泰戈拉的准则是一样的，后者认为人是万物的尺度。在感官知觉中，事物以其出现的原样出现，因此我们不可能搞错。在接下来的讨论中，问题开始变得明朗起来，即他所提出的知识定义是不充分的。首先，我们不可能真的说，某种事物就是以它出现的原样存在，因为事实上没有什么事物是这样的；正如赫拉克利特所说，事物总是处于一种不断变化的状态。感知实际上是知觉者与被知觉者之间的相互作用。而且，普罗泰戈拉本人也承认，在必须有定论的问题上，某个人的观点不见得比另一个人的好，专家的判断也不一定就胜过外行人的判断。另外，一个毫不具备哲学思想的人是几乎不会赞同这种准则的，所以这本身就表明普罗泰戈拉必须承认，他的理论对于这样一个人而言，是不真实的。讨论的结果是：要是人们试图按照赫拉克利特的流变学说来描述知识，那人们就找不到什么可说的事物。因为每当我们用某个词去定义任何一件事物的时候，它都已经消失于别的事物之中了。所以我们必须尝试别的什么方法，以解答何为知识的问题。

接下来，让我们考虑一下这个事实：当各种感官都有其专门的对象时，那么通过不同的感官可以获取不同的知觉，如果有任何东西涉及这些不同知觉的联系，那它都会要求用到某种总体感官的功能。这个总体感官就是灵魂或心灵，柏拉图对这两个词未作明确的区分。灵魂能够理解这样一些普遍属性，如一致、差异、存在和数量，同时它还能理解伦理和艺术的一般属性。因为我们不可能把知识简单地定义为感官知觉，所以要尽量寻求从灵魂这一角度找到知识的定义。灵魂的作用就是进行自我对话。当某个问题得到肯定的解决时，我们就说这是由于灵魂作出判断。现在，我们必须来验证一下知识是否可以被定义为正确的判断。通过调查研究发现，我们要用这一理论对错误或错误的判断作出满意的解释是不可能的。很显然，所有的人都承认，人们犯错误是不可避免的。真理与谬误的区别在这一阶段还没有被指出来。柏拉图只是做了开拓性的工作，因为他自己对这一问题的解释在当时还没有完全展开。

如果判断是灵魂本身的一种活动，那么就不可能出现错误的判断。可以设想一下，如果心灵就像一块上面刻着记忆标识的平板，那么谬误就可能存在于当前感觉与错误标记的联系之中。但遇到计算类错误，这就不起作用了，因为我们对其没有什么感觉。如果把心灵比作某种鸟笼，笼中的这些鸟就是知识的各个片段，那么我们偶尔也会逮错某只鸟，而这只被逮错的鸟便是谬误。然而犯错并不等同于说出一个离题的真理，因此我们必须事先设定其中的一些鸟就代表着某种谬误。但这样一来又有一个问题出现，即如果我们捕着了当中的某只鸟，而且一到手就知道它正是某个谬误，那我们就永远不会去犯这种错误。另外，还可以注意到这个论证所忽略的一点，即如果我们导入了各类谬误（事先存在），那么在解释某一谬误时，整个叙述就变成了一种循环论证。

更何况，一个人作出某个正确的判断很可能是出自偶然或其他原因，比如他想坚持某个观点，而这个观点碰巧在事实上又是对的。知识的最终定义试图与如下论述一致：所谓知识就是由论证支持的正确判断，缺乏论证就不存在知识。我们可以想一想那些字母，它们可以有名称，但应该说多数没有确切含义；当它们组成音节，而这些音节又能被分析时，它们就变成了知识的对象。但如果音节只是字母的堆砌，那么它们就如同其本身一样，是不可知的；如果音节不只是字母的堆砌，而是还有别的特征，那么正是这个附加的特征才使它们变得可知。如此看来，上述的知识定义就成了一句空话。另外，这里提到的论证又是什么意思呢？显然，论证就是去解释某一事物如何有别于其他一切事物。我们既可以说论证就是进一步的判断，也可以说它是对事物差别的知识。前者意味着某种回归，后者是定义上的某种循环。尽管我们提出的问题没有找到解决的办法，但也澄清了某些误解。无论是感知还是推理都无法做到独自解释知识。

知识问题与谬误问题显然是同一问题的两个方面。由于在当前的讨论中，哪一个方面也得不到解决，所以我们必须换一个新的起点。现在就让我们把注意力转到这个起点上来。

现在来看一看另一篇对话录，它是《泰阿泰德篇》中的对话于次日的继续，这就是《智者篇》。从文体风格来看，该篇成书的年代可能比《泰阿泰德篇》要晚得多。虽然还是原来那些人在进行讨论，但现场出现了一位爱利亚的陌生人。正是这位陌生人处在了对话的中心位置，而苏格拉底在其中只扮演了一个微不足道的小角色。从表面上看，《智者篇》涉及的是一个定义问题，即什么是智者，如何才能把智者与哲学家区分开来。这里面似乎隐藏着某种对抗，它主要是直接针对梅加腊的苏格拉底学派的。该学派提出了一种片面的和破坏性的爱利亚强辩模式。我们从这位爱利亚陌生人的嘴里，似乎听到了柏拉图自己的声音，他表现出对论点更为正确的把握，并提出了一个高明的解决谬误问题的方法。柏拉图以这位陌生人为代言人，使我们明白正是柏拉图自己坚持了哲学发展的真正传统，而梅加腊诡辩派的悖论贩子已经偏离了正确的道路。

实际上，《智者篇》所论及的问题是巴门尼德关于“不存在”的难题。巴门尼德认为，这个问题当然主要与物质世界相关；而他的追随者们却把它扩展到了逻辑领域，我们在此要验证的正是这个问题。在转到对话录的这个中心问题之前，我们或许还应该对划分方法稍加评论，尤其因为它是阿卡得米所运用的分类程序。在阿卡得米时期，亚里士多德在做动物分类方面的工作。该方法为我们提供了详尽的术语定义，其程序是，先从

“种”开始，再通过给出一组可以替换的“属差”，一步一步将其逐级一分为二。《智者篇》给出了一个解释这一程序的初步例子，需要被定义的术语是钓鱼（术）。首先，钓鱼是一门艺术，因此艺术就构成了第一个“种”。我们可以把艺术分为生产艺术和获取艺术，钓鱼显然就属于后者。现在，获取又可分为两种情况：其一，获取对象是心甘情愿的；其二，对象完全是被捕获到的。钓鱼还是属于后一种情况。捕获又可分为公开的和隐藏的，钓鱼依然属于后者。被捕获的东西既可以是无生命的，也可以是有生命的，钓鱼所涉及的则是后一类。动物可能生活在陆上或水里，这里所需定义的术语就属于第二类。栖居水里的动物可以是禽或鱼，而鱼可用网或鱼钩来捕获。你也可以在夜间或白天抓鱼，而钓鱼一般是在白天进行的。我们可以从水上或水下布钩，钓鱼则属于后一种。回顾一下我们的步骤，并且把所有“属差”都聚到一起，我们就可以把钓鱼定义为一种一般是在白天进行的、用隐蔽方式从水下布钩并捕获水生动物的艺术。当然，我们对这个例子也不必太较真，选择它作为例子是因为我们也可以把智者看作钓鱼者，他的猎物则是人的灵魂。关于智者的种种定义也都如此，我们对此无须深究下去。

现在就转到爱利亚问题的讨论上来。正如那位陌生人极其敏锐地指出的那样，关于“不存在”的困难之所以会产生，正是由于哲学家们未能正确地理解“存在”的意思。我们可以回顾一下，《泰阿泰德篇》中认为知识至少需要相互作用，因此也就需要“运动”（不管它还需要别的什么）。但知识也需要“静止”，否则的话，就没有任何东西可以谈及了。事物如果要作为探究的对象，那么在某种意义上，它们就必须保持原样不动。

这也给了我们一个解决难题的暗示，因为运动和静止无疑都是存在的，但由于它们相互对立，而无法结合。它们本身似乎可以有三种组合的可能性。或者万物保持完全分离的状态，此时，运动和静止都不能与“存在”发生关系。或者万物可以合并到一起，那么运动和静止也应当能够结合到一起，但它们显然又不能。因此，问题仍然是某些事物能合并，而别的则不能。解决困难的办法就在于承认“存在”和“不存在”本身是毫无意义的说法。只有出现在某个判断中，它们才有意义。所谓“形式”或种类，如运动、静止、存在，都是《泰阿泰德篇》中已经提到的普遍属性，它们显然不同于苏格拉底的“形式”。这种柏拉图式的形式论就是后来“范畴论”发展的起点。

辩证法的作用就是去研究这些形式或“最高种类”哪些能够结合，哪些不能。正如我们已知的那样，运动和静止是不能彼此结合的，但是它们各自都和“存在”结合，而且本身都存在。另外，运动与其自身一致，但不同于静止。相同或等同，不同或相异，就像“存在”一样，是无处不在的。因为它们每一方面都与其自身同一，而与所有别的方面相异。

我们现在就能发现“不存在”是什么意思了。可以说，运动既存在，又不存在，因为它是运动，而不是静止。那么从这个意义来看，“不存在”与“存在”就位于同一层次。但很显然，这里提出的“不存在”绝不能被完全抽象地加以理解。它是如此这般的“不存在”，或更确切地说，它不同于如此这般的“存在”。柏拉图因此找到了困难的根源。用现代的行话来说，我们必须把“是”在存在判断方面的用法和它作为命题系动词的用法区分开来。其中第二种用法具有重要的逻辑意义。

根据这一基础，我们现在就可以对谬误作出一个简单的解释。正确的判断就是依其原样判断事物。如果我们不这样做，就会判断不正确，因此而出现过失。读者可能感到意外的是，找出这一结果并不像他们认为的那样艰难或神秘。但若是人们知道了那个解决方法，就可以处理任何问题了。

最后，我们还可以注意到，《泰阿泰德篇》中的问题也顺便得到了解决。在某种意义上，它不是一个恰当的问题。我们必须坚持判断，而我们现在已经明白，这些判断或是正确的，或是错误的。但我们又如何知道一个给出的判断是正确的还是错误的呢？答案就是，如果事物与其相符，那么它就是正确的；如果不符，那么它就是错误的。没有什么正式的标准能够确保人们不犯错误。

上面对“不存在”所作的概括解释，使得我们从此能够处理“变化论”。它也使赫拉克利特的理论更为明晰，并去除了其表面的悖论色彩。柏拉图还提出了“变化论”，它与我们今天所知的原子论及数学物理直接相关。这一理论在柏拉图的《蒂迈欧篇》中提了出来，这是柏拉图思想成熟期和最后阶段的另一篇对话录。对话录中对宇宙进化论的解释将会显得我们离题太远，我们只需注意到其中有大量的毕达哥拉斯学说成分，以及正确解释行星运动的种种提示。的确，“日心说”有可能就是阿卡得米的发现。这篇对话录还论及了许多别的科学问题，但我们不得不将它们搁到一边，立即转到柏拉图的“几何或数学原子论”上去。按照这一观点，我们必须在形式、基本物质和感性世界的有形实在之间作出三重区别。这里的基本物质仅仅指的是虚空，可感知的实在是各种形式与空间相混合的结果，这些形式在空间里留下了痕迹。在此基础上，他为我们提出了用四元素来解释物质世界的方法，这个世界既是物理的，也是生物的。但这些元素现在被依次认为是由两种基本的三角形所组成的几何体，其中包括半个等边三角形和一个直角等腰三角形，即半个正方形。我们可以用这些三角形造出五种正立体之中的四种。四面体、立方体、八面体与二十面体分别代表火、土、气和水的基本粒子。通过把这些立体分解为构成它们的三角形，再对其重新编排，就能实现元素之间的变换。另外，火的粒子具有锋利的尖端，可以穿透别的立体，而水则由更平滑的粒子构成，所以水会流动。

事实上，这里提到的变换理论正是近代物理理论的一个了不起的先驱。比起德谟克里特的唯物主义原子论来，柏拉图的确领先了一大步。这些基本的三角形显然就相当于近代物理学中所谓的核或基本粒子。它们是基本粒子的组成部分。我们还会注意到，这些粒子没有被叫作原子。对古希腊人来说，这是一个公然的谬误，事实上它也确实如此。原子的字面意义是指一种不可分割的东西。因此绝对严格地讲，由其他成分构成的东西是不应当被称为原子的。

柏拉图在这方面正是近代科学主要传统的先驱。一切事物都可以化为几何，这是笛卡尔明确坚持的观点，阿尔伯特·爱因斯坦以一种不同的方式也说明了这一点。当然，柏拉图自囿于四元素，在某种意义上，这不能不说是一种局限性。之所以选择四元素，是因为柏拉图时代盛行的就是这一观点。而柏拉图所作的努力就是为了“顾全现象”，而对这一观点给出“逻各斯”或解释，他运用的假说是数学式的。正如我们所知，用数的观点来看，世界最终是可理喻的，这正是柏拉图所接受的毕达哥拉斯学说的一部分。因此，我们就有了一个进行物理解释的数学模式。就方法而言，这也正是当今数理物理学的目标。

这个理论应当与正立体理论有特别的联系，也许就是毕达哥拉斯学派神秘主义的一个特征。的确，在这一方案中，人们找不到十二面体。在五种立体中，只有这一种的各个面不是由两种基本三角形而是由等边五角形组成的。我们可以回顾一下，五角形正是毕达哥拉斯学派的神秘符号之一，它的构造要涉及无理数，我们在讨论晚期毕达哥拉斯学派时提到过无理数。而且，十二面体看起来比别的四个立体都要圆一些，因此柏拉图就用它来代表世界。这种思维并不涉及这一数学模式合理与否的问题。

我们没有时间在此完全展开柏拉图的数学理论。无论如何，我们必须借助对话录中的部分提示和亚里士多德的某些表述，才能将这一理论拼接完整。然而，注意到以下两件事情却很重要。首先是柏拉图或至少是阿卡得米修正了毕达哥拉斯学派有关数的理论，使其免遭爱利亚学派的批判。在此，他又预示了一个极其现代的观点。数的序列被认为是从“零”而不是从“单元”开始，这就为发展普遍的无理数理论提供了可能性。如果谁在“卖弄”学问，现在是不应该再像当初那样称其为无理的。同样，在几何学中，线被认为由一个点的运动生成，这个观点在牛顿的流数理论中扮演了中心角色，流数理论就是后来被称为微分的雏形之一。我们清楚地看到了按照辩证法精神，这些发展促进了算术与几何学的统一。

第二个重要的事情就是据亚里士多德称，柏拉图曾经说过数与数不能够相加。这个颇为简洁的声明实际上包含着一种极其现代的数的观点的萌芽。同毕达哥拉斯学派一样，柏拉图也把数看作形式，而形式显然是不能相加的。当做加法时，我们是把某一类事物放在一起，如卵石。然而数学家们所说的这一类事物却既不同于卵石，也不同于形式，而似乎介于两者之间。数学家们相加的东西并没有被说明属于哪一类，它可以是任何一类，只要在相关方面，所有相加的事物属于同一类。根据弗雷格、怀特海和我自己给数下的定义来看，这一点就显得非常清楚了。例如，数“3”代表着一切种类的三重物；一个三重物则代表给定类别的这一类事物。同样，其他任何基数也是如此。数“2”代表所有二重物这一类，一个二重物则是某一类事物。你可以把同一类的一个三重物和一个二重物相加，但不能把数“3”和数“2”加在一起。

至此，我们仅仅是简要地概括了一下柏拉图的某些较重要的理论。很少有别的哲学家达到过他的广度和深度，也没有任何人超过他。任何意欲从事哲学探索的人如果忽视了他，都是不明智的。

亚里士多德是居住并在雅典讲学的三位伟大思想家中的最后一位，他也许是第一位职业的哲学家。在他那个时候，古典时代的巅峰已经过去，雅典在政治上正日渐变得无足轻重。马其顿的亚历山大，年轻时曾是亚里士多德的学生，为希腊化世界的繁荣开始奠定了帝国基础，但这是以后的事。

亚里士多德和苏格拉底、柏拉图不一样，他不是雅典本地人。约在公元前384年，亚里士多德出生于色雷斯的斯塔基拉。他的父亲是马其顿国王的宫廷医生。十八岁那年，亚里士多德就被送到雅典的阿卡得米，拜柏拉图为师。差不多有二十年之久，他一直是阿卡得米的一员，直到公元前348年至公元前347年柏拉图去世，他才离开。由于阿卡得米的新任院长斯波西普斯具有强烈的柏拉图哲学中的那种数学倾向，而这一倾向正是亚里士多德懂得最少和最不喜欢的方面，于是亚里士多德离开了雅典。我们发现，在此后的十二年，亚里士多德在很多地方工作过。小亚细亚海岸密西亚的统治者赫米阿斯曾是亚里士多德的老同学，亚里士多德后来应其邀请加入了当地的一个阿卡得米校友会，并且娶了主人的侄女为妻。三年后，亚里士多德去了累斯博斯岛的米提利尼。

前面讲过，亚里士多德的动物分类工作是在他的阿卡得米时期进行的。在爱琴海居住期间，亚里士多德肯定还做过海洋生物学的研究，直至19世纪才有人超过他在该领域的贡献。公元前343年，亚里士多德被召进马其顿国王腓力二世的宫廷，担任其儿子亚历山大的导师达三年之久，但我们却找不到这一时期可信的原始资料，这也许是一件遗憾的事。人们不禁感到疑惑，这位有智慧的哲学家用了些什么方法才控制住桀骜不驯的王子。但我们似乎仍有把握地说，两人看法可能完全一致的情况并不是很多。亚里士多德政治观的基础是几乎快要消亡的希腊城邦。像亚历山大大帝统治下的中央集权帝国，在他的眼里（实际上在所有希腊人眼里也如此），就是一种野蛮人的发明。如同在一般文化问题上一样，希腊人对自己城邦制度的优越性表现出相当的尊重。但时代在变化，城邦日渐衰落，希腊化帝国即将形成。说亚历山大崇尚雅典的文化，这是完全真实的，但那时谁都如此，并不是因为亚里士多德的缘故。

自公元前340年一直到腓力二世去世（前335年），亚里士多德又回到了故乡生活。从那时起，直到公元前323年亚历山大去世，他都在雅典工作。这一时期，他还创办了自己的学校——吕克昂，其名称源于阿波罗神庙附近的吕克俄斯。亚里士多德在这里给各个班级讲课，讲课的方式就是漫步于讲堂和庭园，而且是边走边讲。由于这一习惯，吕克昂的教学便逐渐以逍遥哲学或漫步哲学而闻名。有趣的是，英语单词“论述”（discourse）其原意就是“跑来跑去”。它的拉丁文前身直到中世纪才开始具有现在的含义“推理论证”，因此，这一最初含义的出现可能与逍遥哲学有关，尽管这一点尚无完全的定论。

亚历山大去世后，雅典人揭竿而起，反抗马其顿的统治。亚历山大曾经的老师亚里士多德自然也就受到了怀疑。人们怀疑亚里士多德同情马其顿，并以渎神的罪名指控他。苏格拉底的案子已经证明，这种法律实践有时会导致不快的结局。与苏格拉底不同，亚里士多德决定避开“爱国者们”的魔爪，以免给雅典人再添上一项反对哲学的罪名。他让狄奥弗拉斯图去管理吕克昂，自己避居到了加尔西斯，直到公元前322年辞世。

亚里士多德流传至今的绝大部分著作都属于第二雅典时期。然而并非所有这些作品都是真正的书。似乎少有疑问的是，亚里士多德全集的某些部分是根据其讲课笔记写成的，因此亚里士多德看来就是这些教科书的第一作者。而有些作品甚至像学生们做的笔记。正因为如此，亚里士多德著作的风格显得枯燥而平淡，尽管据说他也曾模仿柏拉图写过一些对话录。他的对话录没有一篇流传下来，但从他其余的作品来看，亚里士多德显然在文学地位方面无法与柏拉图相比。柏拉图写下了激动人心的杰作，而亚里士多德造出了干瘪乏味的教科书。柏拉图文思泉涌，写下了散文式的对话录，而亚里士多德却只撰写了系统性的论文。

要了解亚里士多德，必须记住他是第一个批判柏拉图的人。

但我们却不能说亚里士多德的批判都是有理有据的。当亚里士多德陈述柏拉图的学说时，我们有把握信任他；但当他继续解释其意义时，那就要打些折扣了。我们当然可以设想亚里士多德熟悉当时的数学，他是阿卡得米一分子的事实似乎就可以做证。但同样显然的是，亚里士多德并不赞同柏拉图的数学哲学。而事实上，他也从未真正弄懂过它。当亚里士多德评论前苏格拉底学派时，我们也必须持有同样的保留态度。可以信赖亚里士多德所作的直接转述，但绝不能全信他的一切解释。

亚里士多德还是一位著名的生物学家，尽管我们体谅他的一些相当令人感到奇怪的过失，他在物理学和天文学方面的观点也只能说是稀里糊涂、令人失望。而结合了米利都学派与毕达哥拉斯学派传统的柏拉图，却在这一领域相当接近正确目标，后来的希腊科学家，如阿里斯塔克和埃拉托色尼，也同样如此。亚里士多德对系统思维最著名的贡献就在于他的逻辑学著作。虽然其中有相当部分派生于柏拉图的观点，但柏拉图的逻辑学说散见于大量别的材料中，而亚里士多德则把它们收集起来，并按照一种至今仍然几乎毫无更改的讲授方式提了出来。亚里士多德的影响曾经一度阻挡了历史的进步，这主要是由于他的许多追随者有一种盲目跟从的教条主义。当然，我们不能怪罪亚里士多德本人。文艺复兴时期科学的复兴仍然是与亚里士多德决裂而向柏拉图回归。亚里士多德的观点就其本身而言，依然是古典时代的产物，尽管雅典在他出生之前就已日渐衰落。他对发生在自己一生中的政治变革，从未理解过其中的重要意义。而古典时代早就寿终正寝了。

亚里士多德的形而上学讨论起来并不太容易，其原因，一是由于它大量散见于全部作品之中，二是由于它缺乏某种明确的交代。首先，值得注意的是，我们现在所称的形而上学和它在亚里士多德时代的含义是不一样的。形而上学的字面意义仅仅是“在物理学之后”。该书之所以用它为标题，是因为一位早期的编辑在编排作品时把它放在了物理学之后。把它摆在物理学之前也许更为恰当一些，因为它本来就属于那个位置。亚里士多德可能会称其为“第一哲学”，即对于研究工作一般前提的讨论。然而形而上学这一名称却已传播开来。

可以这样认为，亚里士多德在这一领域的工作就是试图以他自己的一种新理论来取代苏格拉底的理念论。他的主要批判就是应用于参与学说的“第三者论证”，但这只不过是附和了柏拉图在《巴门尼德篇》中提出的批判而已，因为亚里士多德换用了物质论和形式论。例如，用来建造圆柱的材料就是物质，而形式就是类似于建筑师画的圆柱物体的图样。两者在某种意义上都是抽象概念，而真实的物体则是两者的结合。亚里士多德可能会说，正是这种形式，当被施与物质时，才使后者能以原样存在。形式赋予物质特征，实际上就是把物质变成了某种实体。如果我们想正确理解亚里士多德的话，有一点是很重要的，那就是不能把物质与实体混为一谈。“实体”一词是亚里士多德时代希腊文的直译，其含义只是“基础的东西”。它是某种不变的事物，也是品质的载体。正是由于我们会自然地倾向于按照某种原子论来思考，所以才会把实体与物质等同起来。因为在此所需的意义上，原子就是物质的统一体，其作用在于承载品质并解释变化。我们在提及原子论者时就已经暗示过这一点了。

按照亚里士多德的理论，形式总归要比物质更重要，因为形式是可以创造的，物质当然也需要，但只是被当作原材料而已。在字面意义上，形式最终是实体的。按照刚才的解释，这显然就意味着：形式是构成现实世界过程基础的、不变的、永恒的实体。因此归根结底，它们与苏格拉底的理念或形式并没有很大的差别。如果说形式是实体的，那就意味着它们独立于个体事物而存在。至于这些实体是怎样存在的，则从未有过明晰的解释。无论如何，似乎没有人试图给它们划定一个属于它们自己的独特世界。值得注意的是，亚里士多德认为，他的形式与共相是完全不同的。对理念论的批判实际上和一个简单的语言观点有关。在日常谈话中，有些词代表事物，有些词则描述该事物像什么样。前者就是名词，后者就是形容词。用专门的术语来说，名词有时被称为“表示独立存在的词”。这一术语可以上溯到希腊化时代，并且揭示了亚里士多德的理论对语法学家产生了多么强烈的影响。因此，名词就是实体词，而形容词就是表示品质的词。但要是我们据此推断出一定独立存在着以形容词命名的共相，那就错了。亚里士多德的共相观点是更为有机的，就像生物学家的看法。共相总会有些干预事物的生成，但它们并不存在于自己的影子世界里。尽管亚里士多德无意用他的物质—形式理论来取代共相，但他的理论却和这个问题相关，而且如我们所知，它也并没有真的摆脱理念论。我们还需记住重要的一点，根据亚里士多德的理论，人们可以完全恰当地谈及非物质的实体，灵魂就是其中一例，它赋予肉体以形式，灵魂本身是一个实体，但又是非物质的。

伴随着共相问题出现的是一个长久未决的问题，即如何解释变化的问题。有些人，如巴门尼德，发觉这个问题太难，于是干脆否定了变化的存在。另一些人则采纳了某种精巧的爱利亚学说，并求助于原子论解释。也有一些人仍然利用了部分共相论。凡此种种，前文都已提及。我们发现亚里士多德的现实性和潜在性理论，比起原子论来，更类似于共相论。

在讨论潜在性问题时，我们必须注意把它几无价值的一种形式抛开。有一种说法认为，潜在的作用仅仅是"马后炮"。如果一瓶油开始燃烧，那么我们可以说，这是因为它事先就具有了燃烧的潜在性，但这显然根本不是什么解释。的确，某些哲学学派正是根据这类理由，否认在这个问题上能够说出任何有价值的东西。正如我们将在以后看到的那样，梅加腊的安提斯泰尼便是其中之一。按照这种观点，一个事物要么具有某类性质，要么不具有某类性质，除此之外都是废话。但很显然，我们确实可以作出这样的陈述，如"油是可燃的"，而且它们完全有意义。亚里士多德的分析为我们提供了正确的答案。当我们说一个事物具有A的潜在性时，是指在某种条件下，潜在性的确会变为事实。说"油是可燃的"就是承认，若给出一组指定的条件，它就会燃烧。因此，如果温度正合适，那么你划一根火柴放到油面上去，就能把它点燃。这里所说的条件当然必须是事实上能够出现的条件，或者是现实的条件。在这个逻辑意义上，现实的就优于潜在的。此时，对变化的解释就可以用一种实体来进行了，这种实体就是能在其中相继变为现实的一系列品质的潜在的载体。不管这种解释在实践中可能有什么样的缺陷，但它至少在原则上不是微不足道的，如果我们记得亚里士多德对潜在性的分析的话。这种方法显然让我们更多地联想到苏格拉底和柏拉图，而不是原子论者。亚里士多德在生物学方面的科学兴趣对其观点造成了部分的影响，因为潜在性在生物学中尤其有用。然而，这个观点还不够完整，因为它没有涉及一个重要方面，即它并没有提到各种变化如何发生与为什么会发生。在这方面，亚里士多德有一个非常详细的答案，我们将在谈及他的因果论时再作阐述。至于宇宙起源说，以及上帝是第一动因或坚定推动力的观点，也将留待以后讨论。但应当记住，亚里士多德把他的神学看作我们现在所谓的形而上学的一部分。

我们现在转到亚里士多德的逻辑工作上来。前文已经说过，希腊科学和哲学的一个显著特征就是证明概念。东方的天文学家满足于记录现象，而希腊的思想家却在努力解释它们。证明一个命题的过程包括各种论证的建立。当然，这在亚里士多德之前就已进行了很长一段时间，但据我们所知，他们当中还没有任何人对论证采取的形式做过详尽的一般性解释。在此，亚里士多德的著作提供了一种考察，不管怎么说，他和康德都认为这种考察是完整的。亚里士多德在这方面不幸出错其实并不重要，关键在于，他已经看到了对形式逻辑作出普遍性解释的可能性。或许我们最好立刻强调一下非形式逻辑的不存在，也就是说，论证的普遍性形式是属于逻辑学领域的一项研究。亚里士多德的逻辑学依赖大量与其形而上学相关联的假设。首先，他想当然地认为，所有的命题都是“主语—谓语”型的。日常谈话中有许多命题就属于这种形式，这也是“实体与品质”形而上学产生的根源之一。当然，柏拉图早就在《泰阿泰德篇》中提出过这种“主—谓”形式，可以设想，亚里士多德是第一个将其派生出来的人。正是在这种情形下，共相问题出现了。命题的划分依据就是它们究竟涉及共相还是个别。在前一种情况，它们可以涵盖共相的整个范围，如“人都是要死的”，这被叫作全称命题。换一种情况，命题可能只包括共相的一部分，如“有些人是明智的”，这是一个特称命题。像“苏格拉底是一个人”这样的命题则是单称命题。当我们在某项论证中把这些命题结合起来时，单称命题必须被当作全称命题来处理。命题是肯定的还是否定的，这得看它的主语要承认还是否定什么。

按照这种分类法，我们现在来考虑一下论证中会发生什么样的情况。从一个或多个命题（前提）开始，我们推导出别的命题或这些前提产生的结论。亚里士多德认为，一切论证的基本类型就是他所说的三段式推论法。一个三段论法就是具有两个“主—谓”型前提的论证，并且它的两个前提要有一个共同的项。这个中间项将在结论中消失。下面就是一个三段论法的例子：所有人都是理性的，婴儿是人，所以婴儿也是理性的。在这一例子中，结论的确是由两个前提得出的，因而论证是有效的。至于诸前提本身是真是假，当然是另一个问题。我们确实也可以从错误的前提中推出正确的结论来。然而重要的是，如果诸前提是真的，那么任何一个被有效推导出来的结论也会是真的。所以，去揭示哪些三段式论证有效，哪些无效，这是相当重要的。亚里士多德对有效的三段论法作了一通系统的解释。各种论证首先按其“格”分类，“格”则取决于项的排列。亚里士多德找出了三种不同的构型，斯多葛学派后来发现了第四种。在每一个“格”中，有些论证是有效的，有些则是无效的。18世纪的瑞士数学家欧拉发明了一种巧妙的检验三段式论证的方法。即用一个圆圈来表示某个项的范围，这就很容易发现某个论证正确与否。因此，上文给出的例子就不难看出是正确的。经院哲学家给这种“第一格”三段论取了一个专门的名字，叫“巴巴拉”。同样，哺乳动物都不会飞，猪是哺乳动物，因此猪也不会飞，这就是一个有效的“第一格”论证。这种形式被称为“席拉伦特”。请注意，在这个特殊例子当中，结论是真的，尽管其前提之一不真。因为蝙蝠也是哺乳动物，但它会飞。

亚里士多德在后世的威望，导致了三段论法在其后两千多年中被逻辑学家认定为唯一的论证类型。对三段论法的批判，最终竟然还是由亚里士多德本人率先提出的。例如，所有人都是要死的，苏格拉底是人，因此苏格拉底也要死。在这个论证中我们已经假定，若想知道第一个前提（人皆会死），则必须已经知道结论。因此，这一论证是用未经证明的假定来辩论的。造成这种误解的根源就在于误解了我们是如何得知“所有A都是B的”这一结论。其实没有必要，通常也不对A逐一检验看它是否为B。相反，最通常的做法则是检验某个例子，看出其关系就可以了。这一方法在几何学里明显如是。所有三角形的内角之和等于两个直角之和，在大胆作出一般性断定之前，是没有哪位合格的几何学家会去逐一细看各种三角形，以解心中疑问。

简要地说，这就是三段论理论的要旨。亚里士多德还论述过由模态命题构成的三段论法，即包含“或许”或“一定”，而不是包含“是”的陈述句。模态逻辑在现代符号逻辑学领域里再次引起了人们的注目。根据较新的发展来看，三段论的学说现在似乎并没有原来想象的那么重要，就科学方面而言，三段论法的运用并没有能够证明其前提。这就提出了出发点的问题。根据亚里士多德的观点，科学必须开始于某些无须论证的陈述。他把这些陈述称为公理，它们不一定在人们的经验中特别普遍，但只要一经解释就能使人明白理解。有一点指出来或许不是多余的，那就是比起科学探索的进程来，它更多地涉及一批科学事实的陈列。叙述的顺序总是掩盖了发现的顺序。在实际探索中，一旦问题得到了解决，许多模糊、不确切的认识就将被清除。

当谈及公理时，亚里士多德的脑子里似乎想到过几何学。直到他那个时代，几何学才开始以系统的形式出现。亚里士多德生活的年代与欧几里得只相隔几十年时间，其间还没有别的什么科学曾达到过几何学那样的地位。似乎从那以后，各类科学就按照某种等级来排序了。在这里，数学是至高无上的，比如，天文学就在其下，因为天文学必须要求运用数学来解释其观察到的种种运动。在这一领域，亚里士多德预见了后人的工作，尤其是法国实证论者孔德的科学分类法。

亚里士多德认为，语言研究是一项重要的哲学事务，这方面的开创性工作是由柏拉图在《泰阿泰德篇》和《智者篇》中完成的。事实上，希腊哲学的主导概念之一正是逻各斯，我们首次遇到这一术语是在论及毕达哥拉斯与赫拉克利特的时候。它包括语词、量度、准则、论证、原因等不同的含义。如果我们想抓住希腊哲学的精神，就必须牢记这一系列含义的重要性。“逻辑”这个术语显然就是由它派生出来的。逻辑学就是有关逻各斯的科学。

但逻辑学有其独特的地位，它与正式的所谓的科学是不完全一样的。亚里士多德把科学分为三类，其根据就是每一门科学各自所要达到的主要目的。理论科学提供知识，而知识在此意义上是与意见相对立的。数学是这里最明显的例子，尽管亚里士多德把物理学和形而上学也包括在内。他的物理学含义和我们今天所理解的并不完全一样。它是对空间、时间和因果关系的普遍研究，我们可能会认为其中一些属于形而上学，甚至属于逻辑学，如果其含义充分广泛的话。

其次，实用科学（如伦理学）的作用在于控制人们在社会中的行为。最后，生产科学的功能就是指导我们为了使用或艺术欣赏而创造对象。逻辑学似乎不属于其中任何一类，因此它不是通常意义上的一门科学，而是处理问题的一种普遍性方法，对科学来说是不可或缺的。它提供了识别和证明的标准，而且应当被视为影响科学研究的工具或手段。亚里士多德在谈及逻辑时所使用的希腊语“工具论”正是这个意思。而“逻辑”这一术语本身则是后来由斯多葛派发明的。至于论证形式的研究，亚里士多德称其为“（逻辑）分析学”，其字面含义是“释放”。论证的结构就是这样被“释放”，以供验证的。

尽管逻辑学与词汇有联系，但亚里士多德认为它涉及的不仅仅是词汇，因为大多数词语或多或少只是代表非词语事物的偶然标记。因此逻辑不同于语法，尽管它可以影响后者。逻辑学也不同于形而上学，因为比起存在事物来，它更多地涉及人们对这类事物的认识方式。亚里士多德在此拒绝了理念论，这是十分重要的。因为坚持这一理论的人会认为，现在考虑的逻辑学，在狭义上可能与形而上学没什么两样；相反，亚里士多德却认为逻辑学与形而上学是截然不同的。他试图借助于人们所说的“概念”来着手解决共相的问题，而概念无论如何也不会存在于人们世界之外的某个世界。最后，逻辑学不同于心理学，这一点在数学中尤为突出。欧几里得《几何原本》的演绎顺序是一回事，揭示这种知识的数学探索所包含的曲折精神苦恼则完全是另一回事。也就是说，科学的逻辑结构与科学探索的心理过程是两件完全不同的事情。因而在美学中，一件艺术品的价值与生产的心理学是毫不相干的。

我们对逻辑学的考察，必须首先以介绍的方式在某个方面对语言的结构和其中可能涉及的事物进行确定。按照亚里士多德的“工具论”，《范畴篇》这一著作讨论了这个问题。正如我们在讨论《智者篇》时所见，这项工作也是开始于柏拉图。然而亚里士多德的讨论更加贴近现实，与语言事实的关系也更为密切。它区分了十种能够通过论述加以识别的不同的一般性范畴，即实体、品质、数量、关系、地点、时间、姿势、状态、动作和属性。第一个范畴就是任何陈述都要涉及的“实体”。其他的范畴涵盖各种各样由某个实体构成的陈述。因此，如果谈到苏格拉底，我们就可以说他具有某种品质（他是一位哲学家）；他还具有一定的身材，不管尺寸是多少，这就解答了数量的范畴；他与别的事物保持某种关系，并处在一定的空间和时间；他还通过行动与遭遇，与周围的环境相互发生作用。正如我们以后将看到的那样，《范畴论》有许多杰出的继承者，尽管在绝大多数情况下，这些人更多地带有形而上学的色彩，而不是亚里士多德的语言研究。康德和黑格尔尤其如此。

范畴当然是抽象的概念。它们回答那些针对任何事物而可能提出的最普遍的问题。亚里士多德认为范畴就是词的本义。词的本义作为知识的对象和作为判断的对象，其含义是不一样的。对于前一种情况，亚里士多德会说人们有一种直接的理解。在现代语言学中，有时把它表达为“具有概念”，而不管它可能是什么概念。人们在某个真判断中获得的那种知识则完全是另一回事。

这里的概念被结合起来，以表示某一种事态。

亚里士多德的逻辑学首次试图以系统的方式提出语言和论证的普遍形式。虽然其中有相当部分是源于柏拉图理论的启示，但这并没有削弱它的价值。柏拉图的逻辑观点零零星星地分布于所有对话录中，一个特殊问题可能受其当时心情的支配被提出来又放弃掉。亚里士多德对待逻辑的方式也就是不久以后欧几里得准备对待几何学的方式。亚里士多德的逻辑学在19世纪之前都占据着至高无上的地位。如同他的许多其他观点一样，其逻辑论逐渐被那些慑于其权威而不敢置疑的人以一种僵化的方式传授了下来。文艺复兴时期大多数近代哲学家都具有这样的一个特征，他们对学派中的亚里士多德派别表现出完全的不满。这种不满产生了对一切与亚里士多德名字相关的事物都被排斥的现象，这是很遗憾的，因为我们仍可以从亚里士多德那里学到许多有价值的东西，但亚里士多德的逻辑学在以下这个重要的方面却是非常不完善的：它并没有把自身和数学中尤为重要的关系论证联系起来。例如：A大于B，B大于C，因此A大于C。这里的关键就在“大于”这一关系的过渡特征。虽然通过某种机智，这个论证能够强行套用三段论法的模式，但在一些更为复杂的例子中，这样做似乎就没什么希望了。尽管如此，论证的关系特征还是被忽略了。

我们现在必须转而讨论大量普遍性的问题，它们可以归于自然哲学的标题下。主要讨论这些问题的书，也就叫作《自然哲学》。我们应当回顾一下，希腊语“物理学”的含义指的是“自然”。当亚里士多德提笔时，他可能注意到了很多前辈们都曾以“论自然”为题发表过著作。从泰勒斯的时代起，凡是自认为最终发现了世界真实运行方式的人，在写作中都有过这种意向。今天的物理学意味着更专门化的知识，尽管这些比较普遍性的问题也确实介入其中。物理学在不久以前常常被称作自然哲学，苏格兰的大学仍留存着这一术语。但它与德国唯心论者的自然哲学是不能混为一谈的，后者是物理学的一种形而上学的变形，关于这一点，我们将在以后更多地了解。

亚里士多德的因果论是这里要探讨的最重要的问题之一。它与物质及形式论有关。一种因果情况既包括物质的一面，又包括形式的一面。后者自身又被分为三部分：第一部分是狭义的形式方面，可以称为构型；第二部分是实际上导致了变化的动因，就像扣动扳机射击一样；最后一部分是变化力求达到的目的或结果。这四个方面分别叫作物质因、形式因、动力因和目的因。一个简单的例子可说明这一点。一块石头在台阶边上晃动，如果被推过边沿，它就会掉落下去。在这一情况中，物质因就是石头本身这种物质。形式因就是总的地势，即台阶和石头所处的位置。动力因就是任何推动石头的东西。目的因就是石头尽可能寻求最低落点的“愿望”，即地心的吸引力。

关于物质因和形式因，这里没什么要补充的。我们不再把它们看作原因，它们只是因果情况中的必要条件，因为任何事情要发生，都得在某处存在着某种条件。至于动力因和目的因，这两项都值得我们花点功夫来探讨。现代术语把动力因简单地称为原因。因此，一块石头从台阶上掉下来，这是由于某人或某物推了它一下。在物理科学中，这是被人们认识到的唯一一种因果关系。科学的总体趋势就是试图以动力因来建立各种解释。今天的物理学没有吸收目的因概念，尽管它的词汇里还留存着目的论的痕迹。吸引、排斥、向心这一类的词都是目的论概念的残迹，并且提醒我们，亚旦士多德的因果论大约直到三百五十年前[1]才有人对其提出怀疑。目的因果论带来的麻烦与潜在性概念（前文讨论过）招致的危险是极其相似的。说石头掉下来是因为它有掉落的趋向，这实际上等于根本未作任何解释。但在某些时候，目的因果论的术语又确实能起到某种合理的作用。比如，在伦理学的领域里，把某个目标作为一定行为或行动的原因并不是没有意义的。总的来说，在人类的活动中，也是如此，对未来事件的当前期望就是人们采取行动的动机。动物同样如此，甚至有时候，人们还可能倾向于对植物也用这一说法。因此很显然，当人们考虑生物、社会问题时，目的性并不都是微不足道的。正是从他的生物学兴趣中，亚里士多德才提取了目的因概念。从这种情况来看，潜在性与目的性显然结合到了一起。生物学家面临着一粒种子如何长成植株，一个卵子如何发育成动物个体的问题。亚里士多德会说，橡果潜在地包含着橡树，至于长成大树，则是由于有实现自我的倾向。这种说法当然是运用这些概念的一个肤浅的例子。更一般地说，随着科学的发展，目的因解释将被动力因解释所取代，甚至心理学也遵循了这一趋向。精神分析学（无论它有什么样的优缺点）就是在试图根据先前发生的情况，而不是即将降临的事物，来解释人们的行为的。

目的论观点最终从以下事实中获取了自身的力量：人们生活的自然环境似乎展示出某种秩序。与动力因相关的因果必然性似乎是一种盲目的力量，因为其运作无法解释这种秩序。另外，目的论却仿佛富有预见性，生物学的秩序在此很可能又让人们趋向

1 约1589年。——编者注

于目的论观点。但无论如何，亚里士多德认识到必然性和目的性两者的效力。显然，在这样一种基础上，自然科学是不会繁荣起来的。尤其是物理科学遭到了严重的挫折，一直到伽利略时代，人们在方法上回归柏拉图之前，这种状况都未见好转。由于数学家不大可能像生物学家那样想得到目的性概念，因此柏拉图没有像亚里士多德那样想到这一点就不足为奇了。目的论最终因其具有拟人或神学特征而出了差错。一般来说只有人类才具有意图，才会追求目的。所以目的性只能在这一领域才会变得有意义。棍子与石头并不怀有目标，即使试图谈论它们好像有目标，也是毫无用处的。但我们当然可以通过恰当的谨慎措施来使用趋同概念，就像我们有可能使用潜在性概念一样。

说一块石头具有掉落的趋向，其含义在于：如果给定某种条件，它就会掉下去。然而亚里士多德却不是这样想的。他认为目的性与意图相关，并从秩序的存在中推断出这一点。秩序在他的眼里就象征着规划。按照这些原则，物理科学的研究显然不可能繁荣起来。因为，如果探索者的求知欲被虚假的解释满足和安抚，那么自然现象的真实解释就无法获取。亚里士多德对科学，尤其是天文学，造成了严重的危害。目的性理论给万物都分配了适当的位置，这使得他把尘世领域和尘世外领域区分开来，并认为这两部分受到不同原则的控制。如果和阿卡得米先进的天文学比起来，这种彻底的异想天开简直就像精神错乱。然而带来真正危害的还是那些不以批判态度对待亚里士多德的人，他们全盘吸收，对不好的东西也不扬弃，从而使亚里士多德处处声名狼藉。

自然哲学所讨论的另一个普遍性话题就是空间、时间和运动。关于运动，我们在论及变化时曾提到过。亚里士多德在这一方面的做法是值得注意的。爱利亚学派在试图解释运动时发现了无法克服的困难，而亚里士多德却从另一角度接近了这一问题。“运动的确会发生”必须成为我们的出发点。如果认为这一点是理所当然的，那么问题就在于如何对其作出解释。与爱利亚学派的唯理论者相反，亚里士多德表现得更像是一位经验论者，他采用了现代式的划分法。这一点并非毫无意义，尤其因为常常有人错误地认为，经验的方法总有些不可靠、不合适。以运动为例，亚里士多德坚持存在连续性的观点，人们完全可以感知到这一点，并有可能随后发现其中必然包括的内容，但从非连续中不可能虚构出连续性来。这一点总是被数学家们所忽视，从毕达哥拉斯时代起，他们就希望从子虚乌有中建立起数学的世界来，而连续性的分析理论却能够以纯逻辑的方式建立起来，它在几何学中的应用取决于连续性的假定。

前文提及的运动指的是品质的变化。另外还有两种运动：数量变化和地点变化。运动只能归属于这三类范畴。根据亚里士多德的理论，我们不可能像原子论者那样，把所有变化都纳入粒子的运动。因为把一种范畴与另一种范畴归并起来是不可能的。亚里士多德的观点在此又一次站到了经验论一边，正如我们所知，原子论者是爱利亚传统的继承者，他们以理性主义的约简原则来进行思考。

在空间和时间问题上，亚里士多德的理论与现代观点有许多共同点。亚里士多德从不同物体能够在不同时间占有相同空间的事实中推导出“位置”这一概念。因此我们必须把空间和空间里存在的事物区分开来。为了确定某个物体的位置，我们可以先划定它所属的范围，然后将范围逐渐缩小，直至到达该物体的确切位置。按照这种方式，亚里士多德把物体的地点定义为它的界限。从表面上看，这是对一个如此艰难的问题作出的一个相当贫乏的结论。然而，当人们分析这类问题时，结果却往往出乎意料的简单和现实，而且这种解决办法就像止痛剂一样，总是带来一些有趣的结果。在当前这个例子中，我们得出这样的结论：人们问任何一个物体在什么地方，这是有意义的，但如果问世界在什么地方，就是废话。也就是说，万物皆位于空间，但宇宙例外。因为它不包含在任何事物里面，实际上，宇宙并不是桌椅之类的事物。因此我们可以相当自信地告诉任何一位希望到天涯海角旅行的人，他的尝试是徒劳的。也许应该提到，在地点或位置分析方面，亚里士多德并没有提出数学家或物理学家可能提出的那种空间理论。他所做的更类似于语言分析，但语言分析与空间理论这两者之间并非没有联系。如果我们能够分析位置的含义，显然这将有助于人们加深对有关空间的种种陈述的理解。

和原子论者相反，亚里士多德认为不存在虚空。他为这一观点提供了大量实际上不正确的论证。其中最有趣的一个就是归谬法。首先他从如下事实着手，物体在某种介质中的速度随介质密度和物体自身重量的变化而变化，由此得出了第一个结论：物体在虚空中的运动速度应该是无限的，但这又是荒谬的，因为一切运动都需要一定的时间。其次，重的物体应该比轻的物体运动速度快，但在虚空中却没有理由会这样。根据这两点，亚里士多德宣称虚空是不可能存在的，然而他的这些结论并不是从前提得来的。从“物体在较为稀薄的介质里会移动快一些”的这一事实并不能导出“物体在虚空中就会无限的快”这一结论。至于另外一点，观察表明，在虚空中，轻的物体确实与重的物体以同样速度落下来。亚里士多德有关虚空的错误概念大约一直到两千年之后才得到了澄清。虽然如此，但对那个时代的人来说，只有这样说才算公正：即使在现代，科学家们仍对虚空感到困难。现代科学家们曾用“以太”之类的特殊物质，最近又用“能量分布”来填充虚空。

亚里士多德对时间的讨论与其地点分析非常类似。事件都按一定时间序列发生，就像物体都有一定地点序列一样。一个事件有一个恰当的时间，就像一个物体有一个确切的位置一样。亚里士多德按照连续性，把事物分为三种排列方式。首先，事物可以是前后连贯的，一个接一个，序列中的任何插入项都不予考虑。其次，事物可以是有接触的，正如连续的各项相邻一样。最后，顺序可以是连续不断的，即相继各项实际上有共同的界限。如果两个事物是相互连续的，那么它们也就可以发生联系，反之则不然。同样，两个接触的事物也是连贯的，但不能颠倒过来。

这些初步概念一经确定，我们就会发现一个连续量是不能由不可分割的元素构成的。显然，不可分割的元素是不可能有界限的，否则的话，它就能进一步细分。另一方面，如果不可分割的元素没有大小，那么说它们是连贯的、相邻的或连续的就等于是一句废话。比如，在一条线的任何两点之间，还有别的一些点；同样，在一段时间的任何两个时刻之间，也有别的一些时刻。因此，空间和时间是连续的、无限可分的。亚里士多德在这种情况之下，着手解释芝诺的悖论。虽然亚里士多德提供的答案在事实上是正确的，但他没有把握芝诺论证的本意。如前所述，芝诺并没有提出自己的肯定性理论，他只是试图证明，毕达哥拉斯的单元论完全不可取。如果把他的爱利亚偏见搁到一边，他当然会赞同亚里士多德。

我们在此无须涉及亚里士多德科学理论的细节。尽管他做了一些好的工作，尤其是在生物学，但他的成就却因为过分夸张而受到损害，没有哪位前苏格拉底哲学家会支持、鼓励这种做法。

如前所述，我们似乎可以从伦理学中找到目的因的某些合理性。正是从这一领域，目的论才被推导出来。对亚里士多德而言，“善”就是万物皆为之奋斗的目的。由于他拒绝了理念论，我们当然就找不到一种善的形式。他还注意到了“善”一词具有不同的用法，这些用法不能都归到同一个标题下。然而，以任何形式表现出来的“善”，最终都源于上帝的善，因此乍看起来，这既不是与理念论完全不同，也不是脱离它甚远。在亚里士多德的哲学里这种动摇不定俯拾即是。一方面，他与阿卡得米决裂；另一方面，他似乎又回归了阿卡得米。某些时候，就像现在一样，我们能够把这两方面分开，只按其价值来考虑他与阿卡得米的决裂。他对“善”的用法分析，为我们提供了一些有价值的区别，而这些区别有时可能被人们所忽视。这是有意思的，但并没有使我们走向极端，尽管某些现代语言分析家会说，除此之外，他就无所事事了。在这方面，他们的态度或许有些轻率，因为他们不能公正地对待某些“废话”广泛而流行的传播。真理毕竟不是少数服从多数的问题。至于上帝在形而上学中的地位，亚里士多德认为这完全是一个“非个人”的问题。上帝就是为世界提供第一推动力的坚定的首因。在完成任务之后，他不再对尘世怀有积极的兴致，当然也就不会密切关注人类的所作所为。他是一尊苍白无力的、哲学家的神，只不过是因果理论的一个附属物罢了。

为了抓住亚里士多德伦理学的要旨，我们必须先对其灵魂理论说上两句。他从柏拉图那里借用了三分法，认为灵魂可分为有滋养的、感觉性的和理性的三类。有滋养的灵魂属于一切有生命体，它们都有所谓的新陈代谢。感觉性的灵魂属于动物和人类，但不属于植物。而理性的灵魂仅为人类所独有。只有在理性的层次上，伦理学才会介入。植物只是植物式的生长，动物只是动物式的生活。灵魂与肉体成为统一体，就像形式与物质结合一样。对个人而言，人死了灵魂就不复存在，尽管其理性是不朽的。

当我们问及人生的目的是什么时，伦理学问题就产生了。亚里士多德从理性灵魂的幸福中找到了答案，对他来说，也就意味着这种生活是一种积极理性的活动，充满了德行，并为人们所不懈追求。因此，按照亚里士多德的理论，德行就是达到目的的一种手段。当然，不是每个人都能达到同样程度的目的，但它是一个人可能企及的最高目标。苏格拉底就认为理论的生活是最好的生活。

对于亚里士多德时代的一个希腊人来说，这并不意味着遁世绝俗和脱离具体事务。了解到这一点很重要。首先，伦理生活要牵涉到活动，尽管应该采取超然的态度。因此，理论的生活并不是导致实验方法失效的原因，尽管亚里士多德着重强调了对已知真理而非对新发现的思索性评价。这就产生了一个他所忽视的难题。因为，为了对某个东西进行评价，人们必须做出某种最初的智力尝试，但谁又能说出这种尝试到何种程度才足够呢？问题的真相是，探索工作不能以这种方式加以限制。其次，无论在和平年代还是在战争之中，好公民都必须履行自己的义务，并且作出牺牲与奉献。“象牙塔”式的哲学概念是斯多葛派提出的，正是由于他们脱离了感知世界，科学运动才逐渐变得衰竭。

与道德或品德相关的是，亚里士多德提出了德行理论，并将其作为一种中庸之道。在任何情况下，人的行为都可能不足或过分，这两者都没有构成适当的行为，而德行则介乎于这两个极端之间。因此，坚定的勇气既不是草率的放肆，也不是胆怯的退缩。中庸论受到了源自毕达哥拉斯和赫拉克利特的和谐学说的启示。亚里士多德着手描绘了这样一幅画像：具备所有德行的人就是具有伟大灵魂的人。这也确实公正地反映了当时公民们的举止中有某种受到普遍崇尚的东西。总而言之，这一结论有些过分，尽管因没有虚伪的谦虚而相当地讨人喜欢。一个人不应该过高估计自身的价值，但同样，他也不应该轻视自己。然而高尚的人最终还是少之又少，只因为绝大多数人从来没有机会去实践所有这些德行。同苏格拉底、柏拉图一样，亚里士多德重点倾向于伦理方面的精英。中庸论并不是完全成功的。比如，我们如何定义“诚实”？诚实就被认为是一种德行，但我们很难说它就是“说大谎”与“说小谎”之间的折中，尽管有人怀疑这种观点在某些地方并非不流行。无论如何，这样的定义并不适用于理智方面的德行。

在人的行善与作恶问题上，亚里士多德认为人们的行动都是自发的，但受到强迫或出于无知的情况除外。和苏格拉底观点不同的是，亚里士多德承认一个人可能会以一种邪恶的方式蓄意行动。同时，他还发展了对“抉择”含义的分析，在那种认为“人从不会存心犯罪”的理论中，这个问题当然是不会出现的。

在其正义理论中，亚里士多德采纳了分配原则，在《理想国》中苏格拉底对正义的定义里面早已使用过这一原则。如果每个人都得到了自己公平的份额，那么正义就实现了。但是这种观点本身就有一个内在的难点，那就是它没有提供一个断定何为公平的基本依据。公平的标准是什么呢？苏格拉底至少还坚持了一个似乎合理、客观的标准，即以教育为尺度。这一观点与当今相比，有很大一部分是一致的，尽管中世纪的时候并非如此。如果人们想应用正义理论，显然必须先解决什么是公平的问题。

最后，我们必须提到亚里士多德的友谊观。他认为，要过一种美满的生活，人们就必须有朋友，被境遇所迫时，能够相互商量和依靠。对于亚里士多德而言，友谊就是把自尊延伸及他人。正是为了自身的利益，你才会爱你的兄弟，如同爱你自己一样。同一般情况一样，因为沾沾自喜和以自我为中心，亚里士多德的伦理学多少受到了一定的损害。

当涉及亚里士多德的政治理论时，一开始就有两点引起了我们的注意。首先，我们发现政治中的论证必然会带有目的性，亚里士多德对此是相当清楚的。其次，他的政治理论几乎完全集中在城邦方面。对于后者，他根本不了解在其有生之年，希腊城邦的时代正在迅速消逝。马其顿接掌了希腊的统治权，并且在亚历山大的领导下继续征讨，以图建立帝国。但亚里士多德对这类组织的政治问题兴味索然。诚然，他也曾轻描淡写地提到过亚历山大大帝、埃及和巴比伦，但有关这些“野蛮民族”的少许离题的话却使得对比更加鲜明。在亚里士多德看来，希腊的城邦展示了政治生活的最高形式；而国外的其他政体却是这样或那样的野蛮主义。

我们在别处见过的这种目的论方法一开始就被采用。为了探求某种目的，于是形成了种种联盟。国家是其中最大、最广泛的联盟，因此它必须追求最伟大的目的。这当然是伦理学的一种善的生活，而且能在一定规模的公共社团里实现，这里的公共社团指的就是由较小的团体联合而成的城邦，这些较小团体是以户或家庭为基础形成的。人作为一种政治动物而生活是很自然的，因为他得为善的生活而奋斗。没有哪个凡人能够做到仅靠自己而独立存活。亚里士多德进一步讨论了奴隶制问题，他说，高贵与卑贱的二元论充斥着整个自然界。于是，肉体与灵魂，人类与动物这些事例就在我们的头脑里展现了出来。在这样的情况下，统治者与被统治者的存在应当是对双方最有利的。希腊人生来就比“野蛮人”高贵，因此，由外国人而非希腊人来当奴隶是恰当的。在某种意义上，这等于已经承认了奴隶制最终是不合理的。每一个野蛮部落毫无疑问都会认为自己是优越的，并且按照自己的观点来处理问题。事实上，来自马其顿的这些“半野蛮人”当时就是这样做的。

在讨论财富与获取财富的手段时，亚里士多德提出了一种区别，这种区别逐渐在中世纪时期产生了巨大的影响。他认为一个事物具有两种价值：第一种是它的本身价值或使用价值，如一个人穿着一双鞋；第二种是它的交换价值，这就产生了一种人为的价值，如一双鞋不是拿来交换具有直接用途的另一种商品，而是去交换货币。货币是一种更便于携带的、更紧凑的价值形式，这是其优点之一，而它的缺点在于具有了自身的独立价值。这方面最糟糕的例子就是把货币按一定利息借贷。亚里士多德的许多异议，可能就是因为他在经济或社会方面的偏见。一个有教养的人若不去修炼善的生活，而是沉迷于赚钱，这是不可以的。但他忽视了一点，如果缺乏一定的财源，那么这些目标也是不可能达到的。至于放债问题，这里的异议是基于一种相当狭隘的资本功能观点。毫无疑问，一个穷困的自由人在自身经济拮据时，如果求助于放债人，他就有可能沦为奴隶，人们对此表示反对是完全恰当的。但在为商业企业筹资方面，资本也有其建设性的用途。亚里士多德是不可能接受这种放债观念的，因为他把大规模的贸易，特别是与外国人进行的贸易，看作不幸的万般无奈之举。

当我们现在转而讨论亚里士多德的理想国时，我们发现其条款要比柏拉图的《理想国》的蓝图成熟得多。亚里士多德特别强调了家庭单元的重要性。为了培植真正的感情，就必须对感情所及的范围加以某种限制。为了得到真正的关心，孩子必须由其父母亲自照顾，纯粹的集体责任感在这方面有可能导致玩忽职守。《理想国》中的理想国度总的来看太强调整体性了。它忽视了如下事实：在某种限度内，国家是一个存在着许多不同利益的社会。同时，我们还应该注意到，如果我们承认有很多利益，那就没有必要为了统一目的说些“忠诚的谎言”。关于土地，亚里士多德主张其所有权应当私有化，而产品则应当为社会所共享。这等于就是一种开明的私有制形式，所有者利用他的财富为社会谋福利，那么要培养这种责任感，就得依靠教育。

在其公民概念中，亚里士多德采纳了一种相当狭隘的观点。即只有那些既有选举权，又直接积极参与管理国家的人物才可以被称为公民。这就排除了广大的农民和工人，亚里士多德认为他们不适合发挥政治作用。当时还没有任何人能够想到用代表制度来管理国家的可能性。

关于各种不同类型的政体问题，亚里士多德在《政治篇》中大量沿用了柏拉图的方案。但与柏拉图不同的是，亚里士多德的确揭示了财富的重要性（而不是统治者的数量）。至于是少数人或多数人统治都无关紧要，重要的是他们是否掌握着经济大权。至于对权力的正当要求，亚里士多德承认所有的人都会在任何时候行使同样的正义原则，为自己要求权力。即同等的人应该获得一样的权力份额，不同等的人则没有这种权力。然而麻烦就在于如何确定相等与不相等。那些在某个领域出色的人往往认为自己在其他所有方面都高人一等。最终能够走出这一困境的唯一出路就是承认伦理原则。是否相等必须根据善的标准来予以判断。只有善的人才应当拥有权力。

在对各类政体进行长期考察之后，亚里士多德得出了如下的结论：总的看来，最好的政体就是财富既不太多也不太少的政体。因此，中产阶级占压倒优势的国家是最好、最稳定的国家。他还接着讨论了革命的原因及其防止办法。革命的根本原因就在于正义原则被一些人滥用了：人在某些方面平等或不平等，并不说明人在一切方面都是如此。最后，他解释了理想国。理想国的人口不仅必须规模适度，而且要掌握恰当的技能。理想国应该从山顶上一下子就能尽收眼底。它的公民应当是希腊人，只有他们才能把北方人的活力和东方人的智慧结合起来。

最后，我们必须提到一部作品。尽管它篇幅不是很大，却对艺术批评史，尤其是在戏剧文学领域，产生了巨大的影响。这就是亚里士多德的《诗学》，一本主要讨论悲剧与史诗的专著。我们应当注意到，“诗学”一词本身的字面意义是“造物过程”。因此一般来说，它可以用于任何生产性活动，但在当前含义中，它只限于艺术创作。在今天的意义里，诗人就是写诗的人。

根据亚里士多德的看法，一切艺术都是模拟的。他的分类法首先把绘画与雕塑从其他艺术中分离出来，并把现代意义上的音乐、舞蹈和诗歌归于同一组。按照“模拟”介入方式的差异，诗歌被划分为不同的类型。但他对“模拟”的含义却从未作过真正的解释。当然，从理念论来看，我们对这一概念是熟悉的，因为在理念论中，个体可以说成是模拟了共相。在亚里士多德看来，模拟似乎意味着用人为的手段唤起真有其事般的情感。他的全部讨论好像都是以戏剧艺术为着眼点来进行的，因为正是在这一领域，模拟原则得到了最为自然的运用。当亚里士多德进一步提到人类行动的模拟时，这一点尤为明晰。人的行为可以用三种方式来描绘：一是我们能够恰如其分地精确展示他们；二是我们能够模拟高于其行为正常标准的某种东西；三是能够模拟低于该标准的东西。通过这种方式，就能够区分悲剧和喜剧。悲剧中的人物表现得高于生活中的标准，尽管不是脱离我们太远，以致阻止我们对其事务表示同情。而另一方面，喜剧却把人表现得比实际差些，因为喜剧强调了生活滑稽可笑的一面。人物性格中的滑稽因素被认为是一种缺点，尽管不是特别有害的缺点。在这里，我们注意到了艺术价值与伦理价值的某种结合。这是一种来自《理想国》的偏见，该篇把艺术评论和社会、伦理标准紧密地联系了起来。十足的邪恶与堕落绝不可能具有美学价值，这是现代文学标准并不承认的一种局限性。

接下来，亚里士多德把讲述故事的诗和表达情节的诗区分开来。这就把史诗从戏剧中提取了出来。我们可以从那些与宗教仪式相关的吟诵中找到戏剧艺术的起源。很显然，希腊悲剧开始于俄耳浦斯宗教仪式中的某些咒语。对“悲剧”一词的一种可能的解释就是它指的是一支山羊歌曲，山羊这种动物正是俄耳浦斯教的象征之一。在希腊语中，“Tragos”就是“山羊”，“Ode”就是“歌”。在最初形式的悲剧仪式中，有一位领唱人在吟诗，一群人随声应和着，很像今天的宗教仪式。正如亚里士多德所指出的，第一位演员和第一个合唱团就是由此发展起来的。另一方面，喜剧则源自狄俄尼索斯的欢宴，喜剧的原意正是“狂欢曲”。

史诗通篇采用同一格律，而悲剧却在不同的部分跌宕起伏。但更重要的是，悲剧更多地受到场景的限制。亚里士多德并没有提出地点、时间和情节统一的明确理论。更确切地说，这是两类作品内在的实际局限性问题。一场戏必须在一个限定的空间内一次性连续演完，而一部史诗却可以有随心所欲的长度，因为它是以想象为舞台。亚里士多德的悲剧定义是：对人类行为的模拟。悲剧应当是善的、完整的，具有合理的时空范围，还应当在观众中产生恐惧和怜悯的共鸣，又能将恐惧与怜悯从灵魂中清除出去。

至于完整性，亚里士多德坚持认为一部悲剧应该有序幕、中场和尾声。乍看起来，这似乎并不是一个极具常识的见解。然而它的含义却是相当合理的：一场悲剧首先必须有一个说得过去的出发点，并以合乎情理的方式展开剧情，最后得出一个结论。悲剧必须是独立的、完整的。剧情长短是相当重要的，因为太长时间的表演，观众的精力无法集中，易于疲劳；太短的话，又不能给观众留下深刻印象。

悲剧的最终目的就是通过情感的净化来荡涤灵魂，希腊语“catharsis”（感情受艺术的作用而引起的净化）就是这个意思。正是通过体验引起共鸣的恐惧和怜悯情绪，灵魂才得以从这种负担中解脱出来。因此悲剧具有一种治疗性的目的。这一术语是从医学上借用的。亚里士多德观点的新颖之处就在于，他提出用疾病本身的一种适当形式来进行治疗，就像精神病学可以预防接种一样。如果想这样解释悲剧的目的，当然必须先理所当然地认为这一点或许是真实的：恐惧和怜悯会纠缠烦扰所有的人。

亚里士多德继续审查了悲剧作品的不同方面。其中最重要的就是情节，没有情节就不可能有戏剧。迄今为止，角色都是通过情节来实现自我的，因此角色是次于情节的。潜在的角色要在情节中才能变得现实。有两类事件是特别重要的，第一是命运的突然逆转，第二是意外的、影响情节的某种新情况。这些事件将压倒一个在任何德行上并非太出色的人，而他的失败并不是因为其罪恶，而是由于缺乏判断力，他从高位上被拉下马来，并受此影响，最终成了众人遗弃的对象。在希腊戏剧中，这类情况的例子是相当多的。

在角色处理方面，亚里士多德首先要求它应该具有真实的典型性。正如情节一样，角色也必须给人以鲜活的印象。在这种意义上，我们必须从别的角度来理解亚里士多德的论述，即诗歌涉及普遍情况，而历史描写特殊事件。在悲剧中，我们认识到人类生活的普遍特征，这也正是作品的主题。注意到如下一点是很重要的，虽然亚里士多德提到过我们可以称为“舞台表演”的这一方面，但他却认为那是无关宏旨的。他把重点几乎完全放在了作品的文学质量上，悲剧要像适合于舞台表演一样适合于阅读。虽然《诗学》并没有提供一套成熟的艺术理论和美学理论，但它清楚地提出了至今还极大影响文学评论的诸多标准。首先，他没有谈及戏剧作家们的情感和意图，而是集中于作品本身，这一做法倒是并不令人生厌。

我们已经发现希腊哲学与理性科学是同时代的。问题的实质是，哲学问题起源于科学探索的边缘。这一点对于数学尤其真实。自毕达哥拉斯时代起，算术和几何学就一直在希腊哲学中起着重要的作用。有好几个原因可以说明数学为什么在此特别重要。首先，数学的问题一般都明白、简单。这并不是说它总是易于解决，而是指我们不必按这种意义来理解这儿的简单。不过，当我们把数学中的一般问题与生理学等领域的问题相比较时，数学这一类问题还是要简单一些。其次，数学已经有了一套论证程序的既定模式。当然我们必须记住，一定要有人首先把这种模式找出来。证明与论证的普遍性正好就是希腊人的发明。证明在数学中的作用，比在绝大多数其他科学中更为明显，尽管一项数学论证究竟做了些什么总是引起争议，并经常被人误解。最后，一项数学论证的结论一旦被正确理解，就不容置疑。对于诸前提已被接受的任何一项有效论证的结论来说，这当然是对的。接受前提是论证程序的一部分，这是数学的特征之一，而在其他领域，人们总是把结论与事实相比较，因为担心其中某个前提可能有错。在数学中，除了其自身以外没有什么事实需要比较。由于有了这种确定性，各个时代的哲学家通常都承认，数学能提供一种优越的知识，这种知识比起从其他任何领域获得的东西更为可信。很多人曾说过，数学就是知识，他们否认任何其他的信息可以被叫作知识。按《理想国》中的说法就可以说，数学属于形式的范畴，因而它产生知识，而其他的领域只是针对特殊问题，所以至多产生意见罢了。理念论起源于毕达哥拉斯学派的数学，苏格拉底把它扩展到共相的一般理论中，柏拉图则再次将理念论限定在数学科学的范围之内。

公元前4世纪末期，数学活动的中心移到了亚历山大。该城是亚历山大大帝于公元前332年建成的，并且迅速变成了地中海最重要的贸易共同体成员之一。它是东方大陆的门户，并为西方和来自巴比伦、波斯的文化影响提供了一个交会点。一个庞大的犹太人社团在短时期内建立了起来，并很快被希腊化了。来自希腊的学者建起了一所学校和一座图书馆，这在很长时间里都声誉卓著。没有任何地方的藏书可与亚历山大的丰富藏书相提并论。不幸的是，公元前47年，当尤利乌斯·恺撒的军团占领该城时，这个古代科学与哲学的独一无二的宝藏竟被付之一炬。同时，一些古典时期的伟大作家的大量资料也因此被毁并失传，很多价值稍逊的东西无疑也被焚毁一空。今天，当某些图书馆被损毁时，历史上这一类似的事件，也算给人们提供了几许解嘲。

亚历山大最著名的数学家是欧几里得。公元前300年，他四处讲学，其《几何原本》至今仍是希腊科学最伟大的丰碑之一。在此，欧几里得通过演绎的方式收集整理了当时的几何学知识。虽然其中的相当部分并不是他自己的发明，但对数学知识做了系统的论述是他的一大功劳。《几何原本》是很多个世纪以来，很多人努力追求达到的一个范例。当斯宾诺莎提出他的"更加几何化的"伦理学时，正是以欧几里得为榜样的，对于牛顿的《自然哲学的数学原理》来说，同样如此。

正如我们所知，晚期毕达哥拉斯学派所涉及的问题之一，就是去建立作为连分数序列极限值的无理数。然而，该问题的一套完整的算术理论从未被详尽阐释过，这样一来，用算术术语来解释比例就不可能进行下去，因为它无法给一个无理数或不可度量的数取一个数的名称。而对于长度，问题就不一样了。确实，这一困难最初是在我们试图用一个数来表示一个等腰直角三角形的斜边时才发现的。因此正是在几何学里，一套完整、成熟的比例理论才得以形成。它的发明者似乎是柏拉图的一位同时代人——欧多克斯。但该理论流传至今的书面形式是在欧几里得的《几何原本》中发现的，该书对整个问题进行了令人赞叹的、清晰严谨的探讨。对算术的最后回归大约出现在两千年之后解析几何被发明的时候。当笛卡尔设想几何学可以用代数来处理时，他实际上继续了苏格拉底辩证法的科学理想。为了摧毁几何学中的特殊假说，他发现了可作为基础的更普遍的原理，这也正是阿卡得米的数学家们所追求的目标，但我们永远无法知道他们究竟成功到什么程度。

在现代意义上，欧几里得的《几何原本》是纯粹的数学。在这方面，亚历山大的数学家们遵循了阿卡得米的传统，仅仅是出于兴趣，才从事数学研究的。这一点在欧几里得的书中表现得最为明显。在这本书中找不到任何一点暗示，说几何学可能是有用的。况且，要掌握这样一门学科需要长期深入研究。当埃及一位国王要求欧几里得只用简单的几节课就教会他几何学时，欧几里得作了这个著名的回答：通向数学的御道是不存在的。但“数学无用”的看法却是错误的；认为数学问题并非总是源于实践问题，这同样也是错误的。不过，钻研某项特殊理论的起源是一回事，根据其自身价值来对待这一理论又完全是另一回事，这两件事常常没有被充分地区分开来。如果因为欧几里得不重视数学发现的社会学，就对他吹毛求疵，这是没有意义的，他只不过是对此没什么兴趣罢了。只要他获得了一大堆某类数学知识，不管怎么得来的，他都会着手处理，并将其置于严谨的演绎程序之中。这是一种科学的实践，其正确性并不取决于国家的状况，实际上也不取决于别的任何东西。这些同样的观点确实也适用于哲学本身。毫无疑问，由于时代的条件，人们的注意力总是集中在当前的问题上，而不是以前的或以后的问题上，但这并不会改变为解决这些问题而提出的理论本身有无价值。

应归功于欧多克斯的另一项发明是所谓的“穷尽法”。这一程序用来计算由曲线圈定的面积，它的目标是用一些更简单的图形来尽可能地填满原空间面积。就原理而言，这也正是积分学中出现的情况，因此，“穷尽法”实际上就是积分学的先驱。阿基米德是运用这一计算方法的最著名的数学家，他不仅在数学领域成就卓著，而且还是一位杰出的物理学家和工程师。他居住在锡腊库萨，普鲁塔克说阿基米德曾不止一次凭借其技术，帮助该城阻止了敌军的占领。但最终罗马人征服了整个西西里以及锡腊库萨。锡腊库萨于公元前212年沦陷，阿基米德惨遭敌人杀害。传说正当他在自家花园的一块沙地上忙于计算某个几何题时，一名罗马士兵刺死了他。

阿基米德运用“穷尽法”来求抛物线和圆的面积。对于抛物线，他用一系列逐渐缩小的三角形来内接于它，最终导出一个精确的数值公式。对于圆，答案取决于数值π，即圆周与直径之比。由于它不是一个有理数，所以用“穷尽法”就能够算出其近似值，通过内接和外切正多边形，就越来越接近圆周。内接多边形的周长总是小于圆的周长，而外切多边形的周长却总是大于圆的周长，但是随着多边形边数的增加，两者之间的差值就会越来越小。

公元前3世纪另一位伟大的数学家是亚历山大的阿波罗尼，他发明了圆锥曲线理论。在此，我们看到了摧毁特殊假说的又一个明显例子。因为现在看起来，一对直线、一条抛物线、椭圆、双曲线和圆都是作为同一个物体（圆锥截面）的特例出现的。

在其他科学领域，希腊最惊人的成就可能属于天文学。其中一些成就，在我们讨论几位哲学家时已经提到过。这一时期最令人吃惊的成就是日心说理论的发现。萨摩斯的阿里斯塔克（欧几里得和阿波罗尼的同时代人）似乎就是对此观点进行了完整、详尽解释的第一人，尽管在公元前4世纪末，这一观点有可能在阿卡得米提出过。但无论如何，阿基米德给了我们可靠的证明，阿里斯塔克的确持有这种理论。我们还发现普鲁塔克也提到过它。日心说的大意是地球和行星与其他星星一起围绕太阳运转，而太阳本身则保持固定不动。地球在其轨道上运行的同时还围绕着自己的轴心自转。公元前4世纪阿卡得米的赫拉克利特就已经知道，地球每天围绕自己的轴心旋转一圈；而黄赤交角则是公元前5世纪的发现。所以，阿里斯塔克的理论绝不是什么完全新颖的事物。然而在当时，这种大胆背离常识的做法却会招致某些人的反对，甚至敌视。必须承认，一些哲学家甚至也表示了反对，不过他们可能主要是出于伦理方面的考虑。因为，如果说地球不再是万物的中心，那么必然会瓦解原有的道德标准。斯多葛派的哲学家克雷安德甚至要求希腊人指控阿里斯塔克犯有渎神罪。有时候，关于日月星辰的偏执意见完全会像政治中的非正统观念一样危险。遭到激烈反对之后，阿里斯塔克再谈起自己的见解时，似乎就有些踌躇、胆怯了。在另一个著名的场合，当伽利略支持哥白尼的理论时，地球运动的观点再次搅乱了宗教感情。我们应当注意到，哥白尼实际上只不过是复兴或再现了萨摩斯天文学家的理论而已。阿里斯塔克的名字被哥白尼写在某篇手稿的边注里，这就证明此事是无可怀疑的。至于太阳系中天体的相对大小和距离，其研究结果并非同样的成功。对太阳与地球距离的最确切估计大约是其实际距离的二分之一，而对地球与月亮的距离却计算得相当准确。阿里斯塔克估算出的地球直径比后来测出的正确值只少50英里。这一功绩应当归于埃拉托色尼，他是亚历山大的一位图书馆专家，也是一位机敏的科学观察家。为了确定地球的周长，他选取了几乎位于同一子午线上的两个观测点。其中一个是在北回归线上的希恩，这里的正午时分，太阳就位于天顶。太阳的位置是通过它在一口深井中的映像来观测到的。另一个点在亚历山大往北四百英里处，他只需确定太阳的高度角，通过测量一个方尖碑的最短影子就能轻易做到这一步。人们从这些信息中，是不难推算出地球的周长和直径的。

这种知识相当一部分很快就被人遗忘了，其原因主要是它与当时的宗教偏见格格不入。这就不难理解为什么甚至一些哲学家也在这方面犯下了罪过。因为这种新的天文学使斯多葛运动的伦理学说面临着被颠覆的危险。不偏不倚的观察家倾向于认为，由于新的天文学理论证明了斯多葛主义是不好的学说，所以它应当被推翻。但这只是一种无法实现的理想，那些观点受到指责的人是不会束手就擒并轻易放弃其立场的。既坚信某种观点，同时又保持超然，这种能力是最为少见的天赋之一。哲学家和科学家比别人更为努力地养成自己的这种能力，尽管最终他们不见得就比别人更成功。数学极其适于人们培养这种态度，许多伟大的哲学家同时也是数学家，这一点绝不是出自偶然。

最后，可能还有一点值得强调一下，除了问题的简单性与结构的明确性外，数学还为美的创造提供了一定的范围。如果允许说不合时代的话，那么希腊人确实具有非常敏锐的美学意识，今天所使用的“美学”术语是由18世纪德国哲学家鲍姆加登首先创造出来的。无论如何，当济慈说“真即是美”时，他所表达的情感是一种彻底的希腊概念。当一位柏拉图派学者思索某个希腊茶壶的几何比例时，他可能正好会有这样的感受。数学证明本身的结构同样如此。在这一领域中的“典雅”与“节约”等概念都是符合美学的。

希腊化时代

如果说公元前5世纪初期希腊人还要抵御波斯人入侵的话，那么公元前4世纪初波斯帝国就显示出只是一个泥脚巨人了。因为色诺芬已经证明，一小股指挥有方、训练有素的希腊士兵，即使在波斯本土也能坚守阵地，反抗波斯的强权。

在亚历山大大帝的统率下，希腊世界转入了进攻阶段。在短短的十年间（前334年—前324年），波斯帝国就被这位年轻的马其顿国王所征服。从希腊到大夏，从尼罗河到印度河，世界一下子都臣服于亚历山大的个人统治下。尽管在希腊人看来，亚历山大只是一位马其顿的最高统治者，但亚历山大自己却自视为希腊文明的传播者，不过事实证明他也的确如此。亚历山大不仅是一位征服者，还是一位殖民者。他的军队所到之处，都要依照希腊模式建立一些城市。在这些以希腊生活为中心的城市里，土著希腊人或马其顿定居者们都将与当地人融为一体。亚历山大鼓励他的马其顿臣民们与亚洲妇女通婚，而且他勇于身体力行，娶了两位波斯公主为王妃。

作为一个国家，亚历山大的帝国是个短命帝国。在他死后，亚历山大的将军们把他的领土分成了三部分。欧洲的安提哥尼帝国在一百年稍多一些之后落入了罗马人手中。亚洲的塞留西王国被一分为二，罗马人接管了西部，东部则为帕提亚及其他民族所占领。托勒密统治下的埃及为奥古斯都所控制，成了罗马帝国的一部分。然而作为希腊影响的一位传播者，马其顿的征讨还是相当成功的。希腊文明简直是源源不断地涌向东方，希腊语成了各地有教养人士的语言，并且很快发展为贸易和商业上的通用语言，就像最近几十年英语的扩张一样。公元前200年前后，人们可以说着希腊语，从海格力斯大力神石柱一直走到恒河。

从那以后，希腊的科学、哲学，首先是它的艺术，逐渐影响了古老的东方文明。铸币、花瓶、建筑与雕刻的遗迹，以及程度较轻的文学影响，都是这场文化入侵的见证。同样，东方也对西方产生了新的影响。但这种影响多少有些滞后，因为在那个时候，最让希腊人迷恋不已的似乎只是巴比伦的占星术。因此，尽管其科学与技术得到了进一步发展，但希腊化时代比古典时代迷信得多。即使在我们这个时代，同样的事情也会再度发生。在我年轻的时候，占星术只为极少数失常的狂热分子所迷恋；而今天，这种毛病的影响力却大得惊人，以致蛊惑了那些控制大众报纸的人，去开辟专栏讨论星相问题。或许这不值得大惊小怪，因为直到罗马人到来之前，整个希腊化时代都是失控的、动荡的和危险的，冲突各方的雇佣军都在不时地侵扰乡村。亚历山大建立起来的新城市缺乏旧殖民地的政治稳定性，后者与它们的宗主城市有着传统的联系。希腊化时代的总体气氛是缺乏安全感的。强大的帝国已经崩溃，后继者们又在轮番争夺最高的控制权。这样一来，人们必然就深深地感到世事无常了。

在文化方面，我们发现了一种日益蔓延的专业化趋势。古典时代的伟大人物，作为城邦的一员，只要时机和环境需要，他们都能处理许多方面的事情。而希腊化世界的探索者们却把自己限定在某个专门领域。科学研究的中心从雅典转移到了亚历山大。这座城市是亚历山大大帝建立的最成功的新城市，也是世界各地的学者和作家们聚集之地。地理学家埃拉托色尼曾一度担任这座城市大图书馆的馆长。欧几里得和阿波罗尼在这里讲授数学，阿基米德也曾在此求过学。在社会方面，稳定的生存基础随着当地奴隶人口的膨胀而逐渐遭到了破坏。在使用奴隶干活的地方，一个自由民是不太容易与之竞争的。他们唯一的出路就是去当兵，希望在一些有利可图的掠夺中发一笔横财。虽然希腊影响力的进一步扩大使人们认识了比城邦时代更为开阔的理想，但是没有任何人，也没有任何一项事业强大到足以重新整理亚历山大世界支离破碎的遗迹。

持久的不安全感使得人们对公共事务丧失了兴趣，理智与道德的力量也出现了普遍的衰减。昔日的希腊人未能应付当时的政治问题，希腊化时代的人们同样如此。最终还是由具有组织天才的罗马人担当起从混乱中建立秩序的历史重任，并将希腊文明传之于后世。

随着城邦国家黄金时代的逝去，一种普遍的、日渐缺乏生机与活力的气氛笼罩着希腊世界。如果说所有伟大的雅典哲学家有一个共同的显著特征的话，那就是一种嘲笑人生的态度。他们认为世界不是一个坏的居所，国家可以被一览无余。正如我们所知，亚里士多德曾认为这是理想国家的特征之一。

作为马其顿扩张的结果，这种自得其乐的观念被彻底粉碎了。

那一时期的哲学倾向反映出一种全面的悲观主义和缺乏安全感。我们再也见不到如柏拉图一般的公民贵族的自信了。

在某种意义上，正是苏格拉底之死标志着希腊文化的界限。尽管柏拉图的工作仍在继续，但我们实际上正降到了希腊文化的低处。在哲学方面，许多新的运动正开始涌现出来。其中第一个运动就与安提斯泰尼直接相关，他是苏格拉底的信徒之一。他的名字和爱利亚传统的一个悖论联系在了一起。根据这个悖论，人们就不可能作出任何有意义的陈述。比如，“A是A”虽然是真的，但不值一提；或者“A是B”，而B与A又不是同一回事，所以这一陈述必然是错误的。这就难怪安提斯泰尼会逐渐对哲学失去信任。他在晚年脱离了上层阶级的生活和背景，带头过起了普通人的俭朴生活。他对当时的习俗十分反感，渴望回归一种原始的生活，以求摆脱组织化国家陈规旧习的束缚和制约。

安提斯泰尼有一个弟子叫第欧根尼，是西诺普人，西诺普是黑海的一个希腊殖民地。新的运动就是从他身上而得名。第欧根尼过着像狗一样的原始生活，这给他赢得了“犬儒”的绰号，意即“如狗一般”。传说他住在一个木桶里，亚历山大大帝有一次拜访这位名人，年轻的亚历山大请第欧根尼说出一个愿望，并表示将满足他的愿望。第欧根尼却回答这个统治者说：“请不要挡住我的阳光。”亚历山大不禁感慨地说：“如果我不是亚历山大，我就会做第欧根尼。”

犬儒主义的要点是把脱离世俗财富而集中心力于德行作为唯一有价值的善。这显然具有苏格拉底学说的某种倾向，但它对世俗事务做出的反应多少有些消极。的确，一个人的牵累越少，那么他受到伤害或失望的可能性也就会越小。然而从这样一种源头出发，我们是不可能期待获得更多激励的。犬儒学说在适宜的条件下发展成了一种广泛的、有影响的传统。公元前3世纪，它在整个希腊化世界赢得了巨大的公众支持。当然，这只是意味着一种犬儒主义的低劣形式碰巧如实地反映了当时的道德状况。它是一种机会主义的人生态度，如果有东西可拿，就双手接住，而贫乏时也不抱怨；如果能够享受生活，就去享受；如果命运多舛，就耸耸肩坦然接受。正是从这一发展中，“犬儒”一词才获得了贬义。但犬儒主义作为一种运动，并非完全有意如此持续下去。它的伦理要旨逐渐为斯多葛学派所吸收，我们稍后将论及这一点。

哲学衰败时期截然不同的另一个产物是怀疑主义运动。怀疑论者的字面含义就是一个抱怀疑态度的人，但怀疑主义作为一种哲学，却把怀疑提高到了教条的地位。它否认任何人能够确定地知道任何事物。当然，问题在于人们想知道哲学的怀疑论者是从何处获得这一信息的。如果他的立场明白无误地否定了知识的可能性，那么他又是如何得知这一结论的呢？对意见的怀疑一旦变成了某种原则，那么这种批评就是适当的。因为它作为一项有益的提醒，人们还是谨慎为好，这当然没有什么不对。

哲学中的第一位怀疑论者是皮浪，爱里斯的一个公民，他曾随亚历山大的军队闯荡过世界。怀疑学说并不是一件新事物，因为我们在前文已经看到，毕达哥拉斯和爱利亚学派就对感知的可靠性产生过怀疑，而智者们也提出了相似的概念，作为他们的社会、伦理相对主义的一个基础。但他们中没有一位思想家把怀疑本身当作一个中心问题。当17世纪和18世纪的作家们提起皮浪派哲学家时，他们指的就是这一类怀疑论者。对皮浪本人的情况我们几乎一无所知，但他的信徒蒂孟似乎否认过获得演绎法根本原理的可能性。由于亚里士多德对科学论证的说明依赖于基本原理，因此这是对亚里士多德追随者们的一个沉重打击。这也解释了为什么中世纪经院派学者对皮浪派哲学如此敌视。但苏格拉底对假说及演绎法的论述却没有因遭到怀疑论者大肆攻击而受影响。17世纪新学问的复兴在哲学方面脱离了亚里士多德，回归了柏拉图。

在公元前235年蒂孟去世后，怀疑主义作为一个独立的学派也不复存在了。相反，它被阿卡得米吸收，并且成为一种怀疑论偏见，持续了差不多两百年之久。当然，这是对柏拉图传统的一种扭曲。的确，我们在柏拉图的作品中发现了部分段落，如果断章取义的话，它们似乎意味着放弃建设性思维的所有努力。这时候，《巴门尼德篇》中的辩证法之谜也涌现在我们的脑海里。但辩证法在柏拉图的眼里，其本身从来不是目的。只有以这种方式去误解辩证法，它才会被歪曲成具有怀疑主义的含义。另外，在一个迷信日渐风行的时代，怀疑论者确实起到了积极的揭露作用。然而由于同样的原因，他们也可能决定去经历某些迷信仪式的运动，而内心却无动于衷。正是因为有了这种完全消极的观点，怀疑主义作为一种体系，容易在其信徒当中产生一代不太成熟的嘲弄者，与其说他们合理正确，倒不如说他们头脑灵活。

在公元前1世纪，怀疑主义再次成了一个独立的传统。公元2世纪的讽刺作家鲁西安和塞克斯托·恩皮里库斯属于晚期的怀疑主义学派，他们的作品至今尚存。但时代的趋势最终要求一种更加明确和鼓舞人心的信仰体系，教条主义观点的发展，逐渐使怀疑论哲学变得暗淡无光。

如果我们把希腊化时代的哲学思辨与伟大的雅典传统及其先

驱们相比较的话，我们就能强烈地感受到颓废时代的萎靡不振。古代的思想家们把哲学视为一种冒险，它需要开拓者的机敏与勇气。虽然后来的哲学也可以说凭借的是从事者的勇气，但它现在是放弃与忍耐的勇气，根本不是探险家一往无前的英勇。在旧的社会框架已瓦解的时代，人们寻求的是和平。如果他们连这点基本需要都不能保证的话，那他们就只能养成这样的德行，即对无法避开的种种苦难逆来顺受。这一点在伊壁鸠鲁的哲学学派中体现得最为明显。

伊壁鸠鲁生于公元前342年，父母是雅典人。十八岁时，他从萨摩斯来到了雅典，随后不久又去了小亚细亚，并且在那里迷上了德谟克利特的哲学。刚三十岁出头，伊壁鸠鲁就创办了一所学校。从公元前307年直到公元前270年他去世，这所学校都在雅典运转良好。学校就像他寓所与庭院里的一个小社会，他想方设法尽可能地让学校与外面世界的拥挤与纷争隔离开来。伊壁鸠鲁的一生小病不断，虽然深受烦扰，但他却以此锻炼自己并毫不退缩地忍耐下来。他的学说的中心目标就是去获得某种不受干扰的安宁心态。

伊壁鸠鲁认为最大的善即快乐。没有快乐，就不可能有善的生活。这里所指的快乐既包括肉体快乐，也包括精神快乐。后者存在于对肉体快乐的思索，而且并不会在任何生命的大义上显得更为优越。另外，由于人们能够较好地控制自己精神活动的方向，因此在某种程度上，人们就能选择思索的对象，而肉体快乐大部分是强加给人的。这就是精神快乐的唯一优势。按照这种观点看，有德之人在寻求自己的快乐时是小心谨慎的。

这一普遍性理论产生了新的“善的生活”这一概念，这种概念与苏格拉底和柏拉图的观念是完全不同的，它总的趋向是脱离活动与责任。当然，苏格拉底的确认为理论的生活是最好的生活，但这并不意味着完全的超脱与疏离。相反，精英人物的职责之一恰恰是去积极参与公共事务。同样，柏拉图也富于这种责任感：从洞穴中走出来的哲学家必须折回去帮助那些在洞察力天赋上逊于他的人们获得自由。正是这种信念使柏拉图涉足于西西里的冒险事业，而伊壁鸠鲁却认为不存在任何生之活力。虽然他的确将快乐分为积极快乐与消极快乐，可又把后者放在了头等重要的位置。为了得到想要的东西，人们在欲望的推动下，努力追寻某种快乐的结局，从而体验到一种积极的快乐。目标一旦实现，如果缺乏任何进一步的欲望，那么消极的快乐就会出现，它是酒足饭饱状态中的一种麻木的志得意满。

我们可以理解，这种审慎的伦理观是会为一个厌倦了生命无常的时代所接受的，然而作为对“善”的一种解释，它却是非常片面的。它忽视了这样的事实：无欲和无情是积极探索的一个特征。苏格拉底坚持“知识即善”，从根本上说，这是正确的。正是在中庸的理解尝试中，才能达到伊壁鸠鲁所追求的不自觉的机敏。

但是，比起伊壁鸠鲁提出的多少有些严肃的看法来，他的个人性格气质就不怎么始终如一了。因为伊壁鸠鲁重视友谊高于一切，尽管这不能明显地算作消极的快乐。“伊壁鸠鲁式的”一词逐渐成为奢华生活的别称，因此伊壁鸠鲁受到了与他同时代的斯多葛学派及其后继者们的大肆诽谤。对他们来说，伊壁鸠鲁的学说似乎带有某种明显的唯物主义观点，因而被他们鄙视。其实这更是对真实情况的一种误解，因为伊壁鸠鲁圈子里的人实际上过的是俭朴的生活。

伊壁鸠鲁遵循了德谟克利特的原子论，从这个意义上看，他是一位唯物论者。然而他并没有采纳原子运动严格受法则控制的观点。如前所述，法则概念首先是从社会领域派生出来的，只是到后来才应用于物理世界的各类事件。同样，宗教是一种社会现象，这两种思路似乎在必然性概念中有所交叉。神灵才是最终的法则制定者。伊壁鸠鲁既然抛弃了宗教，他也就必然不会再去考虑严格的必然性法则。因此，伊壁鸠鲁允许原子有一定程度变化的独立性，尽管如德谟克利特所称，一旦某一过程处于进行之中，它进一步发展的过程便会遵循法则。

至于灵魂，它只是一种特殊的物质，其粒子与构成肉体的原子混合在一起。伊壁鸠鲁把感知解释为物体发出的放射物与灵魂原子相撞击的结果。当死亡意外发生，灵魂原子就会与肉体脱离联系，并且分崩离析；虽然这些原子仍然存在，但已无法进行感知。伊壁鸠鲁用这种方式表明了对死亡的恐惧是荒谬而无理的。因为在伊壁鸠鲁看来死亡本身并不是人们能够体验的东西。尽管伊壁鸠鲁强烈地反对宗教，但他允许诸神存在。不过，人们不会因为诸神的存在而使自己的生存状况变得更好，或者变得更差。神灵本身只是伊壁鸠鲁主义的超级执行者，他们对人类的俗务并无兴趣。

神灵既不会给予奖赏，也不会给予惩罚。总而言之，我们应当沿着一条谨慎、中庸的道路前进，我们的目标就是要达到一种有序而宁静的状态。这就是最大的快乐，因此也是最高形式的善。

和别的学派不同的是，伊壁鸠鲁主义并没有发展出一种科学的传统。由于伊壁鸠鲁的自由思考态度以及反对迷信传统的态度，他继续受到了早期罗马帝国上层社会少数杰出人物的推崇，尽管在伦理方面，伊壁鸠鲁传统已逐渐被斯多葛主义所取代。伊壁鸠鲁学派中唯一的另一位著名人物是罗马诗人卢克莱修（前99年—前55年）。他在一首题为《物性论》的著名诗篇里，陈述了伊壁鸠鲁的学说。

希腊化时代兴盛一时，并且最有影响的哲学运动是斯多葛主义。和一些伟大的雅典学派相比，它并不严格地被局限于宗主国希腊的国土上，其中一些最有名的代表人物来自东方，还有一些后来来自罗马的西部。该运动的创始人是一个腓尼基塞浦路斯人，叫芝诺。他的出生年代不详，约在公元前4世纪的后半叶。由于家族的商业活动，这位年轻人第一次来到了雅典，并在那里培养了对哲学的兴趣。后来，芝诺放弃了经商，最终建起了自己为管理者的一所学校。他常常在意为“有涂彩顶柱廊”的斯多亚·波依基尔里讲学。因此，该学说就随这座建筑物被人称为斯多葛主义。

斯多葛哲学延续了差不多五个世纪之久。在此期间，它的学说经历了相当大的变化。然而它始终如一的伦理学说却将这一运动维系了下来。斯多葛主义的这个方面源于苏格拉底的生活方式。勇敢面对危险与磨难，淡泊物质追求，这些都是斯多葛学派重视的德行。正是如此的强调忍耐与超脱，才赋予了“斯多葛”一词现代的含义。

与古典时代的理论相比，斯多葛主义作为一种伦理理论，多少有些平淡无奇和苛刻严厉。但作为一种学说，它却比柏拉图以及亚里士多德的学说更为成功地赢得了人们更广泛的认同。这可能是因为柏拉图所强调的“知识乃极善”的理论不大容易被从事实际活动的人们所接受。但无论如何，似乎正是斯多葛学说俘获了希腊化时代君主与统治者的头脑。苏格拉底曾有一个期望，他说哲学家必须成为君主，而君主必须是哲学家。斯多葛主义是否能获得这样的结果，自然是很值得怀疑的。

早期斯多葛学派的作品除了一些残篇外，几乎没有什么保存至今，尽管仍有可能拼接出该学说的概貌。芝诺本人的注意力似乎主要在伦理方面。斯多葛学派哲学始终抱有中心兴趣的主要问题之一就是宿命论和自由意志，这个哲学问题是如此的活跃，至今仍然吸引着哲学家们的注意。芝诺认为自然界严格受到法则的控制。他的宇宙理论似乎主要是受到了前苏格拉底观点的启示。和赫拉克利特一样，芝诺也把火视作初始物质，一段时间之后，再从火中分离出别的元素。这似乎多少仿效了阿那克萨哥拉的理论。最后，燃起了熊熊烈火，万物又归复于原始的火，一切重新开始，这正如恩培多克勒的循环论。世界运行所遵循的法则产生于某个最高权威，它控制着历史的所有细节。万物都按预先规定的方式发生，以求达到某种目的。芝诺认为最高的或神的动力不是世界之外的东西，而是像潮湿的空气渗透沙子那样，贯穿于整个世界。因此，神灵是一种存在于宇宙万物之内的力量，其中一部分存在于每个人的体内。这种观点在现代变得如此闻名，是因为斯宾诺莎的哲学著作，而斯宾诺莎则受到了斯多葛学派的影响。

最重要的善是德行，它存在于生活与世界的一致性中。但我们不能以“一切存在事物都是如此与世界相一致”的理由，来把它理解为仅仅是一种同义反复。因为它更是这样的一个问题：通过与自然交融，而不是以与其对立的方式，来引导一个人的意志。要把世俗的财富看得无足轻重。僭主暴君可以剥夺一个人拥有的外部东西，乃至生命，却无法拿走他的德行。德行是一种内在的、不可分割的占有。因此我们得出一个结论：一旦放弃了对外部财富的错误需求，一个人就会变得完全的自由，因为外部力量是无法触及他的德行的，而德行是唯一重要的东西。

尽管其中的某些见解作为高贵生活的格言，或许令人击节赞赏，但作为一种伦理理论，芝诺的学说则存在着严重的缺陷。因为，如果世界受法则的控制，那么宣讲德行的至高无上就没有什么用。那些有德之人之所以会有德，是因为不得已而为之，邪恶之人同样如此。另外，我们该如何来理解预先规定了邪恶的上帝呢？柏拉图在《理想国》中提出的一点暗示，即神只是世间善的创造者，在这里几乎是没有什么用的。斯宾诺莎和莱布尼茨都面临着极为相似的反对意见，因为他们试图通过主张“人的心灵不能从总体上把握事物的必然性”来回避困难。但同时他们又主张：在现实中，万物都会按可能的最好状态得到恰如其分的安排。然而除了一些逻辑难点之外，这一理论似乎还有明显的实际错误。更为可怕的是，从总体上看，磨难无助于增进德行或使灵魂变得更崇高。另外，我们这个进步时代的令人伤感的发现之一就是，只要有了足够的技能，就可能打垮任何一个人，无论他的力量多么强大。但斯多葛主义真正切中要害的是，它承认在某种意义上，德行内在的善比别的东西更为重要。物质的丧失总能在一定程度上得到补偿，但只要一个人失去了自尊，他就不再是一个真正的人。

据说斯多葛主义理论的第一次系统阐述要追溯到克吕西普（前280年—前207年），尽管他的作品没有留存下来。正是在这一阶段，斯多葛学派对逻辑和语言产生了更强烈的兴趣。他们详尽表述了假言三段论和选言三段论的理论，并且发现了一种重要的逻辑关系，现代术语称为“实质蕴涵”，这是两个命题（其中第一个是真命题，第二个是假命题）之间的关系。以下面这个陈述为例：“如果气压降低，天就会下雨。”在这里，“气压降低”与“天会下雨”之间的关系就是一种实质性内涵的关系。同样，斯多葛学派还发明了语法术语，语法在他们的手中变成了一个系统的探索领域。语法中“格”的名称是斯多葛学派的一项发明。其拉丁文译名至今还被使用着，其中包括由罗马语法学家传下来的一个希腊术语的误译“ac-cusative”（宾格／对格）。

斯多葛学说通过西塞罗的文学活动在罗马找到了立足之地。西塞罗曾拜斯多葛哲学家波昔东尼为师。这位来自叙利亚的希腊人游历广泛，并在许多领域有所建树。我们在前面提到过西塞罗的天文学研究。作为一位历史学家，他继续开展了波里比乌斯的工作。西塞罗的哲学立场包含着相当程度的较为古老的阿卡得米传统，如前所述，那时候的阿卡得米本身已经受到了怀疑论的影响。

虽然从哲学方面看，斯多葛主义后期的代表人物不如先前那么重要，但其中三位的作品却极其完整地保存了下来，后人对他们的生平了解得也相当多。虽然他们的社会地位悬殊，但是他们的哲学却差不多一样。其中，塞涅卡是罗马元老院的议员，祖籍西班牙；爱比克泰德原为希腊奴隶，后在尼禄王手下获得了自由；马尔库斯·奥勒留是公元2世纪时的罗马皇帝。他们三人都写出了具有斯多葛风格的伦理学文章。

塞涅卡大约生于公元前3年，来自一个搬到罗马定居的富足的西班牙家庭。他步入了政界，并在某个时候升任了行政职位。他的命运后来遭到了暂时的麻烦，息事宁人的罗马皇帝克劳迪乌斯接受了皇后梅萨林娜的请求，于公元41年流放了塞涅卡。这位元老院议员在批评皇后生活方式不检点的时候，似乎有些过于放肆。几年之后，皇后意外地猝死了。克劳迪乌斯的继任皇后阿格丽皮娜生下了尼禄。公元48年，塞涅卡从落难地科西嘉被召回宫廷，承担起教育太子尼禄的职责。但这位罗马王子却不是斯多葛派哲学家尽心授业的一个有希望的对象，而塞涅卡本人所过的那种生活也和那些宣讲斯多葛伦理学的人所期望的截然不同。尼禄聚敛了大量的财富，其中大部分是通过向不列颠居民发放高利贷获得的。这也许就是导致不列颠省叛乱的原因之一。幸运的是，现在光靠高利率已无法激起不列颠人民革命的思想火焰了。由于尼禄变得更加独断和疯狂，塞涅卡再一次失宠。最终他被皇帝赐死（恩准自杀），要不然就将被公开处死。于是塞涅卡按照时兴的方式割断了静脉。虽然从总体上看，塞涅卡的生活与斯多葛学派并不相符，但其死亡态度却真实地体现了自己的哲学。

爱比克泰德是一位希腊人，可能出生于公元60年。恰恰是他的名字提醒了我们，他曾经是一个奴隶，因为“爱比克泰德”有“被俘获者”的意思。由于在早年被奴役生活中所遭受的虐待，他的一条腿变残疾了，而且身体健康状况相当差。获得自由之后，他开始在罗马讲学，直到公元90年，多米提安把他和别的斯多葛学者驱逐出境，因为他们批判了皇帝残暴的统治，并且形成了一股反对王权的道德力量。爱比克泰德的晚年生活是在希腊西北部的尼古波里度过的，他大约于公元100年去世。他的一些论述通过他的学生阿里安保存了下来。我们在这些论述中发现了沿着上文解释过的脉络提出的斯多葛伦理观点。

如果说爱比克泰德生来就是奴隶的话，那么斯多葛派最后一位伟大作家马尔库斯·奥勒留（121年—180年）便是天生的皇帝。他由叔父安东尼奴斯·庇乌斯抚养成人。正如称号所暗示的那样，庇乌斯是罗马皇帝中较为开明的一位。马尔库斯·奥勒留于公元161年继承皇位，并且毕生为帝国效劳。由于那时天灾兵乱频繁，作为皇帝的他一直忙于抵御那些野蛮部落，他们侵犯帝国的边境，并且开始威胁到罗马的至高霸权。虽然政务的重担在肩，但奥勒留认为这是他的职责。国家正面临内忧外患，危机四伏，他采取了一些似乎有助于维持秩序的措施。奥勒留迫害基督徒并不是出于恶意，而是因为他们对国教的反对变成了产生异议的麻烦根源。在这点上，奥勒留或许是对的，虽然同时，迫害也标志着迫害者这一方的外强中干。因为一个根基牢固而又充满自信的社会是无须去迫害异端的。马尔库斯·奥勒留用希腊文写成的《沉思录》，像爱比克泰德的言论一样，完整地流传到了我们手上，它们是奥勒留在军务、政事中抽空记录下来的一种哲学反省日记。值得注意的是，尽管马尔库斯·奥勒留同意一般斯多葛主义“善”的理论，但他却坚持恪尽公职的观点，这一点是与柏拉图更为一致的地方。人是一种社会动物，我们应该在政治事务中发挥自己的作用。这就突出了有关自由意志和宿命论在伦理方面的难题。因为我们已经看到，根据一般斯多葛派的观点，一个人的德行或邪恶是一个不会影响他人的个人问题，但是按照人的社会观，每个人的伦理品质都会对任何别的人产生极其明确的影响。如果皇帝马尔库斯·奥勒留对自己的职责采取宽松的观点，毫无疑问，发生的争端就会比已有的多得多。斯多葛主义从来没有对这一难题作出过令人信服的解答。

基本原理的问题是自柏拉图和亚里士多德时代遗留下来的问题。斯多葛学派提出了天生理念论：演绎过程从明晰的、无须证明的起点开始。这一观点主导着中世纪的哲学界，也为一些现代的理性论者所采纳。它是笛卡尔方法的形而上学基石。在人的概念方面，斯多葛学说要比古典时代的理论宽宏大量得多。我们可以回顾一下，在这一点上亚里士多德曾走得很远，他竟承认希腊人不应该做同胞的奴隶。而斯多葛主义却追随了亚历山大的实践，他们主张，在某种意义上，所有人都是平等的，即使在奴隶制更加大规模存在的帝国时代也应如此。沿着这条思路，斯多葛学派提出了自然法则与国家法律的区别。这里提及的天赋权利意味着一个人因为其人性而有权获得的某种东西。天赋权利的学说对罗马立法产生了一些有益的影响，对于那些被剥夺一切社会地位的人来说，它起到了安抚、平息的作用。在后文艺复兴时期反对君权神授的斗争中，天赋权利又以相似的原因得到了复兴。

虽然希腊本身曾是世界的“智力作坊”，但它却无法以一个自由独立的国家生存下来。尽管这样，希腊的文化传统还是得到了广泛的传播，无论如何也给西方文明留下了一个永久的标志。中东地区由于亚历山大的影响而被希腊化；在西方，罗马变成了希腊遗产的传播者。

希腊与罗马之间的联系最初是通过南部意大利的希腊殖民地开始的。在政治上，亚历山大的征讨运动并没有波及希腊西部的国家。在希腊化时代的初期，该地区有两支重要的力量，即锡腊库萨和迦太基，但它们都在公元前3世纪的前两次布匿战争之后沦陷于罗马，西班牙也在战火中被吞并。公元前2世纪，希腊和马其顿也被征服。第三次布匿战争在公元146年以迦太基城被夷为平地而告终。同年，科林斯在罗马军团的屠刀下遭到了相似的对待。这些肆意妄为而残忍的破坏行动是相当少见的，不仅受到了当时的谴责，也受到了后世的批判。在这一点上，我们现在这个时代倒是迅速堕回了野蛮的状态。

公元前1世纪，罗马又将小亚细亚、叙利亚、埃及和高卢纳入自己的版图，而不列颠则于公元1世纪陷落。这些接连不断的征讨并不是单纯渴望冒险的结果，而是为了寻求一道自然的边界，以便能够不太费力地坚守并抵御外来敌对部族的侵犯。在帝国的早期，这一目标就已实现：罗马的疆域北以两条大河（莱茵河和多瑙河）为界；东是幼发拉底河和阿拉伯大沙漠；南抵撒哈拉沙漠；西临大西洋。在这样的地理环境中，公元1世纪到2世纪的罗马帝国处于相对和平稳定的状态。

从政治上看，罗马最初作为一个城邦在很多方面与希腊近似。伊特剌斯康王朝的传说统治时期之后，是由控制着元老院的一个贵族统治阶级主导的共和国。随着国家规模和重要性的增加，民主方向的政体变革便不可避免地出现了。虽然元老院仍然保留着大量的权力，但代表着平民大会的护民官逐渐对国事有了发言权。执政官一职最终也对非贵族出身的人敞开了大门。然而征伐与扩张的结果，却使统治阶层家族获得了巨额财富，地主们占有大片的土地，他们使用奴隶来耕种，并赶走了小农经济所有者。元老院因此控制了最高权力。公元前2世纪末期，由格拉古兄弟领导的一场平民民主运动未能成功，一连串的内战却逐渐导致了帝王统治的建立。尤利乌斯·恺撒的养子屋大维最终恢复了秩序，并被授予“奥古斯都”的头衔，作为皇帝来治理国家，尽管民主制度还在形式上保留着。

在奥古斯都逝世（41年）之后的大约两百年，罗马帝国总的说来太平无事。诚然，内部的纷争和困扰还存在着，但都未形成大气候，不足以推翻帝国的统治。虽然边境上战事犹存，但罗马人仍过着宁静、有序的生活。

最后，军队自身也开始利用其权力，经常收敛金钱，以提供支持来作为回报。皇帝们就通过这种依靠军事后盾的方式登上了宝座，同样，一旦丧失了这种支持，他们也就只好下台。戴克里先（286年—305年）和君士坦丁（312年—337年）的坚强努力曾一度避免了灾难的发生，但他们采取的某些应急措施却无济于事，反而加速了帝国的衰落。大量的日耳曼雇佣军在为帝国作战，结果却表明这正是帝国覆亡的原因之一。那些野蛮部落的首领们通过效力罗马军团，接受了战术训练。他们最终渐渐感到自己学到的新技能如果不是用来为罗马主子效劳，而是为其自身利益服务，或许能够获得更多的好处。仅一百年之后，罗马城就落入哥特人之手。然而昔日的一些文化遗产却通过基督教的影响保存了下来，基督教在君士坦丁统治时期荣升为国教。一旦入侵者改信了基督教，那么教会就能够在某种程度上保留希腊文明的知识。而东罗马帝国却遭到了完全不同的厄运。在那里，穆斯林入侵者把他们自己的宗教强加给了帝国，并通过他们自己的文化把希腊传统传到了西方。

罗马在文化方面几乎完全是派生出来的。无论是艺术、建筑，还是文学、哲学，罗马世界都或多或少成功地模仿了来自希腊的杰出范例。但有一个方面罗马人是成功的，而希腊人，乃至亚历山大却是失败的，这就是大规模的政府、法律和行政制度，因此罗马还是对希腊思想产生了某些影响。在谈及政治问题时可以看到，古典时代的希腊无力超越城邦的理想。但在另一方面，罗马的视野却更开阔，历史学家波利比乌斯对此印象深刻，他大约出生于公元前200年的希腊，后来被罗马入侵者俘获。和斯多葛学派的潘尼提乌一样，波利比乌斯属于一个以小西庇阿为中心的文人圈子。除了这点政治影响外，罗马未能产生任何可以启迪希腊思想家的新观念，而对于希腊来说，虽然它作为一个国家被摧毁了，但在文化领域反而成为罗马的征服者。因为有教养的罗马人都讲希腊语，正如直到最近，有教养的欧洲人还讲法语一样。雅典的阿卡得米吸引着罗马贵族的子孙们，西塞罗就曾是那里的学生。在每一个领域，希腊的标准都被采用。可以说罗马的文化产物在很多方面只是希腊原作的苍白复制品，尤其是罗马的哲学更是缺乏独创新颖的思想。

希腊传统的不虔诚和好探询的特征，伴随着希腊化时代的衰落，多少弱化了罗马的长处，特别是海外扩张使得大量财富流入这个国家的时候。而真正的希腊影响却在力量上减弱了，它逐渐集中于极少数人，尤其是罗马城的贵族中间。另一方面，希腊化文化中的非希腊因素却随着时间的流逝变得更为强大。如前所述，东方提供了一种神秘主义因素，但总的来看，它并未在希腊文明中占据主导位置。通过这种方式，来自美索不达米亚和更远地方的宗教影响渗入了西方，并产生了信仰调和的广泛的催化剂，基督教从而得以获取最高地位。同时，神秘主义的倾向鼓励了各种迷信信仰和惯例的扩散。当人们对现世的命运不太满意，对自己的能力缺乏自信的时候，荒唐、无理性的势力便乘虚而入，安营扎寨。罗马帝国的确享受了两个世纪的太平，但“罗马帝国统治下的和平”并不是做出建设性智力尝试的时代。它的哲学只是沿袭了斯多葛派的风格。只有在政治上，罗马才比古典大思想家们的狭隘地方观念领先了一步。因为斯多葛主义鼓吹的是人与人之间的兄弟关系。在罗马统治已知世界的数百年间，这个斯多葛派的概念确实获得了实质上的意义。诚然，罗马帝国就像希腊城邦一样，通过自己的方式，对国境以外的世界有着相当的优越感和恩赐态度。它与远东有一些联系，但都不足以使罗马公民注意到以下事实：还存在着其他的伟大文明，而这些文明是不能被简单地视作野蛮而不加考虑的。尽管具有更宽广的视野，罗马还是受到傲慢的支配，就像它的文化祖先希腊一样。这种“散光乱视”甚至也为教会所继承，它们自称为“天主教的”或“广泛的”（英文中的catholic同时有这两种意思），尽管在东方还有别的一些伟大的宗教，其伦理观至少与基督教一样先进。人们依然梦想着世界政府和文明。

罗马最重要的作用就是流传了一种比自身文化更悠久、更优越的文化。能做到这一点，就是因为罗马管理者的组织天才和帝国的社会凝聚力。遍布罗马国土的巨大道路网的遗迹使我们回想起这项伟大的组织任务。尽管存在民族差异和后期出现的封建制，罗马的扩张还是保证了大部分欧洲能够作为一个文化单位继续发挥较大的作用。即使是野蛮部落的入侵，也无法把这一文化基础摧毁到不可弥补的程度。而在东方，罗马的影响就不那么持久了。其原因就在于穆斯林阿拉伯征服者强大的生命力。在西方，入侵者逐渐被一种归功于罗马的传统所同化；而中东则几乎完全改信了征服者的宗教。西方把自身获得的大量希腊知识归功于阿拉伯人，这些知识被穆斯林思想家，通过西班牙，传入了欧洲。

在受到罗马统治达三个世纪的不列颠，盎格鲁—撒克逊的入侵似乎导致了与罗马传统的彻底决裂。伟大的罗马法律传统，虽然在其统治下的西欧各地都得以保存，但在不列颠却无法站稳脚跟。英国的习惯法至今仍然是盎格鲁—撒克逊的。在哲学方面，有一个有趣的结果值得注意。中世纪的经院哲学与法律密切相关，而哲学上的诡辩术却与古罗马传统严格而形式化的运用相类似。在英国，盎格鲁—撒克逊的法律传统是有效的，即使在经院哲学的鼎盛时期，哲学的绝大多数方面也还是具有更多的经验主义特征。

罗马帝国统治下的宗教领域出现了调和趋势，哲学中也产生了相似的发展。广义地讲，帝国初期的哲学主流是斯多葛派的，而更令人振奋的柏拉图与亚里士多德的学说却有些受到排挤。然而到了公元3世纪，一种按照斯多葛学说对旧伦理学所作的新解释开始出现了，这是与当时的普遍状况完全协调的。这种不同理论的混合物逐渐被称为新柏拉图主义，它将对基督教神学产生巨大的影响。在某种意义上，新柏拉图主义是连接古代与中世纪的桥梁。以它为界，古代哲学画上了句号，而中世纪的思想则从此开始。

新柏拉图主义兴起于亚历山大城，该城是东西方的交会点。在此可以发现来自波斯和巴比伦的宗教影响，埃及仪式的残痕，一个奉行自身宗教的强大的犹太社会，还有基督教各派别，所有这些构成了希腊化文化的一个总体背景。据说新柏拉图学派是阿摩尼阿斯·萨卡斯创立的，我们对萨卡斯的生平知之甚少。他最重要的学生普罗提诺（204年—270年）是最杰出的新柏拉图主义哲学家。普罗提诺出生于埃及，后在亚历山大求学和居住，一直到243年才离开。

由于对东方的宗教和神秘主义感兴趣，普罗提诺跟随皇帝高尔狄安三世出征波斯。然而他的这一事业并未成功。皇帝年轻而缺乏经验，不知为什么还招致了将领们的不满。这种冲突在当时是以速决方式了结的，年轻的皇帝最终死在了自己应该能够控制的部下手上。于是普罗提诺于244年逃离了被称作谋杀之地的美索不达米亚，到了罗马居住，并在那里任教直至去世。由他的学生蒲尔斐利根据他晚年的讲课笔记编纂而成的著作流传了下来。蒲尔斐利多少有些属于毕达哥拉斯学派，因此，普罗提诺作品被蒙上了一定的神秘主义色彩。

普罗提诺尚存的著作一共有九册，故取名为《九章集》。其中的总体趋向和意思是柏拉图式的，尽管缺乏柏拉图作品的广度和文采，内容几乎全部限于理念论和毕达哥拉斯的某些神话。普罗提诺的作品与现实世界有一定的疏离，但这是不足为奇的，如果我们想一想帝国的状况。面对当时的混乱无序，即使是一个全盲的人，也是需要极度的坚毅才能保持坦率的愉悦心境的。理念论把感知世界及其苦难当作不真实的东西，这就正好适合于让人安于现状、听天由命。

普罗提诺形而上学的中心学说是他的“三位一体”理论，其中包括“太一”“奴斯”和“灵魂”，以优先程度及依存关系为序。在我们深究这一理论之前，先要注意的是，尽管它对神学产生了影响，但它本身却不是基督教的，而是新柏拉图的。普罗提诺的同时代人及同窗学友欧利根是一个基督教徒，他也提出了一种“三位一体”理论。即把三个部分放在不同的层次上，这一理论后来被看作异端，遭到了责难。由于普罗提诺非基督徒，故没有遭到谴责，可能就是由于这个原因，他的影响到君士坦丁统治时期反而更大了一些。

普罗提诺“三位一体”中的“太一”与巴门尼德的球体十分相似，对此，我们最多只能说“它存在”。用任何别的方式来描述它，都将意味着可能还有比它更大的其他东西。普罗提诺有时称它为“神”，有时又称它为“善”，如同柏拉图《理想国》中的处理方式一样。但它比“存在”还要大，它无所不在而又无所在，不可言喻而又四处渗透。关于“太一”，我们与其想说点什么，不如保持缄默；在这里，我们就清楚地看到了神秘主义的影响。因为神秘主义者也是躲在沉默与无法传达的“壁垒”后面避难的。归根结底，希腊哲学的伟大之处就在于认识到了逻各斯的中心作用。希腊思想尽管也有一些神秘因素，但本质上还是与神秘主义相对立的。

普罗提诺把“三位一体”的第二个因素叫作“奴斯”。要对此作出适当的翻译似乎不太可能。它的意思有点像“精神”之类的东西，但又不是神秘的，而是理智方面的意义。“奴斯”与“太一”的关系通过类比可以得到最好的解释。“太一”就像是自身发光的太阳，“奴斯”则是“太一”由此看见自身的这种光。在某种意义上，“奴斯”可以和自我意识相比。在远离感官的方向上，通过人们自己的心灵，人们就能够认识“奴斯”，以及通过它认识到“太一”，因为“奴斯”就是“太一”的映像。我们在此发现它与《理想国》中的辩证法概念是相近的，后者也宣称有一个通往显示“善的形式”的类似过程。

“三位一体”的第三个，也是最后一个因素，被称为灵魂，它在本质上是双重性的。在其内部的一面，它上通“奴斯”；而在其外部，它则表现为下达感官世界，它是感官世界的造物主。斯多葛学派把神与世界等同起来，而与之不同的是，普罗提诺的理论否定了泛神论，并且回到了苏格拉底的观点上。虽然它把自然看作灵魂的向下发散，却并不像诺斯替主义者那样将其视为邪恶。相反，普罗提诺的神秘主义相当随意地承认：自然是美的，而且是与它在万物的应有结构体制中一样的善。但这种宽宏的观点并没有被后来的神秘主义者、传教士甚至哲学家们所接受。在他们的“修来世”观念中，美与快乐被当作下流与邪恶加以诅咒。当然，如此可怕而不幸的学说，除了精神错乱的狂热分子以外，恐怕没有人真正实践过。然而这种颠倒的、对丑陋的崇拜确确实实曾支配了好多个世纪。基督教至今还一本正经地坚持着“快乐是有罪的”这一离奇古怪的思想。

关于不朽的问题，普罗提诺采纳了《斐多篇》中提出的观点，即人的灵魂被认为是一种实体，因为实体是永恒的，故灵魂也是永恒的。这与苏格拉底的解释有些相似，苏格拉底认为灵魂与形式站在一起。然而，普罗提诺的理论中也有一定的亚里士多德因素。虽然灵魂是永恒的，但它却倾向于与“奴斯”合为一体。因此它失掉了自己的个性，尽管还保留着本体。

我们对古代哲学的考察现在已经接近了尾声。在这一考察过程中，跨越了大约九个世纪，从泰勒斯时代一直到普罗提诺时代。虽然我们在此画线为界，但这并不是说此后的思想家就不应被纳入古代的传统进行考量。在某种意义上，这一点对所有的哲学都是正确的。然而，在文化传统的发展中分辨出某些主要的停顿阶段还是可能的。普罗提诺就做到了这一点。从他以后，哲学在西方无论如何都处在了教会的庇护之下，即使有波伊提乌这样的例外，这种情况也确实如此。同时，还应牢牢记住，当罗马覆灭的时候，在其东部，无论先是在拜占庭，还是后来在穆斯林的统治下，哲学传统都继续保持着不受宗教的束缚。

当回顾古代世界的哲学奋斗历程时，我们强烈地感受到希腊的心灵在洞察普遍性问题方面的非凡力量。柏拉图曾说哲学开始于迷惑，而早期的希腊人就拥有了这种令人赞叹称奇的能力，并使之达到了不同凡响的程度。探索与研究的一般性概念是希腊伟大的发明之一，它塑造了西方世界。诚然，比较不同的文化总是令人不快，但如果要用一个短句来描述西方文明特征的话，那么完全可以说，它是建立在主要作为希腊精神事业的伦理之上的。希腊哲学的另一个重要特征是它基本上以公开性为目的。它的各种真理，如同真理本身一样，并不宣称某种不可言喻的预感，而是从一开始就极其重视语言和交流。诚然它也有某些很早以前传下来的神秘因素，毕达哥拉斯学派的神秘倾向贯穿着古代哲学的全过程。但从某个方面看，这种神秘主义实际上并没有影响到探索本身，而是更趋向于支配探索者的伦理观。只有当衰败开始出现时，神秘主义才担当了更重要的角色。正如我们在讨论普罗提诺时提到的那样，神秘主义是与希腊哲学的精神相对立的。

和现代人相比，古代的思想家们面临着更为严峻的问题，其中最主要的一个问题就出现在以下事实中：今天的人们可以求助于过去的传统，而对于早期的希腊哲学家来说，却没有可利用的这种支持。今天的人们从古典的原始资料中大量汲取了哲学、科学和技术的词汇，而且常常显得囫囵吞枣，但对于希腊的探索者来说，一切都不得不从头做起。他们不得不从日常语言提供的材料中，创造新的说法，发明专门词汇。因此，有时候他们表达事物的方式在今天的人们看来似乎有些笨拙，但我们必须记住，先哲们经常是在黑暗中摸索新的表达方式，因为那时必要的工具仍在形成之中。这就需要今人花费一些心思去设身处地地想一想那种情况，就好像我们脱离了希腊语和拉丁文，而要用盎格鲁-撒克逊语言来从事哲学、科学工作一样。

从我们已经论及的时间算起，一直到以回归早期根源为基础的文艺复兴和现代科学的出现，差不多逝去了十二个世纪。为什么必然会发生这一抑制发展的时期呢？这也许是一个徒劳的问题，这一解答的任何尝试都一定会过于简单化。但有一点仍是真实的，那就是希腊和罗马的思想家们都未能成功地演化出一套充分的政治理论。

如果希腊人的失败要归咎于优越智力带来的某种傲慢的话，那么罗马的失败则完全是由于缺乏想象力。这种心灵的迟钝与笨拙表现在各个方面，并不仅仅是在帝国时代的巨大建筑上。希腊与罗马两者之间精神上的差异，完全可以通过对比希腊的神庙和晚期罗马的长方形大会堂来作为象征。在罗马人的手中，希腊的智慧遗产多少变得不那么精致典雅了。

希腊的哲学传统实质上是一种启蒙运动和解放运动，因为它的目标在于使心灵摆脱愚昧的束缚。它认为世界是可以理喻的，从而消除了人们对未知事物的恐惧。它的工具是逻各斯，它的愿望是在“善”的形式下追求知识。不偏不倚、超然的探索本身被视为伦理上的善，人们通过它，而不是通过宗教的神秘，来达到善的生活。伴随着这种探索传统，我们还发现了某种不带虚伪情感的令人振奋的观点。对苏格拉底来说，未经审验的生活是不值得过的。而亚里士多德却认为，重要的不是活得久，而是活得好。的确，这种清新观点的一部分在希腊化时代和罗马时代消失了，那时候，似乎更具自我意识的斯多葛主义扎下了根。不过，西方文明的智力框架中的一切精华部分，还是要追溯到希腊思想家的传统。

早期基督教

如同今天一样，在希腊—罗马时代，哲学从主体上看是独立于宗教的。哲学家当然也可以提出那些关注宗教事务的人同样感兴趣的问题，但那时的教士组织既无影响，也无权控制思想家。介于罗马覆亡和中世纪结束之间的这一段时期，在以下这个方面，既不同于罗马之前的时期，也不同于中世纪以后的时期，哲学在西方变成了一种在教会庇护和指导下繁荣的活动。对于这一点，原因是很多的。

当西罗马帝国崩溃时，罗马的“神皇合一”机制已经分裂为两股势力。

由于基督教被君士坦丁定为国教，教会因此接管了所有涉及神与宗教的事务，而让皇帝去料理世俗的事务。一直到宗教改革坚持信教属于个人性质，从而破坏了教会的主张之前，教会的权威在原则上都保持着无可争辩的统治地位，尽管它逐渐走向了衰落。从此以后，教会就成了新兴民族国家的工具。

在古老帝国的中部，世俗的、非宗教的学问传统还苟延了一段时间，而北方的原始部族却没有任何学问传统可以依赖。因此，读书识字几乎逐渐变成了教会人士或教士们独有的标志。教士（clerics）是一个随历史发展出现的人群，其回忆还留存在我们现代的单词“clerk”当中。昔日传统的幸存部分都被教会保留了下来，而哲学变成了一门为基督教及其卫道士们提供辩护的学问。只要它的教义大体上被人接受，教会就能取得并保持有权有势的地位。但其他一些传统也在争取最高统治权，其中包括古老的罗马传统，教会正是由于罗马传统的衰落才首次得以异军突起。还有新日耳曼传统，取代古老帝国政治组织的封建贵族就是从这一传统中诞生的。然而这些传统都未能有一种设计适当的社会哲学作为其代表，其中一个原因就是它们无法成功地挑战教会势力，但这不是唯一的原因。罗马传统从14世纪开始的意大利文艺复兴中逐渐再次得到支持，而日耳曼传统则随着16世纪的宗教改革取得了突破。但在中世纪，哲学还是与教会紧密相连的。

随着“神皇合一”机制被两大势力取而代之（一个是代表着上帝的教皇，另一个则是皇帝），另外几种潜在的二元现象也出现了。首先是拉丁与条顿二元性的实际存在。教会势力仍然是拉丁族的，而帝国却落入了野蛮的条顿族入侵者后裔手中。一直到罗马被拿破仑攻陷之前，它都被称作日耳曼的神圣罗马帝国。其次，人被划分为教士和俗人两类。前者是正统教义的维护者，由于教会成功地经受住了种种异端的影响，教士的地位在西方大大加强了。早期的一些信奉基督教的皇帝曾同情阿里乌斯教派，但最终还是正统派占了上风。另外，还出现了天国与世俗诸国的比较。这一比较的根源可以在《福音书》里找到，但它在罗马覆亡之后才获得了更为直接的重要意义。尽管野蛮部族能够摧毁城市，但神灵的城市却是无法洗劫的。最后是精神与肉体的对立，这一对立有着更古老的根源，可追溯到苏格拉底的“肉体与灵魂”理论。这些概念以其新柏拉图形式成为保罗派宗教的核心，而且从中启发了早期基督教的禁欲主义。

天主教哲学得以发展的世界轮廓是这样的：它第一次成熟于受柏拉图影响的圣奥古斯丁；而圣托马斯·阿奎那使它达到了巅峰，托马斯把教会建立在亚里士多德理论的基础上。教会的主要辩护士们至今还在为这一基础辩护。由于这种哲学与教会是如此的紧密相连，要想说明它的发展及其对后世的影响，其所涉及的历史考察太多。但是，如果我们想了解时代精神及其哲学，那么对这些事件作某些说明，还是有必要的。

逐渐主导了西方的基督教，原本是犹太教的一个分支，而那时的犹太教还只是希腊与东方思想的某种混合物。

基督教与犹太教都认为上帝有他的宠儿，尽管两教的选择当然有所不同。然而，它们有着同样的历史观，认为历史开始于神的创造，并将走向某种神的结局。但也的确存在着一些意见分歧，如谁是弥赛亚？他想实现什么？对犹太教来说，救世主仍将到来，并带给他们尘世间的胜利，而基督教徒却认为救世主是拿撒勒的耶稣，但他的天国不在我们这个世界。同样，基督教接受了犹太教的正义概念，并将其作为帮助同胞及坚信某种教条的指导原则。从本质上看，后来的犹太教与基督教都赞同新柏拉图主义的“彼岸”概念。但是，希腊理论是哲学的理论，不大容易为每个人所理解，而犹太教与基督教的观点更注重解释来世，正义者将升入天堂，而恶人将下地狱受到煎熬。其中的“来世报应”因素，使得这一理论广为人知。

要了解这些信仰是如何发展的，我们必须记住：耶和华最初是闪米特族的主神，他保护着自己的人民。除了耶和华以外，还有别的神统辖着其他的部族。当时还没有任何关于“彼岸”的暗示出现。以色列的主神掌管着其部族的世俗命运。他是一位妒嫉之神，不能容忍他的子民还相信别的神灵。古代的先知们都是一些政治领袖，他们要花大量的时间来改变人们对其他诸神的崇拜，因为他们害怕多神崇拜招致耶和华的不悦，害怕威胁到犹太人的社会凝聚力。犹太教的这种民族及部落特征，通过一系列的民族灾难而得到了加强。公元前722年，亚述人攻陷了北方王国以色列，并将其绝大多数居民驱逐出境。公元前606年，巴比伦人占领了尼尼微，并摧毁了亚述帝国。巴比伦国王尼布甲尼撒征服了南方的犹太王国，并于公元前586年接管了耶路撒冷，焚毁了神殿，将大量的犹太人掳到巴比伦。

一直到公元前538年波斯国王居鲁士攻占巴比伦之后，犹太人才获准返回巴勒斯坦。正是在被掳禁巴比伦期间，犹太教的教义和民族特征得到了加强。由于神殿被毁，犹太人只好免去了祭祀仪式。许多流传至今的犹太教的口头传说，都要追溯到这一时期。

犹太人散居各地也就从这一时期开始，一些人回到了他们的故乡。那些回去的人确实生存了下来，不过只是建立了一个相对不太重要的神权国家。在亚历山大之后，亚细亚的塞琉西王朝与埃及的托勒密王朝之间发生了旷日持久的纷争，犹太人想方设法守住自己的地盘。犹太人重要的一支人口在亚历山大城增长起来，但除了宗教之外，一切都很快被希腊化了。因此，希伯来文的《圣经》必须得译成希腊文，从而产生了《圣经》的“七十人译本”，之所以如此取名，是因为传说中有七十名翻译者各自独立翻译《圣经》，却奇迹般地提供了完全一致的译本。然而当塞琉西国王安提阿古四世在公元前2世纪上半叶，试图强迫犹太人希腊化时，犹太人在马加比兄弟的领导下纷纷起来反抗。犹太人以其巨大的勇气和毅力，为争取以自己的方式来敬神的权利而战斗。最终他们取得了胜利，马加比家族于是以大祭司的身份统治国家。其家族的世袭统治被称为哈斯蒙王朝，这个王朝一直延续到希律王时代。

在散居的犹太人日益迅速希腊化的时候，由于马加比抵抗的成功，才保证了犹太教得以幸存，也由此提供了基督教以及后来的伊斯兰教得以兴起的必要条件。也正是在这一时期，犹太教产生了“彼岸”的概念，因为起义事件已经表明人世间的灾难总是首先袭击那些最有德行的人。公元前1世纪，除正统派势力之外，还发展了一种更成熟的、受希腊化影响的运动，它的教义预示着对《福音书》中的耶稣应当进行伦理上的重新评价。事实上，早期的基督教就是一种经过改革的犹太教，正如新教最初是教会内部的某种改革运动一样。

马可·安东尼废除了大祭司们的统治，并任命希律为国王，希律是一位被彻底希腊化了的犹太人。公元前4年希律死后，犹太国直接归罗马的一名地方财政长官统辖。但犹太人对罗马的“神皇合一”机制并不喜欢，当然基督教徒也是如此。不过，犹太教徒与基督教徒有一点是不同的：后者至少在原则上赞同谦卑的习俗，而前者在总体上却显得自大倨傲，这一点与古典时代的希腊人很相似。除了自己的神以外，他们顽固地拒绝承认任何别的神灵。有一个典型的例子可以体现犹太人的这种态度，他们把耶稣劝诫“恺撒的归于恺撒，神的则归于神”。虽然从表面上看这是一种妥协，但它却是在拒绝承认“神皇合一”的体制。公元66年，犹太人起义反抗罗马统治，在一次激烈残酷的战役之后，耶路撒冷于公元70年被攻取，神殿再次遭到摧毁。希腊化的犹太历史学家约瑟法斯在其希腊文著作中记载了这一战役。

这一事件导致了犹太人的第二次散居，也是最后一次外流散居。正如被掳的巴比伦时期一样，正统派变得更加严格。基督教和犹太教在公元1世纪以后，都把彼此视为截然不同的、势不两立的宗教。在西方，基督教煽动起一种可怕的反对闪米特族的情绪，从而使犹太人从此生活在社会的边缘，并受到迫害和剥削，这种情况一直延续近一千八百年，直到19世纪他们获得政治权利为止。只有在穆罕默德的穆斯林国家，尤其是在西班牙，犹太人才得以昌盛起来。当摩尔人最终被驱逐时，古典的传统和阿拉伯学问大量地通过西班牙的通晓多种语言的犹太思想家，传给了教士们。在1948年，犹太人再次拥有了“神赐之乡”迦南。他们是否会发展出自己的新文化势力？要回答这一点恐怕为时尚早。

犹太教中持不同意见的派别形成了早期的基督教，他们最初并没有想用这种新教义去支配不信犹太教的人。这些早期的基督徒们仍然保持着排外传统。犹太教从未试图争取局外人的皈依，即使在今天的改良状态下，只要割礼和斋戒还在执行，它就不可能吸收新的入教者。如果没有任何一个信徒去设法放宽加入犹太教的基本资格的话，那么基督教可能仍是非正统犹太人的一个教派而已。特苏斯的保罗（一个希腊化的犹太人和基督徒）扫清了这些外部的障碍，使基督教得到了人们普遍的接受。

对帝国的希腊化公民来说，他们仍不承认基督应当是犹太人之神的儿子。诺斯替派避免了这个缺陷，它是与基督教同时出现的一种宗教调和运动。根据诺斯替派的观点，可感知的物质世界是耶和华创造的，而耶和华实际上只是一尊小神，它与最高神闹翻之后，便出来作恶。终于，最高神的儿子化作凡人降临人间，以推翻《旧约》的错误教义。这些观点再加上柏拉图的一些思想，就构成了诺斯替派。希腊传说的成分、俄耳浦斯神秘主义的因素，与基督教义和别的东方影响结合起来，然后采取一种折中的哲学混合方式（通常为柏拉图主义和斯多葛主义），使诺斯替派变得圆满。而后期诺斯替派的变种摩尼教则甚至把精神与物质的差异混同于善与恶的对比。在藐视物质事情方面，他们比敢于冒险的斯多葛学派更加离谱。他们禁止食肉，并宣称任何种类或形式的性行为都是罪恶的行径。从它们仅仅流传了数世纪的情况来看，我们似乎可以恰当地推断，这些苛刻的教条并没有得到完全成功的执行。

在君士坦丁之后，灵知教派变得不那么重要了，但仍然存在着一定的影响。幻影教派宣称，钉在十字架上的不是耶稣，而是某种幻影替身。这不禁使人想起了希腊传说中伊芙琴尼亚的献祭。穆罕默德承认耶稣是一位先知，尽管耶稣不可与穆罕默德相提并论，穆罕默德后来也采纳了幻影教派的观点。

随着基督教日益巩固地建立起来，它与《旧约》宗教的敌对也愈演愈烈。它认为，犹太人未能承认古代先知所预告的弥塞亚，因此一定是罪恶的。自君士坦丁以后，反闪族主义变成了基督教狂热的一种高尚体面的形式，尽管宗教的动机实际上并不是唯一的。奇怪的是，本身曾遭受过骇人听闻的迫害的基督教，在翻身得势之后，竟然也会残暴地对付一个顽强坚持自己信仰的少数派。

在某个方面，基督教有了新的、显著的转变。总的来看，犹太教是一种非常简单的非神学事物，这一率真特性甚至还留存在对观福音书中。但是我们在《约翰福音》里发现了神学思辨的开端，当基督教的思想家们试图在自己的新教义结构中，吸纳希腊人的形而上学时，这种神学思辨的重要性就得到了稳定的加强。当《圣经》逐渐形成时，人们不再只是关注“神／人”基督的形象，而是关注他的神学理论方面的问题。《圣经》的形成可以追溯到斯多葛学派、柏拉图，乃至赫拉克利特。这一神学传统在欧利根（185年—254年）的著作中首次得到了系统的解释。欧利根生活在亚历山大城，他曾在普罗提诺的老师阿摩尼阿斯·萨卡斯的门下学习，因而与普罗提诺有许多共同点。按照欧利根的观点，上帝本身在其具有的三个方面（圣父、圣子、圣灵）是无形的。他坚持古老的苏格拉底理论，即灵魂以某种独立的状态先于肉体而存在，当人出生时，它才进入肉体。由于这一观点，正如由于“一切灵魂终将获救”的观点，后来欧利根被认为犯了异端的罪过。但他一生都在冲撞教会。年轻的时候，欧利根曾经不明智地走极端，用阉割自己的方式来预防肉体的欲动，而这种疗法并未得到过教会的认可。他因此走了背运，并失去了担任教士的资格，尽管在这一问题上似乎还有过某些不同意见。

在《反西尔撒斯论》一书中，欧利根详尽地驳斥了西尔撒斯，而西尔撒斯的反基督著作却并没有留存下来。我们在此首次找到了坚持《圣经》具有神授性观点的辩护倾向。除了别的方面，信仰对其奉行者能够产生一种有价值的社会影响这一事实也被用来证明信仰的合法正确性。这最终算是一种实用主义的观点，最近的一位思想家威廉·詹姆斯又把它提了出来。然而不难看出，这种论证是一把“双刃剑”，因为它完全取决于你认为有价值的事物为何物。马克思主义者不赞成已制度化了的基督教，他们把宗教称为“人民的鸦片”；如果以实用主义为依据，他们完全有权竭尽所能地反对基督教。教会的集权化是一个循序渐进的过程。一开始，主教是由教会成员按地区选举产生的。只是到了君士坦丁统治之后，罗马主教才有了越来越大的权力。通过救济穷人，教会赢得了一群依附者，这一点很像昔日罗马元老院家族的所作所为。君士坦丁统治时期充满了教义斗争，因此也给帝国招来了不少麻烦，并引起骚乱。为了解决其中的一些问题，皇帝运用其影响，于325年召开了尼西亚会议。会议确定了与阿里乌斯教派对立的正统派的若干准则，教会从此就采用这些方法去解决教义发展中的分歧。阿里乌斯是亚历山大的祭司，他的教义认为，圣父优先于圣子，这两者是截然不同的。撒伯留斯则为其对立的观点辩护说，圣父与圣子仅仅是同一个人的两个方面。正统的观点最终获得了胜利，它把圣父与圣子两者放在同一个层次上，并认为两者是同体异位。然而，被认为是异端的阿里乌斯教派还是继续兴盛了起来，各种各样别的异端同样如此。正统教义阵营的主要提倡者是阿撒那修斯，他于328年至373年担任亚历山大城的主教，而阿里乌斯教派却受到了君士坦丁继承者们的支持，只有“叛教者”朱利安是个例外，因为他是个异教徒。但是，随着狄奥多修斯于379年登基，正统派还是获得了帝国的支持。

在西罗马帝国的晚期和基督教时期，有三位重要的教士各自以不同的方式巩固了教会的势力。他们故去后都被尊为圣徒。安布洛斯、杰罗姆和奥古斯丁三人都出生于4世纪中期，彼此年龄相差不过几岁，再加上6世纪的教皇格里高利一世，这几个人后来被称为“四大圣师”。

在这三个人当中，只有奥古斯丁是哲学家。安布洛斯是一位勇敢无畏的教会势力的辩护者，他奠定了国家与教会关系的基础，这一关系后来盛行于整个中世纪。杰罗姆是《圣经》的第一位拉丁文译者。奥古斯丁从事的是神学和形而上学的思辨，宗教改革之前的天主教神学架构以及改良宗教的主导原则，都主要归功于他。马丁·路德本人就是遵从奥古斯丁教义的僧侣。

公元340年，安布洛斯出生于托莱福，在罗马接受教育，后来又从事法律职业，三十岁时，被任命为意大利北部的列古里亚和埃米里亚的地方长官，任职时间达四年。在此期间，出于某种未知的缘由，他放弃了世俗的生活，但政治活动并未停止，并当选为米兰主教，米兰当时是西罗马帝国的首都。担任主教一职之后，安布洛斯勇敢地而且常常是毫不妥协地坚持教会至高无上的宗教地位，并因此产生了深远的政治影响。

最初，宗教的地位是明确的，似乎也没有对正统派造成什么威胁，皇帝格雷善本人就是一个天主教徒。因为疏于帝国事务，他最终被谋杀了，继位的麻烦于是接踵而至。马克西姆斯篡夺了除了意大利的整个西罗马的统治权，而意大利的统治权则为格雷善的弟弟瓦林提尼安二世合法继承。由于小皇帝尚年幼，实际大权则为太后查士丁娜所控制。查士丁娜是一个阿里乌斯派教徒，因此一场冲突便不可避免。异教与基督教最引人注目的冲突地点当然是在罗马城。在君士坦丁的儿子君士坦丁乌斯统治时期，胜利雕像已经搬出了元老院。叛教者朱利安又把它搬了回来，格雷善则再一次将它请了出去，于是元老院的一些议员便要求再移回来，但另一些基督派议员，却在安布洛斯及教皇达马苏斯的帮助下占了上风。格雷善死后，异教派别于384年死灰复燃，他们向瓦林提尼安二世请愿，为了阻止这一新举动使皇帝倾向于支持异教徒，安布洛斯便在奏本中提醒说，皇帝有责任服务于上帝，正如公民作为士兵有责任服务于皇帝一样，言外之意竟然比“耶稣要求分别赋予上帝和恺撒各自有权接受的东西”还要过分。如此一来，我们就需要宣称教会作为上帝支配人间的工具是高于国家的。从某种意义上看，这也真实地反映了当时罗马国家权力正日益衰弱。教会作为普遍性的国际组织，即使帝国的政治解体了，它也能照样存在下去。一个主教能够作出这样明确的暗示，却并未受到任何惩罚，这正标志着罗马帝国的衰落。然而，胜利雕像的事件仍未了结。后来的篡位者尤金尼乌斯又把它立了起来，直到394年狄奥多修斯打败他之后，在这件事情上基督教派才获得了彻底的胜利。

安布洛斯与查士丁娜发生争执，是因为实际执掌大权的太后信奉阿里乌斯教派。查士丁娜曾要求在米兰为阿里乌斯教派的哥特军团保留一处教堂。主教安布洛斯却不同意这么做，人民也站在主教这一边。被太后派去攻打教堂的哥特军人却与人民达成了一致，拒绝诉诸武力。这是安布洛斯的一个相当勇敢的行为，他面对全副武装的蛮族雇佣军毫不屈服。最后皇帝作出了让步，在争取基督教会独立的斗争中，安布洛斯取得了道义上的一次伟大胜利。

但是，主教的行为并非都是同样值得赞颂的。在狄奥多修斯统治时期，皇帝曾命令一个地方主教为一处被焚毁的犹太教堂偿付修缮费，因为火灾是由于那位教士蓄意挑唆基督徒纵火而引起的，主教安布洛斯却对此种行径极力反对。虽然皇帝的本意是不鼓励这类恐吓行径，但安布洛斯辩解说，基督教徒无论如何也不应该对这种损失承担赔偿责任。这一危险的观点在中世纪导致了许多迫害的出现。

安布洛斯的主要功绩在于管理与治国，而另一位教士，杰罗姆则是当时优秀的学者之一。345年，杰罗姆生于达尔马希亚边境附近的斯垂登。他十八岁时到了罗马求学，在高卢游历了数年之后，在距离故乡不远的阿奎雷亚定居下来。在一场争执之后，杰罗姆离家去了东方，在叙利亚的沙漠里隐居了五年。随后，他到了君士坦丁堡，后来又返回了罗马，382年至385年，他都一直留在那里。教皇达马苏斯去世后，继任教皇似乎不大喜欢这位爱争执的教士。于是杰罗姆再次前往东方，一同前往的还有一些有德行的罗马妇人，她们赞同他的独身禁欲戒律。386年，他们一行人最终在伯利恒定居，并过起了修道院的生活。杰罗姆于420年去世。他的名著是拉丁文《圣经》（*The Vulgate*），该译作是天主教所承认的唯一正统译本。在最后一次逗留罗马期间，杰罗姆还从希腊原文翻译了《福音书》。至于《旧约》，他还追溯到了希伯来根源，在一些犹太学者的帮助下，这一任务在他生命的最后阶段完成了。

通过自身的身体力行，杰罗姆强有力地影响了当时日益得势的修道院运动的进一步发展。他自己的一些罗马弟子随同他前往了伯利恒，并在那里建起了四座修道院。同安布洛斯一样，杰罗姆也是一位伟大的书信作家，其中有很多信是写给年轻女子的，信中规劝她们保持德行与贞洁之道。当罗马于410年遭受哥特人侵者劫掠时，他采取的态度似乎有些听天由命，此时他并没有去思考拯救帝国有哪些可能的措施，而是更加埋头于对贞操价值的赞颂。

奥古斯丁于354年出生在努米底亚省。他接受的完全是罗马教育，二十岁时偕妻子和幼儿来到了罗马。之后，他又去了米兰，并在那里以教书为生。在此期间，他由原本的一个摩尼教徒，最终在不断的悔恨压力和一位有心计的嬷嬷领进下，成为正统派。387年，奥古斯丁接受了安布洛斯的洗礼。396年，他回到了非洲，任希波的地方主教，一直到430年去世。

在奥古斯丁的《忏悔录》中，我们找到了奥古斯丁与罪孽作斗争的引人注目的描述。幼年的一个事件终身都在不断地困扰着他，其实这本是一件看似微不足道的事情。当他还是孩子时，有一次他把邻居花园里的一棵梨树的梨摘了个精光。虽然这仅仅是出于顽皮的一时兴起，但他对罪过的病态的较真，却夸大了这一过失，觉得自己永远也不能宽恕自己。在他眼里，胡整果树无论如何也是一种危险的行为。

在《旧约全书》的早期年代，罪孽被视为一个民族的共同缺点，后来才逐渐被当作个人的污点。对于基督教神学而言，这一重点的转变是至关重要的，因为作为机构的教会是不可能犯过失的，只有作为个人的基督徒才可能犯下罪孽。通过强调个人因素，奥古斯丁成了新教神学的一位先驱。天主教逐渐认为教会的作用必不可少，而奥古斯丁觉得两方面都重要。人在本质上是被打入地狱的、有罪的，要通过教会的调解介入才能得救，但遵循宗教惯例，甚至过一种有德行的生活也并不能保证一定能被拯救。上帝是善的，而人是恶的，上帝准予拯救算是一种恩赐，拒绝拯救也绝不应受到指责。这种宿命论后来被改良神学中的更为顽固的流派所采纳。另一方面，摩尼教曾主张恶是一种物质的原则，而他却认为恶是不良意志的一个结果，这一有价值的观点也被改良神学所继承，并成了新教“责任”概念的基础。

奥古斯丁的神学著作主要是以与裴拉鸠斯较温和的观点辩论为目的。比起当时的绝大多数教会人士来说，裴拉鸠斯这位威尔士教士的秉性更为仁慈。裴拉鸠斯否定了原罪学说，并且教导人们说，人可以依靠自身的努力过一种有德的生活来获得拯救。由于其温和性和开明性，这一理论必然赢得许多的支持者，尤其是那些保持着希腊哲学家的某些精神的人们。奥古斯丁为了替自己辩护，便强烈地反对裴拉鸠斯的学说。对于最终将裴拉鸠斯宣布为异端，奥古斯丁不是没有一点责任的。奥古斯丁从保罗的“使徒书”中着手解释“宿命论”，若保罗能看到从他的教谕中推导出了如此可怕的命题，也会大吃一惊的。这一理论后来被加尔文所接受，然而，教会却明智地抛弃了它。

奥古斯丁的主要注意力在于神学，即使涉及哲学问题，他的主要目的也是调和《圣经》的教谕和柏拉图学派的哲学遗产之间的分歧。在这方面，他是基督教辩护传统的先驱。尽管如此，他的哲学思辨本身仍然是有意思的，并且表现出他是一位敏锐的思想家。这可从《忏悔录》第十一卷中读到，由于它不具可作为谈资的价值，所以总是被流行版本所省略。

奥古斯丁给自己提出的问题，就是去揭示上帝的万能如何才能与《创世纪》中的创造事实协调起来。首先就有必要把犹太教和基督教的创世观与希腊哲学中的创世概念区分开来。对希腊人而言，如果说世界能从子虚乌有中变戏法似的产生，他们或许在任何时候都会觉得十分荒谬。如果上帝创造了世界，那么他应该被视为使用了现成原材料的“建筑大师”。无中生有的做法是与希腊精神的科学特征不相容的。《圣经》里的上帝则不是这样，他被认为既创造原材料，又创造建筑物。希腊的观点自然导出了泛神论，因为它认为上帝就是世界，这一思路一直吸引着那些有强烈神秘主义倾向的人们。持有这一观点的最有名的哲学例子就是斯宾诺莎。奥古斯丁采纳了《旧约全书》中的造物主，一个世界之外的上帝。上帝是一个永恒的精灵，不受因果关系或历史发展的支配。当他创造世界的同时，也创造了时间。人们无法知晓创世之前是什么样子，因为那时还不存在可以提问的时间。

时间对于奥古斯丁来说，是一种三重性的“现在”。之所以被恰当地称为“现在”，是因为它是唯一真实存在的东西。“过去”只是“现在”的回忆，“未来”只是“现在”的展望。这一理论并非没有缺陷，但它的要义是为了强调时间作为人的部分心灵体验的主观性。按照这一观点，那么问起创世之前有些什么就会变得毫无意义。康德也对时间做过同样主观的解释，他认为时间是一种知性形式。这一主观态度导致奥古斯丁预示了笛卡尔的如下学说：人唯一不能怀疑的就是自己在思考。虽然主观主义终究不是一个在逻辑上站得住脚的理论，但奥古斯丁仍然算得上是它的一位能干的阐释者。

奥古斯丁时期以西罗马帝国的灭亡为标志。阿拉里克的哥特人于410年攻占了罗马。基督教徒们或许从这一事件中看到了他们所造罪孽的应得惩罚。而对于异教徒来说，他们想的却截然相反：旧的诸神已经被抛弃，朱庇特自然就撤回了他的庇护。为了对付这一论证，奥古斯丁从一个基督徒的观点出发，写下了《上帝之城》，并在写作过程中形成了一套完整成熟的基督教历史论，其中的相当部分现在只剩下了嗜古的趣味，但“教会独立于国家”这一中心论点却在中世纪具有重要意义，甚至在今天的某些地方，它还延续了下来。为了参与拯救灵魂，国家必须服从教会，这种观点实际上是建立在《旧约》中犹太国家范例的基础上的一种观点。

在狄奥都利克统治时期，罗马居住着一位杰出的思想家，他的生活和作品与当时文明的普遍衰落形成了鲜明对比。鲍依修斯大约于480年出生在罗马，他是一个贵族的儿子，并且与元老院议员阶层关系密切。鲍依修斯还是狄奥都利克的朋友，当狄奥都利克这位哥特国王成为罗马的统治者后（500年），510年，鲍依修斯终于被任命为执政官。但是后来他的命运却出现了逆转。524年鲍依修斯被投入监狱，并以叛国罪被处死。正是在狱中等候行刑期间，他写下了《哲学的慰藉》，这本书令他名声大振。

甚至在生前，鲍依修斯就因其睿智博学而声誉卓著，是他最早把亚里士多德的逻辑学著作翻译成了拉丁文。除此以外，他还写了关于亚里士多德逻辑学的评注和自己的著作。他所写的音乐、算术和几何学方面的论文，在中世纪的文科学院里长期被奉为范文。欲完整翻译柏拉图与亚里士多德著作的计划从未完成，这的确是鲍依修斯的一大憾事。令人奇怪的是，中世纪不仅把他当作一位古典哲学的伟大学者，而且把他当作一位基督教徒来加以推崇。他确实出版过一些神学论文，这些论文据信出自他的手笔，尽管看起来不太真实可靠。正如在《哲学的慰藉》中提到的那样，他的立场是属于柏拉图式的。相比之下，鲍依修斯更可能是一个基督徒，就像当时大多数人一样。但如果是的话，那么他也只是名义上的，因为比起教士们的神学思辨来，柏拉图哲学对他的影响要大得多。不过，要是鲍依修斯真的被视作可靠的正统派的话，那可能更好一些，因为只有在这种情况下，他的大部分柏拉图主义才能确实地被后来几个世纪的教士们所吸收，而在当时，异端的罪名是很容易将其作品埋没的。

不管怎么说，《哲学的慰藉》一书是脱离了基督教神学的。该书包括交替出现的散文与诗歌段落，鲍依修斯自己发言时用的是散文，而哲学则以一妇女形象用诗歌应答。就教义与观点而言，该书并未激起当时教会人士的兴趣。鲍依修斯开门见山地再次肯定了三位伟大雅典哲学家的崇高地位。在追求善的生活方式方面，鲍依修斯遵循的是毕达哥拉斯学派传统，而伦理学说大部分则是斯多葛学派的，他的形而上学则直接追溯到了柏拉图。书中的一些章节带有泛神论的色调，由此他提出了“恶并不真实”的理论。上帝是善的，他不可能作恶，既然上帝是万能的，那么恶一定是虚幻的。这一观点有许多方面都是与基督教神学和伦理学格格不入的，但不知为何，它似乎也并没有让正统派阵营中的任何人感到恼怒。全书的精神是在回顾柏拉图。它避开了普罗提诺这样的新柏拉图主义作家的神秘主义，也脱离了当时盛行的种种迷信。书中也找不到笼罩着当时基督教思想家的那种狂热的罪孽意识。该书最引人注目的特点或许就是，其作者是一名死囚犯。

如果认为鲍依修斯是一位“象牙塔”里的思想家，远离当时的实践事务，那就错了。相反，像古代的哲学家一样，他经历了各种实践事务，是一位有才干的、头脑冷静的执政官，并卓有成效地忠于自己的哥特主子。后来，他被视为受到阿里乌斯教派迫害的殉道者，但这一谬称可能反而提高了他作为作家的知名度。但作为一位不偏不倚的、不盲信的思想家，他从未被颂为圣徒，而赛瑞利却成了圣徒。

鲍依修斯的作品在其历史背景下提出了一个持久的问题，即究竟在多大程度上，一个人必然是其时代的产物？他所生活的世界是对超然的、理性的探索抱有敌意的世界，他生活的时代是一个迷信泛滥、狂热蔓延的时代。然而在他的著作里，这些外部的压力似乎一点儿也没有显示出来，他的问题也绝不是当时所特有的问题。诚然，罗马的贵族阶级是不大容易屈从于流行风尚与狂热的。如果有的话，那就正是在这些贵族当中，某些旧道德在帝国不复存在之后，依然留存了很长时间，在某种程度上，这也可以解释鲍依修斯伦理思想中的斯多葛倾向。但是如下这一事实本身却必须得到解释：尽管外有蛮族侵扰，内有狂热充斥，这样一群旧道德持守者还是继续存在了下来。我想，答案是两方面的。人肯定是传统的产物，首先，他们在成长的过程中，受到了周围环境的影响，后来，他们的生活方式又从那些他们所忠诚的传统中得到了支持，不管这种忠诚是出于完全自觉，还是出于或多或少的盲从。其次，传统并不像这样受到时间的约束，它们呈现出自己的一种生活，并且能够长期存在下去。传统就像在地表下面阴燃的火星，当重新获得支持时，它们会再次被煽点成明火。从某种程度看，在蛮族入侵时那种朝不保夕的环境里，古典时代的传统依然幸存了下来。在这种情形下，鲍依修斯之类的人物才有可能显现出来。但他必定早已意识到了横亘在他与同代人之间的鸿沟。如果相信某种传统的力量，那么就得凭借或多或少的毅力去支持它，鲍依修斯肯定也需要他所能鼓起的全部勇气。

我们现在就能回答另一个相关的问题了。为了理解某个哲学问题，是否有必要去研究哲学史？同时，为了理解某个时期的哲学，是否有必要去了解这一时期的历史？根据上文所述的观点，社会传统与哲学传统之间显然是有某些相互作用、相互影响之处。迷信的传统不会产生脱离迷信的思想家。把禁欲看得高于事业的传统无法产生能够迎接时代挑战的建设性措施。另外，即使没有完整的历史学识作注解，我们也可能充分理解某一个哲学问题。看一看哲学史，其意义正是在于认识到：绝大多数的问题过去曾经提出过，一些明智的答案过去也给出过。

对罗马的劫掠开启了一个烽烟四起、冲突不断的时代，并导致了西罗马的灭亡和日耳曼部族在整个疆域的定居。在北方，不列颠遭到了盎格鲁人、撒克逊人和朱特人的蹂躏；法兰克部族扩张到了高卢；汪达尔人南下入侵了西班牙和北非。这些留存下来的国家和地区的名称，还让我们想起这些事件。英格兰得名于盎格鲁，法兰西得名于法兰克，安达卢西亚则得名于汪达尔。

西哥特人占领了法兰西南部，东哥特入侵者则征服了意大利，在此之前，他们曾企图瓦解东罗马帝国，但未能成功。3世纪末以来，哥特雇佣军曾经为罗马作战效力，因而逐渐掌握了罗马的战术。罗马沦陷以后，帝国又苟延残喘了几年，终于在476年被国王奥都瓦克统率下的东哥特人摧毁。493年，狄奥都利克派人杀了奥都瓦克，从而结束了其统治；狄奥都利克于是成了东哥特的新国王，统治意大利一直到526年去世。在哥特人的背后，东方的匈奴部族在国王阿提拉的率领下，正在向西推进。虽然他们有时也与哥特人邻邦结为联盟，但是当451年阿提拉入侵高卢时，他们与哥特人的关系就恶化了。一支哥特、罗马联军在莎龙阻止了阿提拉的入侵。随后，由于教皇列奥勇敢地施加了道德压力，阿提拉攻取罗马的企图也就化为了泡影。这位匈奴王不久之后去世，部族没有了所习惯的统领，这个掳掠成性的亚洲铁骑便渐渐失去了昔日的雄风。

也许有人认为这些动荡会引起教会的明显反应，不料教会的注意力却被“基督的多重位格”的极端教义的细枝末节吸引住了。有些人主张基督是一个具有两种面貌的人格，这一观点最终取得了胜利。它的主要辩护者就是赛瑞利。赛瑞利于412年至444年，任亚历山大城的主教。他是正统派顽固、狭隘的支持者，并且以实际行为显示出他的狂热：鼓动对亚历山大城的犹太人进行迫害；策划了对希帕蒂娅的残酷谋杀（希帕蒂娅是为数学史添光增彩的少数妇女之一）。赛瑞利因此被颂为“圣徒”。

另外，君士坦丁堡主教奈斯脱流斯的追随者们却赞同“基督有两个位格”的意见，即作为人的基督和作为上帝之子的基督，如前所述，这一观点的先驱是灵知教派。奈斯脱流斯学说主要是在近中东的小亚细亚和叙利亚赢得了支持者。为了解决这一神学难题，奈斯脱流斯派作出一次努力，于431年在以弗所召集了一次会议。不料赛瑞利教派设法抢先到了会场，并趁对方尚未入场之前，就迅速作出有利于自己一方的决定，奈斯脱流斯教派被宣布为异端。“基督只有一个位格”的观点于是占了上风。赛瑞利死后，449年以弗所的一次宗教会议又进一步宣称基督不仅只有一个位格，而且只有一个本性。这一教义后来被称为“一性论异端”，451年的卡罗西顿会议谴责了这一教义。如果赛瑞利此时还未死的话，他就很可能被定为一性论的异端分子，而不是获得圣徒称号。然而，尽管基督教各派参加的会议可以制定正统教派的种种标准，异端仍然会顽强坚持下去，尤其是在东方。正是由于正统教派与异端教派互不妥协与让步，伊斯兰教势力后来才获得了如此显著的成功。

在意大利，哥特入侵者并没有将原有的社会结构盲目地摧毁。狄奥都利克（526年去世）保留了旧有的行政管理制度。在宗教问题上，他显然是温和的。他本人是一个阿里乌斯教徒，似乎也支持一些非基督教因素继续存在，尤其是在罗马的贵族家庭中存在。鲍依修斯这位新柏拉图主义者就是狄奥都利克的一个大臣。然而皇帝查士丁却是一个观念较为狭隘的人，他在523年宣布阿里乌斯异教为非法。狄奥都利克被这一举措弄得很尴尬，因为他的意大利领土上全都是天主教，而他自己的力量又不足以与皇帝抗衡。由于害怕自己的支持者中出现阴谋者，狄奥都利克将鲍依修斯关押起来，并于524年将其处死。526年狄奥都利克去世，第二年查士丁也故去，查士丁尼继位。正是由于查士丁尼的旨意，伟大的罗马法大纲、法典和法学汇纂才得以编撰完成。查士丁尼是正统派的一个坚定拥护者。继位初期的529年，他下令关闭了雅典的阿卡得米，在此之前，阿卡得米作为古老传统的最后一个堡垒一直幸存着，尽管到这时，它的说教已经被新柏拉图派的神秘主义大大淡化了。523年，君士坦丁堡的圣索菲亚教堂开始动工兴建，到1453年君士坦丁堡落入土耳其人手中之前，一直都是拜占庭教会的中心。

皇帝对宗教的兴趣也感染了皇后，即有名的狄奥都拉，她是一个经历平常的女人，除此以外，她还是一位一性论者。正是为了她，查士丁尼才开始了“三个牧师会”的论争。在卡勒西顿，三位具有奈斯脱流斯倾向的神父被宣布为正统派，然而这一条文触犯了一性论的观点。于是查士丁尼发布敕令，称三人为异端，这一决定导致了教会内部的长期争论。结果，查士丁尼本人也变成了异教徒，他接受了阿法萨托都塞提克的观点：基督的肉体是不朽的，这是一性论的必然结果。

在查士丁尼统治下，东罗马帝国作了最后一次努力，试图从蛮族霸主们手中夺回西部各省。535年，查士丁尼进军意大利，此后差不多有十八年时间，这个国家都因战乱而饱受磨难，北非洲也被勉勉强强地重新征服，然而总的看来，拜占庭的统治是否算一件幸事却值得怀疑。拜占庭的力量并未大到足以收复整个罗马帝国的地步，尽管皇帝得到了教会的支持。查士丁尼于565年故去，三年后，意大利又遭到了一次蛮族的攻击。伦巴第入侵者长久地占领着北部地区，该地区后来就被叫作伦巴第。他们与拜占庭人斗争了两百年之久，由于受到萨拉森人从南面发起的攻击，拜占庭人终于退却了。而拜占庭在意大利的最后一个堡垒拉温那，也于751年落入了伦巴第人手中。

在我们讨论的时代里，像鲍依修斯这样的人物是相当少见的。这一时代的特征并不是哲学的。但是，这里必须提到后来对中世纪哲学产生过重要影响的两个发展。第一个是修道生活在西方的发展，第二个是教皇势力与权威的发展。它们分别与本笃和格里高利的名字有关。修道生活开始于4世纪的东罗马帝国，在其初级阶段，它并没有与教会发生联系。正是阿撒那修斯首先采取了措施，修道运动才最终为教会所控制。如前所述，杰罗姆是修道生活方式的伟大斗士。6世纪时，修道院开始在高卢和爱尔兰建立起来。但西方修道生活的决定性人物却是本笃，后来本笃修会就是因他之故而得名。本笃于480年出生在贵族家庭，并且在罗马贵族安逸奢华的氛围中长大。年仅二十岁的他开始对早年的教养传统产生了强烈的反感，于是他跑到一个洞穴里隐居了三年。520年，他在蒙特卡西诺建起了一座修道院，该院成了本笃修会的中心。创立者本笃所制定的教规告诫会员们要发誓保持清贫、顺从和贞洁。但本笃并不喜欢东方僧侣们的那种过分刻苦的修行。由于东方僧侣传统机械地理解了基督教关于肉体有罪的观点，他们才会互相攀比，看谁能达到最高的舍身境界。对于这些有害的怪论，本笃会教规给予了坚决的制止。权威和权力掌握在终身任职的修道院院长手中。后来，本笃修会又提出了自己的传统，这一传统与其创立者本笃的意图多少有些不一致。本笃派学者们在蒙特卡西诺收集了大量的藏书，为保持经久不衰的古典学问传统做了不少工作。

本笃定居在蒙特卡西诺，一直到543年去世为止。大约四十年后，伦巴第人洗劫了修道院，修士们逃亡到了罗马。蒙特卡西诺在以后的悠久历史中，还遭受了两次破坏，一次是毁在9世纪的萨拉森人手上，另一次是在20世纪第二次世界大战期间。幸运的是，它丰富的藏书留存了下来，修道院现在也得到了彻底的重建。

格里高利在其《对话录》的第二册中，记载了本笃生平的一些细节。其中有相当部分讲的是超凡事件及行为的传说，这些传说揭示了当时有教养者的普遍思想状态。应当记住的是，读书在当时已经成为只为极少数人所拥有的技能。因此这些作品根本不像今天的超人和科幻小说一类的垃圾货，它们不是写给容易上当受蒙蔽的缺乏教育的大众的。此外，这些《对话录》还为我们了解本笃提供了主要的资料来源。作者大格里高利被誉为西方教会的第四位博士。他生于540年，是罗马贵族的后裔，并在富足奢靡的环境中长大。他接受了与其地位相称的一种教育，尽管没有学过希腊文，这一缺憾永远也未能弥补，即使后来他曾在宫廷住了六年之久。573年，格里高利担任了城市的行政长官。但不久之后，他似乎感觉到了神的召唤，于是抛掉俗世的官职，舍弃了自己的财产，做了一名本笃派僧侣。当他作出这一不同寻常的改变，苛严、节俭的生活便接踵而至，因此长久地损害了他的健康。然而格里高利所过的生活并不是他以前所向往的那种潜心思索的生活。他的政治才干也并没有被人忘却，教皇裴拉鸠斯二世选派他为教廷驻君士坦丁堡宫廷的大使（西方仍给予君士坦丁堡某种象征性的忠诚）。579年至585年，格里高利虽然留在了宫廷，却未能完成其主要使命，即鼓动皇帝与伦巴第人交战。由于军事干预的时代已经过去，查士丁尼最后的几次军事干预虽然取得了暂时的成功，但到头来仍是一无所获。回到罗马之后，格里高利在建于原来宫殿中的修道院里住了五年时间。590年，教皇去世，更愿意做僧侣的格里高利被选为继承人。这就要求格里高利施展其全部的政治家才干，去应对西罗马政权的崩溃留给国家的不稳定局面。意大利正受到伦巴第人的破坏，北非洲成了战场，虚弱的拜占庭政权被摩尔部族所包围困扰，西哥特人和法兰克人正在高卢交火，盎格鲁—撒克逊入侵者则已把不列颠非基督化，使之变成了异教的英格兰。异端问题继续烦扰着教会，道德标准的普遍沦丧开始损害那些原本应该支配着教士生活方式的基督教原则。圣职买卖泛滥，并在事实上失控差不多长达五百年之久。格里高利接手了所有这些麻烦，并且竭尽全力加以遏制。然而正是席卷西方的极度混乱状态，才使他能够在空前的、更为牢固的基础上，建立起教皇的权力。在此之前，罗马主教从来没有能够像格里高利那样，如此广泛而成功地行使过权力。为了做到这一点，格里高利主要是给教士们和世俗统治者们写了大量的信件，在他的眼里，这些人似乎都未能恪尽职守，或者犯了越权办事的罪过。通过发布《主教法规》一书，格里高利为罗马在管理一般教会事务中的至上权力奠定了基础。这一部纲要在整个中世纪受到了高度的推崇，甚至还以希腊文译本传入了东正教。受格里高利神学教谕的影响，《圣经》的研究转入了象征性的解释，而其纯粹历史的内容被忽略，直到文艺复兴时期，《圣经》的历史内容才再次引起了人们的注意。

尽管格里高利为巩固罗马天主教的领导地位作出坚决的努力，但他仍是一个墨守成规的人。在政治上，如果皇帝的过分行为也符合格里高利自己的利益，或者当他感到站出来反对某件事情会招来危险时，他就采取纵容的态度。同安布洛斯这样的人相比，他是一个诡计多端的机会主义者。格里高利为扩大本笃修会的影响做了不少工作，该修会后来成了修道机构的典型。然而当时的教会对世俗的学问缺乏尊重，格里高利也不例外。

经院哲学

随着罗马中央集权的衰减，西罗马帝国开始陷入了一个野蛮的时期，其间，欧洲遭遇了普遍的文化沉沦。所谓“黑暗时代”，应该是指公元600年至1000年这一段时间。诚然，如此整齐地把历史划分为若干区段的任何尝试都是极其人为的做法，我们不应指望从这类划分中收获颇丰，它至多也就是能够提示一下该时期的某些综合特征而已。所以，我们绝不要想象，公元7世纪刚一来临，欧洲就突然陷入了黑暗，四个世纪之后，它才重新显现出光明来。首先，在某种程度上，过去的古典传统依然存在着，尽管它们的持续性影响不太稳定并受到了限制。在修道院，尤其是在爱尔兰这样的偏远角落，一些学识得到了鼓励和培植。然而把这些世纪称为“黑暗时代”并无不妥之处，尤其是把它们与之前或之后的时代相比较的时候。同时，我们还应好好记住，用同等的标准来看，东罗马帝国并没有普遍地衰败到如此地步。帝国的控制力依然在拜占庭起作用，并由此导致了学问的更加世俗化，而在西方，却需经过许多世纪才能达到这一步。同样，当西方文化衰弱无力的时候，年轻而充满生机的伊斯兰文明，在包括印度、中东、北非和西班牙的大部分地区，却达到了巅峰状态。在更远的地方，中国的唐朝开创了其文明史上最重要的文学纪元之一。

为了理解哲学为什么会与教会如此紧密地联系在一起，我们必须勾勒出这一时期教皇统治与世俗势力发展的主要脉络。教皇们之所以能够在西方巩固其操纵世俗社会的地位，大部分原因在于罗马皇权的消失留下了政治上的真空。而东罗马帝国的大主教们除了受到皇权更多的限制以外，对罗马主教们的自命不凡从未有过好感，他们的东正教教会最终选择了与罗马分道扬镳。而且，入侵部族的野蛮影响在西方大大降低了识字的一般标准，而在罗马时代，识字却普及了整个帝国。那些保留了残存学问的教士们，便逐渐形成了一个能读会写的特权集团。当几个世纪的冲突结束，欧洲进入较为稳定的时期时，正是这些教士们创办了各类学校。在文艺复兴之前，经院派哲学一直都是至高无上的。

在7世纪和8世纪的西欧，教皇统治夹在拜占庭皇帝与蛮族君主这两股对立政治势力中间，如航船一般正航行在一条危险的航道上。从某些方面看，与希腊交往总比依靠蛮族更可取，至少皇帝的权威建立在正当的法律基础之上，而征服部族的统治者们则凭借武力夺取权力。另外，东罗马帝国保持着罗马鼎盛时代的文明标准，从而也就保持了某种活跃的世界观，而这种世界观截然不同于蛮族的狭隘民族主义。更何况，不久前的哥特人和伦巴第人都信奉阿里乌斯教派，而拜占庭至少还信奉正统教义，尽管它拒绝向罗马的教会势力低头。

然而，东罗马帝国已经不再强大到足以在西方维持其权威的地步了。739年，伦巴第人企图征服罗马，但结果未遂。为了与伦巴第人的威胁抗衡，教皇格里高利三世试图谋得法兰克人的帮助。当时，克洛维斯的继承人，墨洛温王朝的国王们在法兰克王国已经丧失了一切实权，执掌实权的统治者是大总监。8世纪初期担任这一职位的是查理·马特尔，他在732年的图尔战役中，阻止了伊斯兰教的上升势头。查理和格里高利都死于741年。他们的继承人丕平和教皇斯蒂芬三世达成了一项共识。大总监要求教皇正式承认其国王身份，并以此来取代墨洛温王朝。作为回报，丕平把751年伦巴第人曾经占领过的拉温那镇，以及东罗马帝国总督管辖的其他疆域送给了教皇。这就导致了丕平与拜占庭的最后决裂。

由于没有了世俗的中央政权，于是在自己统治的领域里，教皇就比东正教更有势力，拉温那的赠予当然绝不是一桩合法的交易。为了使这一勾当貌似合法，教士们伪造了一份文件，这就是有名的"君士坦丁的馈赠"。该文件声称是来自君士坦丁的一份政令，按照这一政令，原属西罗马帝国的全部领土都将转让给罗马教皇。通过这种方式，教皇建立了自己的世俗权力，并在整个中世纪都得以维持。直到15世纪之前，这一桩文件伪造案都一直被小心地掩盖着。

伦巴第人试图抵制法兰克的出兵干涉，但最终，丕平的儿子查理曼于774年翻越了阿尔卑斯山，给了伦巴第军队毁灭性的一击。查理曼取得伦巴第国王的头衔后，又开始向罗马进发。在罗马，查理曼兑现了其父在754年许诺的馈赠。在教廷的支持下，查理曼为基督教传入撒克逊疆土不遗余力。尽管他不是靠说教，而是靠武力改变了异教徒的宗教信仰。在东部边陲，查理曼征服了大部分日耳曼人，但在南部的西班牙，欲逼退阿拉伯人的努力却不太成功。778年，其后卫部队的战败诞生了著名的罗兰传奇。

然而，查理曼的目标并不仅仅是为了巩固边疆，他自视为西罗马帝国的正统继承人。公元800年的圣诞节那天，教皇在罗马为他进行皇帝加冕，这标志着日耳曼民族的神圣罗马帝国的肇始。与拜占庭的决裂最初是由丕平的馈赠引起的，但最终完成却是因为西罗马的一位新皇帝的诞生。查理曼对这一做法的借口是不大站得住脚的，因为当时拜占庭的宝座为伊琳女皇所占据。于是查理曼辩解说，这是皇室惯例所不允许的，因而王位仍然是空着的。通过教皇的加冕，查理曼认为自己能够作为恺撒的合法继承人发挥作用。同时，教廷也通过这一事件与帝国势力相互联系起来。尽管后来一些刚愎自用的皇帝为了达到自身的意图而废黜或拥立教皇，但他们仍然需要得到教皇的加冕以教权来确认皇权的地位。如此一来，世俗势力与宗教势力便成了一根线上的蚂蚱，谁也离不了谁。分歧自然是不可避免的，教皇和皇帝为了各自不同的命运，一直忙于激烈的“拔河”竞赛。产生冲突的一个主要原因就源于主教的任命问题。到了13世纪，对立双方已经无法找到妥协的可能性了。在接下来的斗争中，教廷占了上风，但在文艺复兴初期，教皇们日益沦丧的道德标准却使得他们痛失了来之不易的优势。同时，民族国家君主制在英格兰、法兰西和西班牙的兴起，产生了新的势力，从而破坏了存在于教会精神领导下的团结。帝国苟延残喘，一直到拿破仑征服欧洲，教廷则幸存至今，尽管它至高无上的地位已被宗教改革所打破。查理曼在世的时候，他为教皇们提供了深受欢迎的保护，作为回报，教皇们也审慎地不去阻挠他的意愿。查理曼本人知识不多，也不虔诚，但他并不仇视他人的学问和虔诚。他鼓励文学的复兴，并且庇护资助学者们，尽管他自己的娱乐缺乏书卷气。对于纯粹的基督徒行为，他认为这是有益于臣民的，但绝不应过度而妨碍宫廷生活。

在查理曼继任者统治期间，皇帝的权力衰落了，尤其是当国土被虔诚的路易的三个儿子瓜分的时候。从这些事件中产生的不和，最终导致了日耳曼人与法兰西人以后的对立。一方面，帝国在世俗的彼此冲突中丧失力量，教廷却实力大增。另一方面，罗马又不得不对主教们实施其权威。如前所述，主教们已经在各自的势力范围内获得了或多或少的独立，尤其是当他们远离帝国中央权力所在地时。在教皇的任命问题上，教皇尼古拉一世（858年—867年）大体上成功地保住了罗马教廷的权威。但是整个问题不仅在世俗力量中，而且在教会的内部仍然是有些争议的。一位聪明果敢的主教很可能对一位缺乏这类品质的教皇毫不退让。在尼古拉死后，教廷的权力终于再次衰落了。

10世纪，教廷被罗马的当地贵族所把持。由于拜占庭、伦巴第和法兰克军队之间的战争所带来的多次破坏，罗马陷入了一种野蛮、混乱的状态。在整个西方，由于封建领主们对自行其是的诸侯无力控制，这片土地变得动荡不安。无论罗马皇帝还是法兰西国王，都无法有效地约束那些不守法纪的贵族们。匈牙利人突袭了北部的意大利领土，而北欧海盗们却给整个欧洲的海岸和河岸带来恐怖与浩劫。诺曼底人最终在法兰西获得了一块狭长的土地，作为回报，他们改信了基督教。来自南部的萨拉森的威胁，从9世纪起就愈演愈烈，直到915年东罗马在那不勒斯附近的加利格里阿诺河击败入侵者，这一威胁才得以避免。然而帝国的力量太弱，已经无法再像查士丁尼时期那样试图去控制整个西方世界。在这种普遍的混乱中，教廷屈从于随心所欲的罗马贵族，不仅失去了在东正教事务中原本可能存续的残余影响，而且当西罗马帝国的地方主教们再次宣告独立时，教廷对这些教士的控制力也在日渐消失。但地方主教们在争取独立方面却并不成功，因为，虽然他们与罗马教廷的联系可能有所松弛，却加强了与当地世俗势力之间的联系。在此期间，圣彼得堡座下许多教士们的品质，也不可能阻止道德、社会解体的洪流。

到了11世纪，欧洲地区民族的大变动接近了尾声。外来的伊斯兰教威胁也已得到遏制。从此以后，西方转入了攻势。

当希腊知识在西方的大部分地区已被人们遗忘的时候，它却在爱尔兰这样偏远的角落一度幸存了下来。总的说来，当西方经历衰落之际，爱尔兰文化却呈现出一派繁荣景象。最后，由于丹麦人的到来，才使这一小块文明遭到破坏。

因此毫不奇怪的是，当时最有学问的人正是一位爱尔兰人，约翰·司各脱·厄里根。这位9世纪的哲学家是一个新柏拉图主义者和希腊语学者，他在观点上属于裴拉鸠斯派，而在神学上，却是泛神论的。尽管持有非正统的见解，不知怎的，他竟然逃脱了迫害。当时爱尔兰文化的活力是由于环境的一种有趣组合造成的。当高卢开始遭到野蛮侵略的连续冲击时，大量有学之士纷纷奔向最西部，以求得到保护。那些来到英格兰的人，却找不到立足之处，因为周围全是盎格鲁—撒克逊人和朱特人这些异教徒。但爱尔兰却提供了安全保障，于是许多学者就到了那里避难。在英格兰，我们也必须对其“黑暗时代”进行某种不同的评估。在盎格鲁—撒克逊入侵时期，曾出现过一段停顿，但在阿尔弗莱德大帝的统治下又出现了复苏。因此，“黑暗时代”的开始与结束都提前了两百年。9世纪至10世纪丹麦人的入侵，导致了英国社会发展的一次中断和爱尔兰社会发展的持续性倒退。这时候，学者们又开始沿着来时的路往回撤。同时，由于相隔遥远，罗马教廷也无力控制爱尔兰的教会事务。在爱尔兰教会看来，主教的权威并不是至高无上的，修道院的学者们时时刻刻都在为教义而争论不休。约翰·司各脱的自由观点要是在别处还有可能产生，在这里却会迅速得到纠正。

关于约翰的生平，除了他在法兰西国王“秃头三”查理的宫廷这一段时间外，我们对他的其他事情一无所知。他生活在800年至877年，但无法确定。843年，他应邀到了法国宫廷，主管宫廷学校。在这里，他开始陷入了宿命论与自由意志问题的论争。约翰支持自由意志一说，认为一个人自身对德行的努力是有价值的。招致反感的并不是他的裴拉鸠斯主义本身（尽管这也糟糕透顶），而是在于他处理这一问题的方式是纯哲学式的。他说，理性与启示是真理的两个独立源泉，互不重叠和冲突。但是，如果在某个给定的情况下，看起来好像存在冲突的话，那么首先必须相信理性，而不是启示。实际上，真正的宗教也就是真正的哲学，反之亦然。缺乏活力的宫廷教士们并不接受这一观点，约翰写这些问题的论文也受到了谴责。只是由于与国王的私交，约翰才免受惩罚。国王查理和他的这位爱尔兰学者都于877年辞世。

从经院哲学术语的意义上看，约翰在哲学方面是一位实在论者。搞清“实在论”这一术语的用法是至关重要的。它最初源于柏拉图及苏格拉底对理念论的阐释。实在论认为共相就是万物，它们先于个体而存在。与之相对立的阵营则建立在亚里士多德的概念论基础之上。这一理论被称为唯名论，它坚持共相仅仅是名称，个体先于共相而存在。在整个中世纪，实在论者和唯名论者在共相问题上的论战如火如荼，时至今日，它还留存于科学与数学之中。由于经院派的实在论与理念论相关，所以现代人也称其为唯心主义。我们必须把这一切同它们后来的非经院用法区分开来。这一点将在适当的时候再作解释。

在其主要的哲学著作《论自然的划分》中，约翰清晰地展示了他的实在论。他提出了自然的四重划分法，其依据是某件事物创造或不创造，被创造或未被创造：其一，能够创造而又不被创造的事物显然就是上帝；其二，能够创造而又被创造的事物就是柏拉图和苏格拉底意义上的理念，它们创造并依附于个体，本身又为上帝所创造；其三，时空中的诸事物属于能被创造但不能创造的一类；其四便剩下了既不创造也不被创造的事物，在此，我们转了一圈之后，又回到了万物为之奋斗的终极目标——上帝。在这个意义上，上帝与其目标同一，因此是不创造的。

至此涉及的都是存在事物，但也包括了自然中不存在的事物。首先在这些不存在事物中，按照新柏拉图学派的观点，普通物理对象就被排斥在可理喻世界之外。同样，罪孽被视为一种缺陷或沦丧，一种缺乏神性模式的堕落，因此属于不存在的范畴。所有这些最终都回到了柏拉图的理论上去，如前所述，该理论认为“善即知识”。

“上帝与其目标同一”的观点直接导致了绝非正统的泛神论神学。上帝自身的本质，无论对于人，还是对于上帝自己，都是不可知的，因为他不是一个可知的对象。尽管约翰没有明示，这方面的逻辑性理由就是：上帝即一切。所以，既有认知者又有所知对象的情形是不可能出现的。约翰的“三位一体”理论与普罗提诺的理论并没有什么不同。上帝的存在是通过万物的存在来显示的，它的智慧体现于万物的秩序，它的生命体现于万物的运动，这些分别与圣父、圣子和圣灵相一致。至于理念的范畴，它们则构成了逻各斯，通过圣灵的作用导致或产生了没有独立物质性存在的个体。上帝从虚无中创造了万物，其含义在于，这种虚无就是上帝本身，因为他超越了一切知识，所以就是虚无。约翰于是借此来反对亚里士多德允许"个体具有物质性存在"的观点。另外，按照创造和被创造标准作出的前三种划分，则来自亚里士多德类似的原动和被动划分标准。第四种划分是从狄奥尼修斯的新柏拉图学说中派生出来的。狄奥尼修斯这位圣保罗的雅典弟子，据说是一篇调和了新柏拉图主义与基督教的论文的作者。约翰曾经从希腊文中翻译了这部著作，很可能因此而受到了保护，因为凭借与圣保罗的关系，这位（罗马的）伪狄奥尼修斯被误以为是正统人士。

到了11世纪，欧洲终于开始进入了新生时代。诺曼底人遏制了来自北方和南部的外在威胁。他们对英格兰的征服结束了斯堪的纳维亚人的侵犯，而他们在西西里的战役则使该岛彻底摆脱了萨拉森人的统治。修道院的改革进展顺利，教廷选举和教会组织的原则也在复审之中。随着教育的改善，不仅教士的文化水准开始提高，而且在某种程度上，贵族也是如此。

当时困扰教会的两大难题是圣职买卖和禁欲的问题。从某种意义上看，这两者都与多年发展起来的教士地位有关。因为教士是宗教奇迹与权力的执行者，他们便逐渐对世俗事务产生了相当大的影响。当然只有当人们在总体上不怀疑这些权力的真实性时，这种影响才会起作用。在整个中世纪，人们的这一信念一直是真诚的和广泛的。然而权力总是会刺激人的欲望。除非有强大且有效的道德传统加以指导，否则那些地位优越的人很可能会营私自肥。如此一来，以授予教职换取金钱报酬，就成了那些能够施与这种恩惠的人积敛财富和扩大势力的一个方法。这些做法最终腐蚀了教会本身，于是人们又不时地付出努力，向这种邪恶宣战。另外，在教士禁欲的问题上，结局却不是那么明显。这个问题的道德方面从来没有得到最终解决。无论是东正教，还是西方后来的改良宗教，都从未认为禁欲在道德上有多么可贵。再补充一点，伊斯兰教甚至于对其大加鞭挞。同时，从某种政治观点出发，当时所发生的种种变革，并不是没有不合理的根据。如果教士们结了婚，尤其是当其中还牵涉到保留财富的经济动机时，他们就可能倾向于发展为一个世袭的阶层。另外，教士必须与其他人有所区别，禁欲就宣扬了这一不同之处。

修道院改革兴起的中心是创建于910年的克律尼修道院，一项新的组织原则就在此首次得到了实施。修道院只对教皇直接负责，院长又对克律尼属下的机构行使权力。新的体制致力于防止走向奢靡和禁欲两个极端。其他的改革者紧随其后，他们建起了新的修会。卡玛勒多兹修会始建于1012年，卡尔图斯修会始建于1084年，而奉行本笃教规的西多修会则始建于1098年。至于教廷本身，改革主要是皇帝与教皇之间争夺最高权力的结果。为了改革教廷，格里高利六世从其前任本笃九世手中买下了教皇宝座。然而皇帝亨利三世（1039年—1056年在位）本人也是一位年轻而干劲十足的改革者，却不赞同这一交易，不管格里高利的动机有多值得赞许。1046年，三十岁的亨利三世突然移驾罗马，废黜了格里高利。从此以后，亨利三世一直慎重地任命历届教皇，如果他们有负期望，就将其免职。亨利四世从1056年至1106年在位，在他年幼时，教廷再次恢复了某种程度上的独立。教皇尼古拉二世通过了一项教令，将教廷的选举权实际上置于红衣主教手中，而将皇帝排斥在外。尼古拉也加强了他对大主教的控制。1059年，他把卡玛勒多兹学者彼得·达米安派往米兰，以表明教廷的权威，并支持当地的改革运动。达米安提出了一个有趣的学说，即上帝不受矛盾律的约束，并且能够做到“覆水回收”，这一观点后来遭到了阿奎那的抵制。达米安认为哲学是神学的婢女，他还反对辩证法，要求上帝应该能够推翻矛盾律，其言外之意就产生了万能概念上的麻烦。譬如说，如果上帝是万能的，他就不能造出一块连自己也举不起的石头，但他又应该能够，如果他确实是万能的话。因此，他似乎既能够，又不能够。“万能”最终成了一个不可能的概念，除非人们放弃矛盾律。但放弃矛盾律又将使论证无法进行下去。正是由于这一原因，达米安的理论才必然遭到了众人的抵制。

尼古拉二世继承人的选举问题加剧了教皇与皇帝之间的冲突，形势开始变得对红衣主教们有利起来。1073年，希尔德布兰德被选为新的教皇，称为格里高利七世。在其任职期间，他与皇帝在授职问题上发生了严重的冲突，这个问题后来持续了好几百年。把作为职位象征的戒指和权杖授予一位就任圣职的新主教，这历来都是由世俗统治者进行的。为了巩固教廷的权威，格里高利将这项权力归属自己。1075年，当皇帝任命一位新的米兰大主教时，矛盾到了白热化地步。教皇威胁说要废黜皇帝并开除其教籍，皇帝则宣称自己是至高无上的，并决定废黜教皇。作为报复，格里高利开除了皇帝和主教的教籍，并宣布他们已被废黜。最初是教皇占了上风，1077年，亨利四世来到卡诺萨，以苦行赎罪。然而亨利的忏悔却是走的一步政治棋。虽然他的政治对手已经选出了一个取代他的人，但亨利及时地战胜了反对派们，当1080年格里高利最终宣布支持与亨利对峙的鲁道夫为皇帝时，却为时已晚。1084年，亨利带着自己选择的一个“伪教皇”进入罗马，并举行了加冕大典。在西西里诺曼底人的帮助下，格里高利迫使亨利及其“伪教皇”仓皇撤退了，但他自己也成了其保护人的阶下囚，并于次年死去。格里高利虽然失败了，但他的策略在后来还是成功的。

不久，坎特伯雷大主教安瑟伦（1033年—1109年）等人仿效了格里高利，也与世俗权威发生了争执。安瑟伦因为发明了有关上帝存在的本体论，而在哲学史中占有重要位置。作为思维的最大可能性对象，上帝不可能不存在；否则，他就不会是最伟大的。实际上，这里有错的正是“存在是一种属性”的观点。但许多哲学家却从此揪住这一争论不放。

当皈依了基督教的蛮族蹂躏西方的时候，东罗马帝国逐渐遭到了伊斯兰教徒的猛攻。伊斯兰教徒们虽然并没有决意改变被征服民族的信仰，但他们却准许对那些加入伊斯兰教的人免征贡税，这一优惠政策也让绝大多数人有所获益。穆罕默德的纪元从海格拉算起，即622年他从麦加逃到了麦地那。632年他去世以后，阿拉伯人的征讨在短短一个世纪里就改变了世界。叙利亚、埃及、印度、迦太基和西班牙分别于634年至636年、642年、664年、697年、711年至712年沦陷。直到732年的图尔战役，局势才被扭转，阿拉伯人撤退到了西班牙。君士坦丁堡于669年和716年至717年两度被围困。拜占庭帝国在日益缩减的领土上维持着统治，直到1453年奥斯曼帝国的土耳其人攻取了该城。帝国在遭受蹂躏时期的普遍衰竭状态，助长了穆斯林活力的惊人勃发。另外，在许多地方，入侵者也从当地的冲突中找到了可乘之机。尤其是叙利亚和埃及，因为不属正统基督教而备受磨难。

从某些方面看，先知穆罕默德所宣称的新宗教回归了《旧约》中的严格的一神论，他摒弃了《新约》所添加的神秘内容。他和犹太人一样禁止供奉雕像，不同的是，他还禁止饮酒。这后一条禁令究竟保持了多大程度的有效性令人怀疑，而前一条则与奈斯脱流斯教徒反对崇拜圣像的趋势一致。征讨几乎成了一种宗教职责，尽管《圣经》里的人民不应受到伤害。这也影响了基督教徒、犹太教徒和拜火教徒，他们各自遵循着自己神圣经文里的原则教义。

阿拉伯人最初并没有制订系统的征服计划。他们生活于干旱贫瘠的土地，而且惯于越境掳掠。但由于被袭击者抵抗不力，这些袭击者便成了征服者。在很多情形下，这些土地的新主人并没有触及、改变原有的管理模式。阿拉伯帝国的统治者是哈里发，他们既是先知的继任者，又是其权力的继承人。虽然最初的哈里发们是选举产生的，但不久就变成了乌玛亚德（在位至750年）统治下的王朝。这一统治家族并非出于宗教原因，而是出于政治上的考虑，遵循着先知的教谕，他们还反对狂热。总的说来，阿拉伯人的宗教倾向并不是很强，他们扩张的动机如最初一样只是为了攫取物质。正是由于这种狂热的匮乏，使得人数不占优势的他们能够统治广大的地区，那里居住着更文明和信仰各异的人们。然而在波斯，先知的教谕却根植于昔日的宗教传统和思辨传统已有充分发展的土地上。在661年穆罕默德的女婿阿里死后，伊斯兰教分裂为逊尼派与什叶派。后者算是少数派，忠于阿里，不允许其成员中有乌玛亚德家族的人。波斯人就属于这个少数派，大概正是通过他们的影响，乌玛亚德王朝才被阿拔斯人推翻和取代，都城也由大马士革迁到了巴格达。这个新王朝的政策给了伊斯兰狂热教派更多的自由。但他们丢掉了西班牙，从氏族覆亡中幸存下来的一个乌玛亚德人在科尔多瓦建立了一个独立的哈里发政权。在阿拔斯王朝统治时期，哈伦·阿尔·拉希德使帝国发展到了辉煌阶段。拉希德是查理曼同时代的人，因其在《天方夜谭》中的传说而闻名于世。809年他去世后，由于大规模使用土耳其雇佣军，帝国开始深受其害，正如当初罗马人招募蛮族兵士一样。阿拔斯王朝的哈里发国家衰落了，并于1256年随着蒙古人对巴格达的洗劫而灭亡了。

穆斯林文化起源于叙利亚，但不久就分别以波斯和西班牙为中心了。在叙利亚，阿拉伯人继承了奈斯脱流斯教派所支持的亚里士多德传统，当时的新柏拉图学说则坚持正统的天主教，然而亚里士多德的理论与某种新柏拉图影响的杂糅造成了许多混乱。在波斯，穆斯林逐渐熟悉了印度的数学，并且引进了本应被称为印度数字的阿拉伯数字。尽管13世纪有蒙古人入侵，波斯文明还是孕育了菲尔杜锡这样的诗人，并且保持了高水准的艺术。

阿拉伯人最初正是通过奈斯脱流斯传统，才开始接触希腊学问的。这些传统在更早的时期，也就是在481年拜占庭皇帝泽诺关闭埃德萨学院之后，就已经传入了波斯。穆斯林思想家们从这两个来源中学到了亚里士多德的逻辑学和哲学以及古代的科学遗产。波斯最伟大的伊斯兰教哲学家是阿维森纳（980年—1037年）。他出生于波卡拉省，后来在伊斯法罕讲授哲学和医学，最后定居在德黑兰。他喜好上等生活，并因其非正统见解而招致神学家的仇视。他的著作通过拉丁文译本，在西方产生了较大的影响。他主要关心的哲学问题之一就是长期争论不休的共相问题，这一问题后来成了经院哲学的中心问题。阿维森纳的解决方法就是试图把柏拉图与亚里士多德调和起来。最初，阿维森纳说“形式”的普遍性产生于思维，阿威罗伊和后来的阿奎那的老师阿勒贝尔图斯·马革努斯也提起过这一亚里士多德式的观点。但阿维森纳进一步对其观点做了限定。阿维森纳说，共相同时存在于万物之前、万物之中和万物之后：当上帝按照某个模式创造万物时，它已存在于上帝心中；当万物属于外部世界时，它存在于万物之中；当人们通过经验来识别模式时，它存在于人的思维之中。

西班牙也造就了一位杰出的伊斯兰教哲学家，阿威罗伊（1126年—1198年）。他出身于科尔多瓦的一个民事法官家庭。除了别的知识以外，他本人还学过法律，曾任塞维利亚的民事法官，后来又任职于科尔多瓦。1184年，他成了一名宫廷医生，但最终因为坚持哲学观点、不满足于自己的信仰而被放逐到了非洲的摩洛哥。他的主要贡献就是把亚里士多德的研究从新柏拉图主义的扭曲影响中解放了出来。正如后来的阿奎那一样，他相信上帝的存在只能在理性的基础上加以证明。至于灵魂，他坚持亚里士多德的观点，灵魂并非不朽，尽管“奴斯”（理性、智力）是不朽的。由于这种抽象的理性、智力是一元的，它的存在并不意味着个人的不朽。基督教哲学家们自然拒绝接受这些观点。通过拉丁文译本，阿威罗伊不仅影响了经院哲学，而且也受到了后来称为“阿威罗伊派”的自由思想家们的普遍支持，这些人也反对灵魂的不朽。

格里高利七世的政策，似乎在其去世的时候（1085年），已经把他在帝国事务中的权力从教廷手中夺了回来。但结果表明，世俗势力与宗教势力之间的针锋相对远没有结束。事实上，教廷还未能达到其政治生涯的顶峰。同时，教皇在宗教事务方面的权威，由于有了伦巴第各个新兴城市的支持，而得到了提高，十字军则首先增强了教皇的威望。

授职问题上的斗争被教皇乌尔班二世（1088年—1099年在位）重新挑起，因为他再次将这些权力据为己有。当1093年康拉德起来反对其父皇亨利四世的时候，他获得了乌尔班二世的支持。北方诸城偏向于支持教皇，于是整个伦巴第就被轻易地征服了。法兰西国王腓力一世也于1094年被招安。如此一来，乌尔班就能够出发，做一次穿越伦巴第和法兰西的胜利巡游。在第二年的克雷尔蒙会议上，他鼓动了第一次十字军东征。

乌尔班的继任者巴沙尔二世成功地延续了教廷的授职政策，一直到亨利四世驾崩（1106年）。而新皇帝亨利五世至少在日耳曼土地上占据着优势。教皇建议说，皇帝不要干预授职，并以教士们放弃世俗财产权作为交换条件。然而教士们对世俗世界的留恋，要比这个虚伪提议所设想的坚定得多。因此，建议的条款一经公布，日耳曼的教士们便惊呼大难临头。亨利五世当时正在罗马，他威逼教皇屈服，并给自己举行了皇帝加冕大典。但他的胜利却是短暂的。十一年后的1122年，教皇喀列克斯图斯二世根据沃尔姆斯宗教协定，重新取得了对授职的控制权。

在皇帝弗里德里希·巴巴罗萨（1152年—1190年）统治时期，斗争进入了一个新的阶段。1154年，英格兰人哈德里安四世被选为教皇。最初，教皇和皇帝联合起来对付公然蔑视他们的罗马人。罗马人在布累斯齐亚的阿诺德的领导下，开展了独立运动。

阿诺德是一位强有力的、勇敢的异端分子，他猛烈地抨击教士们的世俗尊荣。他坚持认为，教会人士如果拥有世俗财产，就不能升入天堂。这一观点自然不被教会的“公侯们”所接受，阿诺德也因其“异端邪说”而受到激烈的攻击。其实这些麻烦早在前任教皇时期就已经开始了，只不过在哈德里安当选教皇时才达到了白热化程度。哈德里安以内乱为由惩罚了罗马人，他发布禁令剥夺了他们的教权。结果，罗马人的独立精神崩溃了，他们同意放逐其异端领袖。阿诺德虽然躲藏了起来，最后却落入了巴巴罗萨军队的手中，并被立刻烧死。1155年皇帝加冕登基，自然少不了对现场的示威群众进行一番残酷的镇压。然而两年之后，教皇与皇帝决裂了。接下来便是两股势力之间长达二十年的战争。伦巴第联盟与其说是为教皇而战，倒不如说是为了反对皇帝。战争的命运变化莫测。1162年，米兰被夷为平地。同年晚些时候，巴巴罗萨和他的“伪教皇”遭遇了一场灾难，在他们进军罗马的途中，军队由于瘟疫而损兵折将。1176年，巴巴罗萨军队在雷格纳诺战役中被击败，巴巴罗萨想瓦解教皇权力的最后一次企图终于破灭。双方达成了一项并不稳定的和约。皇帝参加了第三次十字军东征，并于1190年死在小亚细亚的安那托利亚。

教会与帝国之间的斗争起起伏伏，到头来谁也没有捞到好处，而北部意大利的一些城邦开始形成一股新的势力。只要皇帝威胁到他们的独立，他们就转而支持教皇。当后来这种威胁消失了的时候，他们就按照自身的利益需要而发展了一种有别于教会的世俗文化。尽管在名义上还是信仰基督教，他们却提出了一种相当自由的思想观念，这一点颇像17世纪以后新教组织的倾向。在十字军东征期间，意大利北部的沿海城市作为舰船和给养的提供地，其重要性日益彰显。宗教的狂热可能曾是十字军运动的原动力之一，但强烈的经济动机也在当时起了作用。东方的物产资源提供了掠夺财物的希望，而且这种希望还可以借某个道德与神圣的名义去实现；而近在咫尺的欧洲犹太人则成了他们发泄宗教义愤的有利对象。基督教骑士们最初并没有明显意识到，自己是在穆斯林的世界里与一种无比优越于自身文化的文化发生对抗。

经院哲学作为一种运动，以“结论先于事件”而有别于古典哲学。它必须在正统常规内发挥作用。经院哲学在古代的最高典范是亚里士多德，他的影响逐渐取代了柏拉图。在方法上，经院哲学倾向于遵循亚里士多德的分类法，运用辩证的论证，而忽视了事实。其中最重要的理论问题之一就是共相问题，这一问题将哲学世界分成了两个对立的阵营。实在论者基于柏拉图的观点及其理念论，主张共相就是万物。相反，唯名论者却借助于亚里士多德的权威，坚持认为共相仅仅是一些名称。经院哲学的产生通常从罗瑟林算起，他是一位法兰西教士，也是阿伯拉尔的老师，生平不详。他的哲学观点主要记载于安瑟伦和阿伯拉尔的著作中。罗瑟林是一位唯名论者，根据安瑟伦的说法，罗瑟林认为共相只是声音的轻微流动。他不仅否定了共相的实在性，而且还进一步否认了“共相确实高于个别”的观点，这一观点必然导致了一种呆板的逻辑性原子论。再与三位一体相联系，这就自然地产生了异端的观点，1092年，罗瑟林被迫在莱姆斯宣布放弃这些观点。阿伯拉尔生于1079年，是一位更加重要的思想家。他在巴黎求学和执教，曾一度停止教学去研究过神学，但在1113年又重返了教坛。在这期间，他与厄罗伊斯谈起了恋爱，不料却激怒了女友的叔父坎农·福勒伯特，后者阉割了这位莽撞的情人，并且把他们分别送进了教士收容所。阿伯拉尔一直活到了1142年，并继续以教书而声誉卓著。他也是一位唯名论者，但比罗瑟林更为准确地指出了人们判断某个词的属性，并非根据它的存在发生，而是根据它是否具有意义。共相的确产生于事物之间的类似性，但类似性本身并不像实在论者错误设想的那样，也是某个事物。

在13世纪，经院哲学运动达到了最高峰，教皇与皇帝之间的斗争也同样进入了最激烈的阶段。在许多方面，这一时期都标志着欧洲中世纪的高潮。在随后的世纪里，即从15世纪意大利的文艺复兴到17世纪科学与哲学的再次崛起，新的势力纷纷登场。

最伟大的政治教皇是英诺森三世（1198年—1216年在位），在其统治下，教廷的权威达到了“空前绝后”的程度。此时，巴巴罗萨之子亨利六世已经征服了西西里，并娶了该岛的罗曼王室后裔、康斯坦斯女王为妻。亨利死于1197年，其子弗里德里希继位时年仅两岁。英诺森三世就职后，小皇帝被其母后置于教皇的监护之下。教皇表示尊重弗里德里希二世的权力，作为回报，皇帝也承认了教皇至高无上的地位。教皇还得到了大多数欧洲统治者类似的承认。然而在第四次十字军东征中，教皇的计划却被威尼斯人挫败了，后者为了实现自身目的而强迫教皇的十字军进攻君士坦丁堡。不过，教皇对阿勒比占西斯派采取的冒险行动却获得了完全的成功。在这一进程中，法兰西南部的异教遭到了彻底的摧毁和清除。在德意志，皇帝奥托被废黜，弗里德里希二世此时已完全成人，于是被选中继位。如此一来，英诺森三世就真正地支配了皇帝和各地王侯。在教会内部，罗马教廷获取了更大程度的权力。然而，从某种角度来看，教廷在世俗方面的成功也恰恰预示了它的没落。因为，教廷对现世的控制越牢固，它在来世问题上的权威就越衰减，这种情形导致了宗教后来的改革。

弗里德里希二世虽然在教廷的支持下被选中登基，却付出了承诺教皇至高地位的代价。除非迫不得已，年轻的皇帝是无意信守这些承诺的。这位年轻的西西里人具有日耳曼及诺曼人的血统，在他成长的社会里，一种新的文化正在形成。穆斯林、拜占庭、日耳曼与意大利的影响在此交融，并产生了某种现代文明，这一文明为意大利的文艺复兴注入了最初的动力。由于深受这些传统的熏陶，弗里德里希才能够赢得东西方同样的推崇。他的观点远远超越了他的时代，他的政治改革也是现代的。同时他还是一位独立思考和雷厉风行的人，其强有力的建设性政策为他赢得了“人间奇才”的美名。

英诺森三世和败给弗里德里希的日耳曼前皇帝奥托，在两年内相继去世。教皇一职传给了霍诺留斯三世，年轻的皇帝很快就与霍诺留斯三世闹僵了。熟悉阿拉伯精美文化的弗里德里希二世未能被新教皇说服进行新的十字军东征。其次，伦巴第也出现了困境，因为日耳曼的影响在那里普遍不受欢迎。这就进一步加剧了弗里德里希二世与教皇的摩擦，而教皇则得到了伦巴第各个城市的支持。1227年霍诺留斯三世去世，继任者格里高利九世立刻开除了弗里德里希的教籍，其借口是后者没有进行十字军东征。然而皇帝对教皇此举并不以为然，因为他已经娶了耶路撒冷诺曼王的女儿为妻。1228年他前往巴勒斯坦，虽然仍是一个被逐出教会行列的人，但他却在那里通过协商而与穆斯林解决了问题。耶路撒冷虽无多大的军事价值，但基督教徒却对它有着深深的宗教依恋感。于是圣城便根据条约交了出来，弗里德里希被加冕为耶路撒冷之王。

依照教皇的想法，这种调停纠纷的方式也实在太过于现实了，但是面对成功，他又不得不于1230年同弗里德里希二世皇帝言和。随后便进入了一段改革期，其间西西里王国有了一套现代的管理模式和一部新法典。国内一切关税壁垒的取消，刺激了贸易和商业的发展，那不勒斯大学的创建推动了教育的进步。1237年，伦巴第的敌意再次死灰复燃，于是弗里德里希二世便又忙于和一代又一代教皇开展持久战，一直到1250年去世。斗争的日益残酷暗淡了他早期更为开明的岁月。

对异教的根除进行得相当彻底，尽管并不完全成功。法兰西南部的一支摩尼教派阿勒比占西斯派也确实于1209年被十字军全部清除了，然而其他的异教运动仍然存在着。1233年创立的宗教裁判所从未彻底扑灭过西班牙和葡萄牙的犹太教的活动。12世纪晚期，瓦勒度派开展了一场运动，它预示了宗教的改革。在彼得·瓦勒度的率领下，这些人从里昂流亡到了阿尔卑斯山的皮德蒙特河谷，该河谷位于都灵以西；在那里，他们作为新教徒和讲法语的社团一直存在到了今天。从这类事件里，人们也许会猜想后世的人已经懂得：采取政治迫害的方法是无法轻易扼杀思想的。然而历史却似乎表明，这类教训并没有被人吸取。

尽管处在一个极有影响的位置，13世纪宗教的至高无上也并不是无可争辩的，即使在纯粹的教会领域。如果现有的教会未能与其创立者的宗旨大体保持一致，那么在其内部就会产生起初还多少恢复了些平衡的两个修会。早期的道明会和方济各会都各自遵循了创立者圣多米尼克（1170年—1221年）和圣方济各（1181年—1226年，阿西西人）的戒律。然而，虽然这些修会最初坚持托钵化缘，但安于清贫的誓约却并未束缚他们多久。道明会和方济各会这两个修会都以处理宗教裁判所的事务而闻名。幸运的是，宗教裁判所从未传到英格兰和斯堪的纳维亚。很可能曾经有人一度认为，尘世间的暂时苦痛能够拯救灵魂免于受到永恒的诅咒，因此宗教裁判所施加的酷刑正是为受刑者的利益着想。然而毫无疑问，实用的考虑不时地增强了法官们的虚伪意向。于是英格兰人眼睁睁地看着圣女贞德被这样处死，却不敢提出任何异议，而道明会和方济各会却逐渐背离了其创立者的意愿，开始致力于追求学问。阿勒贝尔图斯·马革努斯及其学生阿奎那属于道明会，而罗吉尔·培根、邓斯·司各脱和奥卡姆的威廉则属于方济各会。他们对当时文化所做的真正有价值的贡献正是在哲学方面。

如果说至此为止，教士们主要是从新柏拉图主义的源泉中找到了自己的哲学灵感，那么13世纪则目睹了亚里士多德思想的胜利。托马斯·阿奎那（1225年—1274年）寻求在亚里士多德哲学的基础上建立起天主教教义。运用纯粹的哲学方法，究竟能使这一事业达到多大程度的成功，这当然是令人怀疑的。首先，亚里士多德的神学与基督教所支持的上帝概念是完全不一致的。但毫无疑问的是，作为教会内部的一种哲学影响，阿奎那的亚里士多德主义赢得了完整而持久的坚持。托马斯主义已经成了罗马教会的官方教义，并在教会所有的大学和各类学校里得到了原封不动的讲授。除了作为马克思主义的辩证唯物主义以外，今天已经没有别的哲学能够享有如此显赫的地位和强大的后盾了。诚然，阿奎那的哲学也并不是在他的时代立刻就达到了这种特权地位的。但随着他的权威日益牢固地建立起来，哲学的主流最终再一次进入了世俗的道路，并恢复了独立精神，这一精神渗透了整个古代哲学。

托马斯来自距离蒙特卡西诺不远的阿奎那村的一个伯爵家庭，并在那里开始了他的研究。在那不勒斯大学待了六年之后，他于1244年加入了道明会，并在科隆的阿勒贝尔图斯·马革努斯门下继续工作，马革努斯是当时第一流的道明会教师和亚里士多德派学者。在科隆和巴黎逗留了一段时间之后，托马斯于1259年回到了意大利，并在随后的五年中埋头撰写《异教徒驳议辑要》，这是他最重要的著作。1266年，他开始撰写他的另一部主要著作《神学纲要》。在此期间，他还为亚里士多德的许多作品写了评注，他的朋友穆尔贝克人威廉为他提供了直接来自希腊原著的译本。1269年，他再次动身去了巴黎，并在那里停留了三年之久。当时的巴黎大学对道明会的亚里士多德学说是怀有敌意的，因为后者蕴含着与当地阿威罗伊派的某些联系。关于灵魂不朽，如前所述，阿威罗伊派的观点更接近亚里士多德派，而不是基督教的教义。这对亚里士多德派来说是凶多吉少的，于是阿奎那煞费苦心地将阿威罗伊的见解逐出了自己的据点。阿奎那在这一方向上的努力是完全成功的，这一胜利也为基督教神学拯救了亚里士多德，尽管这意味着要舍弃阿奎那自己的部分原文。1272年，阿奎那回到了意大利，两年后他死在了前往里昂出席会议的途中。

阿奎那的哲学体系很快就获得了认同。1309年它被宣布为道明会的官方教义，紧接着于1323年又被确定为经典。托马斯体系的哲学意义或许并没有其历史影响那么重要。基督教教义事先毫不宽容地强加了该体系的结论，这一事实损害了它的哲学意义。苏格拉底和柏拉图允许论证不受约束地自主进行，但在这儿，已找不到这种公正的超然了。而伟大的《神学纲要》体系则是脑力劳动的丰碑，对立的观点总是被表述得清晰而完整。在评注亚里士多德著作的时候，托马斯表现得自己完全就像是这位斯塔基拉人聪慧的学生。这一点是他的任何前辈，包括其老师，都不可能企及的。他的同时代人称他为“天使圣师”。对罗马教会而言，阿奎那是一位真正的使者和导师。

早期的新柏拉图主义神学家把理性与启示的二元论排斥在了体系之外，而托马斯主义则提出了与之对抗的反面学说。新柏拉图主义在存在领域有一种二元论，如共相与个别。更准确地说，他们可能有一种表示存在级别的等级，该等级开始于“太一”，并通过理念下达到个别（最低的存在级别）。跨越共相与个别之间鸿沟的桥梁是逻各斯，用更现实的语言来说，逻各斯完全是一种可感知的观点。因为语词虽具有普遍含义，但也可用来特指个别事物。除了这种存在二元论以外，还有一种认识一元论，即智力或理性具有某种本质上属于辩证的认识方式，而阿奎那的立场则正好相反。在此，依照亚里士多德的方式，存在只有在个体中才能看到，并由此推导出上帝的存在。在个体被视作原材料的限度上，这一观点是经验主义的，它与试图演绎出个体的理性主义形成了对照。另外，托马斯主义者虽然抱有存在一元论，却又创造了一种认识领域的二元论。它假设了两种知识来源。首先如前所述，人是有理性的。理性从感知经验中为人们的思维提供“食粮”。经院哲学有一个著名的准则：如果理性在感知经验里不占第一位，那么在这种理性里就一无所有。但除此以外，启示也是知识的一个独立来源。在理性产生理性知识的地方，启示则赋予人们信仰。有些东西看起来完全超出了理性所能及的范围，如果它们能够被掌握的话，那么就必须借助于启示。宗教教义的某些具体观点，如超出了理解范围的信仰条款，就属于这一类。譬如上帝的“三位一体”本质，复活以及基督教的“末世学”。不过上帝的存在，虽然可以首先通过启示为人所接受，但也可以建立在辩证的理性基础之上。为了达到这一目标，人们做出各种各样的努力，以求证明这一命题。因此，在宗教原则经得起理性论证的范围内，我们就能够与非信仰者进行争辩，至于其他，启示则是通向大彻大悟的唯一途径。总而言之，托马斯主义实际上并没有完全站在同一立足点上来论及这两种认识来源。似乎在能够探求理性知识之前，人们就需要先有信仰。也就是说，人们必须先相信，然后才能去推理。因为，理性的真理尽管都是自主的，但要探求它们，则全靠启示。不过这种说法并不是没有某种危险性的，因为通过启示所获得的真理带有很大的任意性。尽管阿奎那认为理性与启示之间没有冲突，哲学与神学之间也没有任何对立，然而在事实上，其中一方总是在暗中破坏、削弱另一方。在理性能够应付事实的地方，启示就是多余的；反之亦然。

关于神学，必须记住它实际上可分为两类。首先就是所谓的自然神学，它通过分析造物主、第一推动力之类话题的来龙去脉来论述上帝。这也就是亚里士多德所称的神学，它可以归于形而上学。但作为基督徒的阿奎那还提出了教条神学，它所论及的问题都只能通过启示来把握。在此，阿奎那求助于早期的基督教作家们，主要是奥古斯丁，从总体上看，他似乎对奥古斯丁的“感恩祷告”及“灵魂获救”观点是认同的。的确，这些问题是不能靠理性来理解的。教条神学与古代哲学的精神自然是完全不相容的。在亚里士多德身上是找不到任何一点这样的东西的。

正是因为其神学因素，阿奎那的形而上学才在某个重要方面超越了亚里士多德。不妨回顾一下，在亚里士多德眼中，上帝是一位超然的建筑师。他并不认为必须把存在赋予个别事物才行，有些个别事物自然就存在着，如此而已，其构成原料同样如此。对阿奎那而言，上帝则是一切存在的源泉。他认为一个有限物只有存在的可能性，并无逻辑上的必然性，其存在与否直接或间接地取决于某个必然存在的东西，即上帝。在经院哲学的语言中，这是用本质和存在的术语来表述的。某物的本质大体上指的是它的一种性质，或该物是什么。而存在术语则用来表明某物存在的事实，该物正是借助于它而存在着。从两者都需附着在其他事物上这一点上看，本质和存在这两个术语当然都是抽象的。一个具体的事物总是同时兼有本质和存在。但一些语言事实却使人想起这里面还有某种差异。当弗雷格区分含义和所指对象时，他准确地暗示了这一点。一个词的含义是一回事，是否真的存在着与之适应的对象则完全是另外一回事。那么有限物就具有可以区分的存在和本质，尽管绝不是什么可以分割的特征。只有在上帝的本质和存在之间才没有客观上的差异。在此，关于有限存在的依赖性的形而上学理论，产生了《神学纲要》中有关上帝存在的五路证明的第三项。从日常经验的事实中入手，万物的自生自灭意味着它们的存在并不是必要的，于是可以接着论证说，这一类事物实际上在某个时刻并不存在。但这样一来，又会出现一个什么也不存在的时间，那么现在就可能什么也没有，因为有限物是无法把自己的存在授予给自己的。所以必须有一些必然存在的东西，这就是所谓的上帝。

对这一论证稍加评注或许是有用的。首先，它理所当然地认为，任何事物的存在都需要得到证明或解释。这是托马斯主义者形而上学的一个中心点。如果不坚持这一观点，如亚里士多德实际上就没有接受，那么论证就无法再进行下去了。但如果为了讨论而承认前提，那么论证就会由于这一内在弱点而站不住脚。从任意有限物有时并不存在的事实中，人们并不能推导出有一个看起来什么都不存在的“时间”。

阿奎那利用亚里士多德的潜在性及现实性理论，巩固了本质和存在术语。在他看来，本质纯粹是潜在的，而存在则完全是现实的。因此在有限的事与物中总是有本质和存在的一种混合体。要存在，就必须参与某种活动，对任何有限物来说，这种活动必须源于别的什么事物。

关于上帝存在的前两项证明，实际上是与亚里士多德派理论相符的。阿奎那的论点是，有一个本身不被推动的推动力和一个没有起因的原因。在每一种情况下，他都规定：推动力和原因的无限循环是不能接受的。但这简直就等于破坏了论证的前提。以第二项论证为例，如果每个原因本身还有一个更深的原因，那就不能同时说，有一个没有起因的原因。这完全是一个矛盾。然而应当提到的是，阿奎那涉及的并不是时间上的因果链，而是一个关于原因序列的问题。在此所谈到的原因序列指的是一个原因的产生是由于另一个原因，颇像悬挂于天花板钩子上的一根链条的链环。天花板就是第一原因，或没有起因的原因，因为它并不是挂在任何别的物体上的一扣链环。只要循环不导致矛盾，就没有充分的理由拒绝循环。大于0而小于等于1的有理数数列是无限的，它就没有初始数字。以运动为例，循环问题甚至都无须产生。如太阳与行星那样相互围绕旋转的两团有重力的粒子，将继续如此无限地运行下去。

关于上帝存在的第四项证明，是从承认有限物的种种完善程度着手进行的。即事先设定存在某种十全十美的事物。第五项论证指出，自然界的无生命体似乎要照顾到某个目的，即让世界充满某种秩序。这种观点指的是一个外在智力的目的要如此来获得满足，因为无生命体不可能具有自己的目的，这个论证被称为目的论证或设计论证。它假设了秩序必须加以解释，这样的假设当然是没有逻辑理由的，因为完全可以同样说，无序也需要解释，那么论证就走入了歧途。阿奎那拒绝了圣安瑟伦的本体论，但奇怪的是，阿奎那拒绝的理由并不是逻辑上的，而是实用上的。既然被创造的因而也是有限的心灵不能把握上帝的本质，那么隐含于本质的上帝的存在，实际上就永远也不可能如此推导出来。

新柏拉图主义的上帝似乎与世界同样广阔而久远，而阿奎那的上帝则是一种置于被创造世界之上的无形天父，并且具有无限多的、一切肯定的性质。这一点是从上帝存在的虚无事实中得出的，尽管我们对这一问题的答案是否定的。阿奎那认为，有限的心灵不能达成肯定的定义。

正是通过阿奎那的描述改编，亚里士多德学说主宰了文艺复兴之前的哲学界。然而在文艺复兴时期遭到拒绝的也并不全是亚里士多德乃至阿奎那的教诲，更多的则是某些愚昧的形而上学思辨习惯。

罗吉尔·培根反对的正是这种形而上学思辨，他强调了经验研究的重要性。培根是方济各派的一位学者，在他们的影响下，中世纪的思维方式开始瓦解。培根与阿奎那是同时代人，但从不反对神学。在为后来发展起来的更近代的研究路线奠定基础时，培根无意去破坏教会在宗教事务中的权威。实际上，13世纪后期和14世纪早期的方济各派思想家们也大抵如此。然而，他们对信仰与理性问题的态度和看法，却加速了中世纪的崩溃。

如前所述，托马斯主义认为理性与启示可以交迭。方济各派学者们重新考虑了这一问题，并寻求两者之间更准确的定义。通过明确分离智力领域和信仰领域，他们试图让严格意义上的神学摆脱对古典哲学的依赖。然而同时，哲学也由此割断了它对神学目的的从属关系。随着对哲学思辨的自由追求，科学的研究开始进行了。更特别的是，方济各派明显地再次强调了鼓励数学研究的新柏拉图主义的作用。理性探索被严格排斥在信仰领域之外，这就要求科学与哲学不得再对信仰条款吹毛求疵。同时，信仰也不得妄自宣布教义，它必须让理性的科学和哲学能够坚持己见。和先前相比，这种情形导致了更加尖锐的冲突。因为，如果信仰的执行者对事情发号施令，却又发现事实上不应如此，那么接下来他们就必须收回成命，否则就要在自己没有资格的领域“开战”。只有不加入辩证法的论争，启示才能保持自己的独立性。通过这种方式，人们才能献身于科学研究，同时又能坚持对上帝的种种信仰。托马斯主义者企图证明上帝的存在，但这种论证不仅本身并不成功，而且削弱了他们的神学地位。就宗教信仰方面而言，这意味着理性的标准根本不适用，在某种意义上，灵魂可以自由地忠诚于它所偏爱的一切。

罗吉尔·培根可能是生于1214年，卒于1294年，但这两个年份都不大确切。在牛津和巴黎求学期间，他全面地掌握了一切学问分支的渊博知识，这有点像昔日的阿拉伯哲学家。在反对托马斯主义时，他是直言不讳的。阿奎那在不能直接阅读原著的情况下，竟然只靠译本写出了关于亚里士多德的权威评注，这一点似乎使他惊诧不已。从另一种语言而来的译文是不可靠的，也是不可信的。更何况，亚里士多德的确是很重要的一个人，但其他东西也同样重要。尤其是，托马斯主义者不大了解数学。关于新知识的获得，应该说是必须依靠实验，而不是求助于权威。培根并没有谴责经院辩证法的演绎法本身，但他坚持：仅仅是推导结论是不够的。要使人确信无疑，结论则必须经得起实验的考验。

如此新颖的观点自然会引起正统派的反感和不悦。1257年，培根被逐出了牛津，并流亡到了巴黎。1265年，前教廷驻英格兰使节居·德·福勒克成了教皇克莱门特四世。新教皇对这位英国学者（培根）感兴趣，便请他写一篇有关自己的哲学纲要。培根不顾方济各派的禁令，于1268年提交了这份纲要。他的学说得到了支持和接受，于是获准返回了牛津。但教皇当年就去世了，培根仍然没有变得更为世故和圆滑。1277年发生了大规模的“定罪讨伐”运动。培根以及别的许多人都被召去解释自己的观点。究竟是根据哪一条来认定他有罪，却不得而知。总之，他蹲了十五年的监牢，1292年才被释放，并于两年后去世。

邓斯·司各脱（约1265年—1308年）对哲学怀有更大的兴趣，正如姓氏所示，他是一位苏格兰人，也是方济各会的会士。他就读于牛津大学，并成了牛津大学的一名教师，当时才二十三岁。后来他到了巴黎和科隆执教，最后在科隆逝世。邓斯更加明确地指出了信仰与理性之间的分离。一方面，理性的范围逐渐缩小；另一方面，上帝则恢复了完全的自由和独立。涉及上帝的神学，不再是一种理性的学科，而是一套被启示激发的有用信仰。正是以这种精神，邓斯拒绝了托马斯主义者关于上帝存在的种种论证，其根据就是后者依赖于感知经验。同样，他还拒绝了奥古斯丁的论证，因为它们在某种程度上借助于神的启发。既然论证与证明属于哲学，而神学又与哲学相互排斥，那么他就不能接受奥古斯丁的证明。另外，他并不反对把一种概念性证明建立在第一个无起因存在的观点之上，这多少带些阿维森纳的意向。实际上，这是安瑟伦本体论的一个变种。然而关于上帝的知识是不可能通过被创造的事物来掌握的，因为它们的存在仅仅是偶然的，而且取决于上帝的意愿，事实上，万物的存在与本质是一致的。不妨回忆一下，阿奎那认为这种等同性有助于对上帝进行定义。知识源于本质，所以它们不同于上帝心中的理念，因为人们还无法认识上帝。既然本质与存在是一致的，那么使每一个个体得以存在的事物就不能是物质，而必须是形式，这与阿奎那的观点是相对立的。对邓斯来说，尽管形式是实质性的，但他并不赞同彻底的柏拉图实在论。因此在个体中就可能有各种各样的形式，由于它们只是在形式上有所不同，所以它们的独立存在是不可能的。

正如至高无上的力量源自上帝的意志一样，邓斯认为在人的灵魂中，正是人的意志支配着人的智力，意志的力量给予人们自由，而智力则受其所指对象的限制。从这一点就可以得出意志只能把握有限的事物，因为无限物的存在是必然的，因而就取消了自由。与必然性对立的自由学说是符合奥古斯丁传统的。在方济各派学者们的手中，它深刻地影响到了怀疑主义。如果上帝免于世界永恒法则的约束，那么人们可以相信上帝些什么，也就令人怀疑了。

一种甚至更为激进的经验主义出现在奥卡姆的威廉的著作中，他是最伟大的方济各派学者之一。奥卡姆在1290年至1300年的某个时候出生于英格兰东南的萨里的奥坎姆。他在牛津大学求过学、执过教，后来又去了巴黎。由于其学说不大正统，1324年，他奉命到阿维农觐见教皇。四年之后，他与教皇约翰二十二世又一次发生了争执。方济各修会的一个极端教派唯灵派一本正经地誓守清贫，曾经引起教皇的不快。教皇在形式上享有修士会产权的妥协性协定已经实行了一段时间，现在却被取消了，于是许多修会会士便公然蔑视教廷的权威。奥卡姆、巴都阿的马西哥利欧、修会会长西塞纳的米凯尔，由于站在了反叛者一边，在1328年被教皇开除了教籍，幸运的是，他们逃离了阿维农，并在慕尼黑路易皇帝的宫廷中获得了保护。

在两股势力的斗争中，教皇支持另一位“伪皇帝”，并将路易逐出了教会；路易以牙还牙，也在一次全教会议上指控教皇犯有异端之罪。为了回报皇帝的保护，奥卡姆成了皇帝心甘情愿的、咄咄逼人的小册子撰稿人。他运用手中的“投枪匕首”，猛烈地抨击教皇以及教皇插手世俗事务的行为。1338年路易驾崩，但奥卡姆仍然留在了慕尼黑，一直到1349年去世。

巴都阿的马西哥利欧（1270年—1342年）是奥卡姆的朋友和流亡难友。他也同样反对教皇，并且对世俗与宗教势力的组织和权能都提出了相当现代的观点。在这两个方面，最终的统治权都应属于大多数的人民，主教会议也应通过普选形成。只有这样的会议才有权开除人的教籍，即便如此，世俗的认可也不是可有可无的。主教会议可以独立制定正统的标准，但教会不得干预国务。奥卡姆的政治思想，虽然并不完全极端，但也受到了马西哥利欧的强烈影响。

在哲学方面，奥卡姆比任何一位其他方济各派学者都更接近经验主义。邓斯·司各脱虽然把上帝请出了理性思维的领域，但仍然或多或少地保留着传统上的形而上学。而奥卡姆则全面地反对形而上学。按照奥卡姆的观点，柏拉图、亚里士多德及其追随者所持的一般本体论，是完全不可能的。实在性隶属于个别的、单一的东西，只有它们才能成为经验的对象，并产生直接而明确的知识。这就意味着亚里士多德煞费苦心的形而上学体系是完全多余的，它无法用来解释存在。我们必须在这种意义上，来解释奥卡姆的这种主张："能简则简，繁而无益。"这为另一句更有名的格言提供了基础，即"若无必要，勿增实体"。这句格言虽然不见于奥卡姆的著作，却作为"奥卡姆的剃刀"而闻名遐迩。诚然，这里提到的实体指的是传统形而上学所涉及的形式、实质之类的东西。然而，那些主要对科学方法问题感兴趣的后世思想家们却给了这一准则截然不同的曲解。在他们解释现象的过程中，"奥卡姆的剃刀"变成了一种通用的节省原则。如果简单的解释行得通，就无须寻求复杂的解释。当奥卡姆如此坚持存在属于个体时，他也允许在语词的逻辑领域出现字义的一般知识。这不是一个直接理解的问题，而是一个抽象的问题。另外，它也不保证如此得出的事物就会作为某物而存在。因此，奥卡姆是一位十足的唯名论者。在严格的亚里士多德派意义上，逻辑必须被视为一种语词工具，它所涉及的是术语的含义。奥卡姆在这一点上扩展并发挥了11世纪早期唯名论者的观点。事实上，鲍依修斯早就坚决主张亚里士多德的范畴论是关于语词的这种观点。

论述言谈中所使用的概念或术语完全是思想的产物。在未用词语表达它们之前，它们被称为自然的共相符号，与之形成对照的是约定符号。为了避免出现荒谬，必须小心地将事物的陈述和词语的陈述区分开来。一方面，当人们谈到事物时，如在科学里，所用的术语被称为第一概念；另一方面，如果人们谈到词

语，如在逻辑学中，所用的术语则被称为第二概念。在论证过程中保证所有用到的术语具有同一的概念，这是至关重要的。运用这些定义，就可以这样来表达唯名论者的立场："共相"这个术语是属于第二概念的。实在论者认为共相具有第一概念，但这是错误的。在此，托马斯主义赞同了奥卡姆拒绝把共相概念看作事物的观点。不仅如此，他们还进一步同意允许共相先于事物而存在，正如上帝心中的理念。如前所述，这一准则的源起要追溯到阿维森纳。然而，阿奎那认为这是一个得到理性支持的形而上学真理，而奥卡姆则把它当作一个神学命题，因此而脱离了理性的领域。在奥卡姆看来，神学完全是一个关于信仰的问题。上帝的存在不能用逻辑证明来确立。在这一点上，他比邓斯·司各脱走得更远，奥卡姆不仅拒绝了阿奎那，而且也拒绝了安瑟伦。奥卡姆认为，上帝不能通过感知经验来认识，也不能通过人们的理性手段来确立有关他的任何事物，是否相信上帝以及上帝的种种属性，这完全取决于人们有无这种信仰；同样，有关三位一体、灵魂不朽、创世纪之类的整个教义体系也是如此。

奥卡姆于是在这种意义上被描述为一个怀疑论者，但如果认为他是异教徒，那就错了。通过限定理性的范围，并使逻辑学摆脱形而上学与神学的羁绊，奥卡姆为促进科学研究的重新开展做了大量工作。同时，信仰领域也为一切随心所欲的人敞开了大门。因此导致一种在许多方面回归了新柏拉图主义传统的怀疑主义运动，就不足为奇了。该运动最著名的代表人物是艾克哈特大师（1260年—1327年），他属于道明会，其理论完全不顾及正统的要求。对于现有的教会来说，一个神秘主义者和一个自由思想家相比，前者即使不超过，也会和后者一样极具威胁性。1329年，艾克哈特的学说被宣布为“异端”。

中世纪思想最杰出的集大成者或许就是但丁（1265年—1321年）。当他创作《神曲》时，中世纪确实已开始解体。那么在此就应有一个对全盛期的世界的概述，不妨回顾一下阿奎那时代伟大的亚里士多德派复兴，以及蔓延于意大利城邦中归尔甫派与吉伯林派之间的斗争。很显然，但丁曾经读过“天使博士”托马斯·阿奎那的著作。同样，他还熟悉当时的一般文化活动，精通当时所知的希腊、罗马的古典文化。《神曲》明显地记述了一次经由地狱、炼狱而升入天堂的旅行，但在旅途中，作者实际上通过曲笔和隐喻的形式，为我们提供了中世纪思想的一个概貌。1302年，但丁在故乡佛罗伦萨遭到了流放。当时相互对立的派系之间展开了持久的内乱拉锯战，“黑党”归尔甫派终于上了台。而但丁家族却支持“白党”的归尔甫派，他本人也持有坚定的帝国功能观点。大量的这类政治斗争，以及引发这些事件的当代历史，都在《神曲》中有所提及。从本质上看，但丁是属于吉伯林派的，他尊崇皇帝弗里德里希二世。皇帝具有广阔的视野和丰富的阅历，这正是诗人所期望的理想皇帝的典范。但丁的名字是西方文学史上屈指可数的最伟大的名字之一，但这并不是使他声名远播的唯一头衔。首先，他把世俗的大众语言锤炼成了一种普遍的文字工具，从而首次确立了一种超越各地方言的标准。至此之前，只有拉丁文曾起到了这种作用，而现在，意大利文则成了文字表达的工具。作为一种语言，意大利文直至今日，变化也微乎其微。皮特罗·德拉·维格纳算是最先用意大利文写诗的人，他是弗里德里希二世的大臣。但丁从许多方言中采纳了自认为精华的部分，并以自己的母语托斯卡语为基础创立了现代意大利的文学语言。大致在同一时期，大众语言也在法兰西、日耳曼和英格兰发展起来。乔叟就生活在但丁之后不久。然而使用拉丁文做学问的习惯仍然保持了相当长的时间。第一位用母语写作的哲学家是笛卡尔，不过那时也只是偶尔为之。拉丁文逐渐走向了衰落，直到19世纪初期，它才彻底不再被饱学之士用作表达思想的工具。从17世纪到20世纪，这种普遍交流的功能为法语所取代，而今天，英语则正在取代法语。

在政治思想方面，当帝国原有的影响已经大部分丧失之际，但丁仍是帝国强权的一名斗士。法兰西和英格兰的民族国家在日益发展，世界帝国的观念却不怎么受人欢迎。与但丁的中世纪观一致的是，这种政治重心的变化并没有引起他的过多关注。要是他能够看到这种变化的话，那么意大利发展为一个现代化的国家就完全可能提早实现。但这并不是说，一个包罗万象的帝国所拥有的古老传统并无更多内容来支持这种发展，只是时机尚未成熟罢了。这一结果导致了但丁的政治理论在实际政治领域中始终无足轻重。

《神曲》中有一些涉及古人地位的令人不解的问题，对我们来说，它们似乎是无关宏旨的。我们当然不应仅仅因为他们不信仰基督教，就认为昔日伟大的古典哲学家们就该受到永远的诅咒。尤其是“智者大师”亚里士多德肯定值得人们大加颂扬。更何况，由于没有接受洗礼，这些思想家当然就不是什么基督徒了。于是但丁想出了一个折中办法。作为非基督徒，古代哲学家们应当“下地狱”，确实在有关地狱章节中读者也能发现他们，不过《神曲》留给他们的是一个特殊的角落——险恶环境中的一块天堂飞地。当时教条的束缚力是如此的强大，以至让人感到如何来安置过去伟大的非基督教思想家都成了问题。

中世纪的生活，尽管存在着恐怖与迷信，但基本上还是有序的。一般的看法是，一个人的身份地位与生俱来，并应效忠于他的封建领主。整个政体被恰当划分，等级有序，绝不更改。马西哥利欧和奥卡姆在政治理论领域，批驳了这一传统。宗教势力曾经是那些用来压制人们的恐怖行为的主犯，然而一旦人们感到宗教教义可有可无时，它的影响就开始衰退了。这不可能是奥卡姆的意愿，但它肯定是奥卡姆的学说逐渐对改革派产生作用的结果。马丁·路德把奥卡姆看作经院派最重要的学者。然而这些动荡变革还没有在但丁的著作中预示出来。他对教皇的反对并不是基于任何离经叛道之目的，而是认为教会干预了本属皇帝权限内的事务。然而，在但丁的时代，一位日耳曼皇帝已经不再可能在意大利维持其权威了，尽管那时的教廷势力已大大削弱。1309年教廷迁移到了阿维农，在这之后，教皇实际上成了法兰西国王的一个附庸，教皇与皇帝之间的冲突也由此成了法兰西与日耳曼之间的斗争，英格兰站在帝国一边。当卢森堡的亨利七世于1308年成为皇帝时，帝国看起来好像有可能再次恢复元气，但丁也把他当作救世主而为之欢呼雀跃。但亨利的成功并不完全，而且很短暂。虽然他突然袭击了意大利，并于1312年在罗马加冕为王，但在对抗那不勒斯和佛罗伦萨时，却未能坚持到底。亨利于次年驾崩，1321年但丁在流亡拉文纳时去世。

随着各种大众语言的兴起，教会在科学与哲学的智力活动中丧失了部分控制权。同时，还出现了始于意大利并逐渐北移的世俗文学大发展。探索范围的扩大，再加上信仰与理性之间的鸿沟所导致的某种程度的怀疑主义，使得人们不再关注非现世的事物，而是学会了尽力改善自己的命运。所有这些趋向都开始出现于14世纪的上半叶。但丁未能预见到它们，他基本上是在缅怀弗里德里希二世的时代。中世纪世界大体上是中央集权的，文艺复兴的种种新生力量试图分裂和破坏中世纪社会坚如磐石的结构。然而在我们这个时代，由于诸多不同的原因，统领全球的思想似乎还有可能再次冒出来。

在14世纪，教廷的势力面临着迅速的衰落。尽管在与世俗皇权的较量中，教廷证明了自己更为强大，然而要想动辄以威胁开除教籍来操纵基督徒，则已经不再是一件容易的事了。人们开始敢于独立思考有关上帝的问题。教廷已经在道德和宗教方面失去了对思想家及学者们的控制，而国王和人民大众也同样对教皇使者征敛巨额钱财大为不满。所有这些趋势正在开始形成，尽管在世纪之交尚未发展为公开的冲突。的确，教皇鲍尼法斯八世在“一致神圣”的训令中强调了教廷的至高无上，他甚至比英诺森三世还要强横有力。他宣布1300年为大赦年，任何前往罗马朝圣的教徒都将给予大赦。这不仅易于突出教皇的宗教权威，而且有助于使大量的钱财流入教皇的金库，同时也使罗马人富了起来，因为他们的生计与为来朝圣的人们提供必需的服务息息相关。大赦年是如此的成功，以致后来被改为五十年一次，继而又改为二十五年一次，从而取代了原定的一百年一次。

不管表面上看来是如何的至高无上，鲍尼法斯八世的权力基础都是脆弱的。作为俗人，他贪恋钱财甚于成为教会之王，即使在信仰问题上，他也并不是正统派的榜样。在整个任职期间，鲍尼法斯不是与法兰西主教们就是与法兰西国王腓力四世发生冲突。在这场争吵中，法兰西国王成了胜利者。1305年当选的新任教皇是克莱门特五世，他是一位法兰西人，于1309年在阿维农就职。正是在他的任期内，以及他的纵容和默许，腓力四世镇压了圣殿骑士团。这种纯粹掠夺性的手段完全是基于莫须有的异端托词。一般说来，教廷的争吵从此以后往往是破坏了自身的权威。教皇约翰二十二世与方济各派的分歧引来了奥卡姆的驳斥。由于教皇在阿维农而不在罗马，于是在克拉·底·李恩济的领导下，罗马出现了暂时的分裂。李恩济这位罗马公民最初只是与腐败贵族作对，最后公然蔑视起教皇和皇帝来，并声称罗马应像过去一样成为统治者。1352年，李恩济被教皇克莱门特六世成功抓捕，直到两年后教皇去世，他才被释放。虽然他在罗马又重新执掌教权，但几个月之后却被群氓杀害了。

教廷由于流亡法兰西，因而丧失了不少威望。为了补救这一趋势，教皇格里高利十一世于去世的前一年，1377年回到了罗马。其意大利继任者乌尔班六世又与法兰西大主教们发生了争执，于是后者便选举日内瓦的罗伯特为他们的教皇，称为克莱门特七世，并回驻阿维农。由此产生的宗教大分裂一直持续到了康斯坦茨主教会议。法兰西人支持他们的阿维农教皇，而帝国则只承认在罗马的教皇。由于两个教皇都任命了自己的大主教，而这些主教们又都选举了教皇的继任者，因此裂痕一时无法得到弥合。为了尝试打破这一僵局，1409年在比萨召开的主教会议宣布废黜两位现有的教皇，并在会上选出了一位新的教皇。然而被废黜的教皇都不肯退位，于是此时就有了三位，而不是两位教皇。1414年召集的康斯坦茨主教会议终于恢复了某些秩序。新选的教皇被废黜，在罗马的教皇被劝退，阿维农的教皇派系则由于缺乏在法兰西得势的英格兰人的支持而解体。1417年的主教会议任命了马丁五世为教皇，这才结束了宗教大分裂。然而教会自身内部的改革并不成功，通过反对主教会议的运动，教皇进一步削弱了教廷原本仍将赢得的尊崇。

在英格兰，对罗马的反对由约翰·威克利夫（约1328年—1384年）进一步开展起来。他是约克郡本地人，也是牛津大学的学者和教师。值得一说的是，和欧洲大陆相比，英格兰长期以来就不大顺从、隶属于罗马教廷。征服者威廉早有规定，在他的疆域，未经国王认可不得任命任何主教。

威克利夫是一位世俗的教士，他的纯哲学著作没有方济各派的重要。他舍弃了奥卡姆的唯名论，倾向于更接近某种形式的柏拉图实在论。奥卡姆曾赋予上帝绝对的自由和权力，而威克利夫则偏重于认为上帝的律令是必需的，而且对于上帝本身也有约束力。世界不可能超出它存在的样子，这一观点明显受到了新柏拉图主义学说的启示，并于17世纪再次出现在斯宾诺莎的哲学中。威克利夫晚年逐渐开始反对教会，首先是因为教皇和主教们沉迷于世俗奢华的生活方式，而广大信众却处在赤贫之中。1376年，在牛津的一次演说中，威克利夫表达了一种世俗统治的新颖观点，即只有正直、正义的人才有权要求获得财产和权威。教士们迄今为止未能经受住这种考验，实际上就等于他们放弃了财产，财产这个问题应当由国家来决定。无论如何，财产都是弊端：如果基督及其门徒一无所有，那么今天的教士们也不应有任何财产。这些观点自然不讨有产教士们的喜欢，却得到了意欲终止对教皇进贡的英国政府的支持。教皇格里高利十一世注意到了威克利夫与巴都阿的马西哥利欧有着一致的异端见解，于是就下令审判威克利夫，但审判却被伦敦市民们阻止了。此外，牛津大学也坚持自己有服从国王的学术自由，从而否决了教皇将其教师送上法庭的要求。

这次宗教大分裂之后，威克利夫甚至还声称教皇是反基督分子。他和一些朋友出版了《圣经》的英译本，并且建立了一个清贫教士的世俗修会，会员都是致力于为穷人服务的巡回传教士。最后，他还谴责了“化体论”学说，后来的宗教改革领袖们也同样痛斥了这一观点。威克利夫在1381年的农民起义中保持了中立，尽管以前他曾是起义的同情者。1384年，他死于路特渥尔兹。他生前曾逃脱了迫害，死后却遭到了康斯坦茨主教会议的鞭尸报复。他的英格兰追随者罗拉德派也被无情地扑灭了。但在波希米亚，威克利夫的学说却启发了胡斯运动，该运动一直延续到了宗教改革时期。

如果我们反问一下，希腊思想与中世纪思想之间的主要区别是什么？那就完全可以这样说：前者缺乏原罪意识。对希腊人来说，人们似乎并不为遗传下来的个人罪孽负担感到苦恼不堪。他们或许的确注意到了现世生活是一件朝不保夕的事，随时可能因为神灵的心血来潮而粉碎。但他们绝不会把这理解为对过去造孽的一种正义而公平的报应。由此可知，希腊人的心灵里是没有赎罪或灵魂获救一说的。因此总的看来，希腊人的伦理思想完全是非形而上学的。在希腊化时代，尤其是随着斯多葛主义的发展，某种逆来顺受的特征悄然潜入了伦理学，后来又传给了早期的基督教各派系。然而归根结底，希腊哲学并没有遭遇过神学问题，因而一直是彻底的世俗哲学。

当基督教控制了西方的时候，伦理问题的形势便发生了剧烈的变化。基督教徒认为今生是在为更美好的来世做准备，一个人的种种苦难是其必经的考验，以求荡涤其所负原罪。但从字面上来理解，这简直就是“超人”才能完成的任务。为了成功地经受住考验，人需要神灵的帮助，而神灵则可能愿意也可能不愿意提供帮助。在希腊人看来，德行是对自己的奖赏，而基督徒则认为必须行善的原因是由于上帝有如此的要求。虽然单靠遵循严格的德行之道并不能确保灵魂获救，但无论如何它也是一项先决条件。其中的一些信条当然得信以为真，这正是神灵相助首先介入的地方。因为人需要对神的皈依来获得信仰，从而就得尊重信仰的诸条款。那些连这第一步都做不到的人就只能无可救药地遭到诅咒。

在这种背景下，哲学就逐渐具有了某种宗教功能。因为尽管信仰超越理性，但信仰者还是可以尽可能地利用理性来充分展示其信仰，从而增强自己抵御疑惑的意志。于是哲学在中世纪就成了神学的“婢女”。只要这种态度还盛行，基督教哲学家就必然也是教会人员。迄今所存的世俗学问，都是教士们以及某些大修会成员所开办的学校所保留下来的。这些思想家所使用的有效的哲学手段可以追溯到柏拉图和亚里士多德，特别是亚里士多德派还在13世纪占了上风。应该不难理解为什么亚里士多德比柏拉图更容易为基督教神学所采纳。如果用经院派语言来说，可以这样来理解这个问题：在处理事物方面，实在论者的理论没有给神权留下发挥任何关键作用的余地，而唯名论却在这方面提供了更广阔的空间。尽管犹太教与基督教的上帝并不同于亚里士多德的神灵，然而无论如何，亚里士多德主义也确实比柏拉图主义更适合于基督教方案。柏拉图的理论很容易激发产生泛神论学说，正如我们下文将讲到的，斯宾诺莎就是如此，尽管他的泛神论特征是纯粹逻辑性的。只要承认理性在某种程度上支持信仰，那么哲学与神学之间的这种融洽就将持续下去。当14世纪的方济各派学者们否定了这种可能性，并坚持理性与信仰互不相关时，中世纪的观念就从舞台上逐渐消失了，神学领域不再继续用到哲学。奥卡姆使信仰摆脱了与理性探索的一切可能联系，从而使哲学又回到了现世主义的老路上去。自16世纪以后，教会在哲学领域就不再占据主导地位了。

同时，这次宗教大分裂还使人们能够严格地区分自己的理性活动与宗教活动。要是认为这是一种虚伪，那可就完全错了。无论过去、现在还是将来，总是有许多人不愿让自己的实际信仰干预自己的宗教信仰。相反，可以相当肯定的是，只有通过这种方式，宗教才能保持独立，免遭怀疑的袭击。因为只要神学进入了辩证法的领域，它就必须遵循理性讨论的准则。

一方面，当人们必须相信某个与经验探索结果不相容的命题时，又会走进另一个无法解决的困境。以地球的年龄为例，《旧约》的估计是五千七百五十年左右，这个数字是正统派必须相信的。另一方面，地质学家们却给出了种种理由，相信地球的年龄在四十亿年以上。如此一来，其中的一个信念就必须作出修改，除非具有宗教思想的探索者准备在礼拜日坚持某一个观点，而在其余几天则坚持另一个观点。这里的重要意义是：在宗教原则与科学探索结果发生冲突的地方，宗教总是处于守势，并且不得不改变其立场。因为从问题的本质来看，信仰绝不应和理性发生冲突。既然冲突在此位于理性辩证法的领域之内，那么宗教总是不得不退却。然而以此为条件退却之后的宗教，却得以维持了自己独特而与理性相对分离的地位。

经院派哲学家们在试图尽可能地合理解释宗教的教义时，常常显示出他们杰出的独创性和奇思妙想。这些实践的长远影响磨砺了后来中世纪思想家们所继承的语言工具。这或许就是经院主义所形成的最有价值的成就。它的问题在于对经验探索缺乏足够重视。这一缺陷一直留到了方济各派学者手中，才引起了注意。在一个关注上帝和来世甚于今生问题的时代，如此轻视经验探索的结果，这是十分自然的。文艺复兴思想家们再一次强调了以人为中心，在这样的思潮中，人的活动应当以其自身价值而受到重视，科学的探索因此也开始以新的惊人步伐向前迈进。

在最近三四百年间，把西方与世界其他地方区分开来的那种强调活动的伦理观已走到了尽头。由于西方的技术已经征服了世界，所以，与之相随的伦理观也在某种程度上产生了新的影响。

近代哲学的兴起

在14世纪，当中世纪观念开始衰落的时候，一些新的力量逐渐产生，它们造就了今天的现代世界。从社会方面看，随着一个强有力的商人阶级的崛起，中世纪社会的封建结构便变得摇摇欲坠起来，商人阶级与君主联合起来反对那些无法无天的贵族。从政治方面看，当更先进的攻击性武器使得贵族们的习惯据点难以防守时，他们便丧失了不可侵犯的优势。如果说农民们的原始棍棒和长矛无法突破堡垒城墙的话，那么火药就另当别论了。有四项伟大的运动标志了这一过渡时期，即从中世纪衰落到17世纪的跃进。

首先是15世纪至16世纪的意大利文艺复兴。虽然但丁仍然沉浸在中世纪的思维方式里，但他却提供了大众语言工具，使那些不懂拉丁文的俗人也能读写书面文字。薄伽丘和彼特拉克之类的作家则回归了世俗的理想。我们在各类艺术和科学中，处处可见当时人们对古代世俗文化兴趣的重新焕发，它标志着与中世纪教士传统的某种决裂。虽然有关上帝的种种偏见或成见主宰着中世纪的思想阵地，但文艺复兴的思想家们更感兴趣的却是人。从这样的情势中又派生出了一种新的文化运动，即人文主义运动，它是第二种伟大的新生力量。虽然文艺复兴总体上直接影响了人们的普遍人生观，但人文主义运动仍旧停留在思想家和学者的范围中间。意大利的文艺复兴并没有导致国家持久的再次统一。整个国家被分解为若干小区域，实行城邦统治，并且无政府状态盛行。意大利落入了奥地利与西班牙的哈布斯堡王朝之手，直到19世纪中叶才重新成为一个主权国家。然而它的文艺复兴运动却产生了强大的影响，并且逐渐北移到了德国、法国和低地国家。这些地区伟大的人文主义者，大约要比他们的意大利先驱们晚诞生一个世纪。

在此，与人文主义运动同时代出现的还有马丁·路德的宗教改革，它是改变中世纪世界的第三大力量。此前，在教会的内部，的确有人曾一度认识到教会应该进行某种形式的改革了。人文主义思想家们曾经批判教会管理中充斥着种种不法行为，但野心勃勃、贪恋钱财的教皇仍然有着太强的控制力。当宗教改革爆发时，立刻遭到了罗马教廷的猛烈反击和诅咒。作为一种新的运动，它原本可以被纳入万国教会的大家庭之内，却因此而被迫陷入了孤立，进而发展为许多国家的新教教会。当天主教终于开始进行自身改革时，要挽救这一宗教分裂已经为时过晚。从此以后，西方的基督教一直四分五裂。改良后的各种宗教之所以具有“人人都是传教士”的观念，要归功于人文主义的影响。它以为，每个人都是可以与上帝直接接触的，基督不需要代理人。第四项重要的发展直接源于奥卡姆的批判所引起的经验研究的复兴。在随后的两个世纪中，科学领域取得了伟大的成就。其中最重要的就是哥白尼重新发现了日心说，并于1543年作出解释。17世纪以后，物理学与数学取得了迅速的进步，并且通过促进伟大的技术发展，确立了其在西方的支配地位。科学的传统，除了让物质逐渐丰富起来外，它本身也是独立思想的一个伟大推动者。无论西方文明传播到哪里，它的政治理想最终都会随其物质扩张接踵而至。

由科学探索发展所产生的观点，本质上还是属于希腊人的观点。从事科学工作就是去顾全解释现象。这些传统所获得的权威和中世纪教会试图强加于人的教条主义是截然不同的。诚然，在很大程度上，当探寻者持不同见解时，靠信仰的教条体系过活的僧侣统治者会用同一个腔调来对付所有问题。有些人以为固若金汤的众口一词就是优越性的标志，至于为什么却从未得到过解释。毫无疑问，这种整体一致可以使那些支持者感到一种力量，这才是实情，但这样做并不能使他们的立场有任何更多的合理性，正如一个命题并不会因为用了更大的嗓门来宣布，它就会变得更正确一些。探索工作必须尊重的唯一东西，就是理性论证的普遍准则，或者用苏格拉底的话来说，就是辩证法。

然而不知怎的，科学在技术应用领域的惊人成就却招来了另一种危险。因为很多人逐渐以为，只要恰当地引导和利用人的努力，简直就没有什么目标不能为人所企及。近代技术的巨大进步是由于许多人的群策群力，对于那些以开创新计划为己任的人来说，他们一定真的以为自己的力量无穷无尽。但所有这些计划方案都包含着人的努力，并且应当为人的目的服务，这一点却被忘却了。从这方面看，我们自己的世界也正面临着逾越尺度的危险。

在哲学领域里，对人的强调产生了某种内向的思辨倾斜，由此导致的观点是与那种激发了权力哲学的观点完全相反的。现在，人成了自己才能的批判者，除了某些直接经验外，人不承认还有什么可以不被挑战。这个主观态度导致了某种极端形式的怀疑论，它的随心所欲就像“完全忽视个人”的倾向一样，实在太过分了。显然，必须另外寻求一种调和的解决办法。

同时，我们正在讨论的过渡时期还以两项特别重要的发明为标志。首先是活字印刷术的发明。就西方范围而言，它可以追溯到15世纪，而中国人使用这一方法的时间比西方还要早五百年，不过当时在欧洲似乎并不为人所知。随着印刷术的出现，新思想的传播范围便极大地拓展了，这也最终有助于挑战传统的权威。因为，例如译成了大众语言的《圣经》通过印刷，便可以随便拿到手，教会再也不能用花言巧语来维持它在信仰问题上的监护人身份了。至于普通的学问，也由于同样的原因，加速了现世主义的回归。印刷术不仅为批判旧秩序的新政治学说提供了传播的手段，而且还使得人文主义学者们能够出版古代人的著作版本。如此一来便促进了对经典史料的更广泛研究，并且易于普遍提高教育的水准。

有一点指出来并不是多余的，那就是如果探讨的自由没有得到保障，那么印刷术的发明是否算一件幸事就令人怀疑了。因为谬误与真理一样易于印刷和传播。要是摆在面前的材料必须毫不犹豫地加以接受，那么这个人的阅读能力也就没什么用处了。只有在能够自由发表言论和批判的地方，印刷品的广泛传播才会增进人们的探索欲。如果没有这种自由，倒不如是文盲或许更好些。在我们这个时代，这个问题已经变得更加严重了，因为印刷物不再是大众交流的唯一有力媒介。自从发明无线电和电视机以来，永远保持这种警惕就变得尤为重要了，一般说来，一旦失去这种警惕，自由便会开始丧失活力。

随着信息的更广泛传播，人们开始对地球的认识形成了一种更为合理的观点。这一观点是通过一系列的航海发现来获得的，这些发现为西方人的魄力和胆略提供了新的机会和出路。造船及航海方面的技术进步，以及对古代天文学的回归，都使得这些冒险开拓有了进行的可能。15世纪以前，船只的行驶还不敢远离大西洋的海岸线，一部分原因是这样做没有什么意义，更重要的是，如果冒险进入没有地标导航的区域，水手们就会感到不安全。罗盘的使用开辟了公海航线，从此以后，探险家们就可以越洋过海，寻找新的陆地和航线了。

对于中世纪的人来说，世界就是一个静态的、有限的和井然有序的地方。世界上的一切都有其特定功能。星辰围绕着各自的轨道运行，人们生活在命中注定的地位之中。这一幅自以为是的画面被文艺复兴猛烈地撕碎了。两种对立的倾向产生了一种新观点。一方面，人现在占据着世界舞台的中心，并且对自己的力量和独创性抱有极大的信心。不过同时，人在宇宙中的地位却变得不那么居高临下了，因为空间的无穷无尽开始依赖于哲学家的想象力。德意志的红衣主教尼古拉·卡萨努斯（1401年—1464年）在其著作中初步暗示了这些观点，在接下来的那个世纪里，它们又被纳入了哥白尼体系。同样，另一种观点则回归了毕达哥拉斯和柏拉图，认为世界建立在数学模式之上。这一切思辨不仅推翻了事物的现有秩序，而且在教会和世俗两方面都动摇了根深蒂固的古老权威。教会试图遏制异端的传播，但收效甚微。尽管如此，我们还是应该牢记，即使到了最近的1600年，宗教裁判所依然在诅咒乔达诺·布鲁诺，并将他烧死在火刑柱上。现有秩序的执行者们出于对被颠覆的恐惧，便对那些敢于独树一帜的人处以极刑，这种情形在以前也是屡见不鲜的。然而正是这种判决暴露了他们原以为可以维护的地位是多么的脆弱。在政治领域，新的权威概念逐渐发展起来，而那些因世袭成为统治者的权力则越来越受到限制。

当然，宗教改革所产生的突破并不是在各个方面都富有成效。改革派或许原以为，人们在众多宗教面前最终会明白，可以用不同的方式来膜拜同一个上帝。早在宗教改革之前，卡萨努斯就提倡了这一观点。不过这个相当明显的结论却未能被广大信众所接受。

文艺复兴当然也不是从处于休眠期的古代知识中突然觉醒的。实际上，在整个中世纪都残留着某些较为古老的传统遗迹。这种明显的分界线并不能简单地将历史分割开来，但如果处理得当，这种划分还是有所裨益的。所以，要是说单独谈及意大利的文艺复兴是合理的，那就意味着在中世纪和近代之间肯定有一些显著的差异。譬如在经院派的教会文学和世俗文学之间就有一种鲜明的对照，后者采用大众语言来创作，初始于14世纪。在人文主义者基于古典源泉的学术再生之前，这种文学的复苏就已出现了。新文学运用了人民大众的语言作为创作工具，而学者们的作品却仍然以拉丁文为媒介，因而前者比后者就具有了更广泛的吸引力和号召力。

此时，中世纪观念的局限性在所有的事业领域都被抛弃了。灵感的源泉首先存在于当时喷薄而出的世俗兴趣，后来又表现于对古代的理想化想象。当然，那时所发展起来的古代概念或多或少受到了一代人热情的歪曲，因为他们重新发现了历史的某种延续性。直到19世纪之前，有关古人的这种有些浪漫的观点都一直存在着。比起文艺复兴时期的艺术家和作家来，现代人对这类问题当然要懂得多一些。

在意大利，古代文明的遗迹提供了昔日的可视象征，比起后来在阿尔卑斯山以北所采取的形式来，意大利的文艺复兴获得了更广泛的立足点。从政治方面看，国家的分崩离析就像古希腊一样。在意大利的北方是许多城邦，中间是教皇统辖区，南部则是那不勒斯及西西里王国。在北方的城邦中，米兰、威尼斯和佛罗伦萨最为强大。城邦之间的冲突旷日持久，各城邦的内部也有派系纷争。虽然个人之间的阴谋仇杀达到了无可复加的娴熟和残忍，但作为整体的国家并没有遭到严重的毁损。贵族和城邦都借助于雇佣兵来互相厮杀，这些雇佣兵的职业目标就是为了生存，因此什么都肯干。当意大利成为法兰西国王和罗马皇帝之间的战场时，这种混乱的事态才很快得以改变。然而意大利的分裂实在太甚，以致无法同仇敌忾抵御外来的侵略。国家因此仍旧四分五裂，大部分为外国所统治。在法兰西与帝国的反复斗争中，哈布斯堡王朝最终取得了胜利。那不勒斯和西西里继续为西班牙所控制，而教皇辖区则享有某种默认的独立。1535年，教皇党的一个据点米兰沦为了西班牙哈布斯堡王朝的属地。威尼斯人所处的地位则有些特殊，一部分原因是他们从未被蛮族打败过，一部分则因为他们与拜占庭的联系。威尼斯人在历次十字军东征中获得了实力和财富，并在战胜对手热那亚人之后，控制了整个地中海的贸易。当1453年君士坦丁堡落入奥斯曼土耳其人之手时，威尼斯便开始走向了衰落，好望角航线的发现和“新世界”的开辟，更是加速了这一衰落进程。

文艺复兴运动最重要的发祥地是佛罗伦萨。除了雅典以外，还没有任何城市能像佛罗伦萨那样造就过如此众多的艺术家和思想家。但丁、米开朗琪罗、列奥纳多·达·芬奇以及后来的伽利略，他们都是佛罗伦萨人。佛罗伦萨的内乱导致了但丁的流放，并最终为美第奇家族所统治。自1400年以后，除部分暂时的中断外，这个商人贵族家庭统治着这个城市长达三个多世纪。

至于教廷，文艺复兴则对其有着双重的影响。一方面，教皇们对人文主义者的学术追求表现出开明的态度，并且成了艺术的伟大庇护人。教廷声称其世俗的权力来自“君士坦丁堡的馈赠”，而教皇尼古拉五世（1447年—1455年在位）却对揭穿这一骗局并持有其他可疑见解的洛伦佐·瓦拉极为推崇，尽管他有非正统的观点，这位文学上的“侦探”还是被任命为教皇秘书。另一方面，信仰标准的宽松导致的世俗成见，使教廷大大丧失其宗教影响。有些人，如教皇亚历山大六世（1492年—1503年在位），他们的私生活就有些缺乏虔诚，而这种虔诚原本是他们作为上帝在尘世间的代表所应该具有的。况且，16世纪的教皇们为了追求世俗的享乐，还把来自世界各地的大量钱财挥霍殆尽。这一切所引起的不满和积怨，在宗教改革中掀起了怒潮。

总的说来，意大利的文艺复兴并没有在哲学方面诞生出伟大的作品。它并不是一个进行伟大哲学思辨的时代，而是一个重新发掘源泉的时代。尤其是对柏拉图的研究再次挑战经院派的亚里士多德主义。在科西莫·德·美第奇统治下的佛罗伦萨，15世纪早期建起了佛罗伦萨学院。该学院支持柏拉图派，并以此来反对现有的大学。一般说来，人文主义学者们的劳动为17世纪伟大的哲学发展铺平了道路。

尽管文艺复兴把人们从教会的教条主义中解放了出来，但并没有使人们摆脱五花八门的古代迷信。占星术一直受到教会的反对，这时却深受欢迎；它不仅吸引着目不识丁的人，而且影响了博学多才的人。巫术也同样受到了广泛的信奉，许许多多行为古怪却又无害的人被当作巫师烧死在火刑柱上。当然，即使在我们这个时代，政治迫害也并非鲜为人知，尽管已不再时兴用火刑来处置其“猎物”了。伴随着对中世纪教条主义的抵制，人们也对长期形成的品德、行为模式失去了尊重。在所有的因素当中，尤其是这一点阻碍了面对来自北方的外部威胁的意大利获得某种形式的国家统一。在这一时期，背信弃义的阴谋和钩心斗角的两面派行为泛滥成灾，干掉对手的“文雅”手法已经发展到了某种无可比拟的权术程度。在这个欺骗、猜疑盛行的时代，政治合作的任何可行形式都是不可能问世的。

在政治哲学领域里，意大利文艺复兴诞生了一位杰出的人物，尼科罗·马基雅维利（1469年—1527年），一位佛罗伦萨律师的儿子。他的政治生涯开始于1494年美第奇家族被逐出佛罗伦萨的时候。正是在这一时期，佛罗伦萨受到了萨万纳罗拉的影响，这位道明派的改革家坚决反对当时的罪恶行径和腐败现象。在其积极的努力过程中，他终于得罪了博基亚的教皇亚历山大六世，并于1498年被处以火刑。估计这些事件诱发了人们对权力及政治成就性质的反思。马基雅维利后来就以萨万纳罗拉为例写道：赤手空拳的预言家总是会失败。在美第奇家族流亡期间，佛罗伦萨是一个共和国，马基雅维利一直担任着公职，直到该家族于1512年卷土重来，再次得势。由于马基雅维利在此期间反对了美第奇家族，因此他当时遭到了贬黜。被迫退出政界之后，他开始潜心于政治哲学及相关问题的写作。为了重新获得美第奇家族的欢心，马基雅维利在1513年向洛伦佐二世献上了自己的名作《君主论》，但未能如愿以偿。他死于1527年，也就在这一年，皇帝查理五世的雇佣军洗劫了罗马。

马基雅维利论述政治的两部杰作是《君主论》和《史论集》。其中第一部着手研究了专制政权得以取胜和维持的方法及手段，而后一部则广泛探讨了权力及其在不同统治形式下的运用。《君主论》中的理论根本无意为如何做一名有德之君提供道貌岸然的忠告；相反，它却承认某些邪恶勾当有助于攫取政权。“马基雅维利式的”一词正是在这种情形下多少蒙上了邪恶与贬损的含义。公允地说，马基雅维利并不提倡邪恶的原则。他的探索范围并不在于善与恶，正如核物理学家对核武器的研究一样。于是他的论证才这样说道，如果你希望获取权力，那你就必须冷酷无情。至于这是善还是恶则完全是另一个问题，而马基雅维利的兴致并不在这里。人们可能因为他没有注意到这个问题而对他的研究吹毛求疵，但如果因为他研究了实际存在的政治权术而对他横加指责，那就毫无意义了。因为《君主论》所记载的东西或多或少只是总结了文艺复兴时期意大利的普遍做法而已。

在为佛罗伦萨效劳的政治生涯中，马基雅维利曾经接受过各种外交使命，从而有充分的机会来亲身体会政治阴谋的错综复杂。在其外交工作中，马基雅维利对恺撒·博基亚了解很深，后者是亚历山大六世的儿子，同其父亲一样，也是一个十足的恶棍。富于计谋和胆识的恺撒计划在其父去世之后想方设法确保自己的地位。他的兄弟由于有碍他实现野心，于是被除掉了。在军事方面，恺撒协助其父亲扩大了教皇的统治区，完全是出于自己日后拥有这些土地的考虑。在教皇的继位问题上，为了使自己的一个朋友占据该职位，他不惜采取一切手段。在追求这些目标的过程中，恺撒显示出了令人惊叹的独出心裁和外交手腕。他时而佯装友好和善，时而又置人于死地。当然，今天已无法得知这些政治斗争的牺牲者们有什么样的感受，但他们都很可能从某种超然的观点出发，对恺撒无可置疑的权术佩服得五体投地，这正是那个时代的特征。恺撒的计划最终还是失败了，因为当他的父亲于1503年去世时，他自己也病倒了，继任教皇尤里乌斯二世正是博基亚的一个死敌。单就恺撒的目标而言，我们完全可能承认他是非常能干的。正因为如此，马基雅维利给了他慷慨的赞扬：在《君主论》中，他把恺撒誉为那些渴求权力者的一个楷模。马基雅维利认为，这种做法之所以经得起辩护，是因为它符合了时代的普遍标准。但总的说来，从17世纪到19世纪，这类残酷无情的方法并没有得到人们的宽恕，至少没有得到公开的颂扬。20世纪再次产生了许多位具有马基雅维利熟知的传统的政治领袖。

从1513年至1521年，教皇宝座被列奥十世占据，他是美第奇家族的一员。由于马基雅维利试图巴结美第奇家族，所以在《君主论》中他用了一些虚伪的陈词滥调来回避教皇的权威问题。而《史论集》对教廷的批判观点则要尖锐得多。这里的整个探讨更多地充满了伦理观。马基雅维利认为，各种类型的掌权者，从宗教的创始人到最初的暴君，都应该以功绩大小为序加以考虑。对于宗教在国家中的作用，他的观点是与实用主义一脉相承的。只要国家能够获得一定程度的社会凝聚力，那么宗教信仰的对与错就根本无关宏旨。按照这种观点，为了维护社会稳定而迫害异端便自然成了完全正确的事。至于教会，则因两条罪状而受到了谴责：首先，许多教会掌权者的罪恶生活方式已经动摇了大众对宗教的信任；其次，教廷的世俗、政治兴趣已经成了意大利国家统一的一大障碍。我们还可以顺便注意到，这后一条是与如下的认识完全一致的：为了达到他们的个人目的，有些政治性教皇曾经绞尽脑汁、不择手段。《君主论》并未涉及这些目的，《史论集》则时而有所提及。

《君主论》十分清楚地表明，统治者不受传统道德规范的约束；若非出于权宜之计的需要而必须遵守道德法则，统治者可以打破所有道德准则。的确，如果一个人想掌握权力的话，他就必须常常这样做。但同时，他又得在别人面前装出高尚正直的样子。只有凭借这种表里不一的两面派手法，一个统治者才能保住自己的地位。

在《史论集》的一般讨论中，马基雅维利阐述了“制约与平衡”的理论。社会的各个阶层都应该拥有一定的基本权力，以便实行某种程度上的相互制衡。这一理论可以追溯到柏拉图的《政治篇》，17世纪的洛克和18世纪的孟德斯鸠使它变得更加引人注目。因此，马基雅维利不仅影响了近代自由政治哲学家的理论，而且影响了当代独裁者的行为。这种两面派理论得到了许多人淋漓尽致的发挥和应用，尽管它也有马基雅维利未曾考虑过的局限性。

文艺复兴运动曾在15世纪席卷意大利，但出现在阿尔卑斯山脉以北则又用了一些时间。这场运动在向北延伸的过程中，复兴的力量产生了某些重要的变化。首先，在北方，只有学者们才更多地关注新的观点。在某种严格的意义上，将其称为某种复兴甚至都是不正确的，因为这里并没有什么曾经存在过，也没有现如今又能够再生的东西。在南方，一般说来，昔日的传统对人们还有着某些模糊的意义，而在意大利以北的土地上，罗马的影响仅仅是短暂的，或者是不存在的。因此，新的运动主要由学者们来领导，其号召力也就多少受到了一些限制。由于在艺术领域找不到同样的出路，北方的人文主义便在某些方面成为更加严肃的事情。结果，它与中世纪权威的决裂比起意大利来，显得更加突然和壮观。尽管许多人文主义学者并不赞成宗教改革所产生的宗教分裂，但从某个方面看，人们还是期望这种分裂能够随着北方的文艺复兴而出现。

文艺复兴以来，宗教在阿尔卑斯山脉两侧人民的生活中所起的作用是迥然不同的。在意大利，教廷在某种意义上代表着与昔日帝国的直接联系。宗教事务本身反倒成了一件例行公事，成了日常生活的一部分，人们对它的态度就像对待饮食一样的平平静静。甚至到了今天，和别处同样的信仰比起来，宗教在意大利仍然保持着不大狂热的意味。因此可以用两方面的原因，来解释在意大利为什么不可能与现有宗教传统完全决裂。首先，教会在某种意义上仍是既存体制的一部分，即使如马基雅维利所说，教廷是意大利国家统一的障碍。其次，宗教信仰并没有达到一经号召便会导致激进变革的地步。北方的人文主义思想家们是这样一些人，他们对宗教以及宗教的弊病持有严肃的关注。在其辩论作品中，他们猛烈地反抗罗马教廷的倒行逆施。除此以外，他们还有一种意大利主教们并不总是加以体谅的民族自豪感。这不仅是一个为修缮粉饰罗马而进贡纳税的一般性问题，而且是出于对意大利人的直接不满，因为头脑灵活的意大利人总是以一种恩赐的态度来对待更加严肃认真的北方条顿人。

北方最伟大的人文主义者是鹿特丹的埃拉斯摩（1466年—1536年）。在他二十岁以前，其父母便双亡了，这似乎妨碍了他直接进入大学。他被监护人送进了一所僧侣学校，并在某个时候加入了斯泰因的奥古斯丁修道院。这些早年的经历导致埃拉斯摩对严苛而缺乏想象力的经院主义产生了永久的憎恶，因为他深受其苦。1494年，刚布雷主教任命埃拉斯摩为其秘书，从而帮他摆脱了斯泰因的僧侣隐居生活。随后埃拉斯摩数次访问了巴黎，但巴黎大学神学院的哲学气氛已经不再有助于推动新的学术。因为，面对文艺复兴，托马斯派和奥卡姆派已经摒弃前嫌，正在联合一致地反对人文主义者。

1499年底，埃拉斯摩对英国进行了短暂的访问，并在那里遇到了科利特，并首次结识了莫尔。返回大陆以后，埃拉斯摩便开始学习希腊文，并且效果显著。1506年埃拉斯摩在意大利的都灵获得了博士学位，他的希腊文水平已经无人企及。1516年他用希腊文印刷出版了《新约》第一版。在其作品中，最值得记忆的是他的《愚行颂》，这部讽刺作品于1509年在伦敦莫尔的家中写成，它的希腊文标题正是莫尔名字的一个双关语。这本书不仅对人性的种种缺陷进行了大量的嘲讽，而且还对宗教组织及其执行者的堕落进行了辛辣的抨击。尽管埃拉斯摩的批判是直言不讳的，但当宗教改革的时机到来时，他却没有表示公开的支持。他基本坚持一种新教的观点，认为人可以直接与上帝联系，神学是多此一举。但同时，他并没有卷入改革运动所带来的宗教论战。他更多的兴趣在于自己的学术研究与出版，并且觉得宗教分裂无论如何都是不幸的。虽然这种论战在某种程度上确实令人厌烦，但这些问题是不能忽视的。埃拉斯摩最终宣布倒向了天主教，但此时的他却变得不太重要了，舞台已经被更勇敢的人所占据。

正是在教育方面，埃拉斯摩的影响才给人们留下了最长久的印象。在西欧观点盛行的任何地方，人文主义学问直到最近仍是中等教育的核心，这大都得归功于埃拉斯摩的文学和从教活动。在其作为出版家的工作中，他并不总是关注对原文进行彻底的批评性审查。他的出版对象是更为广泛的一般读者，而不是学术上的专家。同时，他又并未采用大众语言来写作；相反，他却旨在加强拉丁文的地位。

英国最杰出的人文主义者是托马斯·莫尔爵士（1478年—1535年）。他十四岁时被送入牛津大学，并在那里开始学习希腊文。这一举动在当时很容易被视为不务正业的古怪行为，当然也就引起了这位年轻学者父亲的怀疑。于是莫尔注定只有子承父业，从事法律工作。1497年，他遇见了初访英伦的埃拉斯摩。这次与新学问的重新接触增强了莫尔对希腊文研究的兴趣。此后不久，他便经历了一段时间的禁欲苦行生活，并体验了卡尔图斯修会的严酷作风。然而，最终他还是放弃了做僧侣的念头，部分原因可能是由于他的朋友埃拉斯摩提出忠告加以反对。1504年他成为下院议员，并因直言不讳地阻止了亨利七世的财政请求而名声大振。亨利七世死于1509年，莫尔再度埋头于律师职业，但亨利八世很快又将他召回去担任公职。在1529年前任大法官武尔济垮台之后，莫尔自然就被擢升到了最高职位，成为下一任大法官。但他并没有任职多久。由于反对国王与阿拉贡的凯萨琳离婚，莫尔于1532年辞了职，又因拒绝应邀出席安妮·布琳的加冕典礼而引起国王的强烈不满。当1534年“至权法案”确立国王为新教会的领袖时，莫尔又拒不宣誓。于是他被关进了伦敦塔，1535年的审判认定莫尔曾经说过下院无权决定国王成为教会领袖，从而犯了叛逆罪。按照这一指控，莫尔被处死了。在政治问题上的宽容和默许并不是那个时代的习俗。

莫尔是一位多产的作家，但绝大多数作品今天几乎没有人去阅读了。他的名声完全依赖于一本名为《乌托邦》的广为人知的政治空想书籍。这种玄想的社会、政治理论显然受到了柏拉图《理想国》的启示。这些观点通过报道一位水手遭遇的形式提了出来。故事说，一条船只遇险后，这位水手在岛屿（乌托邦）社会里生活了五年之久。正如柏拉图的作品一样，该书也极其强调公共财产，且理由近似。它坚持认为，在财产私有的地方，对集体福利的彻底尊重就不可能出现。另外，如果人们将财物据为己有，那么他们就会按照财富的差异而彼此分离。在乌托邦社会中，人人都应当平等，这是一个天经地义的基本事实，并由此推断出，私有财产是一股腐蚀力量，因而不应得到容许。当来访者对乌托邦人讲起基督教时，主要吸引他们的只是基督教财产教义的共产主义特色。

《乌托邦》一书极为详尽地描述了这个理想国的组织。这个国家由一座都城和五十三座其他城镇组成，不仅建造模式一样，而且住宅也整齐划一，所有的人都可以自由通行。由于这里不存在私有财产，所以行窃也就变得毫无意义。散布于乡野的农庄全都按同样的方式经营。至于服装，除了已婚妇女和未婚女子之间有一处细微而必要的缝纫差异外，人人都穿着同一种类的衣服，服饰平淡无奇，而且总是一成不变，千变万化的时尚并不为人所知。公民们的工作生活也按照同一模式进行。他们全都是每天工作六小时，晚上八时就寝，早晨四时起床，从无变更。那些具有学者素质的人则倾注于脑力劳动，而不干任何别的工作，管理者正是从这群人中选举产生的。统治的体制是一种间接选举的代表制民主形式。当选的国家首脑只要循规蹈矩，便可终身任职；如果行为不端，就可以被废黜。公众的社会生活也要服从于严格的规章制度。至于同外国的联系，则要限定在最低的而又必不可少的程度，如乌托邦没有铁，因此必须依赖进口。尽管除了自卫或支持盟国及受压迫国家以外，绝不发动战争，但男人和女人也还是要接受军事训练。国家尽可能招募雇佣军来作战，并通过贸易来建立贵重金属基金，以便在战时给雇佣军发放军饷，因为乌托邦人自己不需要用钱。乌托邦人的生活方式既不偏执，也不苦行。然而还是有一个小小的限制：无神论者虽然被允许持有己见而不受干预，但不得享有公民身份，也不能进入政府。至于较卑下的任务则由奴隶们来承担，这些奴隶是从那些为逃避本国惩罚而逃出来的外国人中，或从重刑犯中征召来的。

毫无疑问，在如此精心设计的国家里面，人们的生活将是一种令人绝望的无趣。这是各类理想国的一个共同特征。然而在莫尔的讨论中，更中肯的则是他对宗教宽容问题的新的自由观点。宗教改革已经动摇了欧洲基督教自命不凡的权威态度，如前所述，这类事件的先驱者们鼓吹了在宗教事务上的宽容。当宗教改革导致了欧洲宗教持久的分裂时，宽容概念便逐渐盛行起来。为了避免大规模的绝灭和镇压，别的方法也曾尝试过，但最终都无济于事。在16世纪，所有人的宗教信仰都可以得到尊重的观念仍然被视为古怪离奇的思想，足以引起正统派的注意。

宗教改革的结果之一就是使宗教变成一种更公开的、常常以国家为基础的政治性事务，例如在英国。只要有一种世界性的宗教占据优势，这种情况显然就绝不可能发生。正是由于悲叹宗教忠诚的这种政治特征，莫尔之类的人当初才会拒绝支持宗教改革。他们实际上是赞成对教会进行某种必要的改革，前面在论及埃拉斯摩时已经提到了这一点。但使莫尔这些人感到痛惜的是，为了取得某种教义的完全分离，竟然出现了暴力和冲突。就这一点看，他们自然是相当正确的。在英国，宗教分裂的国家特征极其明显。新建立的教会与统治机器的政治结构紧密相连。同时，这里的决裂在某些方面并不像其他地方那样剧烈，因为英国曾经有一种长期存在的、相对独立于罗马教廷的传统。征服者威廉早就坚持他在主教任命问题上具有发言权。自威廉和玛丽时代起，英国就一直保持着由新教徒继位的传统，我们从中可以看出新教会的反教廷倾向，这一倾向还残存于一条规定罗马天主教徒不得任美国总统的不成文法当中。

我们已经看到，在宗教改革风暴爆发之前的几个世纪里，知识氛围中的逐渐变化已经动摇了教会至高无上的旧观念。产生这一革命性变化的原因是多方面的，也是复杂的。从表面看到的原因似乎仅仅是人们对上帝与人之间代理人职权的一种反抗。但是，如果教会本身的弊端没有引起人们注意，它鼓吹的是一套，实践的又是另一套，那么这个值得称道的原则或许就不会独力取得突破。实际上，教士们常常占有地产。要不是因为教士们的世俗举止未能与耶稣的教谕保持一致的话，这件事情本身倒也不会引起人们的反对。至于宗教教义的问题，奥卡姆早已坚决主张，即使没有罗马主教肆意妄为并高高在上的言行举止，基督教也同样可以发挥作用。因此，对基督教徒的宗教生活进行彻底改革的一切条件，就在教会的内部存在。结果由于政治势力的介入，宗教改革才最终发展成了宗教的分裂。

改革者虽然在智力方面不及那些已为改革打下基础的人文主义学者，但改革者却有批判性思想家常常难以唤起的革命激情。马丁·路德（1483年—1546年）是一名奥古斯丁修会的会士和神学教师，教会向信徒们兜售“赎罪券”的卑劣行径，使他和许多别的人一样，在道德上感到万分的苦恼。1517年，路德挺身而出，公开宣布了著名的“九十五条论纲”，并将这份文件钉在了维登堡教堂的大门上。当他在这一点上挑战教廷时，他并没有建立某个新宗派的打算。但这个争论不休的问题牵涉到了向德意志大规模进贡的整个政治问题。当路德于1520年当众焚毁教皇开除其教籍的训令时，问题便不再单单是宗教改革的问题了。德意志的王公贵族和统治者开始联合起来，于是宗教改革变成了德意志人反对教皇权力的一场政治起义。

在1521年的乌姆斯会议之后，路德躲藏了十个月，潜心翻译了《新约》的德文版本。作为一部文献，在某种程度上，它对于日耳曼人就像《神曲》对于意大利人一样具有重要意义。无论如何，它十分有助于在人民中间传播福音书。现在，任何一个认识德文的人都能够发现耶稣的教义与现有社会秩序之间有着重大的差异。正是这种认识和以《圣经》为唯一权威的新教观念，给1524年的农民起义提供了道德上的力量。然而路德并不是一个民主的改革家，他公开反对那些蔑视自己政治主子的人，他的政治思想依然属于中世纪的观念。农民起义在进行过程中出现了暴力与残杀，最终被残酷镇压了。这次社会革命的尝试“流产”了，也多少削弱了改良宗教的原动力。“新教”一词本身源自改良宗教的支持者们所发出的一个呼吁。1529年，他们抗议和反对皇帝企图重新采用乌姆斯会议条款。该会议宣布路德及其徒众的行为为非法。不过这一议案自1526年以后暂时被搁置了起来。现在，路德由于再次遭到帝国的禁止，因而未能出席1530年的奥格斯堡会议。但此时的新教运动已实力强劲，无法被压制下去。1532年，皇帝被迫接受了纽伦堡宗教和约，并很不情愿地作出保证：新教徒可以自由信奉自己的宗教。

改革运动迅速波及邻近的低地国家、法国和瑞士。在路德之后最有影响力的改革家是约翰·加尔文（1509年—1564年），一位定居在日内瓦的法国人。加尔文在二十岁出头就转向了改革运动，此后成了法国以及荷兰新教的精神领袖。加尔文主义作为一种学说，它的奥古斯丁教义要比路德的福音主义更为激烈和不妥协。它充满了清教徒的理想，主张灵魂得救是一个宿命论问题。这是基督教神学中缺乏吸引力的特征之一，罗马教会就明智地脱离了这种教义。当然，在实践中它并不像乍一看那么有害，因为每个人都可以自由地认定自己就是上帝选中的灵魂获救者之一。

在16世纪下半叶，天主教与改良后的胡格诺教派之间的宗教战争把法国搞得支离破碎。正如在德国一样，这类动荡的原因并不只是宗教上的，倒是有一部分经济原因。更准确地说，宗教和经济两方面的原因正是从中世纪到近代过渡的普遍变革的标志。因为改良宗教及其清教徒特征是与近代贸易的兴起息息相关的。1598年，在南特宣布的宽容敕令曾一度缓和了法国的宗教分歧。当这一敕令于1685年被废止时，许多胡格诺派教徒逃离自己的家园，到英国和德国定居。

由于新教不是世界性的宗教，因此它需要得到国家政治首脑的保护，而后者也就易于成为国教的领袖。从表面上看来这是一件幸事，因为新教牧师们缺乏罗马教士的那种权力，也就不会无法无天、为非作歹，尽管他们也和任何其他人一样常常顽固而偏执。结果，人们发现宗教纷争是徒劳的，也是不会有定论的，因为任何一方都不致强大到消灭另一方的程度。宗教宽容正是从这种消极的意识中逐渐有效地发展了起来。

在罗马教会的内部，一场新的改革运动于16世纪中叶爆发了。这场运动以耶稣会为中心，该修会由依纳爵·罗耀拉（1491年—1556年）创立，并于1540年得到了官方的承认。受自己早年当兵生涯的启发，罗耀拉按照军事原则建起了耶稣会。在教义上，耶稣会反对新教所采纳的奥古斯丁教义，并强调自由意志高于一切。他们的实际活动包括传教工作、教育以及铲除异端邪说，他们也是西班牙宗教裁判所的主要组织者。

北方的人文主义引出了一个新的基督教概念，而意大利的人文主义思想家们却不太关注宗教。正如现在一样，那时的天主教在意大利只是日常生活的一部分，并没有深入人们的深层意识。在某种意义上，宗教在他们的生活中扮演了一个小角色，自然也就不大可能唤起他们的情感。另外，罗马是统治集团的中心，因此，罗马天主教不可能扰乱意大利人的民族自豪感。这正是古罗马帝国时代就存在过的国家崇拜原则的残存体现。在罗马教会的统治机构中，意大利影响的优势一直持续到今天。

在意大利人文主义者的思想中，更重要的是他们再次强调了毕达哥拉斯和柏拉图的数学传统。世界的数字结构又一次受到重视，并取代了亚里士多德传统，后者曾经使前者黯然失色。这是导致16世纪与17世纪科学探索惊人复兴的主要进展之一。在意大利文艺复兴的建筑理论和实践中，这一点是再明显不过的了。这时的建筑与旧的经典传统，尤其是与维特鲁威作品中所确立的传统有着直接的联系，维特鲁威是1世纪时罗马的一位建筑师。建筑物各个部分之间的比例，以及关于美的数学理论受到了极大的重视。正如维特鲁威本人基于希腊文明源泉所说过的那样，美存在于适当比例的和谐之中。这一观点可以追溯到毕达哥拉斯时代。同时它还附带表明，包含着理念论的另一种方式也可以成立。因为人的肉眼显然不可能精确判断某个结构各部分之间的数字关系。但如果有了精确的比例，似乎就可以导致某种美的满足感。因此，这些比例的存在，作为一种理想，就保证了完美。

阿尔伯蒂（1404年—1472年）是最重要的意大利人文主义思想家之一，就当时而言，这位威尼斯人是一位多才多艺的匠人。他最为持久的影响可能就在建筑领域，但他也是一位哲学家、诗人、画家和音乐家。的确，正如想理解毕达哥拉斯学派对希腊哲学的影响，就必须掌握一些基本的和谐知识一样，在文艺复兴时期的建筑学中，为了领会建筑设计中所包含的各种比例关系，也需要用到同样的知识。简单地说，这个理论的基础就是把毕达哥拉斯音程中的听觉和谐，当作建筑设计中的视觉和谐标准。当歌德后来谈到“建筑就是凝固的音乐”时，他真实地表达了文艺复兴时期的建筑师们所要实践的某些东西。如此一来，以调和弦为基础的和谐理论便为艺术提供了总的“优秀”标准，乔治奥与列奥纳多·达·芬奇等人也作出了这样的解释。比例原则还见之于人体结构和道德的调节功能。这一切都源于直接而周密的毕达哥拉斯主义。但数学在此还进一步发挥了“极大地影响后来的世纪科学复兴”的作用。只要带有数的特征，艺术立刻就能上升到更高的高度。其中最明显的例子就是音乐，但也适用于其他门类的艺术。

在某种程度上，这也说明了这一时期的人文主义思想家是多才多艺的，尤其是其中的许多人既是艺术家又是建筑师。因为比例数学为宇宙万物的设计提供了一把“万能钥匙”。诚然，这种理论能否作为一般美学充分可靠的基础，这仍然是有争议的。但无论如何，它都具有极大的价值，那就是建立了不受情感或意志约束的、无可争议的、客观的“优秀”标准。

由于掌握了事物中的数字结构，人们便有了征服周围环境的新力量。在某种意义上，它使得人更像上帝。毕达哥拉斯派曾把上帝看作至高无上的数学家。要是人能够在某种程度上运用并提高自己的数学技能，那他就更接近于神的地位。虽然这并不是说人文主义就不虔诚，或者甚至反对公认的宗教。但它的确表明，流行的宗教习俗很可能被当作例行公事而接受，真正激发思想家想象的则是古代前苏格拉底时期的学说。因此，一种新柏拉图主义的倾向便在哲学领域再次引起了注意。对人的力量的重视，使我们联想起雅典鼎盛时期的乐观主义。

这就是近代科学得以开始成长的知识氛围。人们有时候以为，在17世纪初期，科学突然“全副武装”地跃入了人们的社会生活，正如雅典娜从宙斯的头颅里冒出来一样。然而事实的真相却不是这样的。科学的复兴直接地、有意识地根植于意大利文艺复兴的毕达哥拉斯传统。同样值得强调的是，在这种传统中，艺术家与科学探索者两者的工作并不对立。他们都以各自不同的方式寻求真理，并通过数来抓住真理的实质。对于任何一位不辞劳苦探求真理的人来说，这些数的模式都是看得清、辨得出的。这种对世界及其各类问题的新观点迥然不同于经院哲学的亚里士多德主义。它是反教条的，因为它并不依赖于书本，而是依赖于关于数的科学的唯一权威。在这方面它有时可能走得太远。正如在一切别的领域一样，这种超越尺度的危险性必须永远牢记。就拿目前的例子来说，做得过分则可能导致把数当作魔术符号加以依赖的数学神秘主义。这一点，以及别的因素，在以后的世纪里曾使得比例理论声名狼藉。另外，人们还感到毕达哥拉斯的音程对设计师的创新天赋强加了诸多不自然的、沉闷的限制。这种违背规则和标准的不切实际的反作用，在我们这个时代也完全可能继续自然地发展下去，在不久的将来再回归到曾经激励过意大利文艺复兴的某些原则上去，这是很明显的。

从总体上看，15世纪与16世纪的哲学本身并不是十分壮观的。另外，新学问的传播、书籍的发行，尤其是毕达哥拉斯和柏拉图古代传统活力的重新勃发，为17世纪伟大的哲学体系铺平了道路。

随着这种古代思维方式的复苏，伟大的科学革命便紧接着开始了。它从或多或少有些正统的毕达哥拉斯主义起步，并逐渐推翻了亚里士多德物理学和天文学的既定概念，最后深入现象的背后，发现了极其普遍而强有力的种种假说。在这一切领域，精益求精的探索者们都明白，自己是直接继承了柏拉图的传统。

第一位重新提出亚里斯塔克“日心说”的人是哥白尼（1473年—1543年）。这位波兰教士早年曾南下意大利，并于1500年在罗马讲授数学。正是在那里，他接触到了意大利人文主义者的毕达哥拉斯主义。在意大利几所大学学习了数年之后，1505年他回到了波兰，并于1512年以后重操旧业，成了弗劳恩堡大教堂的一名神父。他主要是做些管理性工作，尽管偶尔也行医，闲暇的时候，便研究天文学。在逗留意大利期间，日心说的假说引起了他的注意。此时，他试图用当时所能搜集到的仪器来验证自己的观点。

哥白尼的《天体运行论》一书完整地记述了这一切，该书直到他去世以后才得以出版，它所阐释的理论并没有摆脱种种难题，在某些方面还受到了源于毕达哥拉斯的预定概念的支配。行星必须在圆周上平稳运动，这对于哥白尼来说，似乎是一个臆想之中的必然结论，因为圆周是一个完美的象征，并且只有匀速运动才适合于某个天体。然而，在力所能及的观测范围内，主张圆形轨道的日心说观点就是要比托勒密的本轮学说优越得多。因为在这里，它终究是一个能够单独解释一切现象的简单假说。

哥白尼的理论遭到了天主教徒和路德派教徒的强烈仇视。因为他们完全感觉到了这是一场新的反对教条主义运动的开始，尽管它不会触及宗教本身，但它至少会损害到宗教组织所依赖的独裁主义原则。科学运动的伟大发展主要出现在一些新教国家，是由于这些国家的教会在控制其教友的意见方面相对软弱无力。

第谷·布拉赫（1546年—1601年）在哥白尼之后继续进行了天文学研究。第谷的主要贡献在于提供了广泛而准确的行星运动记录。他还表明了月球以外的空间同样也有变化，并以此对亚里士多德的天文学说提出了质疑。因为1572年发现的一颗新星就没有周日视差，所以它的距离肯定要比月球远得多。另外，也可以证明彗星运行在月球轨道以外的地方。

开普勒（1571年—1630年）又向前迈出了一大步，他是在第谷·布拉赫手下工作的一位年轻人。通过仔细研究观测记录，开普勒发现哥白尼的圆形轨道并没有恰当合理地解释自然现象。他意识到轨道应该是椭圆形的，并且太阳就位于其中一个焦点之上。另外，他还发现在给定的时间内，太阳光的辐射半径每次扫过某颗行星的面积是固定不变的。最后，所有的行星都具有相等的一个比值，即行星旋转周期的平方与行星和太阳之间平均距离的立方之比。这就是开普勒的三定律，它们与曾经指导过哥白尼研究的毕达哥拉斯主义确确实实出现了彻底的决裂。如此一来，坚持圆周运动之类的肤浅认识就显然必须被抛弃掉。在这以前，由于一个简单的圆周运动显得不够充分，于是自托勒密以后，人们习惯于利用本轮运动来合成更为复杂的轨道。这种方法近似地解释了月球相对太阳的运动。但更为仔细的观测却表明，复杂的本轮绝不能充分地描述所观测到的太阳运行的轨道。而开普勒的第一定律则一下子就解决了这个棘手的问题。同时，开普勒的第二定律还表明，行星在自己轨道上的运动并不是匀速的。当它们更接近太阳的时候，比起在轨道离太阳较远的位置来，它们的运动就要更快一些。所有这一切都使人不得不承认，如果不参照事实、仅凭美学或神秘原则的所谓先见之明来进行论证，这是很危险的。另外，开普勒的三定律还出色地证明了毕达哥拉斯主义核心的数学原理。如此一来，似乎确实是现象中的数字结构，才提供了理解现象的钥匙。同样，为了合理地解释各种现象，人们就有必要寻找那些往往不太明显的事物间的种种联系。正如赫拉克利特所指出的那样，宇宙运行所遵从的尺度是隐蔽的，探索者的任务就是去发现它们。最为重要的是，绝不能仅仅为了维护某个表面的原则而歪曲事实。

然而，如果说忽视现象是危险的，那么另一方面，盲目地记录现象，就像异想天开一样，也是无益于科学探索的。亚里士多德就是一个恰当的例子。因为他正确地说了下面这句话：如果你不继续推动某个物体，那它就会最终停下来。对于人们观察到的，并且是人们能够推动的物体来说，这肯定是对的。但如果由此认定人们自己确实无法推动的星体也一定同样如此，那就错了。因此我们想，它们肯定是按照别的某种方式来运行的。动力学中的一切谬论都是建立在单凭表面价值便自以为是的现象之上的。正确的分析在此同样是隐蔽的。在没有受到连续推动的情况下，导致物体速度放慢的原因正是阻力的作用。如果没有阻力，物体就会自动地一直运动下去。实际上当然不可能完全去掉阻力，但却可以通过减小阻力来观察到，如果路障清除得越干净，物体运动持续的时间就越长。最终，当没有任何东西阻碍物体时，它就会继续自由地运动下去。伽利略（1564年—1642年）系统地阐述了动力学中的这个新假说，他是近代科学的伟大奠基人之一。这个新的动力观点在两个方面从根本上脱离了亚里士多德主义。首先，它假定了物体的优先状态不是静止，而是完全自然的运动。其次，它表明了圆周运动并不像原来以为的那样“自然”，“自然”的应该是直线运动。“自然”一词在此具有特殊的含义。如果一个物体不受任何形式的干扰，那么它就会沿着一条直线匀速运动下去。对观测结果缺乏批判性的态度曾经妨碍了人们正确地理解落体运动的规律。事实上的真相是，在大气中，如果物体质量相等，则密度大的物体要比密度小的物体下落得快一些。在此还必须考虑到物体下落时所受到的介质阻力，介质越稀薄，所有物体的下落速度就越接近一致，而在真空中则完全相等。对落体的观测表明，物体下落的速度每秒增加三十二英尺。因此，由于速度不是均匀的，而是加速的，所以必定有一不确知的事物在干预物体的自然运动。这种事物就是由地球施加的重力。

这些结论不仅对于伽利略的抛射体研究具有重要意义，而且对于其庇护人塔斯卡尼公爵来说，同样具有某些实用的军事意义。这里有一个显著实例就首先用到了一项重要的动力学原理。如果我们考虑抛射体轨迹，我们就可以把整个运动视作由两部分彼此分离、独立的运动构成。其中一个运动是水平的和匀速的，另一个则是垂直的，因而物体受到了落体定律的支配。这种结合在一起的运动路线最终形成了一条抛物线轨迹。这是遵循平行四边形加法定律的矢量合成的一个简单例子。速度、加速度和力都是可以按照这种方式来处理的物理量。

在天文学方面，伽利略采纳了日心说，并且继续取得了许多重大的发现。他改进了不久前在荷兰发明的望远镜，并观测到大量的现象，这些现象彻底地摧毁了亚里士多德错误的天体观念。伽利略终于发现了银河是由不计其数的星星组成。哥白尼在其理论中曾经说过，金星一定会显示出相位盈亏，现在，这一点通过伽利略的望远镜得到了证实。同样，望远镜还发现了木星的卫星，并且证明了这些卫星正按照开普勒的定律围绕着木星运转。所有这些发现都推翻了根深蒂固的成见，并导致了正统经院派大肆责难望远镜，因为它破坏了他们原本平稳的教条。有一点是值得人们提前注意的，那就是三百年之后出现了一件非常类似的事情——孔德谴责显微镜推翻了气体定律的简单形式。从这个意义上看，实证论者倒是与亚里士多德及其在物理学观测方面执拗的肤浅性有着许多共同之处。

伽利略必定会冲撞正统派，这只是一个迟早要发生的事情。在1616年宗教裁判所的秘密法庭上，伽利略受到了谴责。但他似乎仍然毫无屈从之意，于是1633年，他被再次强行带上了法庭，接受公开审判。为了息事宁人，伽利略只好当众认错，并承诺从此以后放弃一切有关地球运行的思想。传说伽利略迫于教廷的命令这样做时，还在自言自语："可地球还在转嘛！"他的公开认错当然只是在做表面文章，但宗教裁判所却因此成功地扑灭了意大利的科学探索，使之停顿长达数百年之久。

提出动力学普遍理论的最后一步工作是由艾萨克·牛顿（1643年—1727年）来进行的。其中所涉及的绝大部分概念曾经被前人单个独立地暗示过或运用过，但牛顿是理解其前辈们摸索进程全部意义的第一人。在1687年出版的《自然哲学的数学原理》一书中，牛顿提出了物体运动的三大定律，并且按照古希腊人的演绎方式论述了动力学。牛顿第一定律是对伽利略原理的广义化表述：一切物体，如果不受外力的阻碍，都将以恒定的速度做直线运动，用专业的术语来说，就是做匀速或等速运动。牛顿第二定律定义力为变速运动的原因，并指出力与物体质量、加速度之积成正比。牛顿第三定律则认为每一个作用力都有一个大小相等、方向相反的反作用力。在天文学方面，牛顿给出了最后的完整论述，而哥白尼和开普勒只是做了一些起步的工作。根据万有引力定律，物质的任何两个粒子之间都有引力，而且它与两个粒子质量的乘积成正比，与距离的平方成反比。通过这种方式，行星及其卫星，还有彗星的运动，都可以被解释到已知的最细微的程度。事实上，由于每个粒子都在影响着任何一个别的粒子，于是这个理论就使人们有可能确切地计算由其他物体所引起的轨道摄动。在此之前，是没有任何一个别的理论能够做到这一点的。至于开普勒的定律，现在只不过算是牛顿理论的推断罢了。

牛顿在此似乎终于找到了通向宇宙的数学“钥匙”。我们现在用来陈述这些事实的终极形式就是运动的微分方程，它们所适用的具体现实运动的一切偶然性表面细节都已经被全部排除。爱因斯坦更为广义化的论述也同样如此。不过直到今天，相对论依然是有争议的，而且受到其内在难题的困扰。牛顿表述动力学的数学工具是流数理论，它是微分学的一种形式，莱布尼茨也曾独立地发现了它。从此以后，数学和物理学便开始了突飞猛进的发展。

17世纪还取得了一些别的重大发现。吉尔伯特于1600年出版了有关磁力的著作，惠更斯在该世纪中叶提出了光的波动理论，哈维于1628年发表了他发现血液循环的论文，罗伯特·波义耳的《怀疑的化学家》一书结束了炼金术士的故弄玄虚和神秘兜售，从而回归了德谟克利特的原子理论。仪器制造的巨大成就反过来又提供了更精确的观测手段，从而导致了科学探索理论的进一步发展。随着科学活动的空前勃发，相应的技术发展也紧跟其后，并使西欧保持了大约三百年之久的霸主地位。科学的革命再次使希腊精神引起了人们的注意。这一切也都反映在哲学之中。

在解释现象的过程中，哲学家们迄今所讨论的主要是在解释说明方面。至于现象本身则几乎没有被提及。之所以如此，当然也是有诸多充分理由的。但是随着过分关注演绎论证的纯逻辑性所出现的反作用，探讨观测用具的时机已经成熟，没有这些用具，经验探索仍将是贫乏的。古代亚里士多德的三段论法“工具”或“工具论”已无法为科学的进步提供便利，看来还需要一种新的工具论。

第一位清晰表述这些问题的人是弗朗西斯·培根（1561年—1626年）。他是一位宫廷掌玺大臣的儿子，曾接受过法律专业知识的训练。培根所成长的环境使他自然地选择进入政界，二十三岁就进入了下议院，后来又成了艾塞克斯伯爵的顾问。当伯爵因叛逆罪而遭贬黜时，培根站到了王室一边，尽管他从未博得过伊丽莎白女王的完全信任。但是当詹姆斯一世于1603年继承王位时，培根的前景变得更有希望起来。1617年，他已经升任了其父的职位，掌玺大臣，第二年又成了大法官兼上议院议长，并被封为维尤拉姆男爵。1620年，培根被政敌指控在大法官法庭诉讼案中收受了贿赂，企图以此来破坏他的政治生涯。培根没有对此问题进行辩争，他承认了受贿事实，但辩解说，他所做出的判决从未受过礼品的支配。上议院判他缴纳罚金四万英镑，并决定根据国王的旨意，将其拘禁在伦敦塔，从此以后不得再担任公职或下议院议员。这个灾难性的判决后来有了变更，培根被赦免了判决的第一部分（免交罚款），而在判决的第二部分，也只是拘押了他四天。但从此他不得不退出政坛，过起了著书立说的退隐生活。

培根对文艺复兴的传统有着广泛的兴趣。他写了法律以及历史方面的作品，并以随笔而闻名于世，这种文学体裁是同时代的法国人蒙田（1533年—1592年）发明的。在哲学方面，培根最有名的著作是《学术的进展》。在此，培根为自己后来的探索工作搭建了平台。正如书名所示，培根所关心的是扩大知识的范围和增强人对周围环境的控制力。在宗教问题上，培根采纳了相当于奥卡姆主义者立场的观点。那就是让信仰和理性各司其职，互不侵犯。理性在宗教领域中的唯一作用，就是从人们基于信仰而接受的原则中演绎出某些结论。

至于对科学的正确探求，培根所强调的是需要一种新的方法或工具来发现真理，以取代显然已经枯竭的“三段论”法。他是从自己的新归纳法中看到这一点的。归纳概念本身并不是什么新事物，亚里士多德早就运用过它。但迄今为止，用于实践的归纳形式都只是简单的实例列举。培根认为自己已经找到了某种更强有力的方法。这种方法就是在调查中，把那些具有同一既定属性，或不具该属性，或在不同程度上具有该属性的事物一一列举出来。通过这种方式，人们就有希望发现该属性所独具的特征。如果这一列表过程能够完整而穷尽，那人们就必然会达到自己的探索目标。但在实践中，人们必须满足于部分的列表，然后才能据此大胆地作出某种推测。

简言之，这就是培根解释科学方法的主旨。培根把这种方法视作新的发现工具，以下这篇论文的标题就传达了这种观点。培根在1620年出版了《新工具论》旨在取代亚里士多德的“工具论”。然而作为一种实用方法，培根的“新工具论”并没有被科学家们所接受；作为一种方法论，它也是错误的，尽管对于传统理性主义的过分泛滥来说，它对观察的坚持还算是一种很有价值的“解毒剂”。但从根本上看，这种新的工具确实从未超出过亚里士多德的范畴。它仅仅简单地依赖于分类法以及如下的概念：通过足够精细的列表，就能找到适用于一切事物的正确“分类架”。人们一旦为任何一个属性找到了恰当的位置和名称，就可以认定自己多少控制了这种属性。

对于统计学的探究而言，这种解释是足够充分的。可是对于假设的系统阐述，培根错误地以为它是以归纳法为基础的，但归纳法更多地涉及假设的验证。实际上，为了进行一系列的观察，人们必须事先有一个初步的假设，但不能对假设的发现也制定一套普遍的条条框框。培根完全错误地以为能够找到一种发现工具，通过对它的机械应用，人们就能揭示新的惊人的自然秘密。但假设的建立根本不是以这种方式来进行的。另外，培根对"三段论"法的拒绝导致他低估了演绎论证在科学探索中的作用，尤其是他还很不欣赏当时正蒸蒸日上的数学方法。归纳法在假设验证中的作用只是所需方法的一个小小方面，如果没有数学的演绎法从假设中导出某种可验证的具体情况，人们就无从知道该验证些什么。

培根论述了人类容易犯的各种错误，这些论述成了他哲学中最为精彩的篇章之一。根据他的说法，人类很容易屈从于四类精神弱点，他把它们称为"幻象"。第一类是"部族的幻象"，因为是人类，所以要受此约束。痴心妄想就是一例，尤其是不切实际地期望在自然现象中有一种更好的秩序。第二类是"洞穴的幻象"，即每个人的个人奇想怪念，这方面的例子不胜枚举。第三类是"市场的幻象"，这些错误是由受言辞眩惑的心灵倾向所引起的，也是哲学中尤为泛滥的一种错误。第四类是"剧院的幻象"，它们是源于各种思想体系与学派的错误。亚里士多德主义就是培根常常举的一个例子。

尽管培根对科学的探索本身怀有兴趣，但他却对当时所有最重大的科学进展几乎没有加以注意。他没有注意到开普勒的工作；也不了解哈维医生在血液循环方面的研究，尽管他还是哈维医生的一位病人。

一般说来，在哲学上对不列颠经验主义更具重要意义的人物是托马斯·霍布斯（1588年—1679年）。虽然他在某些方面属于经验主义传统，但他也欣赏数学方法，该方法把他和伽利略、笛卡尔联系在了一起。由于如此深谙演绎法在科学探索中的作用，霍布斯对科学方法更为彻底的、正确的把握是培根所无法企及的。

霍布斯的早年家庭生活是令人感到沮丧无望的。其父是一个性情粗野、思想糊涂的牧师，当霍布斯还是一个孩子时，父亲便在伦敦失踪了。幸运的是，这个牧师的兄弟很有责任感，膝下又无子女，于是便担起了抚养年幼的侄儿的责任。霍布斯十四岁到了牛津大学研习古典学问。经院派的逻辑和亚里士多德的形而上学都是当时课程的一部分，霍布斯对这些东西产生了彻底的、终身的厌倦感。1608年，霍布斯成了德劳郡伯爵的儿子威廉·卡文迪什的家庭教师。两年后，霍布斯陪同其学生做了一次例行的豪华旅行。这位年轻的贵族继承爵位之后，便成了霍布斯的庇护人。霍布斯通过他结识了当时的许多头面人物。1628年主人去世后，霍布斯曾去巴黎待了一段时间，然后又回来担任了先前这位学生之子的家庭教师。1634年他随年轻的伯爵出国访问了法国和意大利，在巴黎期间，他遇到了梅森等一些人。1636年霍布斯在佛罗伦萨造访了伽利略。1637年，他回到了家中，并开始撰写早期的政治理论。在即将爆发的保皇党与共和党之间的斗争中，霍布斯的君权观点未能博得任何一方的好感，于是生性谨慎的霍布斯于1640年前往法国，并在那里一直住到了1651年。

在巴黎逗留的数年间，霍布斯再次与梅森这些人来往，并与笛卡尔邂逅。霍布斯最初和这些逃离英国的保皇党流亡者们（包括未来的查理二世）关系友好，但当他于1651年出版《利维坦》时，他却同所有人都闹僵了。保皇党朋友们不喜欢他科学而超然地对待忠诚问题，而法国教士们则对其反天主教观点大为反感。

因此，霍布斯决定再度出走，这一次他掉头回到了英国，屈从于克伦威尔，并且退出了政界。正是在这段时间里，霍布斯和其批评者——来自牛津大学的瓦里斯，发生了一场“化圆为方”的较量。霍布斯对数学的钦佩超过了他的数学技能，瓦里斯教授因而轻松地取得了胜利。而霍布斯直到生命的最后时刻仍在与数学家们争论不休。

1660年查理二世的王政复辟以后，霍布斯再次博得了国王的宠幸，甚至还获得了一百英镑的年金，这项慷慨的赠予却一直没有得到兑现。但当“瘟疫”和“大火灾”发生以后，迷信的流行促使了下议院对无神论进行调查，霍布斯的《利维坦》成了反对派批判的一个特殊目标。他从此便不能在国内发表任何有关社会或政治问题的有争议的文章了。霍布斯一生长寿，在晚年岁月所赢得的声誉竟是来自国外，胜过英国国内。

在哲学方面，霍布斯所奠定的基础后来大部分成了不列颠经验主义学派的特征。他最重要的著作是《利维坦》，在该书中，他把自己的一般哲学观点应用到了君权理论的设计之上。但在转向社会理论之前，《利维坦》以导论的方式完整地总结了他的一般哲学立场。作品的第一部分用严格的机械术语论述了人和人类心理学，以及语言、认识论方面的某些普遍哲学反思。和伽利略、笛卡尔一样，他也主张人们所体验的一切都是由外部物体的机械运动造成的，而视觉、声音、气味之类的东西并不属于客体，而是为人们所私有。在这个问题上，他还附带提到，大学里仍在讲授一套基于亚里士多德的拙劣而不成熟的发散理论。不过他又闪烁其词地补充说自己在总体上并不是不赞成大学的教学，而是因为自己日后要提到大学在共和政体中的地位，所以必须指出大学应该加以改正的主要缺陷，“毫无意义的频繁演说便是其中一例”。他对心理学持有一种联想主义者的观点；至于语言学，他则采纳了十足的唯名论。他还认为几何学是迄今为止唯一的科学，理性的作用和几何学中的论证具有相同的特征。人们必须从定义出发，并且在下定义时要小心，不得使用自相矛盾的概念。正如笛卡尔坚持的那样，在这种意义上，理性就是某种通过实践得来的非天生的东西。接下来，霍布斯还用运动解释了感情。他认为所有的人在其自然状态下都是平等的，都在各自试图牺牲别人、保全自己，于是人人都处于某种战争状态。

为了逃避这种心神不安的梦魇，人们便联合起来把自己的权力授予某个核心的权威，这就是《利维坦》第二部分的主题。人们是理性的，又是彼此竞争的，他们不得不达成一种人为的协议或惯例，同意顺从于共同选择的某个权威。一旦这种体制付诸实施，人们就无权起来反叛，因为受协议制约的是被统治者而不是统治者，他要能够向被统治者提供保护（这是他被选中的首要原因），只有当他做不到这一点时，人们才有理由宣布协议无效。以这种契约为基础建立起来的社会就是共和政体。它就像一个由许多普通人组成的巨人，一个“利维坦”。它比个人更大、更强有力，因此就像是某个神灵，尽管它和普通人一样也会消亡。核心的权威被称为君权，在生活的一切方面都具有绝对的权力。《利维坦》的第三部分概述了不应当存在世界性教会的原因。霍布斯是一位彻底的伊拉斯图派教徒，因此主张教会必须是服从于民事当局的一个国家机构。《利维坦》的第四部分对罗马教会未能明了这一点进行了谴责。

霍布斯的理论受到了当时政局动荡的影响。他最憎恶的就是国家内部的纷争。因此他的观点无论如何都倾向于和平，这是与洛克后来提出的“制衡”概念相对立的。霍布斯在政治问题上的看法，虽然脱离了神秘主义和迷信，却倾向于把问题过分地简单化。对于自己所处的政局来说，霍布斯的国家概念是不够充分的。

如前所述，文艺复兴时期逐渐把人们对于数学的专注带入了一个显著的位置，后文艺复兴思想家们感兴趣的第二个主要问题就是方法的重要性。在论及培根与霍布斯时，我们已经注意到了这一点。勒内·笛卡尔（1596年—1650年）则以古代哲学家的宏伟气魄，将这两种影响融合成一种崭新的哲学体系，因此他被恰如其分地视为“近代哲学之父”。

笛卡尔的家庭属于地位较低的贵族，其父是布列塔尼地方议会的一名议员。自1604年至1612年，他在拉夫赖士的耶稣会学院接受了扎实的古典教育，除此以外，他还接受了当时最好的数学基础训练。离开学院以后，他去了巴黎，并于第二年在普瓦捷开始学习法律，1616年毕业。然而他的兴趣却在别的方面。1618年，他应征入伍到了荷兰，从而有了大量的时间来从事数学研究。1619年，“三十年战争”爆发了，希望闯荡世界的笛卡尔于是加入了巴伐利亚军队。就在那一年的冬天，他发现了激发其哲学思想的主导概念。在《方法论》一书中记述了他的这一发现经历。那一天格外的寒冷，笛卡尔躲进一间小屋，坐在了一个瓦炉旁边取暖。在暖和之后，他便开始了沉思。到了那一天快结束的时候，他的整个哲学构架也已清晰地呈现了出来。1622年以前，笛卡尔一直待在军队里，随后他又回到了巴黎。第二年他访问了意大利，并在那里逗留了两年。重返法国之后，他却对家中的生活感到十分的心烦意乱。由于性情有些孤僻，并且期望在一种没有干扰的氛围中工作，于是笛卡尔在1628年只身去了荷兰，并在临行前变卖了小部分地产，因而能够过着较为舒适的独居生活。此后除了有三次短暂访问法国之外，他在荷兰度过了余生的二十一年。沿着自己在发现方法时所形成的思路，笛卡尔逐渐完成了他的哲学体系。1633年，当他听说伽利略受审后，他放弃了一部重要的物理学著作的出版，因为该书采纳了哥白尼的理论，而他不愿意卷入论战中，对他来说，那只是在浪费宝贵的时间。而且表面上从各方面看来，他都是一个忠诚的天主教徒，尽管他究竟保持了什么样的教义纯洁性永远也不为人知。于是笛卡尔决定只出版三卷本合集，即《屈光学》《大气学》《几何学》。1637年出版的《方法论》就是他有意为这三篇论文写的前言。其中最有名的《几何学》提出并运用了解析几何的原理。在1641年和1644年，他又相继出版了《沉思录》和《哲学原理》，这两本书是作者献给巴拉丁选侯的女儿伊丽莎白公主的。1649年，笛卡尔还为公主写了一篇有关灵魂激情的论文。就在这一年，瑞典的克里斯蒂娜女王对笛卡尔的作品有了兴趣，并最终成功地将他劝到了斯德哥尔摩。这位斯堪的纳维亚君主是一位真正的文艺复兴人物，她不仅意志坚定，而且精力充沛，坚持要笛卡尔在清晨五点教她哲学。在瑞典夜阑人静的冬夜里，清晨五点起床并不适合哲学家，笛卡尔经受不住，终于病倒，并于1650年的2月去世。

归根结底，笛卡尔的方法是其喜好数学的产物。在几何学领域，他已经表明了这种方法将如何产生深远的结果。因为借助于分析的方法，人们就有可能通过简单的方程式来描述一切曲线的特征。笛卡尔相信，在数学领域曾经如此成功的方法，也可以延伸到别的领域，并使探索者能够像在数学中一样达到同样的确定性。《方法论》旨在表明，为了充分利用人们的理性资质，而必须遵循什么样的规则。至于理性本身，笛卡尔认为所有人在这方面都是平等的，其中的区别仅仅在于有些人比另外一些人运用得好一些。但方法是某种来自实践的东西，笛卡尔清楚地意识到了这一点，因此并不希望把某种方法强加给人们，而是更想表明他如何成功地运用了自己的理性。书中的说明是自传体式的，讲述了作者对早年看见的一切领域的所有不确切、无定论说法的不满。至于哲学，他说任何令人无法容忍的观点都有人主张。数学以其演绎法的确定性给他留下了深刻的印象，但他却无法看清它们的恰当用途。他放弃了书本上的学习，开始外出旅行，却又发现各种习俗就像哲学家的见解一样差别明显。最后，他决心审视自我，以此来发现真理。该书接下来还记述了前文已提到过的“炉边反思”。

笛卡尔注意到，只有全部由某个作者自己完成的作品才是满意的作品，于是他决定舍弃他所学过的和被迫信以为真的一切东西。只将逻辑学、几何学和代数学在他对自己的这场“大扫荡”中保留了下来，他还从这些学科中找出了四条规则：第一，除了明晰独特的理念外，绝不要接受任何东西；第二，必须按照解决问题的需要把每个问题分成若干部分；第三，思维必须遵循由简到繁的顺序，如果没有顺序，则必须假设一个；第四，为了确保没有将任何东西忽略，人们应当经常进行彻底的查验。笛卡尔在把代数应用于几何问题时，就采用了这一方法，并由此创立了所谓的“解析几何”。至于该方法在哲学方面的应用，笛卡尔觉得必须推迟到自己年纪更大一些之后，思想更为成熟之时。关于伦理学，则较令人费解。伦理学虽然被排在科学序列的最后，但在实际生活中，我们却不得不迅速作出道德决定。因此笛卡尔采取了一种变通性的行为模式，依照实用主义的标准，这种模式将给他提供最好的生活条件。所以他决定遵循本国的法律和习俗，并且始终忠诚于自己的宗教；一旦下定决心采取某个行动，他就会果敢地坚持下去；最后他还试图严格自律而不去冒险，要使自己的愿望适应万物的秩序（而不是相反）。自此以后，笛卡尔便决定专攻哲学了。

在继续谈及形而上学时，笛卡尔的方法使他产生了系统性的怀疑。感官提供的证据是不确定的，因而必定招致怀疑。甚至数学也必然受到怀疑，尽管其问题更少，因为上帝可能会故意把人们引入歧途。一个怀疑者最终必须承认的一件事就是他自己的怀疑。这是笛卡尔基本公式“我思故我在”的基础。他还认为这是形而上学清晰明了的出发点。于是，笛卡尔得出结论说，自己就是一个完全独立于自然物质，也同样独立于肉体的一个正在思考的东西。他还进一步谈到了上帝的存在，不过基本上重复的是本体论证明。就人们自己的明确理念而言，既然上帝必定是诚实的，那他就不可能欺骗大众。既然人们持有各种物体或广延性的理念，那它们就一定存在着。《方法论》接下来概述了物理学问题，其排列顺序同尚未发表的论文中的顺序一样。一切都是用广延性和运动的术语来解释的，这一方法甚至应用到了生物学。笛卡尔把血液循环解释为心脏活动的结果，而心脏则像加热器一样，导致流入其中的血液扩散开来。这自然与哈维医生的观察结果相左，从而引发了两人之间激烈的争论。但回到《方法论》中来，这种机械的理论却导出了“动物是没有灵魂的自动化物体”

的观点，之所以如此认定，其根据就在于动物不会说话，因而一定缺乏理性这一“事实”。这就强化了“人的灵魂独立于肉体”的观点，并因此导出了“灵魂不朽”的结论，因为不存在任何别的破坏性力量。最后，《方法论》隐约提到了对伽利略的审判，还讨论了是否出版的问题。笛卡尔终于找到了一个折中办法，那就是把《方法论》作为前言，和前面提到的三篇论文同时发表。以上就是《方法论》的大概要旨，它为我们提供了笛卡尔哲学原理的一个简洁描述。

这个学说中最为重要的部分就是批判性怀疑的方法。作为一种方法，它导致了普遍的怀疑，正如后来的休谟一样。但笛卡尔却摆脱了这种怀疑性的结论，因为他抓住了在自己精神活动中所发现的明确理念。他认为广延性、运动之类的一般概念独立于感官，是天生的固有理念，也是关于这些第一属性的真正知识。而感官知觉则是第二属性，如色彩、味道、触觉等，它们并不真的存在于事物之中。在《沉思录》中，笛卡尔举了一个著名的例子，即通过观察一截蜡烛及其变化现象来说明这一点。始终不变的就是广延性，这种天生的理念可以为心灵所感知。

笛卡尔哲学强调，思维是不容置疑的出发点。从此以后，欧洲的哲学，无论是理性主义阵营，还是经验主义阵营，都受到了这一观点的影响。这种观点仍是正确的，尽管其发展基础“我思故我在”的公式本身并不十分的合理。因为只有当人们承认其中有一个隐含的先决条件，即思维是一种自我意识的过程时，“我思故我在”的陈述才似乎行得通。否则，还可以说“我行故我在”，因为如果“我”确实在行走，那么“我”就肯定存在。这一异议是由霍布斯和伽桑狄提出来的。然而在实际上在并未行走的时候，人当然也可以想象自己在行走；而在事实上并未想时，人就不能认为自己在思考。正是这种出现在思维过程中（设定如此）的自我参照，赋予了这个公式明确而不容置疑的特征。正如后来的休谟那样，一旦去掉了自我意识，这个原理便崩溃了。然而依然真实的是，一个人的自身精神体验所具有的独特确定性，是不为别的活动所分享的。

笛卡尔哲学磨炼了古老的精神和物质二元论，从而把该理论必须面对的心灵—肉体关系问题摆到了突出的位置。因为物质世界与精神世界现在似乎各行其道，独立而只受自身规律的支配。按照这种观点，意愿之类的心理效力尤其不可能影响到物质世界。但笛卡尔自己在此允许了一个例外，那就是人的灵魂能够改变生命体运动的方向。然而这个人为的退路却与整个体系并不一致，而且也不符合运动的规律。所以笛卡尔的追随者们舍弃了它，转而主张心灵无法移动肉体。为了解释两者之间的关系，我们必须认为世界就是如此预先规定的，即某种身体运动无论何时发生时，实际上都会同时伴随发生精神领域的适当意识，但这种意识与身体运动并无直接的联系。这一观点是笛卡尔的追随者们，尤其是格令克斯（1624年—1669年）和马勒伯朗士（1638年—1715年）发展起来的。

这一理论被称为“偶因论”，因为它主张：正是由于上帝的旨意，物质与精神的系列活动才会沿着平行的轨道进行，在这种方式下，其中一个活动总是会在另一活动发生的适当时刻发生。格令克斯为了阐释这一理论，还发明了两个时钟的比喻。如果有两个钟，走时都很准确，那么就可以只看一个钟面；当指针指向某一正点时，会听见另一个钟在报时。此刻人就可能倾向于说，是第一个钟引起了第二个钟的鸣响。心灵和肉体就像这两个钟，上帝为其上好发条，然后它们各自沿着独立而平行的轨道运转。偶因论当然也产生了一些棘手的难题。因为正如为了省时，我们可以只看其中一个钟，于是我们似乎就有可能完全通过参照身体活动来推断精神活动。

偶因论本身的原理为如此冒险的计划提供了成功可能性的保障。于是人们就可以单凭物质活动，来设计出一整套的精神理论。实际上，这一尝试是由18世纪的唯物论者来进行的，并且得到了20世纪行为主义心理学的发扬光大。如此一来，偶因论不仅根本没有把灵魂从肉体中独立出来，反而最终使其中之一成了多余的事物。无论采用哪一种观点，它都与基督教原则格格不入，这也就难怪笛卡尔的著作会在天主教的禁书目录中找到自己无法逃脱的位置。首先，笛卡尔主义未能连贯一致地容纳自由意志。最后，无论从物理还是生物方面来看，笛卡尔在解释物质世界时所提出的严格的决定论观点，大大促进了18世纪至19世纪的唯物主义，尤其是当它与牛顿的物理学相协同的时候。

经院派哲学家曾经使用过“实体”一词，就这一专业术语的含义而言，笛卡尔的二元论完全是用某种惯常方式处理实体问题的结果。实体是各种属性的载体，但实体本身却是独立而永恒的。笛卡尔认识到了物质与精神是两种不同的自给自足的实体，并且不能以任何方式相互影响和作用。于是他引进了偶因论者的方法，以此来弥合两者之间的差距。但很显然，如果承认了这样一个原理，那就没有理由不去尽可能地紧紧依赖于它。譬如，人们可以把每一个心灵都当作它自己的一个实体。沿着这一方向发展下去，莱布尼茨在其“单子论”中提出了无限多实体的理论，并指出这些实体既是独立的，又是协调的。另外，人们也可以回溯到巴门尼德的观点中去，即主张只有一种实体。斯宾诺莎采纳了后一种观点，他的理论也许是迄今为止最连贯、最不妥协的一元论。

斯宾诺莎（1632年—1677年）出生于阿姆斯特丹的一个犹太人家庭。在人们的记忆中，他的祖先为了寻找一个能够按照自己的方式敬神的地方，舍弃了原本在葡萄牙的家园。因为自从穆斯林被逐出西班牙和葡萄牙之后，宗教裁判所便建立了不容许异教存在的统治，这就至少使得非基督徒的生活不大好过。而本身就在与西班牙暴政交锋的荷兰，则经历了宗教改革，为这些受迫害的人提供了避难所，阿姆斯特丹因而成了犹太社团新的家园。就是在这里，斯宾诺莎接受了早年的教育。

然而对于斯宾诺莎活跃的智力来说，这些传统的学习是不够的。借助于拉丁文，他熟悉了一些思想家的著作，这些思想家曾经导致了学术的复兴，并且正在发展新的科学和哲学。使犹太社团极为难堪的是，斯宾诺莎竟然很快就发觉自己已经不再可能继续留在正统范围之内。改良宗教的神学家们自行其是，毫不妥协；正统派则认为对宗教的任何激烈的批判性抵制，都将破坏当时盛行于荷兰的宽容气氛。结果，他们用尽了《圣经》里的全部诅咒，将斯宾诺莎逐出了犹太教堂。

从此以后，生性有些内向的斯宾诺莎便完全遁世脱俗，只在朋友的小圈子里过着平静的生活。他以磨镜为生，并潜心于哲学的沉思。尽管过着一种退隐的生活，他的名声却迅速地传扬开来。后来他和一些有影响力的崇拜者保持着书信联系，其中最重要的一位就是莱布尼茨，据称他们二人相识于海牙。但斯宾诺莎从没有答应过结束隐居出山活动。1673年，巴拉丁选侯想要斯宾诺莎担任海德堡大学的哲学教授，但遭到婉言谢绝。之所以谢绝这一荣誉，斯宾诺莎自有其明显的理由，他说："如果我要去专心教授年轻人哲学的话，那么我就应当中止对哲学的进一步研究。况且，我也不知道自己应该把哲学探讨的自由控制在什么范围之内，以便不给人试图推翻现有宗教的感觉……所以您会理解，我至今并不指望交上什么好运。不过我之所以放弃讲学，则仅仅由于珍视宁静生活的缘故；要得到这种生活，我想最好还是维持现状吧。"

斯宾诺莎并不是一位多产的作家，但他的作品却展示了少有的专注和逻辑严密性。他对上帝和宗教的观点是如此的超前，以致他在生前和以后的一百年内都被咒骂为邪恶的怪物，尽管他的伦理观念备受推崇。斯宾诺莎最杰出的著作是《伦理学》，这一极具爆炸性的著作在他死后才得以出版。在政治理论方面，他和霍布斯有许多共同之处，但各自的立足点是完全不同的，尽管在相当程度上，他们都认为一个健全合理的社会需要具备某些特征。霍布斯采用了经验主义方式来确立自己的解释，而斯宾诺莎则从自己的一般形而上学理论中演绎出了结论。事实上，如果我们想看清斯宾诺莎论证的力量，就必须把他的全部哲学著作当成一篇大论文来总体把握。其中的部分原因在于，和经验主义哲学家的政论著作相比，斯宾诺莎的作品不容易给人以直接的印象。但我们必须记住，他所讨论的都是当时十分活跃而现实的问题。和19世纪比起来，自由在当时政体中的重要作用并没有得到普遍的认同。

和霍布斯不同，斯宾诺莎是思想自由的积极辩护者。的确，他的形而上学和伦理学理论导出了这样的结论，即只有在思想自由的条件下，国家才能正常运转。他在《神学政治论》中着重讨论了这一点。该书有些不同寻常的是，它通过批判《圣经》的间接方式探讨了这些话题。斯宾诺莎在此主要针对《旧约》提出了批判，两个世纪后，这一批判变成了所谓的“更高的批判”。他从《旧约》入手，考察了历史事例，并且由此证明说，思想自由是社会存在之根本。在这个问题上，可以发现他的结论中有一种奇特的反思。“然而我必须承认，这种思想自由有时也可能导致某些不方便或烦扰。但谁又能如此聪明地建立起毫无副作用的东西呢？那些希望以法则支配万物的人，将会引发诸多缺陷而不是减少它们。无法禁止的东西必然得到容许，即使有时会导致危害。”

斯宾诺莎并不认为民主制就是最合理的社会秩序，这一点也是与霍布斯相左的。最合理的政府应当在合理的地方发布合理的政令，还应当在信仰、教令问题上保持中立态度。当存在一个政治上负责的、建立在所有权基础之上的特权阶层时，民主就会出现。斯宾诺莎认为，在这样的政府领导下，人们就会有最好的机会去发挥自己的知识潜力，用他的形而上学观点来说，这也是人类本性所追求的目标。至于何为最好的政府的问题，如果一个其活动取决于某种程度的自由和安全保障的贸易社会能够有最好的机会来确立自由规则的话，那么这种社会的政府在事实上就是最好的政府。斯宾诺莎在此以其祖国荷兰为例，阐释了自己的观点。

按照斯宾诺莎体系发表的时间顺序，我们接下来才转入了《伦理学》，尽管按逻辑顺序应该从它开始。《伦理学》的书名给人某些误导，以为它的全部内容都是伦理学。实际上，在书中首先看到的是斯宾诺莎的形而上学，它隐含了对自然进行科学考察的理性主义蓝图；在17世纪，它曾经成为最重要的智力问题之一。该书接下来还阐释了心灵、意志心理学和激情心理学，以及基于上述各点的伦理学理论。

全书的结构遵循了欧几里得的方式，从定义、公理及其所有的证据、推论和解释入手，从中推导出能够推出的全部命题。这种哲学探讨的方式今天已经很不流行了，对于那些只热衷于时髦新书而不论其中有无长处的人来说，斯宾诺莎的体系确实是陌生而古怪的。不过其体系的设置似乎还是能够被人们所容忍，并且就其本身的正确性而言，《伦理学》也仍然是一部简洁明晰的论证杰作。

《伦理学》的第一部分论述了上帝。它提出了六个定义，其中包括与经院哲学传统用法相一致的实体定义和上帝定义。书中的公理陈述了七项基本假设，但没有作出进一步的证明。从这里再往下，就只是从书中查阅到了一些推论，就像在欧几里得的作品中一样。从斯宾诺莎定义实体的方式来看，似乎实体必然是某种能够完全进行自我解释的事物。实体一定是无限的，否则它的局限性就会对自身带来某些影响。而且只能有一个最终变成世界的总实体，同样，它还与上帝重合一致。因此，上帝与宇宙是同一的。这就是著名的斯宾诺莎泛神论。必须强调的是，斯宾诺莎的解释并没有神秘主义的痕迹。整个事物完全是按照演绎逻辑的方式来处理的，并且建立在一组定义和公理的基础之上，这些定义和公理的建立体现了惊人的独创性。斯宾诺莎的体系也许是哲学史上最杰出的体系结构范例。

将上帝等同于自然的观点，引起了一切阵营中正统派的极端反感，然而它却是一项简单演绎论证的结果。就其本身而言，它是足够合理的，如果它伤害了某些人所珍视的信仰的话，这只能说明逻辑对所有情感都一视同仁。假如按照传统方式来定义上帝和实体，却一无所获的话，那么斯宾诺莎的结论就不得不被人们所接受。如此一来，人们就完全可能逐渐认识到这些术语具有某种独特的东西。根据这一理论，斯宾诺莎把人类自身的智慧视为上帝智慧的一部分。和笛卡尔一样，斯宾诺莎也强调明确性，因为他说："谬误在于缺乏充分的领悟觉察力，即让残缺混淆的理念掺杂其中。"一旦我们有了充分的理念，无疑就会像把握理念的秩序和联系一样，逐渐把握事物的秩序和联系。心灵的本质在于思索事物的必然性，而不是偶然性。如果人们在这方面能够做得越好，那就会越接近于和上帝或世界的同一。正是在这种意义下，斯宾诺莎写下了如下名言："心灵的本质在于以某种无始无终的观点来领悟事物。"这的确是心灵把事物视作必然这一事实的推论。

《伦理学》的第三部分揭示了心灵如何会受到激情的影响，从而未能全面理智地认识宇宙。支持我们一切行动的动力就是自我保存。人们可能认为，这种纯粹的利己主义原则会把我们全都骂作追逐私利的犬儒主义者。但这一看法完全错了。因为在寻求自身利益的过程中，一个人迟早会渴望与上帝统一起来；如果达到了这一步，他就更能以"永恒的形式"来看待事物，这种"永恒的形式"就是上一段落所提到的"无始无终的观点"。

《伦理学》的最后两部分才真正讲到了斯宾诺莎的伦理学。只要一个人受到了外部影响和原因的制约，那他就处于某种被奴役的状态。对一切有限事物来说，也的确同样如此。但只要能与上帝保持一致，人们就不再受制于这些影响，因为宇宙作为整体是不受制约的。所以，人们可以通过越来越协调于整体宇宙，获得相应程度的自由；因为自由意味着独立或自主，唯有上帝才享有完全的自由。通过这种方式，人们就能够摆脱恐惧。和苏格拉底、柏拉图一样，斯宾诺莎也认为无知是万恶之源，而知识则是有助于采取明智、适当行动的一个条件，从更好地理解宇宙这层意义上来说。然而和苏格拉底不同的是，他并不考虑死亡问题。"一个自由人从不考虑死亡问题，他的智慧是对生命而不是对死亡的沉思。"既然罪恶是否定的，那么上帝或自然，作为一个什么也不缺的总体，就不可能是罪恶的。在这个唯一可能的世界上，万物都在追求极致。在实际事务中，为了尽可能地获得与宇宙的最大限度接触，人就应该按照自我保存的方式来行动。

这就是斯宾诺莎体系的一个大致轮廓。它对于17世纪科学运动的重要意义就在于它采用同一标准的决定论解释了宇宙中的万物。实际上，这一体系也是日后用来详细阐述一元化科学大全的纲要。如果不加某些严格限定的话，这种尝试现在就不能被视为合理的尝试。同样，在伦理方面，是不能将邪恶认定为纯粹是消极的事物的。譬如，任何肆意残酷的行为都是整体世界的一个积极而永恒的瑕疵，基督教在其原罪学说中所暗示的可能就是这一点。斯宾诺莎的答案将必然是：在永恒的方式下，没有一直肆意妄为的残酷，但这种观点不大容易确立起来。不过斯宾诺莎的体系仍然是西方哲学的一座丰碑，尽管它的严肃格调有点《旧约》的特色，但它仍不失为伟大的尝试之一，因为它以古希腊人的宏伟气魄揭示了世界是一个可理喻的整体。

如前所述，实体问题的确导出了迥然不同的解决方法。如果斯宾诺莎坚持极端一元论的话，那么莱布尼茨的答案则走向了另一个极端，即假设有无穷多的实体。从某些方面看，这两种理论的关系就像巴门尼德的理论与原子论的关系一样，尽管这种类比并不恰如其分。归根结底，莱布尼茨的理论是建立在如下反思的基础之上的：单个实体不可能具有广延性，因为这将意味着多样化，而且只能描绘出某一组实体的特征。于是他从中推断说，实体有无穷之多，每个实体都是非广延的，因而也是非物质的。他把这些实体称为“单子”，从这个词的一般含义来看，“单子”具有灵魂的基本特性。

莱布尼茨（1646年—1716年）出生在莱比锡，父亲是一位大学教授。他小小年纪就显示出活跃的批判性才华；他十五岁进入大学研习哲学，两年后毕业，又到了耶拿攻读法律。二十岁时，他申报莱比锡大学的法律博士学位，因年龄关系而遭到了拒绝。阿尔杜夫大学当局则比较宽容，不仅授予他学位，甚至还给了他教授的职位。不过另有所谋的莱布尼茨并没有接受这一职位。1667年，莱布尼茨为美因茨大主教从事外交工作，后者不仅是选侯之一，而且是一位积极的政治家，他决心在“三十年战争”的大破坏中重振支离破碎的帝国，而首先要做的就是必须阻止法国路易十四的入侵。

1672年，莱布尼茨带着这一目标到了巴黎，并在那里差不多停留了四年。他的计划就是去说服显赫的国王出兵镇压异教徒和入侵埃及。虽然这一使命失败了，但在此期间，莱布尼茨却遇见了许多同时代重要的哲学家和科学家。马勒伯朗士当时正叱咤巴黎，还有一些人，如巴斯加以来的冉森主义主要代表人物阿尔诺，也在巴黎名声正响。同时莱布尼茨还结识了荷兰物理学家惠更斯。1673年，他来到伦敦，遇见了化学家波义耳，以及新近创立的皇家学会的秘书奥尔登伯格，莱布尼茨后来也加入了该学会。就在这一年，他的雇主美因茨大主教去世了，布伦斯威克公爵正好在汉诺威需要一位图书馆员，表示让莱布尼茨担任这一职位。但莱布尼茨并没有当即接受，而是仍然留在了国外。1675年，他在巴黎开始研究微积分，牛顿虽然稍早一些就做了这项工作，但莱布尼茨是独立发现这一方法的。1684年，莱布尼茨终于在《学问记述》上发表了他的观点，这一观点比牛顿的流数理论更接近现代形式。而牛顿的《原理》三年之后才问世。接踵而至的便是一场长期而无聊的争论，人们没有正视其中所涉及的科学问题，而是根据国家立场来决定支持某一方。结果，英国的数学落后了一个世纪，因为法国人所采用的莱布尼茨数学标记法是一种更灵活的分析工具。1676年莱布尼茨在海牙拜访了斯宾诺莎，然后到汉诺威担任了图书馆员，直到去世。他花了大量的时间来编辑布伦斯威克的历史，其余时间则用来进行科学和哲学研究。另外，他还进一步设计了欧洲政局的改革更新方案。他也试图弥合欧洲各地巨大的宗教分歧，但没有人理会他的方案。汉诺威的乔治于1714年成为英格兰国王时，莱布尼茨没有得到邀请随宫廷前往伦敦，这无疑主要是因为他的微积分争论所带来的不幸后果。他留在了汉诺威，怨苦交加，为人所遗忘，两年后便去世了。

讨论莱布尼茨的哲学不大容易。首先，他的大部分作品都是不完整的片段，常常忽视了及时修改那些导致轻微矛盾的地方。莱布尼茨生活的外部环境要对此负主要责任，因为他的哲学写作极少能在悠闲时刻完成，所以很容易被推迟和中断。但还有第二个更有趣的原因使得莱布尼茨的作品有时显得让人费解，这就是其哲学的两重性。一方面，他按照单子论提出了实体的形而上学观；另一方面，他又提出了一种逻辑理论，这一理论在很多方面与其形而上学思辨颇为相似。对我们而言，莱布尼茨的逻辑观或许比形而上学更重要，但他本人却显然同样重视其著作的这两个方面。的确，在他看来，从一个领域转向另一个领域，不会有什么困难。现在，这一观点无论如何也受到了英国哲学家的集体怀疑；尽管“语言与逻辑总能自足”这一概念本身就是一种具有自身缺陷的形而上学观。注意到以下这一点是相当重要的，那就是莱布尼茨的形而上学吸收了当时科学进展的一些主导特征。他的形而上学著作在生前就发表了，其中就包括单子论，这一理论为他赢得了大约两个世纪之久的哲学家赞誉。而逻辑著作直到20世纪初才得以出版和获得恰当的评价。如上所述，莱布尼茨在其形而上学理论中，通过“单子”给出了实体问题的答案。和斯宾诺莎一样，他也坚持实体不能相互作用的观点。这就立刻导出了一个结论，即任何两个单子之间不能够产生因果关系。的确，单子之间不可能有任何种类的真实联系。打个比方来说，就是所有单子都是没有“窗户”的。那么这又如何与各方公认的事实——宇宙任何部分似乎都有因果关系——相符合呢？现成的答案就是格令克斯“两个时钟”的理论。我们只需把单子扩展到无穷之多，就可以达到既定的和谐理论。因为上帝决定了整个事物，所有单子都在一个设计巧妙而庞大的平行轨道系统中，独立运行在自己的轨道上；那么在这种意义上，每一个单子都能反映整个宇宙。

一个单子就是一个实体，单子之间不仅具有质的差异，而且代表了不同的观点。严格地讲，我们不能说它们各有不同的位置，因为它们并不是时空的实体。空间和时间都是不真实的感觉现象。在它们的背后，单子的排列组合才是真实的，每个单子都代表着一个不同的观点。每个单子也都以略微不同的方式反映宇宙。没有两个单子是完全相同的，否则的话，它们实际上就是同一个单子。莱布尼茨“非辨别物的同一性”原理的意义正在于此。因此不太严格地讲，两个单子可能只在位置上有所区别的看法是没有意义的。

既然所有单子都是不同的，那么人们就能够按照它们反映世界的清晰度，将其排列成序。每个物体都由一群单子组成，人体也是如此。但其中得有一个主导单子，它由于自身的清晰度而与众不同。更具体地讲，这个特殊单子就是所谓的人的灵魂，尽管从广义上看，所有单子都是灵魂，它们都是非物质的、不可摧毁的，因而也是不朽的。主导单子或灵魂之所以显得突出，不仅因为它自身的领悟更清晰，而且因为它具有让其“部属”按照各自既定的和谐方式运作的各种目的。宇宙万物的发生都有其充分的理由，但自由意志却有些例外，人的行动理由不受逻辑必然性的严格强制约束。上帝也享有这种自由，尽管他不能任意违背逻辑规则。在斯宾诺莎可能引起反感的地方，莱布尼茨的这种自由意志论却为人所接受；对于采用单子进行的系统解释而言，这一理论似乎真的永远讲得通，但实际上又有差异，这一点将在下面谈到。

对于旷日持久的“上帝存在”问题，莱布尼茨完整地展示了我们已碰到的各种主要的形而上学论证。在四项论证中，第一项是安瑟伦的本体论论证；第二项源自亚里士多德某种形式的第一推动力论证；第三项源自必然性真理论证，它不知怎的竟需要神的心灵存在；第四项源自既定的和谐理论，实际上是一种从设计出发的论证。所有这些论证，我们都在别处探讨过，并且揭示了它们的弱点。康德很快就全面否定了这类形而上学证明的可能性。至于神学，必须记住的是，形而上学的上帝是对万物本性理论所作的一种最后润饰。它并不激发感情，和《圣经》里的上帝也毫无联系。除了新托马斯主义者以外，总的看来，神学家们已经不再依赖于传统哲学理论上的神性实体了。

在某种程度上，借助于显微镜而积累的新的科学研究结果启发了莱布尼茨的形而上学。列文虎克（1632年—1723年）已经发现了精子，也有人证明了一滴水里充满了微小的有机体。这确实是一个完整的世界，只不过比人们的日常世界规模更小罢了。正是由于诸如此类的考虑，莱布尼茨提出了单子的概念，并把它作为终极的、非广延的形而上学的“灵魂点”。微积分似乎也是在同一大致方向发展起来的。在这里，莱布尼茨感到重要的是这些终极成分的有机性质，他在这方面脱离了伽利略和笛卡尔所提出的机械论观点。尽管这样做也出现了一些困难，却使莱布尼茨发现了某种早期形式的能量守恒定律以及最小作用原理。总的说来，物理学的发展还是遵循了伽利略和笛卡尔的原则。

不管莱布尼茨的逻辑学和形而上学之间有些什么样的联系，有一点仍是肯定的，即前者提供了大量的暗示，使得后者至少更易于理解。我们先来看看莱布尼茨是如何接受亚里士多德主一谓逻辑的。两条一般逻辑原理被采纳为基本公理。其中第一条是矛盾原理，即两个矛盾的命题中必有一个是真，一个是假。第二条是前面已提及的充足理由原理，即一种给定的事态成立之前要有充分的先决理由。按照莱布尼茨的意义，把这两条原理应用于分析命题（主语包含谓语），如“所有金属硬币都是金属的”。那么就可以从矛盾原理中看出，所有这类命题都是真的，而充足理由原理则导出了这样的观点：一切有充分根据的真命题都属于分析命题，尽管只有上帝才能如此理解它们。对于人的心灵来说，这类真理都是偶然的。正如在斯宾诺莎身上一样，我们在此发现了尽力解决理想科学方案的某种努力。因为科学家为了建立理论，正是要去抓住偶然的东西，再把它作为其他事物的后果展示出来，从而使这种偶然具有必然的意义。只有上帝才拥有完美的科学，因此他能根据必然性洞察一切。

实体的互不作用是以下事实的一个结果：每一个逻辑主语的生命史都已包含在它自己的概念之中。这也源自另一个事实，即它的生命史既符合自身，也符合所有真命题的分析性。因此，我们不得不承认预定的和谐。但这种解释本身就像斯宾诺莎的理论一样，属于严格的决定论，前文所释的自由意志也在其中找不到立足之处。至于上帝和创世，斯宾诺莎认为是上帝出于仁慈而创造了尽可能好的世界。然而他同样针对这一主题的另一理论却根本没有提及上帝与创世。这种观点似乎受到了亚里士多德“圆极论”或“力求将潜在性变为现实性”理论的启发。那个在任何时刻都显示出最大现实性的世界终将存在，但要记住的是，并非所有的潜在性都能同时变为现实。

要不是因为严格坚持主—谓逻辑，莱布尼茨可能已经发表了数理逻辑的一些尝试性见解，从而使这一主题得以提前一个世纪进行。他还感到应当有可能发明一种完美的、能以计算代替思考的通用符号语言。尽管有了电脑，这种想法或许仍有些操之过急。不过他预见了逻辑领域日益常见的东西。至于完美的语言，这只不过是另一种表述方式而已，即希望人们能够逐渐把握有关上帝的完善科学。

对明晰理念的专注，以及对完美通用语言的探索，都是笛卡尔哲学传统的主要理性主义追求。在某种程度上，这也和前文所提及的科学目标相一致。同时，我们在此有了一条可以遵循的道路，但不是一个希望达到的最终目标。当莱布尼茨暗示只有上帝才拥有完善科学的时候，他至少已经隐约地看到了这一点。伟大的意大利哲学家巴蒂斯塔·维柯（1668年—1744年）在其作品中更为激烈地批判了理性主义的思维方式。莱布尼茨的主张被每一个敬畏上帝的基督徒（包括维柯）所接受，并导致这位意大利哲学家建立了一种新的认识论原理。上帝之所以具有世界的完善知识，是因为他创造了世界。而作为本身被创造的人则不能完善地认识世界。对于维柯来说，认识某个事物的前提条件就是创造了该事物。这一原理的基本表述就是，人们只能认识自己能够制作或创造的东西。如果按照“事实”一词的原义来理解的话，那么也就可以说真理就等同于事实。

维柯在生前和身后的五十年，实际上并不出名。他生于那不勒斯，是一个小书商的儿子，三十一岁时成了那不勒斯大学的一名修辞学教授，并一直担任这个看来有些低人一等的职务，直到1741年退休。维柯的一生大都生活清贫，为了养家糊口，他不得不去当家庭教师和为贵族干些临时性的书写工作，以此来贴补微薄薪水的不足。他之所以不为同时代人所了解，也从未交上好运，遇见或以书信方式结识到一位和自己实力相当的思想家，其中的部分原因就在于他的文笔晦涩难懂。

“真理即行为”的理论导致了许多极其重要的结果。首先，它为数学真理的明确可知提供了一个理由。因为正是按照抽象、随意的方式，人自身建立了数学科学的种种法则。人们能够理解数学，正是因为人们创造了它。同时，维柯还认为数学并不像理性主义者原以为的那样，能够使我们促进自然知识。因为他认为数学是抽象的（这里的抽象含义并不是指从经验中提取，而是指脱离自然，人为的某种随意性构造）。自然本身为上帝所创造，因此只有上帝才能完全了解它。如果人希望掌握一些有关自然的知识，那么就应当采纳实验与观察的经验性方法，而不是如此多的数学方法。维柯更多地赞同培根，而不是笛卡尔。必须承认，维柯在告诫人们不要使用数学时，并未看到数学在科学研究中的作用。同时应当承认的是，这里面也存在反对进行随心所欲的数学思辨的警告，这种思辨有时企图冒充经验主义研究。至于处在这两极之间的正确方法，我们已经在某个时候有所提及。数学之所以具有明确性，是源自人们从事（构建）了数学，这一理论影响了后来的许多作者，尽管他们可能并不同意维柯的这个观点，即数学是任意的。这里或许应当提到马克思主义作家索雷尔的见解，以及戈布鲁特、梅耶松所作的解释。他们同样主张数学的本质是功利主义和实用主义的。另外，任意性概念则为形式论者所接受，他们把数学视作某种精心设计的游戏。当然，如果想全面地陈述维柯的直接影响，这将是一件困难的事。应该知道卡尔·马克思和索雷尔曾经研究过维柯的著作。然而理念常常以某些微妙的方式为人所感知，它们的这种影响又是潜移默化的。尽管维柯的著作并不广为传阅，却包含了19世纪许多哲学发展的萌芽。

维柯原理的另一个主要成果就是他的历史学理论。他认为，数学由于是人为的，所以完全可知，但它并没有反映出现实。自然为上帝所创造，因此不为人全知，但它却反映了现实。直到今天，在那些把纯粹数学视作只不过是一种构造的地方，这一悖论仍然还有生命力。维柯试图发现一种既可全知，又能反映现实的“新科学”。结果他在历史学中找到了它，认为人与上帝可以合作，这一惊人的见解推翻了传统的观念，因为笛卡尔派早已把历史学当作非科学的东西勾销了。在19世纪，德国哲学家狄尔泰，以及社会学家马克斯·韦伯和桑巴特，再次提出了社会本来就比惰性物质更为可知的观点。

维柯在其多次再版的《新科学》一书中，最为完整地阐述了这个新的假设。对于现在的读者而言，该书读起来有些困难，因为它混杂了各种各样的成分，却始终没有恰当地加以分类。除哲学问题外，作者维柯还讨论了经验主义问题以及明确的历史问题，然而他所探究的这些不同的组成部分并不总是易于解决。诚然，维柯本人有时候似乎也没有意识到自己正从一个问题陷入另一个问题。尽管有这样的缺陷和晦涩，《新科学》一书还是提出了一个非常重要的理论。

那么，如果把真理等同于所做的事或事实，这又意味着什么呢？在进一步的考察之后，就发现这个有些不太正统的原理在认识论问题上产生了一些相当合理的推论。因为“做（事）”的确有助于提高人们的认识。明智地采取某些行动无疑会促进人们对这一问题的理解。显然在人类的行动或尝试中，这种现象发生得最为自然常见。理解音乐就是一个很好的例子。要彻底弄懂一首乐曲，光聆听是不够的，还必须通过读谱或演奏，把这支曲子尽可能照原样再现出来，尽管做得相对缺乏专业技巧。问题的关键在于，专业的技巧正是以这种方式逐步获得的。而科学的探究也同样如此，通过研究材料而主动得出的知识，要比纯粹的外部抽象知识更能让人们牢固地把握现实。正如后文所示，这一点为皮尔士的实用主义哲学奠定了基础。但无论如何，这里并没有任何晦涩难懂的知识，人们的一般常识在“实践创造完美”这句格言中已经体现了这一点。因此，在数学中单纯学习定理是不够的，人们还应当能够把自己的理论素养运用到各种具体问题中去。这并不是赞成功利而要求抛弃超然公正的研究；相反，对于概念的正确理解正是要通过行动来加以领会，这种观点表面上看来有点像普罗泰戈拉的实用主义学说。但维柯并没有完全按照智者的意义，使人成为万物的尺度。他所强调的是认识过程中能动的、毫不夸张的再造性因素，这根本不同于把每个人的所见都视作终极标准的做法。对能动性的强调，是与理性主义者提出的明晰理念完全对立的。

理性主义者常常把想象看作混乱的根源而竭力加以回避，而维柯则不然，他强调了想象在发现过程中的作用。他认为，在形成概念之前，我们会根据某种相当模糊而定义不明确的情形来思考问题。这一观点并不是完全令人满意的，因为无论思维过程多么模糊，人们都很难看出它是如何才算缺乏概念性内容的。或许倒不如说，原始思维是以图像和隐喻来进行的，而概念性思维则是最后的复杂阶段。从这一切中产生的一个有价值的线索就是，理性主义者的解释是把科学视作一件制成品，并且按照讲解的次序来陈列。而隐含于维柯作品中的解释则表明，科学正在形成之中，而且采用了发明的先后顺序。不过这其中的大部分内容并没有得到维柯清晰的陈述。

至于由人创造的历史，维柯认为可以达到最大限度的明确性，他感到历史学家有可能揭示历史进程的一般规律，并且按照这些规律来解释事情发生的起因，以及事情将会按照可预见方式继续下去的原因。维柯并没有说每一个细节都可以按照机械的方式进行预测，而是说大致的轮廓一般是可知的。在他看来，人的事情也有高峰低谷，正如潮涨潮落一样，人类的命运也如此循环往复。如前所述，循环理论最初见于前苏格拉底时期的原始资料。但维柯就像剧作家和演员一样，通过在人的心灵中寻找历史重演的形式，从一个新的角度来认识了这些古老的概念。

因此，维柯的理论不是在回顾过去，而是展望了黑格尔的历史论。同时，这种针对历史问题的态度也比理性主义者的秩序论更适合于历史经验主义的研究。所以，由霍布斯以及后来的卢梭所陈述的社会契约论就是一种典型的理性主义者的曲解，几乎可以说，它是一种按照机械的数学方式得出的社会理论。而维柯的理论则允许他把社会组织看作人类自然的、循序渐进的成长，人类通过自身积累的传统，慢慢建立起集体生活的各种形式。另一方面，社会契约论却假定：人们突然发觉自己是完全有理性的，并且能够为自己作打算，他们通过合理的判断，采取了一次行动，于是一个新社会便一下子诞生了。

普遍符合社会的东西，也同样符合于具体的语言。语言开始于人们在共同活动中不得不互相传达信息之时，语言的原始形式包括各种手势和象征性动作。当语言变得可以发音时，它的符号便不再与其简单对象发生直接的自然联系，而是逐渐化成了约定俗成的模式。实际上，语言开始于诗歌，只是在发展中最终变成了一门科学。那些编撰了语言结构原理的语法学家们也在这里采取了理性主义观点，错误地以为语言是一种有意识的蓄意构造。在讨论古代哲学时已经看到，科学和哲学的语言是文明的新产物。在那里，可以发现，人们为了表达新的东西，如何与当时的通用语言作斗争。虽然时时被人遗忘，但这仍然是一条重要的原则。科学和哲学的职责正是从日常一般语言入手，锻造出更锋利的语言工具，以达到进行新探索的目的。这个有价值的信息就隐含在笛卡尔对明晰理念的要求之中。维柯本人似乎并没有从中看出这一点，因而也就忽视了理性主义哲学对于科学的重要意义。

我们可以用两种对立的方式来探讨语言问题，要么就像莱布尼茨那样，采取极端的理性主义者观点，把语言看作某种充满清晰概念，并且具有明确计算规则的算法。要么可以按照维柯精神，认为自然语言是作为交流的充分媒介而发展起来的，同时抛弃任何形式化的曲解企图。根据这一观点，逻辑的作用实际上就是多余的，因为能够提供意义的唯一标准就是语言本身的积极运用。这两种极端的观点都是错误的。理性主义者误以为发展的方向就是能够达到的终极目标，而对形式化的全盘拒绝，则使人们失去了突破狭隘视野的可能性，结果总是只看到自己。另外，后一种见解还经常与如下的观点联系在一起：日常的谈话已经如其所需、如其所能地清晰明了。其实这是一个完全草率乐观的观点，它没有考虑到过去哲学的种种偏见还残存于日常语言之中。

尽管维柯在社会学领域中有着非正统的理论，但他仍然是一位虔诚的天主教徒。无论如何，他都试图把天主教纳入自己的体系。至于这样做是否会出现自相矛盾，自然则是另一个问题。但连贯一致地思考问题并不是维柯的优点，维柯的重要性在于，他不可思议地预见了19世纪及其哲学的发展。在其社会学中，维柯脱离了理性主义者“理想共和政体”的概念，而埋头于经验主义任务，即研究社会是如何形成与发展的。在这方面，他具有高度的独创性，首次提供了人类文明的一项真正理论。这一切都与其全部思想的核心主导概念密切相关，这个概念就是：真理即行为。用拉丁文表述，就是“verum factum”。

不列颠经验主义

宗教改革之后，在欧洲北部紧接着产生了一种新的政治态度和哲学态度。作为对宗教战争时期和从属于罗马时期的一种反作用，它的出现以英国和荷兰为中心。欧洲大陆的宗教分裂所造成的恐怖影响大多没有波及英国。诚然，（英国）新教徒和天主教徒曾一度以一种并非一心一意的方式彼此迫害，克伦威尔统治下的清教主义也与教会不和，但并不存在大规模的暴行，更没有外国的武力干涉。而荷兰却遭受了宗教战争的强烈影响。在同（天主教）西班牙的长期而艰苦的斗争中，荷兰终于在1609年暂时取得了独立承认，并获得了1648年《威斯特伐利亚条约》的批准。

这种针对社会与智力领域各种问题的新态度被称为自由主义。这一标签有些笼统含混，但人们仍能从中分辨出许多相当鲜明的特征。首先从根本上说，自由主义是新教的，但并未采取狭隘的加尔文方式，它更是新教"人人都必须以自己的方式和上帝协调"概念的一种发展。另外，自由主义还认为偏执不利于事业，因为自由主义是新兴中产阶级的一个产物，而商业和工业正是在这一阶级的手中日益发展的。自由主义还与贵族、君主顽固的特权传统格格不入，因此它的主旨就是某种宽容。在17世纪，当欧洲的大部分地区被宗教冲突搞得支离破碎，被毫不妥协的宗教狂热折磨烦扰时，荷兰共和国却成了异教徒和各类自由思想家的避难所。新教教会从来没有获得过天主教会在中世纪时所享有的政治权力，而国家的权力因此变得更为重要。

君主的独断权力逐渐不为中产阶级喜欢，后者以其自身的进取和胆识获得了财富，因此，自由主义运动便朝着民主的方向发展，其基础就是争取财产权和削弱君权。除了否定君权神授的观念以外，还产生了一种感觉，即人们能够通过自身的努力来改善当前的际遇，结果，教育的重要性便开始受到了人们更多的重视。

一般说来，人们对政府是持怀疑态度的，因为政府正在压制商业拓展之需和限制其自由发展。但同时，人们又意识到对法律和秩序的需求是社会的基本需求，这样便多少缓和了他们反对政府的态度。从这个时期起，英国人便继承了典型的喜欢妥协的传统。在社会问题上，这就暗示着他们考虑的是改良而不是革命。

因此，正如其名所示，17世纪的自由主义就是一股解放的力量。它解放了那些实践它的人们，使他们摆脱了垂死的中世纪传统仍然不肯放手的一切暴政，包括政治上的、宗教上的、经济上的和智力上的暴政。同样，它还反对极端主义新教各派的盲目狂热，并且拒绝承认教会在哲学、科学问题上享有的合法特权。在维也纳会议使欧洲陷入神圣同盟的新封建泥淖之前，早期的自由主义被一种乐观的看法激活，并且在无穷能量的驱动下阔步向前，而没有遭到重大的挫折。

在英国和荷兰，自由主义的增长与当时的一般条件是如此密切地相联，以至没有引起什么混乱。而在别的一些国家和地区，如法国、北美洲，自由主义就出现了革命性的影响，并左右和决定了之后事件的发展。自由主义态度的主导特征就是对个人主义的尊重。

新教神学早就强调了在良心问题上享有立法权威是不恰当的。同样的个人主义也渗入了经济领域和哲学领域。在经济方面它表现为“自由放任”，而它的理论化则表现为19世纪的功利主义。在哲学方面，它对知识论表现出明显的兴趣，自此以后的哲学家们一直埋头于这一理论。笛卡尔的著名公式“我思故我在”就是这种个人主义的典型例子，因为它使每个人都把知识的基础重新定位于自己的个人存在之上。

这种个人主义学说主要是一种理性主义者的理论，它主张理性至上，感情用事一般被认为是思想未开化的表现。然而在19世纪，个人主义学说还是逐渐延伸到了感情本身，并在浪漫主义运动的顶峰时期导致了大量的权力哲学（这种哲学吹捧强者的一意孤行）。这样的结果当然是与自由主义立场相对立的。这些理论实际上也是不攻自破的，由于害怕受到同样野心勃勃的人的竞争，成功者必定会“过河拆桥”。

自由主义运动影响了发表见解的一般智力氛围。因此不足为奇的是，那些可能持有极不相同的哲学观点的思想家，在其政治理论中仍是自由主义者。和不列颠的经验主义哲学家一样，斯宾诺莎也是自由主义者。

随着19世纪工业社会的兴起，自由主义就成了遭受悲惨剥削命运的工人阶级要求改良社会的强大源泉，这一作用又被后来更富战斗力的新兴社会主义运动所继承。总的说来，自由主义仍是一种没有教条的运动。不幸的是，作为一种政治力量，它现在已失去了活力。绝大多数人离开了一套严苛的政治纲领，便没有勇气再活下去，这就是对我们这个时代的一种可悲评价，或许这是20世纪国际性大灾难的恶果吧。

笛卡尔的哲学工作产生了两股发展主流。第一就是复苏的理性主义传统，在17世纪，这一传统的主要传播者是斯宾诺莎和莱布尼茨。第二就是通常所说的不列颠经验主义。重要的是，人们不能过于机械地运用这些分类标签。事实上，正如在任何别的领域一样，理解哲学的最大障碍之一就是盲目地、过分生硬地给思想家们贴上分类标签。但习惯的分类法并不是任意的，而是指出了两种传统的主要特征。即使在政治理论当中，不列颠经验主义者也的确展示了某种理性主义思维的显著特色。

不列颠经验主义运动的三位伟大的代表人物分别是洛克、贝克莱和休谟，时间跨度大致从英格兰发生内战到法兰西大革命时期。约翰·洛克（1632年—1704年）接受了严格的清教徒式培养，其父在内战期间与议会军队并肩作战。洛克观点的基本宗旨之一就是宽容，这就最终导致他与冲突双方都断绝了关系。1646年，他在威斯敏斯特学校开始学习，并在那里掌握了古典学问的传统基础知识。六年后，他又到了牛津大学，一直在那里停留了十五年，先是当学生，后来成了那里的希腊文及哲学教师。经院哲学当时仍在牛津盛行，但并不为洛克喜欢。洛克对科学实验及笛卡尔的哲学产生了兴趣。对于像他这样持有宽容观点的人，顽固不化的教会是不会给予其前途的，因此洛克最终决定从事医学研究。这时他结识了波义耳，后者与1668年创立的皇家学会有联系。1665年，洛克随同一个外交使团造访了勃兰登堡选帝侯，第二年又遇见了阿什利勋爵，此人后来成了第一代沙夫茨伯里伯爵。1682年以前，洛克一直是伯爵的朋友和助手。洛克最著名的哲学著作是《人类理智论》，该书是他与朋友们一系列探讨的成果，于1671年开始撰写。书中明确指出，对人类知识的范围和局限性作出初步的评价将是有益的。当沙夫茨伯里于1673年垮台时，洛克去法国逗留了三年，并在那里见到了当时的许多最为出色的思想家。1675年，沙夫茨伯里重出政坛，而且担任了枢密院大臣。于是在翌年，洛克又再度成了伯爵的秘书。沙夫茨伯里试图阻挠詹姆斯二世登基，并且卷入了未能成功的蒙默思叛乱，结果被流放了，最后于1683年死于阿姆斯特丹。同年，由于被怀疑与之有牵连，洛克只能逃到了荷兰。为了不被引渡回国，他还曾不得不一度化名生活。正是在这段时间，他完成了《人类理智论》。同一时期，他还写成了《宽容书简》和《政府两论》。1688年奥兰治的威廉成为英格兰国王，此后不久，洛克便返回了故乡。《人类理智论》出版于1690年，洛克晚年的大部分时间花费在准备该书的后期版本，并且忙于应对此书引发的论战。

在《人类理智论》中，心灵的局限性以及我们所能进行的那种探索的局限性，首次得到直截了当的阐述。理性主义者有一种不言而喻的设想，即完善的知识终将可以获取，而新的探讨却对此并不那么乐观。总的说来，理性主义是一种乐观的学说，并且到了无法批判的程度。另一方面，洛克的认识论探索却是某种批判性哲学的基础，这种哲学在两层意义上是属于经验主义的。首先，它并不像理性主义者那样，预先断定了人类知识的范围；其次，它强调了感知经验的因素。因此，这种观点不仅标志着经验主义传统的开端（由贝克莱、休谟和约翰·斯图尔特·穆勒所推动），而且标志着康德批判性哲学的起步。由此可见，洛克的《人类理智论》旨在扫除旧的偏见和先入之见，而不是为了提供某种新的体系。在这方面，洛克为自己确定了一项任务，他谦逊地认为这项任务不及那些大师级营建者（如“无与伦比的牛顿先生”）的工作。对于自己所起的作用，洛克感到“如果能像一名低级雇工，扫扫地面，清除一下知识途中的‘垃圾’，就算是抱负不小了”。

在这种新计划中，首先就是要严格地把知识置于经验基础之上，这就意味着必须抛弃笛卡尔和莱布尼茨的天生理念。有一种观点是得到各方承认的，即人们与生俱来就有某种既能够发展，又能够使人们学到不少东西的资质。但如果据此设想未受过教育的心灵也会有蛰伏着的内容，那就行不通了。假如真的如此，我们可能就永远也无法把这种知识与真正来源于经验的知识区分开来，而且也可以说一切知识都是天生的。这恰恰是《美诺篇》中的回忆理论所主张的说法。

其次，人类最初的心灵要像一张白纸，经验为它提供了思想内容。洛克把这些内容叫作理念，这个术语在此具有极广的含义。根据所指对象的不同，理念一般可分为两类。第一类是感觉理念，人类通过感官观察外部世界就可获得这种理念。第二类是反思理念，它产生于心灵的自我审视。到此为止，该学说并没有提出任何惊人的新颖观点。心灵空空如也，除非通过感官拥有内容，这是经院学派的一个古老公式，莱布尼茨又增添了一个限定条件，即把心灵本身排除在这个公式之外。经验主义的新奇独特之处，就在于它指出了知识的唯一来源是感觉理念和反思理念。因此，在思考和思辨的过程中，人们只能通过感觉与反思来获取知识，而绝不可能超越这一形式的限制。

洛克接下来把理念分为简单理念和复杂理念两类。但他并没有提供令人满意的简单标准，他将不能再分解的理念称为简单理念。作为一种解释，这并不是便于理解的。另外，洛克在使用这一词组时的定义也并不是始终一致的，但他试图干什么，却是很清楚的。如果只有感觉理念与反思理念的话，那么就必定有可能表明思想内容如何由这些理念构成，或者换句话说，复杂理念如何从简单理念的组合中产生。复杂理念可以再分为实体、程式和关系三类。“实体”就是能够独立存在的事物的复杂理念，而“程式”则依赖于实体。正如洛克本人开始看到的那样，就其自身的意义而言，“关系”根本不是真正的复杂理念。它们自成一类，来自心灵的比较作用。我们以因果事实为例，这种关系理念是伴随着对变化的观察而发生的。洛克认为，必然联系概念的基础是一项先验的假设，而不是经验。后来，休谟强调了后一种观点，而康德则强调了前一种。

在洛克看来，如果说某人知道什么，那就意味着他是确信的。在这方面，洛克只不过是遵循了理性主义者的传统。“知道”一词的用法可以追溯到柏拉图和苏格拉底。根据洛克的观点，人们现在所知道的就是理念，而理念则代表了世界。知识表现论自然使洛克超越了自己如此强烈提倡的经验主义。如果人们所知道的一切都是理念，那么也就可能永远也不知道这些理念是否与万物的世界相一致。无论如何，这种知识观导致洛克产生了如下的见解：语词代表着理念，正如理念代表着万物一样。但其中也有这样的差别，即语词是约定俗成的符号，而理念却不是。既然经验只为人们提供了个别理念，那么心灵自身的作用就是产生抽象理念和普遍理念。《人类理智论》一书还顺便表述了洛克对语言起源的看法，和维柯一样，他也认识到了隐喻的作用。

洛克知识论的主要难点之一就是解释谬误。如果我们把洛克的“白纸”换成柏拉图的“鸟笼”，把“理念”换成“鸟”的话，该问题的形式和《泰阿泰德篇》中的形式完全一样。按照这种理论，人们似乎就永远不可能犯错误，但洛克并不总是为这类问题焦虑不安。他的论述不仅缺乏系统性，而且常常是知难而退。由于具有某种实用心态，洛克处理起哲学问题来总是有些支离破碎，他并没有去认真对待实现连贯立场的任务。正如他曾经说过的那样：他是一名低级雇工。

在神学问题上，洛克接受了把真理分为理性真理和启示真理的传统划分法，虽然独来独往，但他始终是一位虔诚的基督徒。他最憎恶希腊语原义上的“神秘灵感”。“神秘灵感”指的是被神灵启示所眩惑的某种状态，它是16世纪和17世纪宗教领袖的一个特征。洛克感到这些人的狂热不仅危害理性，而且危害启示。宗教战争的暴行令人恐怖地证实了这一观点。总而言之，洛克在这方面遵从了当时的一般哲学趋向，确实把理性放在了首位。

同样，理性与零碎的经验主义的混合物也见之于洛克的政治理论，在1689年至1690年写成的《政府两论》中，洛克陈述了这些理论。其中第一篇论文驳斥了罗伯特·费尔默爵士所著的名为《族长制》的小册子，该小册子包含了神授君权的极端论述。该理论的基础是世袭原则，洛克发现轻而易举就可以推翻这种理论，尽管人们可能认为这个原则与人类的理性并非格格不入。实际上，在经济领域，这个原则得到了广泛的认同。

在第二篇论文中，洛克提出了自己的理论。和霍布斯一样，洛克也认为在政府存在以前，人们生活在某种受到自然法则支配的自然状态之中。所有这些观点都属于传统的经院哲学。和霍布斯一样，洛克还认为政府的兴起是基于社会契约的理性主义学说。在当时的背景下，这种观点比起那些坚持君权神授的人来，算是前进了一步，尽管它不及维柯的理论。在洛克看来，社会契约背后的原动力就是对财产的保护。由于受到了这类协定的约束，人们便放弃了独自维护各自利益的权利，这种权利现在交给了政府。由于在君主政体中，国王本人也可能卷入纷争，那么根据任何人都不应对自身案件进行判决的原则，这就要求司法必须独立于行政。孟德斯鸠后来极为详尽地论述了权力的划分。洛克首次对这类问题进行了充分的解释。他特别考虑到了国王的行政权力和与之相对应的议会立法权。立法机构作为整个社会的代表，只对其代表的社会负责，它是至高无上的。但是当行政和立法发生冲突时，人们又该怎么办呢？显然，在这种情形下，行政必须屈从于立法。这的确也是查理一世曾经遭遇过的事情，他的独裁方式激起了英国内战。

还有一个问题，即人们如何来决定，什么时候可以对暴君采取正义适当的武力行动？在实践中，这些问题通常是根据该反抗事业的成败来决定的。尽管洛克似乎隐约地意识到了这一事实，但他自己的观点仍与当时政治思维的一般理性主义倾向一脉相承。他设想任何一个有理性的人都会知道何是何非。在这里，自然法则的学说再次在暗中徘徊。因为只有根据某个内在的原则，才能评价一项行动的对与错。那么第三种权力司法权恰好就在这里起到了特殊的作月。洛克本人并没有把司法权当作一种单独的权力加以讨论。但是在权力划分逐渐为人接受的任何地方，司法权都及时地获得了完全独立的地位，并且能够在其他任何权力之间进行裁决。通过这种方式，这三种权力便组成了一个相互制约与均衡的体系，从而阻止了任意权威的出现。对于政治自由主义来说，这是极为重要的。

在今天的英国，政党结构的一成不变和内阁所产生的权力，多少削弱了行政权与立法权之间的分工。权力划分最突出的例子存在于美国的政体之中，它的总统和国会都独自发挥作用。至于一般的国家，自洛克时代以来，其权力以牺牲个人为代价，获得了极大的发展。

在迄今的所有思想家中，洛克既不是最精深的一位，也不是最具独创性的一位，但他的工作却在哲学和政治两个方面都逐渐产生了巨大而持久的影响。在哲学方面，他站在了新经验主义的前沿，这种思想路线首先是由贝克莱、休谟，以及后来的边沁、约翰·斯图尔特·穆勒发展起来的。同样，18世纪法国的百科全书派运动，除了卢梭及其追随者以外，大部分都是属于洛克派的。马克思主义的科学特色也要归于洛克的影响。

在政治方面，洛克的理论是对英国实际应用的那套东西的总结，因此不可能指望出现什么大的动荡。而在美国和法国，情况则截然相反。洛克的自由主义导致了某种更为壮观的革命。在美国，自由主义成了国家理想，并被载入了宪法。作为理想，它们并非总是得到忠实的遵守；但作为一项原则，早期的自由主义却几乎一成不变地在美国继续发挥着作用。

相当奇怪的是，洛克的巨大成功是与牛顿理论彻底的征服相联系的。牛顿的物理学永远废除了亚里士多德的权威。同样，洛克的政治理论，尽管几乎没什么新颖之处，也否定了神授的君权，并试图在经院哲学的自然法则基础上，建立起一套新的国家学说（为适应现代条件，作了适当修改）。这些尝试的科学特征反映在它们对而后所发生的事件的影响上。美国人的《独立宣言》的措辞恰恰就打上了它的烙印。当富兰克林写下“我们认为这些真理是不言而喻的”时，他用了“不言而喻”一词来代替杰斐逊的“神圣而不可否认的”，富兰克林在此正是模仿了洛克的哲学语言。

在法国，洛克的影响更为强烈。“旧秩序”中的暴政已经过时，并且与英国的自由主义原则形成了痛苦而鲜明的对照。另外在科学领域中，牛顿的见解也取代了较为陈旧的笛卡尔世界观。在经济方面，英国的自由贸易政策受到了法国极大的推崇，尽管存在着部分的误解。在整个18世纪，法国都盛行着某种尊英态度，而这种态度的建立首先源于洛克的影响。

正是由于洛克的哲学，近代的欧洲哲学随之出现了第一次分裂。总的说来，大陆哲学构建了大规模的体系。它的论证具有先验倾向，而且在论证范围之内常常对细节问题不感兴趣。另一方面，英国哲学却更加紧密地遵循了科学的经验主义研究方法。它以零散的方式探讨了大量的小问题，当它真要提出一般性原则时，它会把这些原则置于直接证据的验证之下。

探讨中的这些差异必然会导致如下结局：如果先验体系的基本原则被去除，那么它就会一败涂地，即使它的本身是前后一致的。而建立在观察事实基础之上的经验主义哲学却不会崩溃，即使人们在某些地方对其吹毛求疵。这两者的差别就像两座塔基与塔尖相互颠倒的“金字塔”一样。经验主义的“金字塔”建在牢固的地基之上，即使从某个部位取走一块石板，它也不会倒塌，而先验性的“金字塔”却是倒立的，似乎你瞟它一眼，它就会摇摇欲坠。

在伦理学中，这种方法的实际效果甚至更为明显。善的理论作为一个严格的体系提了出来，如果某个不开明的暴君自以为注定该由他来贯彻这一理论，那么就会出现恐怖的劫难。毫无疑问，可能会有一些人鄙视功利主义的伦理学，因为它始于追逐欢乐的“低级”欲望。然而完全可以肯定的是，在改善同胞命运方面，比起那些不择手段以求达到理想目标的“严肃”“高尚”的改革家来，这种理论的辩护者要做得更多。除了这些不同的伦理学观点以外，还相应地出现了政治学发展中的不同态度。洛克传统中的自由主义者并不喜欢基于抽象原则的彻底变化。每项争执都必须在自由讨论中，依照自身的价值来进行探讨。正是英国政府和社会实践中的这种零碎的、暂时的，不但不成体系，反而是反体系的特征，才使欧洲大陆感到如此恼火。

洛克自由主义的功利主义继承人支持一种开明的利己伦理学。这一概念虽不能在人们当中唤起最高尚的情怀，但出于同样的理由，实际上它避免了以崇高体系为幌子犯下堂皇的暴行——这些体系展望了更高尚的目标，却忽略了人们并不是抽象物的事实。

洛克理论遗留下来的一个严重缺陷就是他对抽象理念的解释。这种解释当然是一种尝试，以求解决洛克认识论中余下的共相问题。其中的困难就在于，如果人们欲从具体实例中提炼抽象理念，会发现最终一无所获。洛克以三角形的抽象理念为例，它一定“既不是钝角的，又不是直角的；既不是等边、等腰的，又不是不等边的，这些特征既同时具有，又同时没有”。对抽象理念论的批判正是贝克莱哲学的出发点。

乔治·贝克莱（1685年—1753年）是盎格鲁-爱尔兰人的后裔，出生在爱尔兰。他十五岁进入了都柏林的三一学院学习，在那里，除了传统学科以外，牛顿的新学问以及洛克的哲学正日益兴盛。1707年，贝克莱当选三一学院研究员。在随后的六年时间里，他发表了一些著作，从此奠定了其哲学家的声望。

贝克莱不到三十岁就已出名，此后，他把主要精力投入到了别的事业中。从1713年到1721年，贝克莱一直在英国和欧洲大陆居住、旅行。回到三一学院之后，他担任了高级研究员，并于1724年成为德利教区的教长。在此期间，他开始着手准备在百慕大创办一所教会学院，在得到政府提供支持的保证后，贝克莱于1728年前往美洲寻求新英格兰人的赞助。然而威斯敏斯特教会许诺的帮助却迟迟不能兑现，因此贝克莱不得不放弃了自己的计划，于1732年回到了伦敦。两年后，他被提升为克罗因地区的主教，并一直担任这一职位，直到去世。1752年，他前往牛津访问，并在第二年年初于牛津故去。

贝克莱哲学的基本论点是：存在物等同于被感知的东西。在他看来，这个公式是如此的不证自明，以至他从未试图向对其不太信服的同时代人解释他想做些什么。因为从表面上看来，这个公式自然与常识相去甚远。正常情况下，没有人会认为自己所感知的对象就在自己的心灵当中。然而其中的意义却在于，贝克莱初步提出了所指对象的理念存在着某些问题，他所根据的正是洛克曾经宣扬，却又未能一以贯之的经验主义观点。因此，像约翰生博士那样妄求通过“踢石子”来驳倒贝克莱的做法就完全偏离了目标。至于贝克莱自己的理论最终能否解救洛克的困境，则是另一回事。同时，还必须记住，贝克莱并不打算用一些神秘的难题来眩惑我们，而是试图修正洛克理论中的某些自相矛盾之处。至少可以说他在这方面是相当成功的。如果依照洛克的认识论，那就无法合理地保持内心世界与外在世界的差异。人们不可能在坚持洛克理念论的同时，又主张知识表现论。康德后来在解释同一问题时，也面临了极为相似的困境。

贝克莱在其第一部著作《视觉新论》中批判了抽象理念论。一开始，他讨论了当时风行的关于感知的种种混淆观念。特别是他对如下的表象难题作出了合理的解答，即人们看见的事物是正立的，尽管其图像在眼睛视网膜上是倒置的。这一难题在当时十分常见，贝克莱证明了这完全是出于一种简单的谬误。关键在于我们是用眼睛看见东西，而不是像看屏幕一样从后面来看它们。因此，造成这一误解的原因就是我们不知不觉地从几何光学滑入了视觉感知语言。贝克莱进一步提出了一种感知理论，这一理论明确地区分了不同感官针对不同对象的各种东西。

贝克莱说，视觉感知并不是外部事物，而只是心灵中的理念。但他认为触觉感知（虽然在心灵里属于感觉理念）是针对有形对象的，尽管在后来的著作中，他不再允许这种区别存在，并且认为一切感知只在心灵中产生感觉理念。各种感官之所以会如此分离，其原因就在于所有的感觉都是独特的。这也就解释了贝克莱为什么要拒绝他所谓的“唯物主义”。因为物质纯粹是各类属性的某种形而上的载体，而只有属性才能产生经验，即思想内容。这样的单纯物质是不可能被经验的，因此就是多余的、无用的抽象。同样的想法也适用于洛克的抽象理念。例如，如果把一个三角形具有的所有特性都去掉了，那么严格地讲，最终将什么也留不下来，而子虚乌有的东西是不可能被经验的。

在《视觉新论》发表的第二年，即1710年，贝克莱出版了《人类知识原理》，他在书中无保留地、不妥协地陈述了自己的公式：存在即被感知。严格说来，这是洛克经验主义的最终结果。当人们事实上确有经验时，能够说的一切就是自己具有了某些感觉或反思的经验。因此，人们不仅被限定在如此存储于心灵中的经验范围内，而且被迫只能在自己有这些经验时，才承认它们。在某种意义上，这是毫不奇怪的：当你有经验的时候，而不是在任何别的时候，你就是有经验。只有在经验中，或者通过经验来提及某物的存在，这才是有意义的，因此，存在就等同于被感知。按照这种观点，如果说起某个未曾经验过的经验，或某个未被感知过的理念，就是毫无意义的。那些持有现象主义认识论的当代哲学家们继续坚持了这一立场，根据这样的理论，就不存在未经感知过的感官数据。至于抽象理念，如果它们有可能的话，那就必然会代表着某些无法被经验的实在，这一点是与洛克的经验主义相矛盾的。因为经验主义的观点认为，实在性与能够被经验的东西是同广阔、共久远的。

那么又如何来解决共相问题呢？贝克莱指出，洛克所想的抽象理念纯粹是普遍性名称而已，但它们并不针对任何特指的单个事物，而是指一组事物中的任何一个。因此，“三角形”一词就用来指任何三角形，而不是指一种抽象概念。实际上，抽象理念论的困难和我们论及苏格拉底形式论时所面临的困难是不无关系的。那些形式也是指完全非特定的东西，并且独立存在于另一个世界，但它们有可能被认知。

然而，贝克莱不仅抛弃了抽象理念，而且全部抛弃了洛克所作的对象与理念的区分，以及由此产生的知识表现论。因为，作为前后一致的经验主义者，人们怎么能够一方面坚持“所有经验都针对感觉理念与反思理念”，另一方面又断言“理念与那些本身不可知，或者甚至不能被认知的对象相一致”呢？康德后来对事物本体和现象作了区分，但在洛克的理论中早就有了这种迹象。贝克莱没有采纳洛克的这些观点，并且完全正确地排斥了它们，因为它们与洛克的经验主义不相容。这就是贝克莱唯心主义的意义所在。人们真的能够认知和提及的一切东西都是心灵的内容。在提出知识表现论的同时，洛克还主张语词是理念的符号，每一个词都对应着一个理念，反之亦然。正是这种错误的观点导致了抽象理念论的出现。因此，洛克一定认为，在言谈中表述出一个词，就会唤起某个理念，通过这种方式，信息从一个人传递给了另一个人。

贝克莱毫不费力地证明了对语言的这种解释是行不通的。因为，人们在聆听时所理解的东西指的是对方说话的大意，而不是一系列彼此分割，然后又像珠子一样串起来的字符串的含义。人们或许还会说，知识表现论的困难无论如何也会一再发生，那么如何来确定理念的名称呢？这就要求人们能够通过非言辞的方式，把某个出现在心灵中的明确理念传递出来，然后再给它一个名称。但即便如此，人们还是无法明白如何才能够表述出其间的对应关系，因为用理论术语来说，理念本身并不是言辞。因此，洛克对语言的解释是严重不充分的。

人们已经看到，对贝克莱的唯心主义已经进行的一番阐释，使其不像乍看起来那么令人吃惊。唯心主义导致贝克莱考虑了一些推论，但这些推论并不那么令人信服。在他看来，如果进行了感知活动，那么就必定会牵涉到心灵或精神，这一点似乎不可避免。那么现在，一个持有理念的心灵并不是它自身的经验对象，所以它的存在不是体现于被感知，而是体现于去感知。然而这种心灵观与贝克莱自己的立场并不一致。因为审视这一情况后，我们发现以这种方式感悟到的心灵恰恰就是贝克莱曾经批判过的洛克的抽象理念。心灵是某种去感知的事物，而不是别的什么东西，但它又是抽象的。至于心灵不活动时会遇到什么，就需要有一个特别的解答。显然，如果“存在”要么意味着云感知（如在心灵活动情形下）；要么意味着被感知（如理念），那么不活动时的心灵就一定是上帝心中的某种理念，因为只有上帝的心灵才是始终活跃的。正是为了应付理论上的某个难题，这个哲学中的上帝才被引用进来。他的作用仅仅是确保（各种状态下的）心灵能够连续存在，同时也顺便保证了所谓物质对象的继续存在。这个有些自由的方式还把整个解释带回到了某种接近常识说法的事物上去。贝克莱的这部分观点是其理论中最没有价值的，也是最缺乏哲学趣味的部分。

在此值得强调的是，贝克莱的公式（存在即被感知）并不说明他认为这是一个应该通过实验来确定是否引进上帝的问题。事实上，人们只需仔细考虑如何来正确使用自己的词汇，就能明白他的公式一定是真实的。因此，贝克莱在此所做的事情并没有形而上学的含义，而是一个如何运用某些词语的问题。只要我们决定把“存在”与“被感知”当作同义词使用，就自然没有怀疑的余地。然而，贝克莱不仅指出人们应当如何运用这些词语，而且认为人们在实际生活中的谈话确实已经这样做了。我们一直在尽力揭示贝克莱的这一观点，它并不是完全不合理的。但人们很可能会感觉到，这种说法并不像贝克莱所想的那样恰当。

首先，贝克莱被引向了心灵与上帝的形而上学的有关理论，这一理论与他的其他哲学观点很不协调。如果不坚持这一点，就会觉得贝克莱的术语无须不同于一般常识的说法，尽管这可能有争议，而且无论如何也不是人们必须抛弃它的理由。但除此以外，贝克莱的解释还有一个哲学上的弱点，从而使他的大部分解释容易受到批判。在如下的事实中，这一点尤为明显，即贝克莱本人曾经揭露过有关视觉的这类错误观点。如前所述，贝克莱正确地坚持，一个人用眼睛看东西，但并没有看眼睛。同样，也可以说，在一般情况下一个人用心灵去感知，但在感知的时候并没有审视自己的心灵。正如我们没有观察自己的眼睛，也没有观察自己的心灵，也如我们不应当说自己看见了视网膜上的东西一样，我们也不应该说自己感知到了心灵里的东西。这至少表明人们需要慎重地考虑“在心灵中”这个短语，而贝克莱却没有顾及这一点。

这一批判表明，人们或许有充分的理由来反驳贝克莱赞成另一术语的说法，这样做的根据就是事例中的类比。似乎很明显，贝克莱的公式在这一点上容易给人误导（正如任何别的东西一样），也许有人觉得这样对待他不大公正。但这可能正是贝克莱本人希望批评家去做的事，因为他认为哲学家的本职就是去清理给人误导的说法。在《人类知识原理》的导论中，贝克莱是这样看待问题的：“我大致倾向于认为，哲学家们迄今仍感兴趣的绝大部分难题之所以阻碍了通向知识的道路，完全得归咎于我们自己。我们刚扬起一点尘土，便抱怨什么也看不见了。”

贝克莱的另一部主要著作《海拉与菲伦诺的对话录》，并没有提出可供讨论的新材料，只是以更具可读性的对话录形式，重申了早期作品的观点。

洛克提出的理念学说很容易招来大量的严厉批评。如果心灵只知道感官印象，那么贝克莱的批判便指出不可能区别品质的第一属性和第二属性。然而一种彻底的批判性解释还必须比贝克莱更进一步，因为他仍然允许心灵存在。正是休谟把洛克的经验主义发展到了逻辑性的结论。结果，恰恰是由此达到的极端的怀疑论立场，暴露了当初假设的种种缺陷。

大卫·休谟（1711年—1776年）出生于爱丁堡，十二岁进入了爱丁堡大学，在完成常规文科课程的学习之后，他离开了大学，当时还不到十六岁，他曾一度想从事法律工作，但他的真正兴趣却在哲学方面，并且最终决心致力于哲学的研究。休谟很快就放弃了短暂的经商尝试，1734年，他前往法国，并在那里居住了三年。由于没有多少可供自己支配的财产，他不得不适应量入为出的生活方式。他相当乐于享受这样的限制，因而能够完全埋头于学术的探索。

在法国期间，休谟写下了他最著名的作品《人性论》。那时他才二十六岁，便完成了这部奠定其日后哲学声誉的著作。回国后不久，休谟便在伦敦出版了《人性论》。然而一开始，他却遭到了惨败。书中带有作者年轻、不成熟的痕迹，主要不是指其哲学内容，而是指他轻率直白的笔调。对公认的宗教原则进行直言不讳的批驳，这无助于促进自身的流行与普及。由于相似的原因，1744年休谟未能获得爱丁堡大学的哲学教授一职。1746年，他参加了圣克莱尔将军的部队，并于第二年跟随将军出使了奥地利和意大利。这些差事使休谟得以积攒下足够的钱财，1748年退职后，他便从此致力于自己的工作。在十五年中，他出版了不少有关认识论、伦理学和政治学的著作，更使人高兴的是，《英国史》一书使他名利双收。1763年，休谟再次去了法国，这次是担任英国驻法大使的私人秘书。两年以后他成为大使馆秘书，并且在大使被召回期间担任了代办一职，直到当年晚些时候新的任命下发。1766年，他回到英国担任了两年的副国务大臣，于1769年退休，并在爱丁堡度过了自己的晚年时光。

正如《人性论》的导论所述，休谟认为在某种程度上，他所谓的“人的科学”支配着一切探索。和洛克、贝克莱不一样，他所考虑的不仅是“清理地面”（打基础），而且要牢记随之可能建立的体系，这就是人的科学。这种试图提供某个新体系的尝试体现了欧洲大陆理性主义的影响，因为休谟与那些继续受到笛卡尔原理支配的法国思想家们保持联系。不管怎么说，这种有希望的“人的科学”导致休谟探索了普遍的人性，首先，他探索了人的精神资质的范围和局限性。

休谟接受了洛克“感觉论”的基本原理，根据这种观点就不难批评贝克莱的心灵或自我理论。因为我们都意识到，感官经验中都是印象，而且没有一个印象能够产生人格同一性。贝克莱确实已经感到自己是把灵魂当作一个实体，是在用人为的方式将其嫁接到自身体系中去的。他不承认人们能够认知它，于是认为人们有某种灵魂的“概念”。但他从未解释过这些概念可能是什么。不过，无论他会说些什么，这都确确实实破坏了他自己的理念论。

休谟论证的基础是大量的一般性假设，这些假设贯穿了他的整个认识论。他原则上同意洛克的理念论，尽管自己用了不同的术语。休谟把印象和理念说成是感知的内容，而洛克则把理念划分为感觉理念和反思理念两类。休谟的这种区分与洛克的不一致，而且它突破了这种分类法。

在休谟看来，一个印象既可以从感官经验中获得，也可以从记忆之类的活动中获得。他说印象产生理念，而理念又不同于感官经验（两者具有不同的生动性和逼真度）。理念是印象的苍白复制，在感官经验中，有时候印象要先于理念。无论如何，每当心灵思考时，心灵中都会伴随有理念。“理念”一词在此要按照其希腊文原义来理解。对于休谟而言，思维指的就是形象思维或想象。总之，一切经验，无论是感觉还是想象中的经验，都被称为感知。

有几个要点是值得注意的。休谟遵循了洛克的以下观点，即在某种意义上印象是分离的、独特的。因此，休谟认为人们有可能把一个复杂经验分解为简单的印象（而这个印象是该经验的组成部分）。从中还可以推出，既然简单的印象是一切经验的营建材料，那么它们就可以被分别想象。不仅如此，既然理念是印象的苍白复制，所以不管人们在思维中能够描绘些什么，这些都可能是某种可行经验的对象。基于同样的理由，还可得出这样的结论：无法被想象的东西同样也是无法被经验的。如此一来，可行想象便与可行经验有了同样广延的范围。如果要想理解休谟的论证，那么记住这一点至关重要。因为他常常邀请人们去尽力想象某个东西，并且相信我们和他自己都无法做到这一点；他断言，所设想的情况并不是一个可能的经验对象。因此，经验是由一系列接续性感知所构成的。

除了这种接续性以外，感知之间从来不会有别的联系。笛卡尔的理性主义与洛克及其追随者的经验主义在这里存在着根本的差异。理性主义者认为事物之间有着紧密的内在联系，并且坚持这些联系是可知的。另一方面，休谟却否定了这种联系，甚至还提出，即使有这种联系，我们也肯定永远无法认知它们。我们所能认知的一切只有连续的印象或理念，因此，即使考虑是否存在别的更深的联系，也是徒劳无益的。

依照休谟认识论的这些普遍性特征，现在就可以更近地考察休谟在其哲学中针对某些主要问题所作的特殊论证。首先从人格同一性的问题着手。《人性论》第一卷“论知性”的卷末讨论了这一问题。一开始，休谟就说：“有些哲学家设想我们每时每刻都会在内心深处意识到所谓的‘自我’：我们感觉到‘自我’的存在以及存在的连续性。‘自我’的完整同一性和单纯性都具有无须验证的确定性。”但只要将其诉诸经验，则可表明，假定经验基础就是“自我”的依据，是没有一项经得起验证的：“不幸的是，所有这些肯定的主张都恰好违背了用来为自己作辩护的经验：按照这里的解释，我们也就不会有任何‘自我’理念。因为，这种理念能从什么印象中得出来呢？”接下来，休谟还证明了不可能找到这样的印象，因而也就不可能具有“自我”的理念。

还有一个进一步的难点，那就是人们无法看出自己的特殊感知是如何与“自我”联系在一起的。对特殊感知，休谟以他独特的方式论证道：“所有这些都是不同的，它们既可以被分别考虑，也可以分别存在，并且不需要任何东西来支持其存在。那么它们以什么方式属于自我，又如何与之联系呢？对我来说，当我进入内心最深处所谓的‘我自己’时，总是会遇上这样或那样的特殊感知：热或冷、明或暗、爱或恨、苦或乐。如果没有某种感知，我任何时候也不可能把握‘我自己’，永远也不可能观察到感知以外的任何东西。”稍后休谟又补充说：“如果任何人（经过认真而不带偏见的反思后）认为他有某种不同的‘我自己’概念，那我必须承认自己已无法再与他说理了。我所能体会到的是，他可能和我一样正确，但我们在这个特殊问题上有着根本的差异。”不过很显然，休谟把这些人看成怪人，他接着说：“我可以冒昧地断言，其他人只不过是不同感知的集合体，这些感知以不可思议的速度彼此接续，而且处在某种流动或运动之中。”

“心灵是一座剧场，各种不同的感知相继登台亮相。”但这是有限定条件的，“以剧场作类比绝不应给人们以误导。它们只是具有接续性的感知而已（这些感知构成了心灵）：人们根本没有这些情节上演的任何剧场概念，也没有构建该剧场的任何材料概念。”人们之所以会错误地相信人格同一性，就是由于人们倾向于把连续性理念和同一性理念混淆，所得出的这个结论在一段时期内都没有改变过。如此一来，人们便被导向了“灵魂”“自我”“实体”的概念，而掩盖了实际上存在于人们连续性经验当中的变化。“因此，有关同一性的争论并不只是措辞的纠纷。因为当我们（在一种不恰当的意义上）将同一性赋予可变的或非连续性的对象时，产生的错误就不仅局限于表述，而是常常伴随着某种虚构，虚构了不变的、连续的事物，或者是神秘的、费解的事物，或者人们至少有出现这种虚构的倾向。”接下来，休谟还进一步揭示了这种倾向如何发挥作用，并且以其联想心理学解释了称为人格同一性的理念在实际上是如何相伴而生的。

下面将讨论联想的原则。至于为什么要详尽地引用休谟的原文，他本人的优美文本就是充足的理由。另外，比起休谟处理问题的方式来，确实也没有别的更好、更清晰的表述方式。总的说来，这种情况为英国的哲学创作设立了一个有价值的先例，尽管休谟的至善至美可能永远也没有人能达到。

必须考察的另一个主要问题是休谟的因果论。理性主义者认为因果之间的联系是事物本性的某种内在特征。例如斯宾诺莎就觉得，如果以某种充分的方式来考察事物，那么就有可能说明一切现象都必定有其因果关系，尽管人们通常认为只有上帝才能达到这样的想象。根据休谟的理论，这样的因果关系是不可知的，其原因正是在批判人格同一性时所提出的那种理由。这种错误观点的根源就在于，人们倾向于把某种序列中的理念之间的必然联系归于这种因果关系的本质。现在，理念的联系产生于联想，而联想则是由相似性、时空衔接性和因果关系这三种关系促成的。休谟把这些关系称为哲学关系，因为它们在理念的比较中起了作用。在某些方面，它们与洛克的反思理念相一致；如前所述，这种理念产生于心灵对自身内容进行比较的时候。在某种程度上，相似性无论如何都会介入所有的哲学关系，因为没有相似性，就不可能产生比较。休谟把这些关系细分为七类：相似性、同一性、时空关系、数的关系、品质等级、对立性和因果关系。他从中特别选出了同一性、时空关系和因果关系，并指出其他四类关系仅仅依赖于被比较的理念。例如，数的关系在某个给定的几何图形中，只能依赖于该图形的理念。他还称只有这四种关系才会产生知识的确定性。但是对于同一性、时空关系和因果关系，则不能进行抽象的推理，而是必须依靠感官经验。其中只有因果关系才具有真正的推理作用，因为别的两种关系都依存于它。一个客体的同一性必须根据某种因果原则来推知，时空关系同样如此。在此值得注意的是，休谟常常不经意地陷入有关客体的一般意义的说法中去，这个时候，他的理论就应该十分严格地迫使他只提到理念。

接下来，休谟对如何从经验中得出因果关系进行了心理学解释。如果两个给定种类的客体在感官知觉中出现恒定的联系，那么就会形成一种心灵习惯，从而导致我们联想起由印象产生的两个理念。当这一习惯变得足够强烈时，一个客体的现象就会在心灵中引起两个理念的联想。关于这种联想，不存在任何确实可靠或必然的东西；因此，因果关系可以说成是一种心灵习惯。

然而，休谟的论述前后并不是完全一致的，因为先前他说，联想本身产生于因果关系，而这里却又用联想来解释因果关系。但作为心灵习惯如何形成的一种解释，联想主义者的原则却是一种有用的心理学解释，并且一直具有相当大的影响。对休谟而言，确实不允许他提及心灵习惯或心灵倾向，至少不能提到它们的形成。因为，正如我们所知，当他更严格的时候，心灵仅仅是具有接续性的感知。所以，没有任何东西能够发展成为习惯，也不可能说一系列感知实际上发展成某些形式；牵强的陈述意味着难以理解，除非我们能够或多或少地使这种陈述看起来不要完全像一种巧合。

现在，有一点是明显正确的，正如理性主义者所要求的，因果之间的必然联系不能从休谟的认识论中杜撰出来。无论人们所面临的客体联结是多么的恒定和有规律，我们都始终无法说：在一系列的印象之上伴随产生了必然的印象。因此，我们不可能认为应当有一个必然性理念。但是有些人是理性主义者，而且倾向于别的想法，因此一定有某种心理作用误导了他们，心灵的习惯正好就乘虚而入了。人们是如此习惯从经验中看到若干原因产生相应的结果，以致最终一味地相信必定如此。如果你要接受休谟的经验主义，那么这最后一步是不可能得到证明的。

休谟通过制定某些“判断因果的规则”，结束了针对因果关系的讨论。在这里，休谟提前一百年预见了约翰·斯图尔特·穆勒的归纳法准则。在制定规则之前，休谟回顾了因果关系的主要特征。“一切都能导致一切”，他这样说，以此来提醒人们没有这类必然联系的事物。规则共有八条。第一条是“因果必须具有时空的邻近性”。第二条是“原因必定先于结果”。第三条是“因果之间必定有恒定的联系”。接下来的几条规则就预示了穆勒的准则。在第四条中，人们被告知，同样的原因总是产生同样的结果，而且这一原则来自经验。第五条指出，如果不同的原因能够出现同样的结果，那么这些原因一定具有某个共同之处。同样，推出第六条，不同的结果表明不同的原因。剩下两条无须在此考虑。

休谟认识论的结局导致了某种怀疑论立场。我们先前已经看到，古代的怀疑论者指的是那些反对创立形而上学体系的人。我们绝不能按照其后来具备的通常意义来理解“怀疑论者”这个术语，“怀疑论者”的通常含义意味着某种经常性的犹豫不决，而希腊文原义仅仅是指一个谨慎的探索者。凡是在体系创立者们感到自己已有答案的地方，怀疑论者却对之不太肯定，而是继续观望。随着时间的流逝，使他们得以出名的并不是他们的继续研究，而是由于他们缺乏信心。从这种意义看，休谟的哲学就是怀疑论的，因为他像怀疑论者一样得出了这样的结论：人们在日常生活中觉得理所当然的明确事物，都不能通过任何方式加以证明。当然，我们绝不要以为怀疑论者面临生活中的眼前问题时，也是不能下定决心的。在阐述怀疑论立场之后，休谟明确指出，这并不破坏一个人的日常追求。“要是有人在这里问我，是否真诚地同意这个我曾费尽心机向人灌输的论点，是否真的也是一名怀疑论者，认为一切都不确定，我们对于任何事务的判断都不具有任何程度的真理或谬误。那么我将回答说，这个问题完全是多余的，无论是我，还是任何别的人，都不会永远忠实地持有那种见解。自然凭借某种无法控制的绝对必然性，已经决定了我们既要去呼吸、感觉，又要去判断……无论是谁致力于批驳这种彻底怀疑论的瑕疵，实际上都是在进行没有对手的论争……”

对于洛克提出的理念学说，休谟所作的发展坚定不移地表明了这种理论最终会将人们引向何处。一旦超出这一点，就无法再遵循这些路线而发展了。如果有人认为，通常提及因果关系时，并不是指休谟所说的那种关系，那么就必须找出一个新的起点。完全清楚的是，无论是科学家还是普通人，都不会单凭恒定不变的联系来思考因果关系。休谟对此的回答可能是：如果他们另有所指，那么他们全都错了。然而休谟可能在此过分彻底地排斥了理性主义的学说。正如我们在论及斯宾诺莎时所见，对科学家实际上的所作所为做出了更好描述的恰恰就是理性主义。科学的目标在于通过演绎体系来揭示因果关系，而在演绎体系中，结果是由原因引起的，就像一个有效论证的结论源于它的必然性前提一样。但是对于前提本身而言，休谟的批判仍然是正确的。我们应该对此保持某种探索的或怀疑的态度。

不妨回顾一下，休谟的主要兴趣在于人的科学。在这里，怀疑论立场导致了伦理学和宗教领域的剧烈变革。人们一旦证实自已无法认知必然的联系，即使想用理性论证来证明伦理学原理，道德要求的力量无论如何也会被削弱。伦理学的基础虽然现在已变得不如休谟的因果关系本身那么牢固，但按照休谟自己的阐述，人们在实践中当然可以自由地采纳自己所愿意采纳的任何观点，即使它们无法被证明。

启蒙运动与浪漫主义

不列颠经验主义运动的显著特征之一就是对那些可能遵从不同传统的人持有普遍的宽容态度。因此，洛克坚持必须一视同仁地给予宽容，即使是对信奉“教皇至上”的信徒们也应如此。尽管休谟取笑一般宗教尤其是罗马天主教，却也反对往往导致镇压的“宗教狂热”。这种开明的态度逐渐成了当时智力氛围的特征。在18世纪，它首先在法国，后来又在德国站稳了脚跟。启蒙运动或后来德国人所谓的“Aufklärung”（启蒙运动、启蒙思想），并非始终不变地与哲学思维的某一特殊学派相关联，而是16世纪至17世纪纠缠不清的血腥宗教冲突的产物。我们先前所知，洛克和斯宾诺莎都接受了宗教宽容的原则。同时，这种针对信仰问题的新态度还产生了深远的政治影响，因为它必然反对一切领域的任意权威，神授的君权几乎不可能赞同这种自由的观点。在英国，政治斗争在17世纪末已经达到了白热化地步。由此出现的宪法实际上也不是民主的产物，但它却摆脱了别的地方特权贵族统治所具有的某些极度肆意妄为的特征。因此也就不大可能发生激烈的动荡。而在法国，情况则迥然不同，启蒙力量已经为1789年的大革命做好了大量准备。在德国，“Aufklärung”简直可以说仍是一个智力复苏的问题。自“三十年战争”以后，德国仅仅是在逐步振兴，在文化方面它受到了法国的支配。直到腓特烈大帝统治下的普鲁士得以兴起，以及18世纪后半叶的文学复兴，德国才开始摆脱对法国文化的从属地位。

此外，启蒙运动还与科学知识的传播密切相关。在过去（依照亚里士多德和教会的权威）把很多东西都视为理所当然的地方，尊重科学家的工作现在已经成了时尚。正如在宗教领域，新教已经产生“人人都应独立判断”的思想一样，在科学领域，人们现在也必须亲自考察自然，而不应盲目地相信那些陈旧学说代表人物的看法。科学的探究结果正开始改变西欧的生活。

在法国，旧的制度最终被大革命粉碎，而18世纪的德国大体上还被“仁慈的”暴政统治。在某种程度上，言论自由确实存在着，尽管它绝不是不受限制。普鲁士（除却它的军事性质）或许是最好的国家范例：不管怎么说，某种形式的自由主义已开始在此时的德国知识界成长起来。腓特烈大帝称自己是国家的第一公仆，他允许在该国范围内，人人都可以按照自己的方式获得拯救。

启蒙运动主要是重新评价了独立的智力活动，从字面意义看，它旨在传播光明，消除以往普遍的黑暗。人们可以采取某种强烈的献身精神致力于这种运动，但它并没有因此而成为推崇激情的生活方式。与此同时，人们还感受到了另一种对立的影响，即更为猛烈的浪漫主义力量。

浪漫主义运动与启蒙运动的关系在某些方面使人联想起狄奥尼索斯态度与阿波罗态度的对照。其根源可以追溯到古希腊人有些理想化的观念，这一观念曾经随着文艺复兴而出现。在18世纪的法国，浪漫主义运动反对理性主义思想家冷静超然的客观态度，逐渐变成了对情感的某种崇拜。自霍布斯以来，理性主义者的政治思想曾经寻求建立和维持社会政治稳定，而浪漫主义者却赞成过一种有风险的生活。他们不求安定，而是向往历险；他们唾弃舒适与安全，认为那是一种堕落；他们坚持认为，朝不保夕的生活方式在理论上无论如何也是某种更为高贵的事物。并由此对贫苦的农民产生了理想化的概念，认为农民虽然靠着小块田地勉强维持贫乏的生活，却得到了补偿，即摆脱了都市文明的束缚和腐蚀。他们把接近自然归属于某种独特的美德。实质上，在此获得赞许的这种贫穷指的是田园式的生活。早期浪漫主义者诅咒了工业主义，工业革命也确确实实产生了社会和物质两方面的丑恶后果。在随后的几十年时间里，受马克思主义的影响，人们逐渐对工业无产阶级采取了某种浪漫主义的观点。从那以后，工业劳工正义的抱怨与不满得到了伸张，针对“工人”的浪漫主义观点至今仍然留存在政治学中。

与浪漫主义运动相关的还有国家主义的复苏。科学与哲学中的伟大智力尝试基本上没有什么国家感情。启蒙运动并不知道这类政治界限，即使在意大利和西班牙，启蒙运动也不可能与天主教一同昌盛兴旺。另一方面，浪漫主义加剧了国别差异，并且支持神秘的国家概念。这是霍布斯的《利维坦》未能预料到的一个必然结果。国家逐渐被视为一个放大了的人，而且具有某种自己的意志。这种新的国家主义后来支配了导致1789年大革命的各种势力。英国因为幸运地拥有天然的边界，所以在极为宽松的环境里获得了某种国家认同感，它自己的地位在事态的变化组合中似乎是牢不可破的。而年轻的法兰西共和国则四面受敌，也就不可能发展出这样自然而生的关于自己国家的信念。德国的国土已被拿破仑帝国的军队吞噬，自然更不具这样的国家意识。国家感情的巨大迸发激起了1813年的解放战争，普鲁士成了德国的国家主义振兴之地。有趣的是，一些伟大的德国诗人预见了这种国家主义将会导致灾难性麻烦。

浪漫主义者抛弃了功利原则，转而依赖于美学标准。凡是他们的思想触及的地方，无论是行为、道德还是经济问题，他们都运用了这些标准。对于自然中的事物，赢得他们认可的正是那种剧烈之美和雄壮之美。在他们看来，新兴中产阶级的生活是沉闷的，并且受到了残缺惯例的禁锢。在这方面，他们不无道理。如果我们今天的观念更为宽容的话，那么可以说，这是那些公然蔑视当时既定习俗的浪漫主义叛逆者带来的成果。

在哲学方面，浪漫主义可以说是产生了两种相反的影响。首先，它过分强调了理性以及虔诚的希望，即人们只需对当前所面临的问题稍微用心思考一下，一切困难就会一劳永逸地得到解决。这种浪漫理性主义并不为17世纪的思想家所具有，却出现在了德国唯心主义者的著作以及后来卡尔·马克思的哲学里。功利主义者也带有这种特色，他们假设人在理论上具有无限的可教育性，但这显然是错误的。一般说来，乌托邦概念，不论是纯智力的，还是关于社会问题的，都是浪漫理性主义典型的产物。但另一方面，对理性的低估同样是浪漫主义的一种表现。这种非理性主义的态度（它最臭名昭著的一个形式或许就是存在主义）在某些方面是对工业社会日益侵犯个人的一种反抗。

浪漫主义首先在诗人中间找到了支持。最著名的浪漫主义者可能算是拜伦。在这里，可以发现合成彻底的浪漫主义的全部要素：叛逆、反抗、藐视陈规、不顾后果以及高贵行为。为了希腊的自由事业而死在密索隆奇沼泽地，这一直是诗人拜伦最伟大的浪漫主义姿态。德国和法国后来的浪漫主义诗歌都受到了他的影响。俄国诗人莱蒙托夫也自称是他的一个门徒。意大利也有一位伟大的浪漫主义诗人莱奥帕尔迪，他的作品反映了19世纪初意大利人绝望的压抑状况。

18世纪启蒙运动时期的杰出丰碑是由法国一群作家、科学家编纂完成的百科全书。这些人完全有意识地背弃了宗教和形而上学，转而在科学中寻找新的知识动力。通过收集整理当时的全部科学知识，并且汇编成浩瀚的巨著（不仅要按照字母顺序记载知识，而且要论述研究世界的科学方法），这些作家希望在反对既定权威愚民政策的斗争中产生一种强有力的工具。18世纪法国绝大多数的著名文学家和科学家都对这一事业有所贡献。其中有两位特别值得一提。达朗贝尔（1717年—1783年）或许作为数学家最为出名，理论力学中的一条重要原理就是以他的名字命名的。达朗贝尔还是一位对哲学与文学怀有广泛兴趣的人，除了别的贡献以外，百科全书的导论尤其要归功于他。狄德罗（1713年—1784年）承担了大部分的编辑责任，他是一位涉及多学科的作家，而且摒弃了宗教的一切传统形式。

然而从广义上看，百科全书派并不是非宗教的。狄德罗的观点就近似于斯宾诺莎的泛神论。对百科全书作出过极大贡献的伏尔泰（1694年—1778年）曾经说过，要是上帝不存在，那我们就必须创造一个上帝。伏尔泰确实激烈地反对制度化的基督教，但同时又的确相信，如果人们过着善的生活，那么某种超自然力量的目标就能实现。这是一种不依附于任何常规惯例的裴拉鸠斯主义。同时，他还嘲弄了莱布尼茨的观点，即人类世界是一切可能世界中最好的一个；罪恶是必须与之斗争的某种实在物。因此，他与传统宗教进行了激烈而艰苦的斗争。

在拒绝宗教方面，法国唯物主义者更趋极端。他们的学说是对笛卡尔实体论的一种发展。我们看到，在研究心灵和物质方面，偶因论原理实际上已经使得这一学说变得多余。因为心灵与物质这两个领域严格按照平行的方式运作，并可以省去其中的一个。对唯物主义学说最好的解释见之于拉美特利的《人是机器》。他摒弃了笛卡尔的二元论，只允许存在一种实体，即物质。但这种物质并不具有早期机械论所规定的惰性，相反，它的特征之一就是应该运动，并且不需要什么原动力。上帝只是拉普拉斯后来所说的一个“不必要的假设”。根据这种观点，精神就是物质世界的一种功能。这一理论与莱布尼茨的“单子论”有着某些联系，尽管它只允许有一个实体，而莱布尼茨则认为有无限多个单子。然而把单子视作“灵魂”的观点却近似于物质时时具有心灵般作用的概念。附带讲一句，马克思正是从这一源泉中推导出了“精神是肉体组织的副产品”的理论。

在这样的理论基础上，唯物主义者坚持了明显的无神论立场，任何形式的宗教都被看作致命的、蓄意的谬误，统治者和僧侣们为了自身的利益，便对其大加宣扬和鼓励，因为愚昧无知的人易于控制。当马克思把宗教说成是“人民的鸦片”时，他也得在此感激唯物主义者。通过揭穿宗教和形而上学的玄想，唯物主义者希望指出一条科学和理性的道路，以便引导人类进入某种人间天堂。百科全书派也具有这种观点，并且再一次启发了马克思的社会主义。然而在这方面，他们全都受到了浪漫主义幻觉的支配。虽然对生活及其问题采取某种开明的态度，的确大大有助于人们去发现克服困难的适当措施，但在现世，显然是不可能找到一劳永逸地解决所有问题的终极方法。

所有这些思想家的相似之处，就在于他们都强调了理性的卓越性。在法国大革命瓦解了宗教统治以后，理性存在的至高无上性便诞生了，而且为之设立了一个专门的节日。实质上，这是对理性的一种神化。同时，大革命又在某些别的问题上对理性缺乏尊重。在恐怖时期，“近代化学之父”拉瓦锡受到了革命法庭的控告。他曾是一名包税人，实际上他提出的一些财政改革意见还是有价值的。但作为旧秩序的一名官吏，他被认为犯了反人民的罪行。当有人强烈呼吁他是最伟大的科学家之一时，法庭回答说共和国并不需要科学家。于是拉瓦锡被送上了断头台。

从某些方面看，大百科全书是18世纪启蒙运动的象征。它强调了冷静而理性的探讨，其宗旨在于为人类开辟更为幸福的崭新前景。同时，与理性相对立的浪漫主义运动也得到了发展。浪漫主义的主要代表之一是让-雅各·卢梭（1712年—1778年），严格说来，他并不是一位哲学家，或许他的政治理论和教育著作应当除外。通过这些方面的工作以及大量的文学活动，卢梭极大地影响了后来的浪漫主义运动。

关于卢梭的生平，在他的著作《忏悔录》中可以找到记录，尽管该书的叙述由于“诗人般的”随意而多少有些失真。他出生于日内瓦，是加尔文教徒的后裔，小小年纪便失去了双亲，由一位姑母抚养成人。自从十二岁离开学校后，他尝试过许多不同的行业，但都不喜欢。十六岁时，他离家出走。在都灵，他改信了天主教；作为权宜之计，他一度坚持了这种信仰。现在，他又去伺候一位贵妇人，但贵妇人三个月之后就去世了，他再一次变得穷困潦倒。就在这个时候，发生了一件有名的小事，这件事说明了一个纯粹感情用事者的伦理观点。有人发觉卢梭拥有一条从主人那儿“偷来”的丝带。卢梭却宣称丝带是某位女仆给的，于是后者因代人受过而被惩罚。在《忏悔录》中，他告诉我们，自己对女仆的爱慕促使他偷了那条丝带；当人们要求他作出解释时，他首先想到了这位女仆。卢梭对自己所作的根本不该抵赖的伪证没有任何悔恨的暗示。他的托词可能是自己这样做并无恶意。

后来，卢梭又拜倒在同样改信了天主教的德·华伦夫人裙下。比起年轻的流浪汉卢梭来，这位贵妇人年长得多，她扮演了母亲与情妇两种角色。卢梭在她家里度过了随后的十年时光。1743年，卢梭担任了法国驻威尼斯大使的秘书，但由于领不到薪水而辞职。1745年左右，卢梭在巴黎邂逅了女佣黛蕾丝·勒·瓦色，随后便娶她为妻，但时时又与别的女人有染。瓦色与他生的五个孩子都被送进了育婴堂。至于他为什么会恋上这位女佣就不大清楚了。她贫穷、丑陋、无知，而且一点儿也不诚实。然而她的缺陷似乎有助于卢梭产生优越感。

1750年以前，卢梭并不是一位出名的作家。就在那一年，狄戎学院举办了一次论文大赛，题目是“艺术与科学是否有益于人类”。卢梭作为反方，以其精彩的论证获取了奖项。他坚持认为，文化教给人们种种非自然的需求，并使人们受制于这些需求。他赞赏斯巴达，反对雅典。他之所以诅咒科学，是因为它产生卑劣的动机。文明人是腐化的，而只有高尚的未开化者才真正具有德行。卢梭在《论人类不平等的起源》中进一步发展了这些观点。第二年，他送了一本给伏尔泰，后者对其进行了大肆嘲讽，这种轻蔑终于导致他们发生了争执。

1754年，此时已经成名的卢梭应邀回到了故乡日内瓦，为了获取公民资格，他重新皈依了加尔文新教。1762年，他的《爱弥儿》《社会契约论》问世，前者论述了教育，后者包含了他的政治理论。但这两本书都遭到了谴责，因为前者对自然宗教的解释使得所有的宗教团体都感到不快，后者则具有民主的意味。卢梭先是逃到了当时隶属普鲁士的纳沙泰尔，后来又去了英国，并在那里遇见了休谟，甚至还获得了乔治三世的一笔年金。但最后，卢梭和每个人都闹翻了，还逐渐患上了迫害妄想症。回到巴黎之后的卢梭在困苦中度过了余生。

卢梭反对理性，维护感情，这是形成浪漫主义运动的强大影响之一。除了别的方面，它还使新教神学走上了一条明显有别于托马斯学说的新道路，后者继承了古代的哲学传统。他提出的新教新观点免去了上帝存在的证明；并且认为，不必求助于理性，这种信念也会从心底涌上来。同样，在伦理学方面，卢梭也坚决主张，人们的自然感情朝着正确的方向，而理性则将人们引入歧途。这种浪漫主义的学说当然与柏拉图、亚里士多德及其经院哲学截然相反。这是一种最危险的理论，因为它具有相当的随意性，简直是在鼓励任何行为，只要该行为得到了当事人的感情支持就可以了。对自然宗教的全部说明只是《爱弥儿》的一个插曲，题为“一个萨瓦牧师的忏悔”。从某种意义上看，该书源于卢梭的新感伤主义神学是不容置疑的，因为它一开始就按照奥卡姆的方式摆脱了理性。

《社会契约论》具有完全不同的风格。在这里，卢梭的理论达到了巅峰。人们一旦把权利给了整个社会，他们就丧失了所有的个人自由。卢梭也确实允许存在某些保护性措施，认为个人可以保留某些自然权利。但这取决于靠不住的假设，即统治者事实上一直尊重这些权利。统治者的权威是至高无上的，他的意志就是“普遍意志”——某种合成的裁决——对于那些可能持有异议的个人也有强制力。

卢梭的许多观点都是随普遍意志的概念而确定的，遗憾的是，他并没有对此讲得很清楚。这一概念似乎是指：去掉相互冲突的个人利益之外，剩下的就是所有人共享的“自身”利益。但卢梭并没有打破砂锅问到底，得出最后的结论。一个奉行这些路线，尤其是持有政治经济目标的国家，将不得不禁止一切形式的私有组织。如此一来，某种极权主义制度的全部要素便都具备了。对于这一点，卢梭似乎并非毫无觉察，但他没有指出如何才能避免这一后果。至于他提到的民主主义，就必须这样来理解，他考虑的是古代城邦而不是代议制政府。当然，那些起初反对其学说的人，以及后来的虽然支持该学说的革命领袖们都误读了这本书。

正如我们所知，笛卡尔之后的欧洲哲学是沿着两条不同路线发展的。一方面是大陆哲学的各种理性主义体系；另一方面是不列颠经验主义的总轮廓。这两者都是属于关注个人经验的主观主义哲学。洛克曾为自己设定一个任务，那就是为弄清人的心灵范围而进行初步的探索；而休谟则最为明显地提出了如何解释关系的大问题。休谟对此的答案是，人们所形成的某些习惯使得他们看到了事物之间的联系。严格地讲，即使这样也超出了能允许休谟解说的范围。但这种陈述仍然暗示了解决困难的某个可能方式。正是由于读了休谟的书，康德才从教条的沉睡状态中清醒过来。他把休谟谈到的习惯提高到了某种理性原则的高度，从而简单地解决了休谟的问题，尽管他陷入了自己的一些新困难之中。

伊曼努尔·康德（1724年—1804年）出生于东普鲁士的哥尼斯堡，一生从未远离过该城。他从早年的教养中保持了虔信派的特征，这一特征不仅影响了他的总体生活方式，而且影响了他的伦理学创作。康德就读于哥尼斯堡大学，先是学习神学，但最终从事了哲学，并从中找到了真正的乐趣。有若干年时间，为了谋生，他充当了地主贵族子弟的私人导师，直到1755年取得哥尼斯堡大学的讲师职位为止。1770年，他被提升为逻辑学和形而上学教授，并一直担任该职直到去世。虽然不是过分的苦行禁欲，但康德仍过着严格自律的勤劳生活。他的习惯是如此的有规律，以至于市民们常常以他路过的时间来当作钟表调对时间。他并不强壮，却也没什么病痛，其原因在于生活有规律。同时，他还是一位出色的健谈者，人们总是欢迎他出席各种社交集会。在政治事务上，康德完全遵循了启蒙运动的传统，是一位自由主义者。至于宗教，他坚持一种非正统的新教立场。他也欢迎法国大革命和支持共和国原则。尽管康德从未富裕，但他却以自己伟大的哲学著作而广为人知。晚年时的康德已经心力不济，但哥尼斯堡人仍以他为荣。在康德去世后，人们为他举行了隆重的葬礼，的确没有多少哲学家超出过他所获得的这种荣耀。

康德的著作涵盖了广泛的议题，他自己曾在某些时候讲授过这一切。除了纯粹以牛顿物理学为基础，后为拉普拉斯独自采纳的宇宙进化论外，今天的人们已经很少对康德的其他著作感兴趣了。在这里，我们特别关注康德的批判哲学。批判性问题最初是由洛克来讨论的，他希望“清理地面”“打打基础”。但在洛克之后，采取理念的方式，不可避免地导致了休谟的怀疑主义。康德在这方面发动了一场他所谓的“哥白尼革命”。他没有像休谟那样试图用经验来解释概念，而是一开始就用概念来解释经验。从某种意义上说，康德的哲学在不列颠经验主义的极端立场和笛卡尔理性主义的先天原则之间保持了一种平衡。康德的理论复杂费解，而且许多部分值得怀疑；但是，如果想要理解他的理论对后来哲学产生的巨大影响，那么就必须努力把握它的总体面貌。

与休谟、经验主义者一样，康德也认为一切知识实际上都来自经验，所不同的是，他为这种观点加注了一条重要的评论。我们必须把实际产生知识的东西和这些知识所采取的形式区别开来。因此，尽管知识可以来自经验，但又不仅仅来自经验。换句话说，感官经验是产生知识的必要条件，而不是充分条件。知识所采取的形式，以及把经验素材转化为知识的组织原则，康德可能认为这些东西本身并非来自经验。虽然他并没有这么说，但这些显然就是笛卡尔意义上的先天原则。

心灵提供理性，从而使经验形成知识——康德沿用了亚里士多德的术语，把理性的一般概念称为范畴。由于知识具有命题的性质，所以这些范畴必须和命题的形式相关联。但在揭示康德如何推导出范畴之前，须先停下来探讨一下涉及命题分类的重要问题。追随莱布尼茨的康德坚持了传统的亚里士多德的主—谓逻辑。他确实自以为逻辑是完整的，无须再进一步地完善。这样，所有命题就可以分为两类，一类是主语已经包含谓语，另一类则是不包含。那么“所有物体都有广延性”就属于前一类，因为它涉及物体如何被定义。这类命题叫作分析命题，它们只解释词语。但“所有物体都有重量”则属于另一类。因为物体概念本身并不包括重量概念。这个命题是综合命题，它可以被否定而不会导致自相矛盾。

康德不仅提出了这种区分命题的方式，同时还提出了另一种分类标准。他把原则上独立于经验的知识称为“先验的”，而把其他任何来自经验的知识叫作“后验的”。重要的是，这两种分类彼此交叉。康德正是如此来避免经验主义者的困难的，后者（如休谟）可能曾经把这两种分类混为一谈。分析命题涵盖先验知识，而综合命题则涉及后验知识。康德的确承认前者，但又坚持存在着先验的综合命题。《纯粹理性批判》就旨在确立先验的综合判断如何才有其可能性。更具体地说，康德在此急于证明的是纯粹数学的可能性，因为根据他的观点，数学命题就是先验的综合命题。他所讨论的例子就是一道算术题“5+7”。这一例证无疑来自柏拉图的《泰阿泰德篇》，该篇也用了同样的数字。命题“5+7=12”就是先验的，因为它并不导自经验；同时它又是综合的，因为概念“12”并非已经包括在“5”“7”和“+”的概念之中。借助于这些根据，康德坚持认为数学是先验综合的。

另一个重要的例子是因果论原则。休谟的解释失足于“必然联系”这道障碍，因为按照印象及理念的理论，必然联系是不可能的。对于康德而言，因果论是一种先验的综合原则。把它称为先验的，仅仅是为了强调休谟的观点，即它不能导自经验。但康德并没有把它描绘成某种外在的条件性习惯，而是把它当作一种认识原则。它之所以是综合的，是由于我们可以否定它，而不至陷入语词的自相矛盾。正如我们稍后将知，它仍是一种先验的综合原则，离开它，知识就被认为是不可能的。

现在可以转入康德的范畴论了。范畴是先验的认知概念，而不是数学概念。如前所示，它们必须在命题的形式中发现。如果接受了康德的逻辑观，那么范畴的一览表就似乎完全自然地随之而来了。康德的确以为自己已经找到一种推导范畴完整名单的方法。首先，他区分了命题的某些传统形式特征：数量、品质、关系和模态。对于数量，自亚里士多德以来的逻辑学家们已经认识到了全称命题、特称命题和单称命题，与之相对应的则是单一性范畴、多样性范畴和全体性范畴。一个命题的品质可以是肯定的、否定的和限定的，与之相对应的分别是范畴的实在性、否定性和限制性。在关系特征方面，我们可以把命题分为定言、假言和选言三类：与之相对应的则是实体—偶性范畴、原因—结果范畴、相互作用范畴。最后，命题按照模态可分为三种：盖然命题、实然命题和必然命题，与之相对应的则是可能性与非可能性范畴、存在性与非存在性范畴、必然性与偶然性范畴。在此无须关注康德的演绎细节。同样不难看出的是，康德的范畴表并非如他所想的那样完整，因为它依赖于有些狭隘的逻辑观点。然而，这种并不导自经验，却又在经验领域发挥作用的“一般概念”的见解仍然具有哲学的意味。它为休谟的问题提供了一种答案，尽管人们可能并不接受康德对此所作的说明。

从形式化考虑中演绎出范畴一览表之后，康德继续指出：没有范畴，就根本不可能具有任何可交流的经验。因此，在感官获取的印象变为知识之前，人们必须通过知性活动，以某种方式来组织或综合这些印象。我们在此所探讨的是认识论问题。为了解释康德的立场，必须清楚他的术语用法。康德说，认识的过程一方面牵涉到感官，另一方面牵涉到知性。感官只是受到来自外界的经验冲击，知性则把这些感觉因素串联起来。知性应当与理性区别开来。黑格尔后来在某个地方表述了这一点，他说理性使人们联合，而知性则使人们分离。也可以说，如果就都是理性的，或者都具有理性而言，那么人们是平等的；至于知性方面，人们则是不平等的：因为这是能动的智力。众所周知，人们在这种智力方面确实是不一样的。

为了以某种（能在判断中系统阐释的）方式来取得经验，就必须用到康德所谓的知觉统一性。显然，仅有休谟彼此隔离的印象是不够的，无论它们具有多快的接续性。康德断定了某种连续性，以取代经验主义"感官经验"的断续性。按照康德的观点，除了通过范畴的架构以外，人们不可能具有任何永恒事物的经验。因此，范畴所起的作用就是这些经验的一个必要条件。诚然，它不是一个充分条件，因为感官也必须发挥它们的作用。不过范畴也介入了进来，如此一来，康德似乎想否认纯粹经验仅仅是对印象的被动接受，除非我们确实涉及不可言喻的意识之流。

至于空间和时间，康德认为它们是两个先验的特殊概念，分别属于外部感官与内部感官的纯粹直觉。他对这些问题的讨论相当复杂，其论证在总体上也不大具有说服力。康德整个理论的要旨似乎是：要是离开了先验的时空概念，就不可能具有经验。在这方面，空间和时间有些近似于范畴。经验因此而受到先验概念的影响，但产生经验的东西仍然受制于心灵之外的事物。康德把经验的这些源泉叫作"物自体"或"本体"，这是和表象或现象相对立的。根据康德的理论，人们不可能去体验一个物自体，因为一切经验都与空间、时间和范畴同时发生。人们至多可以推断有些东西来自假定的外部印象源泉。但严格地讲，即使那样也是不允许的，因为没有独立的方式来证实存在着这些源泉；即便能够，也仍然不能说它们导致了人们的感官印象。因为，当提及因果关系时，人们已经位于先验性概念（正在知性内部发挥作用）的网络之中了。在这里，人们又一次面临了洛克的难题。因为正如洛克不应当按照自己的理论说外部世界产生了感觉理念一样，康德也无权说本体产生了现象。

存在于时空之外的物自体，是形而上学的一部分内容。虽然它是一种有些主观的认识论，但确保了人们能够避免陷入怀疑论，并承认某种至少属于主观间的经验领域。康德被迫陷入了这种立场，因为他不允许时空的独立存在。一旦把这两者从先验性概念的清单中去掉，物自体就会变得多余。这一点当然能够做到，也不会波及康德的范畴论。但总的说来，康德需要本体还有另外一个理由，下面即将谈到他的伦理学理论，这个理由的线索就在其中，同时，还应注意到，物自体完全落入了先验性概念及原则的范围之外。投机性运用这些概念的危险之一正是人们可能逾越其适用性范围。先验性概念的界限就是经验领域的界限。如果再往前走，那么就会陷入徒劳无益的形而上学和“辩证法”。辩证法在康德的眼里是带有贬义的。

但《纯粹理性批判》仅仅讨论了人们必须解决的三个主要问题中的一个。它设定了“认知力”的限度，却没有涉及“意志力”和康德所谓的“判断力”。前者属于伦理学范围，《实践理性批判》对其进行了讨论。至于“判断力”，其含义是评价目的或结果，它是《判断力批判》的主题，我们在此不作考察，但必须简短地考虑一下康德的伦理学理论，《实践理性批判》和《道德形而上学》讨论了该理论。

意志力的行动是实践性的，而认知力的过程却是理论性的，两者形成了对照。若按照希腊文原义来理解这里的“理论”与“实践”两个词，它们分别与“看”和“做”有关系。实践理性的基本问题是：人们应当怎样行动？康德还在此提出了有些革命性的事物。因为，如果伦理学历来都假定意志受到外部影响支配的话，那么康德就设想意志为自身确立了法则。在这个意义上，意志就可以被描绘成自治的东西。如果我们希望得出行动的某些一般性原则，却又去寻找外部的目标或原因，那就无法找到这些原则。恰恰相反，如果想揭示康德所谓的道德法则，就必须在揭示者自身寻求答案。然而，这种道德法则显然不可能包括具体的禁令，它无法告诉人们在任何既定的情形下应该如何行动。因为按照自治的原则，这正是人们必须加以避免的。如此一来，便只留下了某种缺乏经验内容的纯粹形式的原则。康德把这一原则叫作“绝对命令”。这里还有另一种混合式概念，在理性的实际运用中，它对应着理性的理论运用中的先验假设。在传统逻辑里，绝对论式与规则论式是相互排斥的。但康德认为，某些包含着“应该”的陈述可以是无条件的，他把它们称为“绝对命令”。因此，他从以下的“绝对命令”中发现了伦理学的至高原则：行动时始终采取这样的方式——使指导意志的原则能够成为普遍规律的基础。这个有些一本正经的见解实际上只是一种浮夸的说法罢了，即认为“施之于人者，亦望人施之于我”，它是一种否定了特殊辩解的原则。

应该注意到，以康德伦理学为基石的“绝对命令”是一种形式原则，它本身不可能属于理论的理性范畴，因为理性与现象有关。康德由此得出结论说，由这种“绝对命令”确定的善的意志一定是本体的。我们在此终于看到了本体所起的作用。现象遵从范畴论，尤其是因果范畴论；另一方面，本体却不服从于这些限制。通过这种方式，康德就得以避开了自由意志对立于确定论的困境。在属于现象世界的意义上，人由世界的法则所确定。但作为一种道德力量，人是本体的，因而具有自由意志。这种解决方法是很新奇的，尽管它必然会与“物自体”概念一同崩溃。康德的伦理学多少带有加尔文教徒正直性的某种严峻倾向。因为很显然，唯一有价值的事就是人们的行动应当受到正确原则的推动。按照这一观点，如果道义上应该做，于是就喜欢做，这种想法完全是对道德行为的一个阻碍。假定我喜欢自己的邻居，于是当他有困难的时候，我就感到应该帮助他。根据康德的原则，这是不值得称道的，它几乎就相当于把同样的慈善态度延伸给了另一个非常讨厌的人。因为整个事情变成了一系列并非出于愿望，而是依照伦理原则来履行的令人不快而且抑郁的义务。履行者办事应该出于善的意志，只有善的意志才值得称作无条件的善。

人们不能总是屈从于一时的心血来潮办事情，这当然是完全正确的。有很多时候，人们也的确在按原则办事，即使这样做违背了自己的初衷。但是，一个人的所作所为都要如此受制于原则，这似乎同样是奇怪的。康德之所以持有这样的观点，可能是由于他大体上过着某种极其理论性的生活。否则，他可能会意识到，在私人感情的领域，可能有许多我们恰恰能够称为善的东西，并不存在把一切都得变成普遍规律的问题。然而康德的伦理学还容易受到某种更严重的攻击。康德认为，如果有价值的是心境和意向，那么你就能心甘情愿地陷入彻底的困境，只要你觉得这是你的责任。至于你的行动可能招致什么样的痛苦后果，则无关紧要。苏格拉底说无知是首恶，这句话完全可以用来告诫此类伦理观的辩护者。

至于“物自体”的伦理作用，还有某些进一步的推论。康德在《纯粹理性批判》中指出，在理论理性的领域是不可能通过论证来确立上帝的存在的。纯粹理性的思辨活动的确容纳上帝存在的理念，但只有实践理性才能为这种信念提供根据。事实上，人们在实践范围内不得不接受这个概念，因为没有了它，我们就不可能进行适当的道德活动。对康德而言，按照道德规范的“绝对命令”而行事的可能性，实际上就带有上帝存在的言外之意。

在某种意义上，康德的理论划出了一条令人联想起奥卡姆的“分界线”，因为《纯粹理性批判》旨在划定知识的界限，以便为信仰留出余地。“上帝存在”不能作为一条理论真知为人所晓，但它却作为一种实用信仰而强加于人，而且总是具有理论和实践的意义。不过，康德的伦理学并不允许他遵从任何宗教教条。因为，正如人们所知，只有道德规范才是真正重要的，各种宗教的具体教义都被误为神授的语言。虽然康德认为基督教是唯一符合道德规范的宗教，但他的宗教观点仍然遭到了普鲁士政府的责难。

1795年出版的小册子《论永久和平》提出了和平、国际合作的观点，这对于康德的时代来说，同样是激进的。他提出的主导概念还包括代议制政府和世界联盟。在我们这个时代，还是牢记这些观点为好。

正如我们所知，康德的哲学曾对休谟理论所提出的问题提供了某种答案，但也付出了引进本体概念的代价。在德国的唯心主义运动中，康德的继承者们积极活跃地论证这一概念的弱点，尽管他们自身在认识论中的发展也是存在问题的。

唯物主义者曾经指出过避免二元论的方式，他们认为心灵是某种形式的物质组织的伴随物。另一种可能性则完全相反，即在某种意义上把外部世界看作心灵的产物。假定了本体的康德不情愿走这最后一步，而费希特审慎周密地采取了它。

费希特（1762年—1814年）出身寒微，但从小学到大学，他都得到了某位庇护人慷慨的资助。此后，他靠当私人导师来维持并不稳定的生活。当他偶然发现康德的著作时，便立刻设法找到这位伟大的哲学家。在康德的帮助下，费希特发表了一篇关于启示的批判论文，这篇论文一举成名，使他成了耶拿大学的教授。然而费希特的宗教观点并不为当局所喜欢。于是他动身去了柏林，并在政府中供职。1808年，费希特进行了一系列的演说，这就是著名的《告德意志国民》，呼吁全体德国人团结起来抵抗拿破仑。这些演说或多或少带有某种强烈的德意志国家主义色彩。按照费希特的观点，“有骨气和做德国人无疑是同一回事”。不过在费希特看来这是一个经验性的事实，还是一个恰当的词语定义，这就不大清楚了。前者是一个可商榷的问题，但作为一个定义，似乎就有些离奇了。

当1810年柏林大学创建时，费希特便是该校的教授，直至去世。1813年解放战争爆发后，费希特把自己的学生送上前线与法国人作战。和许多人一样，他也曾支持法国大革命，但反对拿破仑腐蚀革命。

在其政治思想方面，费希特预见了马克思“国家控制生产和分配的社会主义经济”的概念。但在这里，费希特的“自我”学说对后人更具哲学趣味，该学说旨在对抗康德的二元论。在某些方面，“自我”相当于康德的知觉统一性，按照康德的意思，它是某种自治的、能动的东西。经验世界则是“自我”的一种无意识投射，费希特把它称为“非我”。他说，正因为投射并不是有意识的，人们才会误以为自己受着外部世界的制约。至于“物自体”，这个问题永远也不可能出现，因为我们所认知的都是现象。如果谈及本体，就会产生自相矛盾，就像根据定义去认知不可知的东西一样。然而，投射不仅是无意识的，而且还是无条件的。因为它不是被经验的，也不由因果论范畴来确定。作为某种自由的过程，它产生于“自我”的实践与道德本质，“实践”一词在此按照其原义来理解。因为通过这种方式，激发“自我”的能动原则才能发挥作用，以便与“自我”本身的投射达成妥协。

这个想象奇特的理论确实避免了二元论的难点。正如我们以后所知，它是黑格尔主义的先驱。该理论的推论之一就是，似乎一定有可能从“自我”中编造出世界来。谢林就做了第一次尝试，他的《自然哲学》后来启发了黑格尔。

像黑格尔和浪漫诗人荷尔德林一样，谢林（1775年—1854年）的原籍也是斯华比亚。当谢林十五岁进入图宾根大学时，与他们都成了朋友，他吸收的哲学影响主要来自康德和费希特。还不到二十三岁，才华出众、文风雅致的谢林便获得了耶拿大学的教授职位。这样，他逐渐结识了浪漫诗人蒂克和诺瓦利斯，以及弗里德里希·施莱格尔和奥古斯特·施莱格尔两兄弟。奥古斯特与蒂克一道将莎士比亚著作翻译成了德文；与奥古斯特离婚的女子后来又嫁给了谢林，尽管谢林比她小十二岁。谢林对科学怀有兴趣，而且熟知科学的最新进展。二十五岁之前，他曾出版过《自然哲学》，该书旨在对自然进行先验的解释。谢林在书中并没有忽视经验科学的实际地位。但他事后确实又认为，一定有可能从非经验的普遍原则中演绎出这些结果来。他的这种尝试具有斯宾诺莎理性主义的特征，并且结合了费希特的能动性概念。因为谢林设想自己试图推导的先验世界就是能动的，而经验科学的世界则似乎是死的。黑格尔后来采用了这一方法。对于当代的读者来说，针对科学问题的如此精深玄妙的思辨几乎是莫名其妙的。在这些讨论中有许多空洞的赘语和大量荒谬透顶的细节，连同别的缘由一起，后来使唯心主义哲学陷入了声名狼藉的境地。

然而值得注意的是，谢林本人在晚年逐渐摒弃了这种哲学思辨。经历了年轻阶段之后，谢林本身的兴趣已经移向了宗教的神秘主义。他的第一任妻子已经不在人世，自己又和黑格尔闹僵了。当1841年谢林应邀为法国哲学家维克托·库辛作品的德译本作序时，他抓住机会猛烈抨击了黑格尔的自然哲学。尽管没有指名道姓，且批判对象黑格尔也早已亡故，但谢林的意图再清楚不过。谢林在此强有力地否认了从先验原则中演绎出经验事实的可能性。至于他是否意识到了这样做不仅破坏了黑格尔理论，而且损害了自己的自然哲学，那就难以评说了。

在费希特和谢林的著作中，可以找到黑格尔后来称作辩证法的种种形式。在费希特那里，可以看到“自我”如何面临着战胜“非我”的使命。而在谢林的自然哲学中，则有一种两极对立面及其统一性的基本概念，这一概念甚至更为明显地预见了辩证法。不过辩证法的起源要追溯到康德的范畴一览表，康德解释说，每组范畴的第三项都是对第一项和第二项的结合，而第一项与第二项又是对立的。因此，在某种意义上，单一性就是多样性的对立面，而全体性则包含了许多的单元，它把前两个概念统一了起来。

德国唯心主义哲学在黑格尔的理论中获得了它最终的系统形式。从费希特和早年的谢林那里获得启迪之后，黑格尔构建了一座哲学大厦，尽管它具有不可靠的特征，但仍然是有趣的、有指导性的。另外，黑格尔主义不仅对德国，而且对英国的整整一代思想家产生了广泛的影响。但总的说来，法国并没有接受他的哲学，也许是因为原著过于晦涩，从而阻碍了它被翻译成清晰明了的法文。黑格尔的哲学特别是在马克思和恩格斯的辩证唯物主义中留存了下来，辩证唯物论为黑格尔哲学的无处立足提供了一个再好不过的例证。

黑格尔（1770年—1831年）生于斯图加特，他和谢林同时就读于图宾根大学。有若干年时间，黑格尔都在充当家庭导师，1801年他和谢林一起到了耶拿。五年之后，在耶拿战役的前夕，黑格尔完成了《精神现象学》。他在法军得胜前就离开了耶拿，在几年的时间里，他当过编辑，然后又担任过纽伦堡中学的校长，并在那里创作了《逻辑科学》。1816年，他成了海德堡大学的教授，并推出了《哲学全书》。最后于1818年，他应聘就任柏林大学的哲学教授一职，此后便留在了那里。他极其崇拜普鲁士，他的哲学变成了官方的学说。

在整个哲学文献中，黑格尔的著作是最难懂的。其缘由不仅在于所论题目的性质，而且在于作者笨拙臃肿的文字。虽然偶尔也有精彩的隐喻让人觉得宽慰，但不足以抵消其普遍的晦涩。为了尽力理解黑格尔的目标，可以回顾一下康德对理论和实践所作的区别。在“实践”一词的原义上，黑格尔的哲学就可以说是坚持了实践至上。出于这个理由，他极为重视历史以及人类一切尝试的历史性质。至于在康德、费希特和谢林的著作中已有某些根基的辩证法，在黑格尔看来，它的合理性和可行性无疑来自对历史运动的交替发展所作的考察。尤其是，正如前面提到的那样，前苏格拉底哲学的成长似乎就遵从了这种模式，黑格尔把这种方法提高到了历史解释原则的地位。现在，就辩证进程本身而言，从两种对立要求到某种妥协性解决足以说明问题。不过，黑格尔进一步指出了历史必须根据这一原则来经历各个阶段。不用说，要做到这一点则只有将事实歪曲。承认历史事件的模式是一回事，根据这一原则去推论历史则完全是另一回事。正如对自然哲学的批判一样，谢林的批判也完全适用于这一点。

辩证法在某些方面使人回想起苏格拉底致力寻求的“善的形式”。后者相当于黑格尔所谓的“绝对理念”。正如苏格拉底的辩证法一样，通过摧毁特殊假说来最终导致善的形式，黑格尔的辩证法也得回溯到他的绝对理念。不论好坏，《逻辑科学》解释了这一过程。应该记住的是，黑格尔认为逻辑学实际上是形而上学的同义词。因此在这个主题下，我们发现了针对范畴的一种说明，它们是通过正、反、合的辩证进程彼此构造出来的。这一学说显然受到了康德对范畴讨论的启示，后者也是把“单一性”范畴作为了出发点。此后，黑格尔便走了自己的路，构筑出一长串有些随意的范畴来，一直到提出绝对理念为止。至此，我们转了一整圈之后，又回到了单一性上来。从某个方面看，黑格尔把绝对理念看作完整、正确论证的一种保障。事实上，绝对理念最终成了“单一性”范畴的至高范例，一切差异都被淹没其中。

理解导向“绝对理念”的辩证过程，有助于人们更为全面地把握这个费解的概念。要想用简单的语言来解释这一点，黑格尔这样的人都做不到，无疑别的任何人也做不到。但黑格尔的著作充满了鲜明的例证，在此就借用了其中的一个。黑格尔所作的比较就是：一个人的“绝对理念”没有经过辩证的证实；而另一个人却相反。这就像对于一个孩子和一位老人来说，祷告具有不同的意义。虽然他们都在吟诵同样的词句，但这些词句在孩子的眼里只不过意味着某种喧闹；而对于老人来说，它们却唤起了对人生经历的回忆。

辩证法原则因此声称，辩证进程到达终点的绝对理念是唯一的现实。尤其是在这方面，黑格尔受到了斯宾诺莎的影响。其推论是，整体里的片断本身都不具有任何可行的现实性或意义。只有和整个宇宙联系起来，它才能够具有意义。看起来，人们似乎得冒险接受这个独一无二的命题：绝对理念是实在的。只有整体才是真的。任何部分的东西只能具有部分的真实性。而在黑格尔的著作中，绝对理念的定义是如此的晦涩，就跟毫无用处一样。然而它的要旨却是相当简明的。在黑格尔看来，绝对理念就是自我思维的理念。

这是一件形而上学的“展览品”，它在某些方面相当于亚里士多德的上帝，是一个隐藏于自身思维中的孤零零的、不可知的实体。在别的某些方面，它也使人想起斯宾诺莎的上帝，是个等同于宇宙的上帝。和斯宾诺莎一样，黑格尔也抛弃了任何形式的二元论。由于追随了费希特，从心灵入手，因此黑格尔会采用理念来谈论问题。

这种一般的形而上学理论被黑格尔应用到了历史中。该理论将会适用于历史的某些普遍模式，这当然是不足为奇的，因为黑格尔正是从历史中演绎出了辩证法原则。但是，正如先前所说，对于具体事件的细节解释是不应该采用这种先验方式来寻求的。另外，在历史中，通向“绝对理念”的辩证进程还为某些赤裸裸的国家主义宣传提供了可乘之机。在黑格尔时代的普鲁士国家中，历史似乎已经达到了最终的阶段。这就是黑格尔在《历史哲学》中得出的结论。而现在看来，这位辩证法大师所作的推论，未免有些仓促草率。

同样的论证模式还导致黑格尔支持国家以极权主义方式组织起来。按照黑格尔的观点，精神在历史中的发展首先是德意志人的任务。因为只有他们才理解自由的普遍范围。这里的自由并不是一个普遍范畴的概念，而是必须与某个法典相联系；在这一点上，可以赞同黑格尔。然而我们并不能像黑格尔那样，似乎可以由此推论，哪里有法律，哪里就有自由。假如是这样，“自由”就成了“守法”的同义词，这与世俗人的观点是相左的。同时，黑格尔的自由概念中还有一个有价值的暗示。如果一个人由于不情愿承认砖头比脑壳更硬，便习惯性地用头撞砖墙，那么我们可以说这个人是固执而不是自由的。在这个意义上，自由就是去认识世界的本来面目，而不是去抱有幻想或把握必然性的运作；正如我们所知，赫拉克利特早已预见了这一想法。不过，当它涉及普鲁士的具体法律时，似乎没有理由可以说明这些法律具有逻辑上的必然性。为了维护其必然性，正如黑格尔想做的那样，只需命令孤弱的公民盲目服从国家的法令就可以了。公民的自由就是让他干什么就干什么。

历史考察的另一特征也启发了辩证法，因为它强调了对抗势力之间斗争的一面。和赫拉克利特一样，黑格尔也高度重视冲突。他甚至还指出，战争比和平更具道德上的优越性。如果国家无敌可战，那么他们就会在道德方面变得虚弱和颓废。黑格尔在这里显然想到了赫拉克利特的名言：战争乃一切之父。他抛弃了康德“世界联盟”的概念，也反对维也纳会议产生的神圣同盟。黑格尔针对政治与历史的全部讨论，都因为他对政治史的片面兴趣而受到歪曲。在这方面，他缺乏维柯的广阔视野，维柯认识到了艺术和科学的重要性。只有从某种狭义的政治观点出发，黑格尔才可能得出如下的结论：外部的敌人对于一个国家的道德健康至关重要。假如视野更开阔一些，人们就会清楚地看到，在任何一个特定的社会里，公民们都有充分的途径和机会来表现自己健康的尚武精神。认为国家之间的争端必须通过战争加以解决的观点，蕴涵了一种假设，即国家之间不可能达成社会契约，在彼此的交往中，它们必须顺其自然，强权至上。在这个问题上，康德的洞察力要比黑格尔更加了不起。因为我们自己所生活的时代已经证明，战争最终将导致世界性毁灭。这的确称得上是一个极致的辩证法结果，即使是最正统的黑格尔主义者，也一定会心悦诚服。

黑格尔的政治、历史学说古怪至极，实际上和他自己的逻辑学也无法协调一致。因为辩证过程中产生的“全体性”既不像巴门尼德不可分化的“太一”，甚至也不像斯宾诺莎的上帝或自然，斯宾诺莎认为个体将逐渐与宇宙同一，并最终与之交融。相反，黑格尔却采用了有机的整体性来思考问题，这一概念后来影响了杜威的哲学。按照这个观点，正如有机体的各个部分一样，个体恰恰要通过与整体相联系，才能获得完全的现实性。或许有人以为这将导致黑格尔允许国家存在各种各样的组织，实际上他一个也不容许，他认为国家是压倒一切的唯一力量。作为一名十足的新教徒，黑格尔自然宣称国家对于教会的至高无上的地位，因为这样才能保证教会组织的国家性质。对于罗马教会，撇开别的考虑不说，单凭以下这一点，黑格尔也会反对它：罗马教会是一种国际团体（实际上这正是它的主要优点）。同样，他也不允许在社会内部独立追求有组织的利益，尽管按照其有机观点，黑格尔本应该欢迎这类活动。至于不偏不倚的探索或沉湎于个人爱好，这些也是不被容许的。

但是，譬如说，为什么集邮者不应当在俱乐部聚会呢？他们只不过是为了追求满足自己共同的集邮兴趣罢了。值得注意的是，官方的马克思主义学说也在这里保留了相当程度的黑格尔主义。不知怎的，该学说认为一切活动都得直接有助于国家的福祉。在这种制度下，假如一个集邮协会不把自己的工作看成有助于为社会主义革命增光添彩的话，那么它的会员将被粗暴地剥夺集邮或进行其他任何活动的权利。

在另一个重要的方面，黑格尔的政治理论并不与其形而上学连贯一致。对其自身辩证法原则的彻底应用原本应该使他明白，制止建立国家之间的组织是没有根据的，而建立这样的组织，或许正是康德所建议的路线。迄今为止，政治中的“绝对”似乎就是普鲁士王国。黑格尔结论中的推导当然是假的。的确不容否认，有些人对这一命题是深信不疑的。然而，虽然某些相信这类东西的人可能感到安慰，但宣称它们受到了理性的支配，这就有些虚伪了。通过这种办法，一个人可以为世界上的每一种偏见和暴行找到虚伪的托词。这简直太容易了。

现在回到辩证法上来，辩证法的确是黑格尔体系的核心概念。我们先前已经注意到一个辩证法步骤如何涉及三个阶段。首先得有一个陈述，然后有一个对立的反陈述，最后把这两者结合成一个综合陈述。有一个简单的例子可以说明这一点。譬如，一个人可能提出如下的命题：黄金有用。与之相对立的反命题则是：黄金无用。那么可能得出的综合命题就是：黄金有用与否取决于环境。如果你刚好在牛津街，有人愿意用三明治来交换你的黄金，那么黄金就是有用的。但是，如果你带着一袋黄金迷失在撒哈拉大沙漠，而你需要的却是水，那么黄金就是无用的。因此，人们似乎必须把所处的环境考虑进去。黑格尔或许并不赞同这个例子，但在这里它却符合我们的目的。现在的论点是：综合命题变成了一个新的命题，同样的辩证过程又重新开始，以此类推，直到理解整个宇宙。这就等于说，任何事物只有放在自己一切可能的联系中（放在整个世界环境中）来加以考虑，它才会产生全部的意义。

我想起了几点评论。第一点与辩证法的历史内容有关。通过某种妥协方式来调整不相容的要求，这类情况无疑是有的。例如，我可能说我不情愿缴纳所得税，而国内税务当局自然会采取相反的做法，坚持拿走税款。最后，我们找到某种折中的解决办法，以便双方都能获得某种程度的满意。在这方面，从来没有什么神秘的东西。应当注意，妥协并不产生于两种矛盾的要求，而是产生于两种相反的要求。这里需要对这个逻辑论点进行某些解释。如果一个陈述为真，另一个陈述必然为假，那么这两个陈述就是矛盾的，反之亦然。然而两个相反的陈述却完全可能都是假的，尽管它们不可能都是真的。因此在以上的例子中，妥协的解决办法便拆穿了双方对立主张的虚伪性。在真实的历史事件中，以下事实使辩证法发挥了作用：某种协议总是能够从相反的要求中达成。当然，如果有关各方没有足够的耐心来制定一个各方都可接受的方案，那么较量就很可能变得更为激烈——最终，强者取胜，败者靠边站。在这种情形下，相反的要求在事后也可能被看作矛盾的要求，但只能在事后才会这样：因为这种事的发生并不是不可避免的。正是由于持有相反的纳税观点，该公民和税务当局才不至于被逼得非拼个你死我活。

其次，还应该注意到，智能发展也遵循了相似的模式。在这方面，辩证法可追溯到柏拉图对话录问答形式的相互作用。这正好显示了面临某个问题时，心灵是如何工作的。一个例证提出来，种种异议也就可能产生；在讨论的过程中，要么通过对事态采取更精确的观点来实现某种调整，要么如果经过反思之后，发现必须接受其中一条异议，从而抛弃原来的例证。在这里，彼此对抗的陈述无论是矛盾的，还是相反的，达成某种妥协都是可能的。因此，赫拉克利特的陈述“万物皆运动”和巴门尼德的陈述“万物皆静止”就是相反的。然而也许有人会说某些东西并不运动，以此来驳斥赫拉克利特的观点，这时的两个陈述就是矛盾的。不管在哪种情况下，我们都可以达成妥协：有些事物在运动，有些事物则静止。

如此一来，就导致了黑格尔不情愿承认的一个重大差别。矛盾只是某种出现于交谈中的事物。一个人能够和另一个人发生矛盾；或者更确切地说，一项表述能够和另一项表述矛盾。但在日常的事实世界里，却是没有矛盾的。无论以什么样的观点来看待语言与世界的关系，一个事实是不可能和另一个事实矛盾的。因此，贫穷与富裕并不是一对矛盾，而仅仅是一对差别。由于黑格尔对世界采取了某种心灵的观点，所以他倾向于粗暴地对待这个重要的区别。另外，按照这个观点，也不难看出为什么辩证法不仅可以用作知识论的一个工具，而且可以直接用作对世界的某种描绘。用专门术语来说，黑格尔称其辩证法不仅是认识论的，而且是本体论的。正是在这个基础上，黑格尔进一步辩证地解释了自然。我们在前面已经提到过谢林对它的批驳。除了以拉美特利的唯物主义原则来取代黑格尔的唯心论偏执以外，马克思主义者可以说是全盘吸收了这种缺乏常识的见解。

另一个根植于辩证法的特殊偏见，就是黑格尔对数字“3”的偏好。仅仅因为辩证法包含了正、反、合三个阶段，于是一切事物似乎都带有数字“3”。无论什么地方需要对事物进行划分，黑格尔都把它一分为三。比如，他对历史的记述就只承认东方世界，希腊、罗马世界，最后是日耳曼世界。其余的世界似乎毫无价值。为了对称，这样做当然不错，但作为历史研究的一种方法，则似乎有些缺乏说服力。同样，可以发现《哲学全书》也分为三部分，分别对应着精神的三个阶段。首先，产生了逻辑的“自在”状态。其次，据说精神经历了某个自我疏离的阶段，即处于“异在”状态。这个第二阶段在自然哲学中作了讨论。最后，精神完成了它的辩证往返旅程，又回到了自身。与此相对应的是精神哲学。整个事情被设想为一种辩证的三合一。这种说法是如此的荒谬，以致即使是尊崇黑格尔的人，也不再试图捍卫它了。

然而，在作了这些批判性评论之后，却绝不能忽视黑格尔哲学有价值的部分。首先，就辩证法而言，应当承认的是，黑格尔在此展示了针对心灵作用的值得重视的洞察力。因为心灵的发展常常是按照辩证法模式进行的。作为对智能成长心理学的一大贡献，辩证法在某种程度上可以说是一种敏锐的观察。其次，黑格尔主义的确强调了维柯在一个世纪以前提出的历史的重要性。由于用词不够精当，黑格尔陈述自身论辩的方式有时候受到了妨碍，这可能和语言本身的某种诗性概念有关。因此，当黑格尔说哲学是对自身历史的研究时，人们就必须根据辩证法原则来理解这一点。他是在说，哲学必然会按照辩证法模式发展，而辩证法是压倒一切的哲学原则，因此，辩证法研究似乎就和哲学史研究恰好一致。所以，这是一种间接的说法，其本义是说，为了正确地理解哲学，人们必须了解一些哲学的历史。也许有人不同意这一点，但它并不是毫无意义的。在系统的阐述中，黑格尔经常利用词语的不同含义。他也确实认为：不知怎的，比起人类来，语言就是具有某种更为优越的固有智能。相当奇怪的是，当今牛津大学的日常语言哲学家们竟然也持有极为相似的观点。

关于历史形势，黑格尔感到“绝对理念”的时代即将到来，因此建立哲学体系是正确的。按照他的观点，哲学体系总是在事件之后迅即产生。在《法哲学原理》的序言中，黑格尔最为显著地表述了这一点：“只有当夜幕降临后，米涅瓦的猫头鹰才会开始飞翔。”

在整个哲学史中反复出现的一个普遍原则，启发了黑格尔的哲学。这就是：世界的任何部分都不能被单独理解，除非把它放在整个宇宙的背景中加以领会。其结果是，只有整体才是唯一的实在。

这种观点早已见之于前苏格拉底的哲学家中。当巴门尼德论述宇宙是一个不动的球体时，他就试图表达这种含义。当毕达哥拉斯学派的数理哲学家们说“万物皆数”的时候，他们同样暗示了这个概念。较晚时期的斯宾诺莎则代表性地持有如下的观点：只有整体才是最终的实在。遵循了毕达哥拉斯传统的数理物理学家们，在寻求一个可以解释整个宇宙的最高公式时，也为同样的信念所驱使。牛顿物理学的惊人发展就提供了这方面的一个例子，如同拉普拉斯一样在宇宙学中达到了高峰。虽然不难证明唯心主义宇宙体系概念的荒诞无稽，但如果不设法领会它的意图，就简单地予以否定，这是危险的。即使只采取一种隐晦含混的方式也不行。

有趣的是，唯心主义体系在某个方面正确地描绘了科学理论的抱负。科学的纲领确实旨在为人们系统了解自然提供日益广阔的视野，从未被怀疑过的各种相互关系被揭示出来，越来越多的自然事件被纳入了某种理论体系，且从原则上看，这种发展没有止境。而且，科学理论并不容许出现例外，它的控制力必须是普遍性的，要么针对一切，要么什么也不针对。我们可以说，唯心主义体系是一种柏拉图式的整体科学观，是一种莱布尼茨设想的神灵科学。按照某种方式，所有的事物都和别的一切相联系，这完全正确；但如果认为事物由于与别的事物有联系才会发生变化，这就不正确。正是在第二种情况中，这种看待科学的方式糟糕地偏离了目标。另外，由于科学探索独有的特征之一就是永无止境，所以，把整个事物看作一种成品同样错误。黑格尔的态度与19世纪后期的科学乐观主义毫无联系，在19世纪后期，人人都以为针对一切事物的答案就在眼前。正如早就可能预知的一样，结果证明这只是一种幻觉。

同时，去修补神的科学也是有点徒劳无益。无论在这方面可以说些什么，这都不是它所属的世界，人类世界之外的其他世界和人类之间不可能有什么关系。唯心主义体系因此是一个不合逻辑的谬误东西。这一点可以通过一个例子更为直接地证明。我抱有许许多多真实的信念，如纳尔逊圆柱高于白金汉宫，而黑格尔主义者却一个也不承认。他会驳斥说："你并不知道自己在说些什么。为了把握你所谈到的事实，你必须知道这两个建筑物用了什么材料，是谁建造的，为什么要建造，如此下去，没完没了。在你有资格说自己知道纳尔逊圆柱高于白金汉宫是什么意思之前，你最终将不得不理解整个宇宙。"但这样也就自然出现了麻烦，按照这种陈述，我在认知任何东西之前，都将不得不先认知一切东西；如此一来，我甚至可能永远也找不到出发点。没有人会如此的谦虚，声称自己简直是彻底的无知，更何况这完全不真实。我确实知道纳尔逊圆柱高于白金汉宫，却不会宣称自己如神灵一般无所不知。事实上，你可以认知某种事物，而不必知道与之相关的一切；你可以明智地使用某个词语，而不必知道全部词汇。黑格尔坚持认为，好像拼图一样，在整个拼图完成之前，拼板上的任何一块都没有意义。与之相反，经验主义者却承认每块拼图都有自身的意义。的确，假如它没有意义的话，你就不可能着手拼接。

对体系逻辑学说的批判具有重要的伦理学意义。因为，如果逻辑理论是正确的，那么建立在它基础之上的伦理学理论也一定是正确的。但实际上这个问题悬而未决。

在这里，黑格尔主义与洛克的自由主义处在完全对立的两边。在黑格尔看来，国家本身是善的，而公民则无关紧要，只要他们有助于为整体增光。自由主义却从另一端出发，认为国家应当照顾到各类成员的个人利益。唯心主义观点容易产生褊狭、残酷和暴政；而自由主义则孕育了宽容、体谅和妥协。

黑格尔唯心主义是把世界看作某种体系的一个尝试。黑格尔主义的目标丝毫也不是主观主义的，尽管它强调的是精神方面。我们可以把它叫作客观唯心主义。前面已经提到过辩证法的体系架构后来如何遭到了谢林的批判。从哲学方面看，丹麦哲学家索伦·克尔凯郭尔正是以此为出发点，猛烈地反击了黑格尔主义。他的著作在当时几乎没有什么影响，大约五十年之后，它们却成了存在主义运动的源泉。

克尔凯郭尔（1813年—1855年）出生于哥本哈根，十七岁进入哥本哈根大学。由于他的父亲年轻时就来到首都，弃农经商，并且大获成功，所以克尔凯郭尔没有独自谋生的压力。他不仅继承了父亲灵活的头脑，而且继承了父亲郁郁沉思的气质。到1841年时，他已经拿到了神学硕士学位。在此期间，他曾与一位女子订婚，却没有结果。对他来说，那位女子似乎并不欣赏他把神学作为自己的使命。不管怎么说，他解除了婚约，学业完成之后去了柏林，谢林当时正在那里执教。从此以后，他埋头于神学与哲学的思辨，而那位一度与他订过婚的女子则明智地嫁给了别人。

让我们再看看谢林针对黑格尔体系的批判。谢林把消极哲学和积极哲学区分开。用经院派术语来说，前者涉及的是概念，或共相，或本质。它论述了事物“是什么”的问题。另一方面，积极哲学则关系到实际存在，或事物“就那样”的问题。谢林坚持说，哲学必定始于某个消极阶段，然后才移向积极阶段。这种阐释使人联想起他的“两极对立面”原则，以及如下的事实：在自己的哲学观念发展中，谢林所跨越的正是这条道路。在这种意义上，早年的谢林就是“消极的”，其后期的作品才是“积极的”。那么针对黑格尔的主要批判就是：他已经扎根在消极的领域，却意欲推导出积极的事实世界来。存在主义正是发源于这种评论。

但这仅仅是从逻辑上驳斥了黑格尔的观点，同等重要的是，克尔凯郭尔还从情感上驳斥了黑格尔的观点。黑格尔主义涉及的是有些枯燥而理论化的事物，很少给灵魂的激情留下空间。一般说来，德国唯心主义哲学确实如此，甚至谢林后期的思辨也不例外。启蒙运动已经趋向于正视激情问题，尽管还有几分疑虑，克尔凯郭尔希望从哲学方面使它们重新获得尊重。这与诗人们的浪漫主义观点一致，但与那种把善与知识相关联、恶与无知相关联的伦理观相对立。按照真正的奥卡姆方式，割裂意志与理性，存在主义正试图把人们的注意力吸引到人们行动、选择的需要上去，这种需要不是作为哲学反思的一种结果，而是产生于意志的某种自发作用。这样就可以立刻通过某种非常简单的方式，为人们留下信仰的余地。因为这个时候，接受宗教信仰就是意志的一种自由行动。

存在主义原则有时候可以表述为：存在先于本质。换句话说，就是我们首先认知事物的存在，然后才认知它的本质。这也就相当于把个别放在共相之前，或把亚里士多德放在柏拉图之前。克尔凯郭尔认为意志先于理性。他论证说，我们不应当对人的理解过于科学化。处理普遍性问题的科学只能从外部触及事物。与此相对，克尔凯郭尔承认了从内部把握事态的存在主义思维模式。以人为例，如果只是以科学的方式对待他，就会觉得我们忽略了真正重要的东西，个人的具体感受只能按照存在主义观点来理解。

在克尔凯郭尔看来，伦理学理论过分地理性主义化，以致不允许人们自主地安顿自己的生活。这些理论没有一个曾经充分适当地评价过个人道德行为的具体特征。另外，我们也总是不难找到打破其规则的反面例子或例外情形。正是基于诸如此类的依据，克尔凯郭尔才鼓励人们应当把自己的生活建立在宗教原则而不是伦理学原则的基础之上，备受推崇的新教奥古斯丁传统正是包含了这一点。一个人只对上帝及其旨意负责，任何别的人都不能干预改变这种关系。克尔凯郭尔认为，宗教是一个存在性思维的问题，因为它来自灵魂内部。

克尔凯郭尔是一位热情的基督徒，但他的观点依然与丹麦国教有些僵化的制度主义发生冲突，这也是十分自然的。他反对经院哲学自以为是的理性主义神学。上帝的存在必须通过存在性方式来把握；在本质的领域内，无论有多少论证，也是不可能确立上帝存在的。因此，如前所述，克尔凯郭尔割断了信仰与理性的联系。

在针对黑格尔的批判中，克尔凯郭尔的反思活动自然得到了发展，该批判基本上是正确有效的，不过由此产生的存在主义哲学却并不如此合理。由于限定了理性的范围，它便为形形色色的荒谬之说敞开了大门。但在信仰层次上，这的确受到了尊重，而且几乎是颇受欢迎的。对于那些相信神灵启示的人来说，“信仰源于谬论”是一句古老而备受推崇的格言，在某种意义上，他们或许是对的：如果你想行使你的信仰自由，那么你也可能需要紧紧抓住某个不同寻常的东西不放。

与此同时，应当好好记住的是，正如对理性评价过高一样危险，低估理性的做法也是危险的。黑格尔对理性的评价过高，以致陷入了“理性能够产生宇宙”的错误。克尔凯郭尔则走向了另一个极端，他实际上坚持认为，理性无助于人们把握具体事物，而只有具体事物才真正值得认知。这种观点否定了科学的一切价值，而且是与浪漫主义的最佳原则协调一致的。尽管克尔凯郭尔猛烈地批判了浪漫主义的生活方式，认为它纯粹是由外部影响的无常变化来确定的，但他本人却是一个彻底的浪漫主义者。这个假设了存在主义思维模式的原则，恰恰就是一个含混的浪漫主义概念。

针对黑格尔的存在主义批判，克尔凯郭尔基本上拒绝承认世界本身构成了一个体系。尽管克尔凯郭尔并没有清晰地深入探讨这一问题，但他的存在主义实际上却预先设定了一个实在主义的认识论，与唯心主义观点相对立。如果我们回到多少有些精致的康德二元论中去，那么就会产生针对黑格尔的完全不同的驳斥，这种批判出现在叔本华的哲学中。

亚瑟·叔本华（1788年—1860年）是一名但泽商人的儿子，这位商人仰慕伏尔泰，而且和伏尔泰一样推崇英国。当1793年普鲁士吞并自由城市但泽时，叔本华一家搬到了汉堡。1797年，叔本华去了巴黎，并在那里生活了两年，在此期间，他几乎忘掉了自己的母语。1803年，他来到英国，进了一所寄宿学校。虽然只有大约六个月的时间，但这足以使他厌恶英国的学校，不过他学会了英语。晚年的叔本华长期订阅了伦敦的《泰晤士报》。回到汉堡以后，他曾漫不经心地尝试经商，其父一死，他便立刻放弃了。他的母亲这时已搬到魏玛，并且很快成了一个文学沙龙的女主人，许多魏玛的著名诗人和作家常常光临该沙龙。事实上，她本人最终也成了一名小说家。但与此同时，她的儿子，性情乖僻的叔本华，开始对她那种有些不受约束的生活方式感到不满。二十一岁时，叔本华得到了一小笔遗产，从此以后，母子俩变得疏远起来。

这笔遗产使得叔本华能够完成大学的学业。他先是在1809年进入了哥廷根大学，并在那里首次接触了康德的哲学；1811年，他转到了柏林大学，主要是学习科学。叔本华虽然也听了费希特的某些授课，却以轻视的态度来看待后者的哲学。1813年，当他完成了学业时，正赶上爆发了解放战争，不过这些事件并没有唤起他持久的热情。后来，他在魏玛结识了歌德，并且在那里开始了对印度神秘主义的研究。1819年，叔本华作为无薪教师，开始在柏林大学讲课。他完全确信自己的天赋，觉得如果把这一事实隐藏起来，不告诉那些还没有意识到这一点的人，就是不大诚实的做法。因此，他把自己的课程安排在黑格尔授课的时间同时进行。当他未能有效地吸引黑格尔主义者时，他决定放弃讲课，去法兰克福定居，他在那里度过了自己的余生。他是个傲慢自负、阴郁乖戾和贪慕虚荣的人，但他所渴望得到的名声并没有在生前出现。

叔本华早年就已形成自己的哲学观点。他的主要著作《作为意志与表象的世界》于1818年问世，当时他年仅三十岁。起初，这本书完全被人所忽略。书中提出了某种修正的、审慎保留了“物自体”的康德学说。不过和康德不同的是，叔本华认为“物自体”等同于意志。因此在康德理论的意义上，他和康德都认为被经验的世界由现象构成。不过导致这些现象的东西并不是一系列不可知的本体，而是本体的意志。这一点非常接近于正统的康德观点。我们已经看到，康德认为意志就位于本体这一边。

如果我运用我的意志，那么在经验世界里与之相对应的就是我的肉体运动。顺便还可以注意到，在这里，康德实际上未能超越偶因论；因为正如我们所知，本体与现象之间不可能有因果关系。不管怎么说，叔本华认为肉体是一种现象，它的实在性存在于意志之中。像康德一样，叔本华也主张本体世界位于空间、时间和范畴之外。作为本体的意志，并不隶属其中的任何一个。所以，它既不是时间的，又不是空间的，这就意味着它具有一体性。就"我"是实在的而言，即就"我"的意志而言，"我"并不是独特而分离的，那纯粹是一种现象的幻觉。恰恰相反，我的意志实际上是唯一的宇宙意志。

叔本华认为这种意志是十足的罪恶，它导致了人生不可避免的苦难。而且，他和黑格尔刚好相反，主张知识是苦难的而非自由的根源。因此，叔本华展示的是某种没有快乐余地的悲观前景，而不是理性主义体系的乐观主义。至于性，他认为这也是一种邪恶的交易，因为繁衍后代纯粹是在为苦难提供新的牺牲品。叔本华的厌女症也和这种观点有关，因为他觉得女人在性方面比男人更为深思熟虑。

没有什么逻辑理由可以说明康德认识论为何应该与悲观主义观点相联系。叔本华乖僻的禀性使他自己无法感到快乐，所以就宣称快乐不可企及。在其郁郁寡欢的生命走向终点之际，叔本华的成就才得到了认可，经济状况也有所好转，这两方面的变化突然使他顾不得自己的理论，变得愉悦起来。不过，这也并不能说明理性主义者对这个世界的"善"信心十足就是正确的。因此，像斯宾诺莎这样的思想家至少不打算从理论上看见罪恶，而叔本华则走向了另一个极端，在任何事物中都看不到善。

按照叔本华的观点，摆脱这种痛苦事态的解决办法必须要到佛教神话中去寻找。正是人们自己的意志导致了自己的苦难，通过麻醉意志，人们就可以最终在涅槃或四大皆空的境界中求得解脱。神秘的入定能使人们看穿代表着幻觉的“摩耶面纱”。如此一来，人们便可以逐渐视世界为一体；有了这种知识之后，人们就可以征服意志。然而，这里的一体性知识既不会像艾克哈特神父之类的西方神秘主义者那样导致人与上帝的感通，也不会共享斯宾诺莎的泛神论世界。相反，对整体的洞悉和对苦难的同情，为人们遁入四大皆空的境界提供了退路。

和黑格尔派的理性主义学说相对立，叔本华的哲学强调了意志的重要性。许多后来的哲学家采纳了这一观点，尽管他们在别的方面几乎没有什么共同之处。我们不仅在尼采的著作中，而且在实用主义者的作品中也发现了这种观点。存在主义也对与理性相左的意志怀有极大的兴趣。至于叔本华学说中的神秘主义，却是处在哲学的主流之外。

如果说叔本华的哲学寻求最终提供一种摆脱尘世及其冲突的途径，那么尼采（1844年—1900年）则走了相反的一条路。要归纳他的思想内容，可不是一件容易的事。按照通常的意义来理解，他并不是一位哲学家，而且他没有留下某种系统的观点解释。或许有人从字面意义上，把他描绘成一名贵族人文主义者。因为他首先试图提倡的就是最优秀人物的至高无上，这些人的禀性最健康、最坚强。同时他还强调了面对苦难时的坚忍顽强，这与公认的伦理标准有一致之处，尽管实践起来并不必然如此。由于断章取义地集中了这些特征，许多人以为尼采就是我们这个时代暴政的预言家。虽然暴君们完全可能从尼采身上获得了某些启发，但如果要他对这些人的罪行负责，那就不恰当了，这些人至多算是肤浅地理解了尼采。因为，假如尼采活得更长，目睹自己国家的政治发展的话，他也会竭力反对的。

尼采的父亲是一名新教牧师，这就创造了一种虔敬、正直的家风背景。即使在尼采的著作最具叛逆性的时候，作品强烈的道德色彩仍然保留了这样的风格。早年的尼采就是一位才华横溢的学者，他二十四岁就成了巴塞尔大学的古典语言学教授。一年后，普法战争爆发。由于他已成为瑞士公民，因而成了一名军队医院的卫生员。因感染上痢疾，他退伍回到了巴塞尔。尼采的身体状况一直不太好，服役期间，他始终未能恢复健康。1879年，他不得不辞了职，尽管那笔丰厚的年金能使他过上相当舒适的生活。尼采在瑞士和意大利度过了随后的十年时光，他继续从事案头工作，大多数时间孤独寂寞、默默无闻。1889年，学生时代感染上的性病终于导致了一个迟来的恶果，尼采患上了精神病，直到去世都是如此。

尼采的工作首先受到了前苏格拉底时期的希腊思想——尤其是斯巴达理想——的启发。在他的第一部主要著作《悲剧的诞生》中，尼采提出了希腊精神的阿波罗情结和狄奥尼索斯情结的著名区分。黯淡而情绪化的狄奥尼索斯倾向，密切联系着对人类悲剧实在性的认识。另一方面，奥林匹亚的万神殿则成了某种抵消人生彻底不快的安宁幻象的象征。这一点源于希腊精神的阿波罗倾向。我们可以说，希腊悲剧是狄奥尼索斯热望的某种阿波罗式升华。正如我们所知，亚里士多德对这些问题也持有类似的观点。

从悲剧起源的这类解释中，尼采最终采纳的是悲剧英雄的概念。和亚里士多德不同的是，他在悲剧中看到的不是一种能够引起共鸣的感情净化，而是积极地接受原汁原味的生活。叔本华得出了一个悲观的结论，而尼采却采取了乐观的立场。尼采认为，这种立场可以在针对希腊悲剧的正确解释中辨别出来。然而必须注意的是，这并不是一般意义上的乐观主义，而是对严酷生活现实性的大胆接受。和叔本华一样，尼采也承认意志的至高地位，但他更进一步认为，坚强的意志是善者的卓越特征，而叔本华却把意志看作万恶的根源。

尼采把人类及其各自的道德划分为两类，即主人和奴隶。他的《善恶之外》详述了基于这一区别的伦理学理论。一方面是主人道德，“善”在其中意味着独立、慷慨和自立等；实际上，所有这些道德都属于亚里士多德“具有伟大灵魂的人”。对立的缺陷则是依附、吝啬和怯懦等，这些就是恶。在这里，善恶之间的对比大体上相当于高尚和卑鄙。奴隶道德按照迥然不同的原则发挥作用。它认为，善存在于某种普遍性沉默之中，存在于一切消除苦难和反抗的事情之中；它谴责根据主人道德而认为是善的事物，认为它们不仅不好，而且是罪恶。主人道德的善容易令人恐惧，对于奴隶道德来说，所有激发恐惧的行为都是罪恶的，而英雄或超人的道德则在善恶之外。

《查拉图斯特拉如是说》已经以道德宣言的形式提出了这些学说，其风格模仿了《圣经》。尼采是一位伟大的文学艺术家，他的著作看起来更像是诗体散文，而不是哲学。

尼采所厌恶的东西，当首推随着新技术发展起来的新的大众人性。他认为社会所起的正确作用，就是作为少数杰出人物实现贵族理想的“温床”。至于这样做可能给那些小人物带来苦难，在他看来，则是无关紧要的。他所想象的这种国家与柏拉图《理想国》中的理想国家有许多共同之处。他认为传统的宗教为奴隶道德提供了支持。按照他的观点，自由民必须承认上帝是死的，我们必须为了人的更高类型奋斗，而不是为了上帝。尼采在基督教中找到了奴隶道德的现成例子。因为，基督教消极地持有来世生活更好的希望，而且对奴隶道德作出了逆来顺受、怜悯同情之类的评价。正是由于瓦格纳后来倾向于基督教，尼采才会抨击这位自己先前曾视为可敬朋友的作曲家。除了英雄崇拜以外，尼采同时还强烈地反对男女平等，他鼓吹视妇女为奴隶的东方习俗。我们发现，这正反映出尼采本人无法友善地与女性相处的现实。

在这种伦理学说中，尼采对各种人及其生活的方式做了大量有用的考察。假如为了有助于自身的话，那么运用某种无情的方式还算是相当情有可原的。但尼采的这种为了少数人的利益，而对大多数人忍受的苦难完全无动于衷的主张却是不太令人信服的。

功利主义及其以后

我们现在必须回到一个世纪以前，讲一讲故事的另一个组成部分。在一个物质环境正急剧变化的世界里，唯心主义哲学及其批判已经发展起来。始于18世纪英国的工业革命带来了很多变化。首先，机器的运用是一件循序渐进的事情。织布机的构造得到了改进，纺织品的产量也增加了。蒸汽机的完善是至关重要的一步，它为大量新建的工厂提供了驱动机器的无限能源。燃煤锅炉是产生蒸汽最有效的方式。因此，煤矿开采业获得了很大的发展，虽然矿工们常常是在严酷恶劣的环境下作业。从人道的角度来看，工业化的早期完全是一个可怕、可憎的时期。

在18世纪，英国的圈地运动达到了顶峰。数百年来，公地正逐渐被贵族圈占，以作私用。对于那些在一定程度上依赖公地收益的乡下人来说，圈地运动给他们带来了某些苦难。然而18世纪以前，针对其土地专有权的侵犯并没有导致大批乡下人背井离乡，流向城镇，寻求新的活路，这些人逐渐被新工厂所吸收。收入低、受盘剥的他们居住在城市最穷的角落和郊区，后者成为19世纪大面积的产业工人贫民窟的雏形。机器的发明首先引起了手工艺人的疑虑，他们感到自己的技术正在变得多余。同样，机器功能的每一次改进，都容易导致产业工人的抵制，因为他们害怕因此断了自己的生计。即使在今天，这种担心也仍然存在，正如19世纪的动力织机一样，电子控制机械的使用也使工会忧心忡忡。不过，单就这个问题而言，悲观主义者总是错的。世界上的工业国家并没有因科技发展导致生活条件的下降，反而在各个方面逐步增加了财富和舒适程度。必须承认的是，英国早期工业无产者的苦难是十分明显的。造成某些最严重的罪恶的根源部分是出于无知，因为从未有人遇到过这些新问题。以手工业和农民所有权为基础的旧自由主义，在处理工业社会的新问题时显得不大灵活。改革虽然姗姗来迟，但最终纠正了这些早期的过错。在工业化发展得越晚的地方（如大陆国家），困扰工业社会发展的一些麻烦就逐渐减少，因为到那个时候，问题就更易于理解了。

科学与技术之间相互影响的趋势开始兴起于19世纪早期，在某种程度上，这种影响当然一直都是存在的。但自从工业化时代以来，科学原理系统地应用于技术设备的设计和制造，这就引起了物质扩张的加速发展。蒸汽机提供了新的动力。19世纪上半叶目睹了针对相关原理而进行的全面科学研究，新的热动力学又反过来教会了工程师们如何制造出效率更高的发动机。

在此期间，蒸汽机开始在运输行业取代了一切别的动力形式。在19世纪中叶的欧洲和北美，庞大的铁路网正在形成；同时，汽轮开始取代帆船。所有这些革新极大地改变了受其影响的人们的生活和眼界。总的看来，人似乎是一种保守的动物。就其发展速度而言，人的技术本领超过了自己的政治智慧，人们至今还未从由此而产生的社会失衡状态中恢复过来。

工业生产的早期发展重新唤起了人们对经济问题的兴趣。近代的政治经济学作为一项研究，要追溯到亚当·斯密（1723年—1790年）的作品中。亚当·斯密是大卫·休谟的同乡，也是一位哲学教授。他遵循了休谟传统的伦理学著作，总的说来不及他的经济学著作重要。发表于1776年的论文《国富论》为他赢得了声誉。该书针对在国家经济生活中发挥作用的各种力量作了第一次研究尝试。引人瞩目的一个特别重要的问题是劳动分工。斯密较为详尽地揭示了：如果把某件商品的制作过程细分为许多阶段，每一阶段由一名专业化工人来进行，那么商品的产量就会增加。他选用的一个特例就是制造别针，而且他的结论无疑是在实际考察过生产数字的基础之上得出的。不管怎么说，自那以后，劳动分工的原则大规模地应用于工业，其正确性也获得了充分的证明。当然，人的因素也必须加以考虑。因为，假如专门化操作变得过于缺乏连贯性，那么就会摧毁人们对于本职工作的兴趣，最终受损的还是工人。这个在斯密时代未能得到充分理解的难题，已经成了现代工业的主要问题之一，它给那些操作机器的人带来了非人性化的影响。

在相当长的时期内，政治经济学的探索研究都保持了独特的英国特色。18世纪法国的重农主义者虽然确实对经济问题有过兴趣，但他们的影响并不及亚当·斯密的《国富论》，此书成了古典经济学“圣经”一般的作品。这一领域的第二项重大贡献就是李嘉图的劳动价值论，该理论为卡尔·马克思所继承。

在哲学领域，工业化的兴起导致人们在某种程度上强调了功利，而功利是浪漫主义者强烈反对的东西。同时，这种有些单调乏味的哲学，比起诗人和唯心主义者所挑起的所有浪漫激愤来，在社会事务方面，最终产生了更多的必要改良。它所寻求带来的变革是零碎的、有序的，革命根本不是它的目标。而有些更为情绪化的马克思学说却并非如此，该学说以自身独特的方式保留了源于黑格尔的大量的不妥协唯心主义，其目标在于通过暴力手段，全面地改造现有社会秩序。

工业技术社会中重要的问题是人，这点并没有立即引起某些人的注意，这些人并没有经历工业无产阶级所遭受的侮辱。他们起初认为，这些不愉快的事实可能是不幸的，却是不可避免的。在18世纪后期，当作家们开始提出这类问题的时候，上述的那种有些自以为是的、缺乏同情心的漠然看法便被粉碎了。为了使这些事实得到社会的普遍关注，1848年的革命采取了一些行动。虽然作为一种政治策略，他们所掀起的骚乱并不怎么成功，但确确实实在某种程度上，给人们留下了针对社会环境的忧虑。英国的狄更斯，以及后来法国的左拉，都在他们的作品中宣扬了这些问题，从而促进了人们对事态更为清醒的认识。

根治所有社会弊病的良药之一，就是提供适当的教育。改革者们在这一点上也许并不完全正确。仅仅去教每个人读、写和计算，这本身并不能解决社会问题。同样不正确的看法是，这些令人羡慕的技能对于一个工业社会的恰当运作是必不可少的。大量的专门化例行工作，大体上可以让文盲来做。但教育能够间接地有助于解决某些问题，因为它有时可以使那些不得不忍受苦难的人找到改善命运的出路。同时，再明显不过的是，单纯的教导过程并不一定产生这样的结果。相反，它却可能导致人们相信事物的现有秩序是理所当然的，这类灌输有时是相当有效的。不过，改革者们却正确地坚持了这个观点：某些问题不可能得到正确地解决，除非相当全面地理解了至关重要的情况，这倒确实需要某种程度的教育。

亚当·斯密联系商品制造所讨论的劳动分工，几乎在同等程度上赶上了智力的探索。可以这样说，在19世纪的进程中，这种探索也变得工业化了。

使功利主义运动得名的那种伦理学说，尤其要追溯到哈奇逊，他早在1725年就阐释了该学说。简而言之，这种理论认为善即快乐，恶即痛苦。因此，人们能够达到的最佳状态，就是快乐最大限度地抵消痛苦的状态。这一观点被边沁所采纳，作为功利主义，逐渐为人所知。

杰勒密·边沁（1748年—1832年）对法学最感兴趣，爱尔维修和贝卡利亚在这方面给了他主要的启发。边沁认为，在对最佳可能事态的合法促进方式进行研究时，伦理学主要是作为一种基础。他还是一群所谓“哲学激进分子”的领袖。他们十分关注社会改革与教育，普遍反对教会权威和社会统治阶层的限制性特权。边沁是一位性情孤独谦和的人，起初的观点并不那么明显的激进。然而晚年的他，尽管不大抛头露面，却成了一位咄咄逼人的无神论者。

边沁相当关注教育，和自己圈子里的激进派一样，他也对教育的无限疗效抱有最大的信心。值得注意的是，边沁时代的英国仅有两所大学，而且只有宣称信奉英国国教的人才能入学。直到19世纪后半叶，这一反常现象才得以纠正。边沁旨在帮助那些无法满足现行体制所需的苛刻条件的人们，为他们提供接受大学教育的机会。他和别的团体一道，于1825年协助创立了伦敦大学学院。学院既不对学生进行强行的宗教审查，也从未有过礼拜仪式，此时的边沁已经与宗教彻底决裂。在其弥留之际，边沁要求将自己的遗体妥善穿戴，并以蜡制面具覆盖，保存于学院。

边沁哲学的基础要追溯到18世纪早期的两个主导理念。其一便是哈特里早已强调过的联想原则。这一原则最初源于休谟的因果论，休谟采用理念的联想来解释因果依存的概念。哈特里和后来的边沁，都把联想原则看作心理学的核心机制。边沁提出了自己的唯一原则，该原则根据经验提供的素材发挥作用，并以此取代了有关心灵及其运作概念的传统手法。这就使他能够给心理学一个确定的解释，而根本不必牵涉到心灵概念；实际上，这些概念早就被“奥卡姆的剃刀”刮掉了。后来由巴甫洛夫提出的条件反射理论，正是建立在联想主义心理学相同观点的基础之上。

第二条原则是“最大快乐”的功利主义格言（前文已提及）。该原则与心理学有关，因为在边沁看来，人们尽力所做的就是去获得自己最大可能的幸福。幸福在此的含义也就是指快乐。法律的作用就是保证人们在追求自身最大快乐的同时，任何人都不得妨碍别人同样的追求。通过这种方式，才能使最大多数人达到最大的快乐。尽管存在着别的分歧，这却是各类功利主义的共同目标。我们可以毫不掩饰地说，该目标听起来有些缺乏创见，而且自以为是，但其背后的意图远非如此。作为一种致力于改革的运动，功利主义所取得的成就显然超过了一切唯心主义哲学的总和，而且这些成就是在并未引起多大混乱的情况下取得的。同时，最大多数人的最大幸福原则还具有另一种解释。在自由主义经济学家的手中，它成了“自由主义”和自由贸易的一个正当理由。因为它假设，在既定法制下，如果每个人都自由放任地追求自身最大的快乐，那么就会产生社会的最大幸福。然而，自由主义者在这方面有点过于乐观了。也许有人会认为，按照苏格拉底的意向，如果人们不厌其烦地提醒自己和估量自身行为的后果，那么他们一般会明白，损害社会终将损害自己。但人们并不总是谨慎地考虑这些事情，反而常常凭一时的冲动和无知采取行动。所以，在我们这个时代，自由放任的学说已逐渐被某些限制性的防范措施所束缚。

那么，法律的制定就被视为这样的机制，即用来保证每个人都能够追求自己的目标，但又不妨害其他人。因此，惩罚的作用并不是为了报复，而是为了防止犯罪。重要的是，某些侵犯行为虽然应当受到惩罚，但不应当是野蛮的酷刑，而当时的英国实际上正倾向于这样做。边沁反对不加区别地施用死刑，在当时，犯罪行为相当轻微的人也会被极为随意地处死。

功利主义伦理学导出了两个重大的结论。首先，似乎明显的是，在某些方面，所有人都对幸福有着同样的强烈要求，因此他们也应当享有同等的权利和机会。这个观点在当时是有些新颖的，它构成了激进派改革方案的一个核心原则。另一个推论则指出，最大的快乐只有在保持稳定的状况下才能获得。所以，平等和安全就成了压倒一切的考虑。至于自由，边沁认为这是不太重要的。在他看来，就像人的权利一样，自由似乎带有某些形而上学和浪漫主义的色彩。在政治方面，边沁赞赏仁慈的专制，而不是民主。这也就给他的功利主义带来了一个难题，因为显然没有什么机制可以保证立法者将采取仁慈之道。他自己的心理学理论也要求立法者总是要在全面知识的基础之上，极有远见地行事。然而，如前所示，这一设想并不完全正确。作为一个实用性政治的问题，这种困难不可能彻底得到解决。人们至多可以设法保证，任何时候都绝不允许立法者过于放任。

在其社会批判方面，边沁是与18世纪的唯物主义一致的，他所预见的许多东西后来都被马克思保留。边沁认为，有关牺牲的现有道德只是统治阶级为了维护自身既得利益而采取的一种蓄意欺骗。统治阶级期望别人作出牺牲，自己却丝毫无损，边沁提出的功利主义原则就是与这一切针锋相对的。

虽然边沁生前一直是激进派的精神领袖，但该运动的幕后驱动者却是詹姆斯·穆勒（1773年—1836年）。他和边沁持有同样的功利主义伦理观，同样对浪漫主义不以为然。在政治问题上，他认为人们能够通过论辩来说服，而且习惯于在行动之前进行理性的评析。与之相随的是，他还过分地相信教育的功效。这些先入之见的实施对象就是他的儿子约翰·斯图亚特·穆勒（1806年—1873年）。穆勒承受了父亲无情灌输给他的教育学说。“我从来不是一个孩子，”到了晚年，他抱怨说，“我从未玩过蟋蟀。”与此相反，约翰三岁就开始学习希腊文，接下来所学的一切东西都与当时的年纪不相称，从而使他显得早熟。就在他二十一岁之前，这种可怕的经历自然而然地导致他精神崩溃了。虽然穆勒后来积极地关注1830年的议会改革运动，但他并不为谋得领袖一职而操心，该职位曾先后属于边沁和老穆勒。自1865年到1868年，穆勒是下议院中代表威斯敏斯特的议员，他继续迫切要求进行普选；并追随边沁，走上了一般自由主义的、反帝国主义的研究路线。

在其哲学方面，穆勒的观点几乎完全是派生的。最能牢固地树立其声誉的书可能是他的《逻辑学》。他对归纳法的讨论算是当时有新意的东西。归纳法受到一套准则的支配，它使人奇怪地想起休谟的某些因果关系法则。归纳逻辑争执不休的问题之一就是如何来证明归纳论证的正确性。穆勒采取了如下的观点：进行归纳论证的依据就是人们所观察到的自然恒定性，后者本身就是一种最高的归纳。这样自然就使整个论证成了循环论证，但穆勒似乎并不担心这种情况。然而，这里还牵涉到一个更普遍的问题，它至今还使逻辑学家们感到头疼。大体说来，困难就在于：不知怎的，人们总觉得归纳法毕竟不那么受推崇，尽管它应该如此；因此，它必须得到证明。不过这样一来似乎就会不知不觉地陷入困境，而人们并非总是意识到了这一点。因为，证明本身就是一个演绎逻辑的问题。如果归纳法必须得到证明的话，那么它本身就不可能是归纳的。至于演绎法本身，则没有人觉得非证明不可，自远古以来，它就是备受推崇的。也许唯一的出路就是让归纳法自立门户，不要让它与演绎法辩护扯上关系。

《功利主义》一文包含了穆勒对功利主义伦理学的解释。该书几乎没有什么地方超越边沁。和伊壁鸠鲁（或许称得上第一位功利主义者）一样，穆勒最终也乐于认为某些快乐高于其他快乐。不过事实上，他并没有成功地解释，比起仅有数量差异的快乐来，品质较好的快乐意味着什么。但这是不足为奇的，因为最大快乐的原则以及快乐的计算，隐含了对品质的排除和对数量的赞同。

为了支持“人们实际上追求的正是快乐”这一功利主义原则，穆勒试图提出一项论证，不过他犯了一个严重的错误。“只有人们事实上看见了某个物体，才能证明它的可见性。只有人们听见了某个声音，才能证明它的可闻性。经验的其他来源莫不如此。按照类似的方式，我可以这样来理解，只有人们实际上有过要求，才有可能证明什么东西是合乎需要的。”然而这是基于词语相似性的一种诡辩，它隐藏了逻辑上的差异。如果某个事物能够被看见，我们就说它是看得见的。以“合乎需要的”为例，它的含义是模棱两可的。当我说某物是合乎需要的，可能只是指事实上我确实需要它。当对别人这样说时，我当然假定他和我一样喜欢或不喜欢。在这种意义上，说合乎需要的东西就是人们想要的东西，这是毫无意义的。不过，当人们说什么东西合乎需要，其中还有另一层含义。比如，说诚实是合乎人们需要的。这实际上指的是人们应该诚实，它是人们所作的一种伦理学表述。所以，穆勒的论证肯定是不正确的，因为“可视的”和“合乎需要的”两者的类推是浅薄而粗略的。休谟早就指出，我们不可能从某个“是”中演绎出某个“应该”来。

但是不管怎么说，要举出证明该原则无效的直接的反面例证还是容易的。把快乐定义为想要的东西，这是毫无意义的；除此以外，认为我想要的东西就是快乐，一般说来，这也是不正确的，尽管一种愿望的满足确实会带给人们快乐。在另外的一些情形下，除了有该愿望这一事实之外，你想要的东西与自己的生活却并没有直接的关系。例如，人们可能期望某匹赛马在比赛中获胜，但实际上并没有下赌注。功利主义原则因此极易招来大量严重的异议。然而功利主义伦理学仍然是有效社会行动的源泉。因为伦理学的学说宣称善就是最大多数人的最大幸福。这种观点可能被扯到别处去，而没有考虑到人们是否真的一直按照促进这种普遍幸福的方式来行动。那么，法律的作用就是去保证最大幸福得以实现。同样，建立在这一基础之上的改革目标，与其说是为了实现理想制度，倒不如说是为了建立可行的制度，真正赋予公民某种程度的幸福。这是一种民主主义理论。

与边沁截然相反的是，穆勒是自由的热情捍卫者。在著名的《论自由》一书中，他对这个问题作了最好的说明。该书是他与哈丽特·泰勒共同写成的，哈丽特在前夫去世后，是于1851年与穆勒结婚的。在这篇论文中，穆勒为思想自由和言论自由做了强有力的辩护，并且建议限制国家干预公民生活的权力。他尤其反对基督教宣称自己是众善之源。

在18世纪末期，由于预防接种降低了人口死亡率，人口便急剧地增长起来，这个问题也开始引起了人们的注意。对人口问题的研究是由马尔萨斯（1766年—1834年）来进行的。他是一位经济学家，激进派的朋友，除此以外，他还是一名圣公会传教士。马尔萨斯在《人口论》中提出了“人口增长远远快于粮食供应”的理论。人口按照几何级数增长，而粮食供应却仅仅按照算术比例增长。所以，人口的增长必须加以限制，否则就会相应出现大规模的饥荒。在如何限制的问题上，马尔萨斯采纳了传统的基督教观点。人们必须接受教育，以便能够学会“克制”，从而保持人口低增长率。马尔萨斯本人已婚，他身体力行，贯彻了这一理论，而且相当成功，他四年只要了三个孩子。

尽管有这种成就，马尔萨斯的理论现在看来也并不像他所期望的那样有效。孔多塞在这些问题上的观点似乎更合理些。马尔萨斯鼓吹的是“克制”，而孔多塞早就提出了现代意义上的“节育”。对于这一点，马尔萨斯从未原谅过孔多塞，因为在他自己坚定的道德观念中，这类方法属于罪恶。他认为人工节育和卖淫差不了多少。

激进派起初对这个普遍性问题意见不一。边沁曾一度支持马尔萨斯，而穆勒则倾向于同意孔多塞的观点。穆勒在十八岁时，曾一度被捕入狱，因为他在某个工人阶级贫民窟散发“节育”的小册子。因此不足为奇的是，带有普遍性的自由主题一直是他极为关注的问题之一。

对于政治经济学来说，《人口论》是一项十分重要的贡献，它所提出的某些基本概念日后在其他领域也取得了发展。尤其是达尔文（1809年—1882年），他从中演绎出了“物竞天择”的原则和“生存竞争”的概念。《物种起源》一书讨论了有机体按照几何级数增长，斗争接踵而至，达尔文说：“具有多种效力的马尔萨斯学说适用于动植物王国，因为在这种情况下，既不可能有人为的粮食增长，也不会在婚姻生育上保持小心的克制。”在为了有限的生存概率而进行的自由争夺中，胜利属于最能适应环境的有机体。这就是达尔文的“适者生存”学说。在某种意义上，这只是边沁“自由竞争”概念的一种延伸。但在社会领域中，这种竞争必须遵守某些规则，而达尔文的“自然界竞争”并不知道有什么制约。用政治术语来说，“适者生存”的学说激发了20世纪独裁者们的某些政治思想。达尔文本人不大可能去鼓励对其理论进行这类扩展，因为他自己就是一位自由主义者，支持激进派及其改革方案。

进化论是达尔文工作的另一部分，也是首创性更少的一部分。正如我们所知，这得追溯到阿那克西曼德。达尔文所做的，就是在自己孜孜不倦地观察自然的基础上，提供了大量的事实性细节说明。人们对他的进化论评价不一，但比起杰出的米利都学派，他肯定获得了人们更多的支持。而且，达尔文的理论首次把进化论假说引入了更广泛的公开讨论之中。由于它按照“物竞天择”的原则，把物种的起源解释为来自某种普遍的原始有机体，因而与现行宗教基督教所主张的创世纪观点相对立。这就导致达尔文主义者与一切派系的正统基督教徒都发生了尖锐的冲突。

伟大的生物学家赫胥黎是达尔文主义阵营的主要辩护者之一。自他以后，这些问题便趋于平静了。然而在争执白热化之际，“人和高级类人猿是否有着共同的祖先”这个问题却能够唤起人们极大的感情。我倒是猜想，这种提法一定是对类人猿的冒犯，但不管怎么说，今天已经没什么人为此感到不舒服了。

始于激进派的另一条发展路线直接通往了社会主义和马克思主义。李嘉图（1772年—1823年）是边沁和詹姆斯·穆勒的一位朋友，1817年发表了《政治经济学与赋税原理》一书。在这篇论文中，李嘉图提出了充分的地租理论以及劳动价值论，前者为人忽视，后者认为商品的交换价值完全取决于生产该商品所消耗的劳动量。这就导致托马斯·霍吉斯金于1825年提出，劳动者有权从劳动所创造的价值中获得利益。如果把地租付给了资本家或地主，这就只能算是被抢劫了。

同时，罗伯特·欧文也在为工人们的事业摇旗呐喊。他早就在自己的新拉纳克纺织厂里引进了一些处理劳工问题的新原则。他充满了高尚的伦理观念，宣称当时以非人道的方式剥削工人的普遍做法是错误的。他的实践表明，即使付给工人们公平像样的薪水，而且不必超时加班，经营一个企业也照样能够盈利。欧文推动制定了世界上第一部《工厂法》，尽管其条款远没有达到他所期望的目标。欧文的追随者们首次被称为社会主义者，是在1827年。

激进派是绝不会对欧文的学说感到高兴的，因为它似乎旨在推翻此时公认的财产概念。由于这个原因，自由主义者更倾向于同意自由竞争及其可能获得的意外横财。欧文领导的运动产生了合作制度，而且帮助促进了早期的工会主义。但是，由于缺乏一种社会哲学，这些早期的发展并没有很快获得成功。欧文首先是一位实践家，他对自己的主导思想抱有狂热的信念。为社会主义提供哲学基础的工作是留给卡尔·马克思进行的。在这方面，马克思把经济学建立在李嘉图的劳动价值论之上，把黑格尔的辩证法看作哲学讨论的一种工具。通过这种方式，功利主义就成了马克思理论的基石，该理论最终被证明更具影响力。

在漫长的历史发展中，摩泽尔河畔的特里尔城是一个诞生圣人的地方。因为它不仅是安布洛斯的出生地，而且是卡尔·马克思（1818年—1883年）的出生地。就圣人资格而言，马克思无疑是更为成功、名副其实的一位。因为，马克思开创了把他奉若神明的运动，而安布洛斯只是后来才坚持了自己的信条。

马克思来自一个皈依了新教的犹太家庭。他在大学时代受到了当时正盛行的黑格尔主义的强烈影响。当普鲁士当局于1843年查禁《莱茵报》时，他的记者生涯便突然结束了。随后，马克思去了法国，并结交了法国的社会主义领袖人物。在巴黎，他遇见了弗里德里希·恩格斯，恩格斯的父亲在德国和英国都拥有工厂。由于恩格斯管理着曼彻斯特的工厂，因而能够向马克思介绍英国的劳工问题和工业问题。在1848年革命的前夕，马克思与恩格斯发表了《共产党宣言》。他积极地投身于法国和德国的革命。1849年，普鲁士政府驱逐了他，他便到了伦敦避难。除了有几次短暂回国之外，他一直留在了伦敦，直到逝世。基本上由于恩格斯的资助，马克思及其全家才得以生存下去。然而，尽管生活贫困，马克思仍旧热情地研究和写作，为他感到即将来临的社会革命铺平道路。

马克思的思想形成主要受到三个方面的影响。首先是他与“哲学激进派”的联系。和他们一样，马克思也反对浪漫主义，也追求一种所谓的科学社会主义理论。从李嘉图那里，他采纳了劳动价值论，尽管作了不同的解释。李嘉图和马尔萨斯从一个心照不宣的假设中论证出，现有的社会秩序是不可改变的，自由竞争因而使工人的工资保持在维系生存的水平上，这样就可以控制人口的数量。另外，马克思却采取了工人的观点，其劳动被资本家雇主所使用。一个人创造了超出其酬劳的价值，资本家为了自身的利益，便将这种剩余价值搜刮一空。通过这种方式，资本家剥削了劳工。然而事实上，这并不是一个私人问题。因为，这种剥削需要同时存在着大量的人力和大量的设备来完成工业规模上的商品生产。所以，我们应当按照系统化生产，以及工人阶级与资本家阶级的整体关系，来理解剥削。

这就把我们带到了马克思思想的第二个特征，即他的黑格尔主义倾向。正如黑格尔一样，马克思似乎也认为重要的是整个制度，而不是个人，必须处理的是经济制度，而不是个体的不满。特别是在这方面，马克思不同于激进派的自由主义及其改革。马克思学说紧密地联系着主要属于黑格尔派的哲学理论。这很可能就是马克思主义从未在英国真正流行的缘由，因为总的说来，英国人对哲学并没有多深的印象。

马克思的“社会发展的历史观”也是源于黑格尔。这种进化论观点与马克思全盘吸收的黑格尔辩证法有关。历史的过程按照辩证的方式向前发展，马克思在此的解释方法完全是黑格尔式的，尽管两人所设想的推动力并不相同。黑格尔认为，历史的过程就是以“绝对理念”为奋斗目标的、循序渐进的、精神上的一种自我实现。马克思则以生产方式替代了精神，以无阶级社会替代了“绝对理念”。随着时间的流逝，一种既定的生产体系将会在各个与之相关的社会阶级中导致内部的紧张。这些矛盾（如马克思所称）将逐渐变为某种更高级的合成。辩证斗争采取的形式是阶级斗争。在社会主义制度下，斗争仍将继续进行，直到一个无阶级的社会出现为止。一旦这个目标实现，便没有什么可斗，辩证过程也就可以中止了。“人间的天国”在黑格尔看来就是普鲁士国家，而在马克思看来，却是无阶级的社会。

马克思和黑格尔都认为历史的发展是不可避免的，而且都是从某个形而上学的理论中推导出来的。对黑格尔的批判同样适用于马克思。马克思观察敏锐地评价了某些真实的历史事件，就这一点而言，这些历史事件并不需要一套逻辑，来宣称自己是从中推导出来的。

虽然马克思的解释方法是黑格尔式的，但他摒弃了黑格尔坚持世界的精神本质的观点。马克思说，必须把黑格尔颠倒过来，于是他进一步采纳了18世纪的唯物主义学说。唯物主义正是马克思哲学的第三大组成部分。马克思在此同样对旧的理论作了新的解释。他从经济角度解释了历史，其中便有唯物主义因素，抛开这一点不说，我们还发现马克思哲学的唯物主义并不属于机械论一类。他所主张的更是一种可以追溯到维柯的能动性学说。在《关于费尔巴哈的提纲》一书中，他以一句著名的格言表达了这种观点：“哲学家们只是用不同的方式解释了世界，而问题在于改变世界。”在这种意义上，他提出了一个极容易使人联想起维柯公式的“真理”概念，并且预见了某种形式的实用主义。在他看来，真理并不是一个思辨的问题，而是必须得到实践证明的东西。思辨的态度联系到资产阶级的个人主义，而马克思当然是轻视后者的。他自己的实践唯物主义则属于社会主义的无阶级世界。

马克思致力于抓住唯物主义，这种能动性学说已经由普遍的唯心主义学派，尤其是黑格尔发展起来。由于各种机械论学说没有参与到这种发展中来，唯心主义便得以确立起这方面的理论；尽管要使它发挥作用，都必须先把它颠倒过来理解。维柯对马克思的影响可能并不是完全有意识的，尽管维柯的《新科学》肯定为马克思所知。马克思把自己的新理论叫作辩证唯物主义，因而同时强调了其中的进化论因素和黑格尔因素。

我们从这一切中可以看出，马克思学说是一种更为高级的学说。辩证唯物主义理论的拥护者声称该哲学体系涵盖了一切范围。正如可以预料的那样，这曾导致了大量与黑格尔一脉相承的哲学思辨，实际上，这些问题最好还是留给科学的经验探索，这方面最好的例子，是恩格斯在《反杜林论》中对德国哲学家杜林所作的批判。但是采用量变引起质变、矛盾、否定和反否定，针对水为什么会沸腾而作的详尽的辩证解释，一点儿也不比黑格尔的自然哲学更令人满意。事实上，给传统科学打上追求资产阶级理想的烙印，这是行不通的。

很可能正确的一点是，马克思坚持说，在某种程度上，一个社会的普遍科学兴趣反映出统治集团的社会兴趣。因此，人们或许以为，文艺复兴时期天文学的复苏促进了贸易的扩展，增强了新兴中产阶级的势力，尽管人们可以评论说，不能够轻易地用其中一件事情来解释另一件事情。然而这一学说有两点重要的不足：首先，在某个科学领域内，个别问题的解决显然并不需要与任何种类的社会压力都扯上关系。当然，这也不否认有时候，解决某个问题是为了满足当时的某种急需。不过一般说来，科学问题并不以这种方式加以解决。这样就导出了辩证唯物主义解释的第二个弱点，即未能承认科学运动是一支独立的力量。同样，没有人会否认科学探索和社会上的其他事情有着重要的联系。但是随着时间的推移，科学探索已经积累了一定力量以保证自己享有一定程度的自主性。一切形式的公正探索都是如此。所以，辩证唯物主义虽然指出了有价值的东西：经济影响具有塑造社会生活的重要性，但在运用这一重要概念时，却容易将事物过分简单化，这就出了毛病。

在社会领域的本身，这也引出了一些相当古怪的推论。因为，假如你不同意马克思学说，那么别人就不相信你站在进步这一边。对于那些还没有想到新启示的人，留给他们的“另眼相看”的术语就是“反动派”一词。从字面意义来推断，你就是在与进步背道而驰。辩证的过程确保了你会在适当时候被消灭，因为进步最终将赢得胜利。于是，这就成了以暴力方式消除异端因素的基本原理。马克思主义的政治哲学在这里具有一种强烈的救世主特征。正如某种早期教义的创始人指出的那样，不赞成我们的人就是在反对我们。这显然不是民主学说的原则。

这一切都证实了马克思不仅是一位政治理论家，而且是一位鼓动家和革命小册子的撰稿人。他的作品常常带有某种义愤和道德正义感的笔调，如果辩证法必然会走上自己不可避免的道路，那么这种笔调似乎是完全不合逻辑的。正如列宁后来指出的那样，要是国家正在走向消亡，那就没有必要事先感到大惊小怪。然而这个遥远的历史目标，尽管在思辨中可能令人称道，却对那些时时受苦的人缺乏安慰。因此，追求任何能够实现的信念都是值得尊重的，即使它与鼓吹以暴力手段推翻现有秩序的历史辩证进化论并不完全一致。事实上，该理论似乎主要反映了19世纪工人阶级的绝望困境。它是马克思用自己的经济观阐释历史的良好范例，他强调各个时代是根据其主导经济秩序提出各种观点和理论的。至少在一个方面，这种学说危险地靠近了实用主义。因为它使我们显得好像正在废除真理，转而支持以经济条件决定一切的偏见。如果现在人们要针对这种理论的本身提出同样的问题，那么将不得不说，它也仅仅反映了某个特定时期的某些社会条件罢了。不过在这里，马克思主义为了有利于自己，含蓄地破了例，因为它认为按照辩证唯物主义模式来对历史作出经济性解释是一个正确的观点。

在其预示历史的辩证进化方面，马克思并不是处处成功。他的确比较准确地预见了自由竞争的制度终将导致垄断的形成，这确实能从传统的经济理论中分辨出来。但马克思错误地设想：富人将越来越富，穷人将越来越穷，直至这种“矛盾”的辩证紧张强烈到诱发革命的地步。然而事实根本不是这样。与之相反，世界上的工业国家，通过限制经济领域的行动自由以及提出社会福利方案，制定了缓和明显的经济斗争的调整方法。当革命真的爆发时，它并不像马克思预言的那样，发生在工业化的西欧各国，而是出现在农业社会的俄国。

马克思哲学是19世纪产生的最后的伟大体系。大致说来，它的巨大号召力及其广泛影响不仅源于其乌托邦预言的宗教特征，而且源于其行动纲领的革命因素。至于它的哲学背景，正如我们曾尽力揭示的那样，既不是那么单纯，也不是人们经常以为的那样新颖。对历史的经济性解释只是许多一般的历史论中的一种，归根结底，这些理论都是从黑格尔那里派生出来的。另一个例子则属于下一代，它是克罗齐把历史看作自由史话的理论。特别是马克思主义的矛盾学说直接借自于黑格尔，因而很容易遭遇同样的困难。从政治方面看，在我们这个时代，它所提出的问题也具有某些重要性。今天，地球上几乎有一半的世界被绝对相信马克思理论的国家所支配。如果要使各个国家的共同存在成为可能，那就必须使理论信仰有某种缓和、放松。

在法国，奥古斯特·孔德（1798年—1857年）是百科全书派哲学运动的一位继承人。他和哲学激进派一样尊重科学，反对现有宗教，而且他还着手提供一切科学的全面分类，自数学始，到社会学止。与他的同时代英国人一样，孔德也反对形而上学（尽管他和他们对德国的唯心主义都几乎一无所知）。因为，他坚持人必须开始于直接来自经验的东西，要克制自己，不得试图深入到现象背后，他把他的学说叫作实证哲学。实证主义的得名正是出自这一源泉。

孔德出生于古老的大学城蒙彼利埃，他的家庭很受人尊敬，世代都是政府职员。他的父亲是一名专制主义者和严格的天主教徒，但长大后的孔德很快就超越了父辈狭隘的视野。在巴黎工艺大学学习期间，因为参加了反对某个教授的学生运动，孔德被开除。后来这一点还影响了他获得大学的聘任。他二十六岁时发表了第一卷实证主义概要，自1830年以后，《实证主义教程》六卷相继问世。在其最后的十年时间里，孔德花了大量的时间致力于精心阐释某种实证宗教，以取代现有的宗教教义。这种新的信条承认人性至上，而不是上帝至上。孔德的一生身体都不太好，而且精神抑郁症反复发作的痛苦几乎使他想自杀。他通过当私人导师来维持生计，依靠朋友和崇拜者的馈赠来贴补家用，约翰·斯图尔特·穆勒就是其中一位。然而孔德似乎对那些未能一直承认他是天才的人感到有些不耐烦，尤其像穆勒这样的朋友，从而最终导致他和穆勒的友谊变得冷淡。

孔德的哲学尤其表现出与维柯哲学的相似性，他曾经研读过维柯的著作。从维柯那里，孔德推导出历史在人的事务中居于首位的概念，同样，这一源泉还提供了人类社会历史发展的不同阶段的概念。维柯本人早已从希腊神话的研究中演绎出了这种意见。孔德采纳了如下的观点：社会开始于初始的神学阶段，并经过形而上学的阶段，最终到达所谓的实证阶段，这一阶段将历史进程引向合理的幸福结局。维柯在这方面是一位更为现实的思想家，他认识到社会能够并且确实从精致而文明的时代重新堕入新的野蛮时期。例如罗马世界的崩溃带来了“黑暗时代”。或许现今的时代也是如此。孔德认为实证阶段受到理性科学的支配，这就是他著名的理论——发展三阶段论。曾经有人指出这里面有些模仿黑格尔，但这种类似性是表面的。因为孔德并没有用辩证法术语来表达一个阶段到下一阶段的发展，实际上，这三个阶段完全是偶然的。孔德和黑格尔的共同之处在于，他们都持有历史过程终将达到完满状态的乐观看法。正如我们所见，马克思也坚持了类似的观点。这是19世纪乐观主义的一个普遍体现。

实证主义理论强调一切科学领域都经历了这三个阶段的演变。唯一已经彻底清除了所有障碍的科学是数学。而物理科学仍然充满了形而上学的概念，尽管人们希望它距离实证阶段不会太远。我们将在后面看到，马赫如何在孔德身后的五十年时间里对力学作了实证说明。孔德试图做的事首先就是以一种全面的逻辑顺序来排列所有的科学研究领域，在这一努力中表现出他是百科全书派的真正传人。这样的顺序观念当然是极其古老的，最早可以追溯到亚里士多德。等级序列中的每一门科学都有助于解释其后的科学，但无助于解释排在前面的科学。通过这种方式，就得出了孔德的一览表：数学为首，随后是天文学、物理学、化学、生物学和社会学。

最重要的科学是排在最后的社会学。休谟曾称之为“人的科学”，孔德则为此创造了“社会学”一词。按照他的观点，这门科学还有待建立，因此他自认为是其创始人。从逻辑方面看，社会学是等级序列中最后的、最复杂的研究对象，然而就事实而言，所有的人对社会环境的熟悉，都超过了对纯粹数学公理的熟悉。这就提出了历史首要性的另一个方面，因为人的社会存在是历史的进程。

社会存在的实证阶段激发了孔德的想象力，这种想象力具有所有乌托邦思想体系的共同缺陷。在此，孔德的思想中存在着明显的唯心主义影响，尽管我们并不完全清楚他是如何受到这种影响的。每一个发展阶段的内部都有某种逐渐统一的趋势，该趋势贯穿着发展的三个阶段。因此，在神学阶段，我们从泛灵论出发，它把神的地位赋予原始人觉察到的一切物体。然后我们由此进入到多神论和一神论。趋势总是朝向更大的统一发展。在科学上，这就意味着我们力争把各种各样的现象归入某个单一的标题之下，而在社会上，目标则是远离个人，趋向整个人类。这一点确实具有黑格尔的某些色彩。实证的人类将由科学精英的道德权威来支配，而执行权力则将委托给技术专家。这种安排无异于柏拉图《理想国》中的理想国度。

在伦理学方面，实证主义体系要求个人抑制自己的欲望，献身于人类的进步事业。对“事业”的强调，以及对私利的排斥，也是马克思主义政治理论的特征。可以预料的是，实证主义并不承认有可能存在着某种内省的心理学。之所以要明确地加以否认，是因为据说认知的过程不可能认知本身。这种提法暗示着在某种认知的情况下，认知者一般不能够认知到自身的认知，就这一点而言，我们可以认为它是合理的。不过，实证主义把普遍的假设当作形而上学的东西统统排除，这就曲解了解释的本质。

查·山·皮尔士（1839年—1914年）的哲学提出了与实证主义完全不同的观点。孔德早已把假设当作形而上学的东西抛弃掉了，而与之相反的是，皮尔士却坚决表示，形成假设是一项具有自身逻辑性的重要活动。皮尔士的著作既多又零散。另外，他还经常与难题和新的见解作斗争，因而不大容易清楚地了解他的立场。但是，皮尔士无疑是19世纪后期最具独创思想的人之一，而且肯定是迄今最伟大的美国思想家。

皮尔士出生于马萨诸塞州的坎布里奇。他的父亲是哈佛大学的数学教授，皮尔士本人也曾是哈佛的一名学生。除了两次短暂的授课外，皮尔士从未获得过长久的学术聘任。他在大地测量局担任行政职位时，除了科学著作以外，他还源源不断地写出了论述广泛哲学话题的论文和文章。他之所以未能获得教授一职，多少与他无视所处社会所要求的遵奉标准有关。而且，除了一些朋友和学者外，几乎没有人承认他的天才，没有人真正完全理解他。仅仅是使命感的驱使，才使皮尔士得以忍受这种默默无闻的境遇。在生命的最后二十五年中，虽然贫病交困，皮尔士却依然工作不止，直至去世。

人们一般把皮尔士视作实用主义的创始人。不过这种观点还有待于加以十分严格的限定。当代实用主义并非出自皮尔士，而是源于威廉·詹姆斯误解皮尔士所说的那些东西。之所以会出现这种被混淆的现象，是由于多方面的原因。首先，皮尔士自己的观点在晚期的作品中才变得更为清晰，而詹姆斯则从其更容易引起误解的早期阐述中得出自己的结论。皮尔士试图否认詹姆斯送给他的实用主义称号，因此他后来把自己的哲学叫作“务实主义”，希望这个粗糙的新词能够使人注意到其中的差别。

皮尔士的一些早期著作在论述实用主义时所采取的形式，从表面上看来，的确为詹姆斯的推论提供了依据。与真理定义相关，皮尔士普遍地讨论了探索以及激励这种追求的动机。探索产生于某种不满足或不安，据称其目的就是要达到一种安宁状态，排除各种烦扰影响。人们在心情平静的任何一个中间阶段所接受的观点，都是他尽可能知晓的真理。但是人们永远也不可能知道，新的证据或许并不要求他改变自己的立场。谁也不能够心安理得地保证自己没有犯过一个错误。皮尔士把这种普遍的探索理论叫作“错误难免论”。与此相关联，他还说，归根结底，真理是使社会安定的一种见解。就其表面含义而言，这当然是荒谬的。因为，即使大家都相信“2+2=5”，都相信地球即刻就会毁灭，我们前面的算术的偏差也仍然是错误的。可能确实有这种情况：如果我所有的邻居都对此信以为真，那么我也许会谨慎从事，至少假装同意他们的观点，但那完全是另一回事。所以，皮尔士的陈述必须按照“错误难免论”的背景来加以理解。

至于任何特殊真理的意义，皮尔士坚持认为任何一个宣称为正确的命题，都必须具有实际的结果，也就是必须允许有可能出现某个未来行动，以及在特定的所有情况下形成某种能够相应行动的倾向。据说一项陈述的意义就在这些实际的结果之中。正是按照这种形式，詹姆斯采纳了实用主义。但必须搞清楚的是，皮尔士的观点在很大程度上更是与维柯的公式“真理即事实”一脉相承的。真理就是你能够按照自己的陈述去做的东西。举例来说，如果我针对某个化学物质做了一项陈述，那么该物质的一切经得起实验和审查的属性，就增强了这一陈述的重要性。大致看来，这似乎就是皮尔士所指的意思。詹姆斯从这一切中挑选出来的实用主义，使我们想起了普罗泰戈拉的公式“人是万物的尺度”，而与此形成对照的皮尔士的意图，却被维柯的理论更好地表述了出来。

在假设的逻辑讨论中，皮尔士作出了根本性贡献。哲学家们曾经提出过各种各样的设想。如理性主义者可能倾向于认为假设是演绎的结果，经验主义者则认为假设是归纳的结果。皮尔士看出这些观点没有一个充分恰当。他认为，假设是完全不同的第三方逻辑过程的结果。皮尔士以其惯用的引人入胜的文风，把这种逻辑过程称为“臆设法”。它相当于试验性地采纳某一个假设，因为它解释了某种特殊的现象。诚然，解释现象的问题是一个演绎的问题，而不是去接受假设。

与父亲一样，皮尔士也是一位成就斐然的数学家，在符号逻辑领域，他完成了许多重大的发现。除了其他发明以外，他还发明了用来确定复合公式“真理价值”的“真理表”方法，这一方法被后来的逻辑学家们大量使用。一种新的关系逻辑也要归功于他。

皮尔士非常重视用图解来论证自己的体系，但其论证程序的规则却相当复杂，其思想也似乎并没有获得大量普及。皮尔士的实用主义观点导致他强调了数学论证的一个有趣方面，但这个方面却总是未能得到应有的重视。他坚持了建立数学证明的重要性。这些观点后来又出现在哥勃洛和梅耶松的作品中。

皮尔士不仅深谙数学和当时的科学发展，而且全面掌握了科学史和哲学史。正是从这种广博的视野中，他似乎看到科学预置了某种实在主义的形而上学基础。因此，他所精心构建的属于自己的形而上学，明显地倾向于邓斯·司各脱的经院实在主义。他也的确主张实用主义与经院实在主义携手发展。无论是否如此，它都表明了皮尔士的实用主义与詹姆斯的实用主义几乎没有任何联系。

皮尔士在自己生活的时代几乎没有什么影响，威廉·詹姆斯（1842年—1910年）所作的阐释才使得实用主义成了一门有影响的哲学。正如我们前面所提到的那样，皮尔士对此绝不会感到高兴，因为他的学说比詹姆斯的实用主义精妙得多，只不过刚刚开始得到应有的赏识罢了。

詹姆斯是一位新英格兰人和坚定的新教徒。这种背景留存在他的思想当中，尽管他是一位自由的思想家，而且倾向于怀疑一切形式的正统神学。和皮尔士不同的是，詹姆斯在哈佛大学的学术生涯是长期而有名望的，他是该校的心理学教授。1890年，他的《心理学原理》一书问世，至今仍是该学科最优秀的一般性论著之一。虽然哲学实际上是他的副业，但他却被名副其实地视为美国哲学的领袖人物。和他从事文学的弟弟亨利不同的是，詹姆斯为人和蔼、宽宏，而且强烈地赞成民主。他的思想虽然没有皮尔士哲学那么深邃，但因其人格和地位，他在哲学思想上产生了大得多的影响，尤其是在美国。

詹姆斯在哲学上的重要意义是双重性的。我们刚才注意到了他在传播实用主义时的影响作用。其思想的另一个主要方面与他所谓的“激进经验主义”学说有关。这一学说最早见于1904年的《“意识”存在吗？》一文。詹姆斯在此着手证明，传统的主客体二元论是持有正确认识论观点的一个障碍。他认为人们必须摒弃“自我意识”概念这一被视为对立于物质世界客体的一个实体。在他看来，对认知的主客体解释是一种非自然的理性主义曲解，无论如何也不是真正的经验主义。因为我们确实没有任何东西超越了詹姆斯所谓的“纯粹经验”。后者被视为生活的具体性，它与随之而来的抽象反思形成了对照。这样一来，认知过程便成了纯粹经验不同部分之间的一种关系。詹姆斯没有继续指出这一理论的全部含义，但那些追随这种说法的人后来用“中性一元论”取代了旧的二元论，主张世界上只有一种基本要素。那么对于詹姆斯来说，“纯粹经验”就是构成万物的要素。在这里，他的实用主义损害了他的激进经验主义，因为前者不承认对人类生活没有实际意义的任何东西。只有形成部分经验（他所说的“人的经验”）的东西才是中肯、恰切的。詹姆斯的同时代英国人司各脱·席勒也对这个问题持有相当近似的观点，他把自己的理论叫作“人本主义”。这一学说的困难就在于它的范围太窄，不能涵盖科学以及常识一直视为自身主要任务之一的那部分事物。探索者必须把自己看作世界的一部分，而世界总是超出自己的知识范围。否则的话，追求任何东西都将毫无意义。如果我必然会与世界可能存在的任何东西相连的话，那我也就可以无所事事、坐享其成了。虽然詹姆斯正确地批判了旧的心物二元论，但他自己的纯粹经验理论却不为人所接受。

说到理性主义对经验主义这个普遍性问题，我们必须提到詹姆斯所做的一个著名鉴别。根据这种观点，理性主义学说倾向于强调精神，摒弃物质；它们具有乐观的特征，致力于统一；赞成反思，忽视实验。詹姆斯把那些倾向于接受这些理论的人叫作“脱离实际者”。另一方面，经验主义理论则更倾向于从事物质世界的研究。它们是悲观的，承认世界上的分离性，认为实验优于计划（方案），这些观点获得了“讲究实际者”的支持。当然，这种区分绝不能做得太过分。实用主义学说显然是站在“讲究实际者”这一边的。在《实用主义》一文中，詹姆斯解释了他的理论，并且指出了它的两面性。一方面，实用主义是一种等同于经验主义态度的方法。他谨慎地坚持：作为一种方法，实用主义并不规定任何特殊的结果，它仅仅是论述世界的一种途径。这种方法的意思大致是：如果区别没有体现实际的差异，那么这些区别就是无意义的。与此相随的是，他还拒绝认为任何一个争论点都已得到了最终的解决。这种观点大多直接来自皮尔士，确实还会被任何一位经验主义探索者所接受。假如不涉及任何更多的东西，那么詹姆斯说实用主义仅仅是一些旧思维方式的一个新名称，这种说法就是相当正确的。

然而，詹姆斯却从这些令人称道的原则中，逐渐陷入了更令人质疑的理论中。实用主义的方法导致他认为科学理论是未来行动的工具，而不是“自然”问题的最终可接受的答案。我们不应当把某个理论当作巫师得以声称控制自然的神奇咒语。实用主义者坚持仔细地审验每一个词语，并且要求它具有实用价值，也就是詹姆斯所说的“现金价值”。从这里只需再往前走一步，就得出了实用主义的真理定义：真理就是某种富有成效的事物。杜威的工具性真理概念同样如此。

在这一点上，实用主义本身成了一种最含混的形而上学学说，这就不难理解，为什么皮尔士要煞费苦心地割断与它的联系。姑且不说此时此刻难以确定某个特定观点会有什么样的后果，以及这些后果最终是否具有成效，在任何情况下，总有一些后果要么有成效，要么没有成效。不管怎么说，这都不得不以一种非实用主义的通常方式来加以确定。如果说这些后果将会在某种不确定的程度上具有成效，从而回避这个问题，这是行不通的，因为这样做将容许我们全盘吸收任何东西。在这一点上，詹姆斯似乎觉察到了这种困难，他承认一个人有选择某种信仰的自由，而这种信仰又有助于幸福快乐的话。宗教信仰的例证就提供了一个不错的例子。但这根本不是一个教徒坚持自身信仰的途径。他并不是因为估计到这些信仰将带给他满足感，才会接受它们，而是由于有了这些信仰，他才感到幸福快乐。

从哲学在希腊的最初发展起，数学就一直是哲学家们特别感兴趣的一门学科。最近这两百年来的进展显著地证实了这一点。莱布尼茨和牛顿所阐释的微积分学导致了18世纪数学发明的大爆发，然而数学的逻辑基础却并没有得到正确的理解，在被运用时相当多的都是由一些站不住脚的概念组成的。

数学分析在那些年代里十分重视“无穷小”的概念。据认为，它在发挥新发明的微积分作用方面，扮演了重要的角色。“无穷小”是一个既没有大小，也没有限度的量，但同时又在“逐渐趋于零”。人们假设，正是这样的量在形成微分系数和积分时发挥了作用。实际上，“无穷小”显然是数学谱系中最古老的概念之一，它可以追溯到毕达哥拉斯的“单元”，两者具有相似的含义。我们已经看到芝诺是如何揭示毕达哥拉斯学说的。在现代，对“无穷小”理论的批判意见同样来自哲学家。贝克莱可能是第一个指出其困难的人；黑格尔在对这些问题的讨论中，也有一些生动有力的观点。然而数学家们最初并没有重视这些警告，他们一如既往地发展自己的科学。这样做也没什么不对，可是在新学科的起源和发展问题上，却有一个独特的事实：对严谨性要求过早、过多将禁锢人的想象力，从而不能产生创新。从一成不变的形式主义枷锁中获得一定的自由，将有助于促进某类学科早期阶段的发展，即使这意味着要承担出现某些错误的风险。

然而，在任何领域的发展中，总会有一个必须提高严谨性标准的时候。在数学方面，其严谨性开始于19世纪初。法国数学家柯西一马当先，提出了一套系统的极限理论，这种理论和德国维尔斯特拉斯后来的工作相结合，便取代了“无穷小”概念。而乔治·康托尔则首次研究了潜伏在这些发展背后的持续量和无限数的一般问题。

自芝诺时代及其悖论起，数的无限性就导致了困难。如果回顾一下阿基里斯和乌龟的赛跑，我们就可以这样来分析该比赛令人困惑的一面：每当阿基里斯到达一个点，乌龟都占据着另一个点。因此可以设想，两者在任何时候都有同样多的站立点。然而，阿基里斯显然得覆盖更多的路面。这就似乎违反了全体大于部分的常识性概念。但是当我们论述无限集合时，情况却不再是这样。举一个简单的例子，无限集合中的正整数数列包括奇数和偶数。如果去掉所有的奇数，你可能会认为剩下的数就是原来的一半。然而余下的偶数却和最初数列的总数一样多（无限之多）。这个有些惊人的结论是相当容易证明的。我们首先写下自然数数列，然后依次写出它的倍数数列。第一个数列中的每一个数都能在第二个数列中找到对应的项，也就是数学家所说的一一对应关系。如此一来，两个数列便具有同样多的项。因此，在无限集合的例证中，部分与全体就包含着同样多的项。这就是康托尔用来定义无限集合的性质。

康托尔在此基础上提出了一整套无限数理论，特别是他指出了存在着大小不同的无限数，尽管我们绝不能完全以谈论一般数字的方式来思考它们。比自然数数列更具明显无限性的例子就是实数数列，有时候也叫作连续统，假定所有的十进制小数按大小排列。现在，我们来生成一个新的小数表，其做法是取第一项的第一个数，以及第二项的第二个数，依此类推，并使每个数自乘一次。结果，这个新的小数表与原表中的所有小数都不同。这就表明，不可能首先生成一个可数的表。比起自然数来，十进制小数具有更高程度的无限性。这个所谓的“对角线法”后来在符号逻辑中也有一些重要应用。

到19世纪末，逻辑学家开始注意到了另一个引起他们极大兴趣的问题。最初时代的数学家们就有这样的抱负，即试图证明整个科学是从某个单一起点出发，或至少是从尽可能少的起点出发的一种演绎体系。这是苏格拉底“善”的形式的一个方面。欧几里得的《几何原理》便提供了所需的一个例证，尽管他自己的论述是有缺陷的。

在算术方面，从意大利数学家皮亚诺提出的一小组公设中，别的一切都能演绎出来。基本的公设一共有五条。它们共同定义了级数的分类，自然数数列就是其中的一例。简而言之，这些公设指出，每个数的后继者也是一个数，每个数有且只有一个后继者。数列开始于零，零虽然是一个数，但它本身并不是某个数的后继者。最后就是数学归纳法的原理，通过这种手段，就可以确立属于数列中所有数的一般性质。该原理运作如下：如果任何一个数“N”的某个特定性质，既属于它的后继者，又属于数字“零”的话，那么它就属于数列中的每一个数。

从皮亚诺时代起，人们便对数学基础的问题有了新的兴趣。在这个领域，存在着两个对立的思想学派。一方面是形式主义者，他们主要考虑的是一致性；另一方面则是直觉主义者，他们采取了有些类似于实证主义的路线，要求你能够解释或证明自己碰巧谈到的东西。

这些数学发展的一个共同特征就是逻辑学家对它们怀有兴趣。在这里，逻辑学和数学似乎确实开始接触交会。康德曾认为逻辑学是完善的，自他生活的年代起，逻辑学理论的研究已经发生了巨大变化。尤其是提出了通过数学公式来处理逻辑论证的新形式。第一位对此作出系统说明的人是弗雷格（1848年—1925年），然而他的著作竟然在长达二十年的时间内完全不为人知，直到1903年，我才注意到它。弗雷格长期在自己的国家当一名默默无闻的数学教授，只是在近年来，他作为哲学家的重要性才为人所承认。

弗雷格的数学逻辑可追溯到1879年。1884年，他发表了《算术基础》一书，书中运用数学公式的方法，彻底论述了皮亚诺的问题。皮亚诺的公设尽管省事，但从逻辑观点出发，却不是令人满意的。因为，它似乎有些武断地提出，数学科学的基础应该是这些公设，而不是别的一些陈述。皮亚诺本人从未想过这些问题。弗雷格给自己制定的任务，就是用最一般的形式来解决这个特殊问题。

弗雷格着手做的，就是把皮亚诺的公设作为自己符号体系的一个逻辑结论展示出来。这样立刻就去掉了武断的弊病，而且证明了纯粹数学仅仅是逻辑学的一种延伸。给数的本身推导出某种逻辑定义，这是特别有必要的。把数学化为逻辑学的观点，明显地见之于皮亚诺的公设。因为，这些公设把数学的基本词汇限定为两个术语——“数”和“后继者”。后者就是一个一般性逻辑术语，为了把词汇完全转换为逻辑术语，只需要对前者作出某种逻辑性解释即可。弗雷格就是这样做的，他通过纯粹逻辑的概念定义了“数”。怀特海和我本人在《数学原理》中的定义，与弗雷格的定义有着相当多的共同之处。书中指出，一个数就是近似于某个特定类的所有类组成的类。因此，每个由三样东西组成的类都是数3的一个例子，而数3本身则是所有这些类组成的类。至于普遍意义上的数，则是所有特殊数的类，因而最终是一个第三阶的类。

从这个定义中可能产生出一个出乎意料的特征，即数不能相加。虽然你可以把三个苹果和两个梨相加，得到五个水果，但你却无法把所有三元的类和所有二元的类相加。然而正如我们所知，实际上，这根本不是什么新颖的发现。柏拉图早就说过数不能相加。

对数学的论述，使弗雷格系统阐释了一个命题的含义和所指之间的区分。为了说明“等式并不仅是空洞的重复”这一事实，就需要这种区分。等式的两边虽然具有共同的所指，但含义是不同的。

作为一种符号逻辑体系，弗雷格的解释并没有产生很大的影响，其中的部分原因无疑是由于它的符号复杂费解。《数学原理》则使用了一些皮亚诺式的符号，而且已经发现它们更具适应性。自那以后，大量的符号开始应用于数学逻辑领域。著名的波兰逻辑学派提出的符号是其中最精致的符号之一，并通过上一次战争得到了传播。同样，在约简符号以及体系的基本公理数目方面都取得了相当的进展。美国逻辑学家希弗尔提出了一个单一的逻辑常量，可以利用它来依次定义命题演算的那些常量。借助于这种新的逻辑常量，就有可能把符号逻辑体系建立在一个单一的公理基础之上。不过这些都是高度专业化的问题，在此无法加以详细的解释。

在纯粹形式方面，数学逻辑不再是哲学家们关心的对象。它是由数学家来处理的，诚然，它是一种异常特殊的数学。哲学家感兴趣的是一般性“符号”假设所产生的问题，这些假设是在体系进行之前就提出来了。同样，哲学家还对符号体系的建立过程中有时得出的矛盾结论感兴趣。

《数学原理》在论及数的定义时，就出现了这样的一个悖论。导致这一悖论的原因就是“所有相类组成的类”这一概念。因为“所有相类组成的类”显然其本身也是一个类，因而属于所有类组成的类，如此一来，它就等于把自己当作自己的成员。当然，还有许多别的类并不具有这种性质。由所有选民组成的类本身就不享受普选的利益。当我们考虑并不是自身成员的“所有类的组成类”时，悖论就出现了。

问题是这个类是否是自身的一个成员。如果我们假定它是，那么它就不是确实包含自身的类的例子。但是，为了成为本身的一个成员，它又必须是我们首先考虑的那一类型，即不是本身的一个成员。反过来说，如果我们假定所讨论的类不是本身的一个成员，那么它就不是一个并不包含本身的类的例子。但是，为了不成为本身的成员，它又必须如最初提出的问题那样，是本身的一个成员。无论在哪一种情况下，我们都会得出一个自相矛盾的结论。

这种困难是能够消除的，如果我们注意到，绝不能站在完全相同的立足点上论述“类”和“类的类”，正如通常情况下，不会在同一层次上提及一个人和一个国家一样。因此，显然不应当像提出悖论那样，在谈论属于自身成员的“类”时绕圈子、纠缠不清。虽然已经有各种各样的方法来对付有关悖论的困难，但在如何解决方面，人们却仍然没有达成普遍的一致。不过，这个问题同时已经使得哲学家们再次意识到了很有必要审查建立命题以及用词的方式。

当　代

在探讨过去七八十年的哲学时，我们面临着一些特殊的困难，因为我们仍然十分接近这些发展，以致难以用一种恰当的距离和超然态度来看待它们。那些昔日的思想家们已经经受住了后人批判性评论的考验。随着时光的流逝，有助于人们作出选择的自然淘汰日益深入。一个不太重要的哲学家会长期获得某种程度上的声誉（其作品并不值得如此），这的确是极为少见的，尽管确实发生过重要人物被不公正地遗忘的事。

要对最近的思想家们作出选择，这是一件更困难的事，要取得一种公平的观点，则更没有把握。对于过去的人物，还有可能全面了解整个发展的各个阶段，而现在的人物则离我们太近，不容许人们以同样的信心去清理真相的各个部分。实际情况的确只能是这样。在事后才明智起来，并且逐渐理解哲学传统的发展，这是相对容易的事。然而，如果设想能够从当代变革所有的具体细节中演绎出它们的意义来，这将是一种黑格尔式的幻觉。人们至多有希望看到某些与更早时期事件相关联的一般趋势。

19世纪后期的标志是一些曾经影响我们这个时代知识界风

气的新发展。首先是（根植于工业化之前的时代）旧的生活方式的崩溃，技术力量的巨大发展使得生活较之以往变得极度复杂。至于是好是坏，则并不是这里的争论点。我们只是注意到了如下的事实：比起从前的任何时候，人们对时代的所需变得更为多样化，对日常生活的所求也变得更为复杂化了。

这一切也反映在智力领域。个人曾经一度有可能掌握几门学科，而现在，即使只想彻底精通一门，也变得越来越困难了。把知识探索的范围分解得空前的狭隘，这确实已在我们的时代引起了语言混乱。这种不健康的事态是某些变革的恶果，而这些变革则是当代工业社会的发展强行带来的。在并不遥远的过去，不仅在某个特定的国家，而且在整个西欧的大部分地区，都盛行着一种共同的背景，这种背景为所有达到一定教育程度的人所分享，这当然不是什么普遍的或平均主义的粉饰。以往的教育通常是一种特权，一种自那以后已经大量废除的垄断，而现在唯一的接受标准就是能力，这是另一类的特权。这个共同的理解基础消失了，专门化的需求和压力将年轻人引入了狭窄的“隧道”，以至于没有时间去发展广泛的兴趣和理解。这一切的恶果就是，埋头于不同探索分支的人们彼此交流起来常常感到非常困难。

然而，19世纪甚至还导致了另一种更加实在的语言混乱。因为正是在这个世纪，自远古时代起就为一切国家的饱学之士所共用的表达媒介拉丁文衰落了，并最终消亡了。从西塞罗时代到文艺复兴，拉丁文曾经是学者、思想家和科学家的常用语言。19世纪初期的高斯曾用拉丁文写下有关曲面的名著，但这已经是有些罕见的了。今天，任何领域的探索者如果想深入自身专业的工作，都不得不具备应付两三门其他语言的能力。这已经成了一个比较重要的问题。迄今为止，尽管某种现代语言看起来最终将不得不发挥拉丁文曾经起过的作用，但解决这一困难的方法还是没有发现。

19世纪智力生活的另一个新特征就是艺术与科学的分离，这种退步违背了文艺复兴时期人文主义者所展示的思想倾向。这些早期的思想家们按照一种和谐比例的通用原则来追求科学与艺术；而浪漫主义冲击下的19世纪却强烈地抵制科学进步，似乎科学会对人造成侵蚀。生活的科学方式，以及实验室与科学实验，似乎禁锢了艺术家所需的自由和冒险精神。“实验方法不会揭示自然的奥秘”，这个极其古怪的观点，毫无疑问是歌德以其浪漫主义的语调表述出来的。不管怎么说，实验室与艺术家工作室之间的这种对照，正好描绘出了如前所示的分离。

同时，科学与哲学之间也产生出了某种分离倾向。在17世纪和18世纪早期，对哲学作出过重大贡献的人，常常是那些在自然科学问题上并不外行的人。而在19世纪，这种哲学视野的范围在英国和德国消失了，这种情况主要是由德国唯心主义哲学造成的。如前面所讨论的，法国人之所以免受其害，仅仅是因为这种哲学思辨不大容易准确翻译为法语，科学与哲学的分离没有给法国带来同等程度的影响。总的说来，这种分离从此持续了下去。科学家和哲学家当然不是完全忽略了对方，但似乎可以公平地说，他们常常未能理解对方在干些什么。当代科学家要涉猎哲学，并不比唯心主义哲学家反过来研究科学更为容易。

在政治领域，19世纪的欧洲处于不同国家差异加剧的时代，而18世纪对这些问题并没有同样激烈的观点。那个时候，当英法交战之际，英国绅士们仍有可能照例在法国地中海的海滨度过冬季假期。总的来说，战争虽然险恶，却是一种打打停停、有些松懈的事，并不像过去一百年的国家大战。正如许多别的当代事务一样，战争也变得更有效率起来。迄今为止，如果试图挽救世界免于彻底毁灭的话，那就得寄希望于世界的统治者们永远无能了。不过，要是让公共事务的管理权落入日后的“阿基米德”（其战争武器是原子弹而不再只是枪炮）之手的话，我们会很快发现自己要完蛋了。

然而，19世纪后期并没有完全预见到这些变化。与此相反，那时却盛行着某种科学的乐观主义，它使得人们相信天国会突然出现在地球上。科学和技术取得的长足进展，似乎也让人们感到解决一切问题的方法唾手可得。牛顿的物理学就是用来完成这项任务的工具。但是在这里，后一辈人的各种发现给了有些人猛烈的冲击，他们原以为仍然只需将著名的物理学原理应用于特殊情况就可以了。在我们这个时代，原子结构方面的发现已经摧毁了世纪之交发展起来的自以为是的观点。

不过，这种科学乐观主义的某些方面至今还留存着。通过科学与技术改造世界的余地确实是无限的。同时，还有一种日渐增强的疑虑，即一个“美丽的新世界”也许并不像某些过分热切的提倡者们所想象的那样，是一桩纯粹的幸事。在相当大的程度上，人与人之间的差异可能被消除，这是我们在有生之年有充分机会观察到的一件令人不快的普遍现象。这很可能使人类社会成为一部更有效率、更加稳定的机器。但它肯定会带来一切智力努力的终结，无论是在科学还是别的任何领域。实际上，这种梦想是黑格尔式的幻觉。它设想存在着可以企及的终极目标，设想探索是一个走向终极的过程，然而这个观点却是不正确的；与此相反，似乎很清楚，探索是无穷无尽的。也许这种情况将最终使人们远离乌托邦空想观念的缔造者们所时时梦想的那种目标。

科学控制的广大范围产生了新的具有伦理学特征的社会问题。就其本身而言，科学家的发现和发明在伦理学上是中性的。但它们赋予人们的力量却能够转化为好的或坏的记录。实际上，作为一个问题，这并不是什么新鲜的事情。今日使科学有更加危险的影响，正是现有破坏手段的可怕效能。另一个分歧似乎是现代科学资源的力量和控制被用于破坏时玉石俱焚的特征。自希腊时代以来，我们的确走过了一条漫长的道路。一个希腊人在战争发生时可能犯下的“滔天罪行”也不过是砍倒橄榄树而已。

但是在发出所有这些警告之后，我们或许应当记住，要正确地透视自己的时代，这是一件极没有把握的事。另外，在人类整个文明史中，当一切似乎濒于湮没失传之际，最终总会有一些具有远见与魄力的人站出来拨乱反正。尽管如此，还是完全可以这样说，我们正面临着一种前所未有的形势。在过去的一百年中，西方经历了一次史无前例的物质变革。

归根结底，科学与哲学的对立是孔德实证主义的一个结果。在论及这一点时已经看到，孔德坚决排除了假设的建立。自然的进程可以被描述，但不是被解释。从某些方面看来，这种计划是和当时科学乐观主义的普遍状态相关联的。只有当人们感到科学事业已经达到某种程度的完成，并且目标在望时，这样的理论态度才可能出现。值得注意的是，在这个话题下，牛顿的一段话总是被人断章取义地引用，因而遭到了曲解。在谈到光线传播的方式时，牛顿谨慎地说自己没有提出假设。他无意去作出某种解释，但这并不意味着他作不出来。不过，我们可能会意识到，一个强有力的理论一旦创立，就会在一段时间内得到充分的应用，而不需要这样的假设。只要科学家们仍然认为牛顿的物理学即将解决一切悬而未决的问题，那么他们就会极其自然地坚持描述而忽视解释。唯心主义哲学家倾向于按照黑格尔的方式，把探索的一切分支纳入某个包罗万象的巨大体系。与此相反，科学家们则感到自己的研究不应当陷入某种一元论哲学。至于实证主义者要求将科学维持在经验及其描述的范围内，这是在有意识地求助于康德和他的追随者。为现象寻找理由，并声称提供解释，这等于是闯入了解释范畴并不适用的本体。因此，它必定是一项不切实际的任务。

所有对探索者活动的哲学意义感兴趣的科学家，都具有这种看待科学理论的态度。当康德的名字在这里被援引时，应当好好记住的是，这些思想家所获得的观点并不是正统意义上的康德学说。正如人们所知，康德的认识论把解释范畴的架构当作经验的一个先决条件。在现在这种背景下，这些思想家宣称解释是非科学的，因为他们感到它已超越了经验。所以我们不能说这些科学实证主义者已经完全透彻地理解了康德学说。

这群科学家中最著名的代表人物是E. 马赫（1838年—1916年）。他的《力学》一书为力学提供了一种实证主义的解释，并在解释的过程中有意识地避免了使用牛顿经典物理学中曾经出现过的经院派术语。像“力”这样的术语就是一个恰当的例子。“力”本身不是人们能够看见的事物，我们只能说，物体以某些方式运动。因此，马赫废除了“力”的术语，改用纯粹运动学的加速度概念来定义它。诚然，马赫并不是在声称建立一门将会更加强有力的力学。实际上，实证主义者的做法就是运用“奥卡姆的剃刀”刮掉空洞的科学概念中明显多余的东西。我们无法在此详细地审验这种删减计划可能具有多大程度的合理性。但是，坚持一般性科学方法的这个观点却具有某些重要意义。把假设排斥在外，是对解释在科学中的作用的误解。只要能够说明现象和预测未来，假设就起到了解释的作用。如果假设本身不是探索的对象，那么它就可以继续解释下去，只要至少不违背事实。但是，假设之所以起解释的作用，仅仅是因为它本身仍然没有得到解释。当轮到它需要说明时，它就不再起解释的作用了，不过我们必须利用目前尚未得到解释的其他假设来对它加以说明。这一点也不费解，你不可能一口气同时解释一切。但实证主义者却错误地认为你根本不能解释任何事情。假设你真的决定抛弃所有假设的话，那么又如何来从事科学研究呢？剩下的全部方法似乎就是培根的分类法，正如我们所知，这种方法并不会把人们引向深入。因此，恰恰是科学的确要继续发展这一事实，证明了马赫们的实证主义的虚妄。梅耶松（1859年—1933年）的著作对实证主义学说进行了最直接的批判，他的那种认识论原则上确实是康德式的，尽管细节上并不一致。

在试图寻求用科学的东西来替代他们轻蔑地称为“形而上学”的东西时，科学的哲学家们常常陷入自己的形而上学的困境。从某个方面看，这是不足为奇的。因为，尽管有一些正当理由来否定哲学家的形而上学思辨，但他们却容易忘记，科学探索本身就是在某些预想的基础上进行的。至少在这个程度上，康德似乎是正确的。因此，像因果关系这样的一般性概念就是科学工作的前提。它并不是研究的结果，而是一种预想，即使只是一种心照不宣的预想。没有它，研究就不可能进行下去。一旦按照这种观点来看，后来出现在科学家著作中的那些哲学新奇性，就不像最初看起来那样鼓舞人心了。

因为科学家们赞成某种数学仪式，科学陈述以及程序的意义，则被有意地搁到了一边。科学研究的结果已经推翻了僵化而封闭的牛顿世界观，但总的说来，科学家们并不试图扩大这种观点，而是满足于凭借数学理论来应付他们的问题，一旦解释得当，这些理论就会产生充分的结果。他们对计算与转换的中间阶段也不加理会，后者仅仅起到了一套规则的作用。这种态度尽管并不普遍，却流传很广，不可思议的是，它竟使人联想起文艺复兴后期毕达哥拉斯学派及其追随者的数字神秘主义。

在哲学本身，这些一般性趋势产生了脱离科学的一项运动。不仅欧洲大陆唯心主义倾向的复苏如此，而且不列颠的语言哲学也大多如此。至于后者，在某种意义上，哲学的任务确实不是为了取得发现，而是为了评价被各方接受的种种不同说法的价值。不管怎么说，这都是哲学一直在做的事情之一。然而，不同的哲学观却能够在不同的程度上，推动或妨碍科学探索的进步。

现在必须言归正传，谈一谈哲学本身。在19世纪后期，从欧洲大陆漂流而来的唯心主义成了英国哲学舞台的主角。在不列颠，雨水来自爱尔兰，唯心主义则来自德国。然而这个领域的主导性人物却并不完全属于黑格尔的传统。在牛津大学从事研究和创作的F. H. 布莱德雷（1846年—1924年）对唯物主义提出了批驳，他所致力达到的“绝对”使人联想起斯宾诺莎的上帝或自然，而不是黑格尔“绝对理念”的那个“绝对”。至于他在讨论中所采用的辩证方法，也并不是黑格尔宣称的那种有机生成原则，而是一种符合柏拉图及其爱利亚先驱们传统的推论工具。

布莱德雷的确在不遗余力地反对黑格尔有些理性的一元论，因为后者有一种把认知与存在等同起来的倾向，这种观点最早可以追溯到苏格拉底和毕达哥拉斯学派。布莱德雷试图在理性思维及其范畴之下，达到纯粹感觉或经验的高度。正是在这个阶段，人们才能够谈到实在性。思维常常是歪曲了实际存在的东西，它产生的仅仅是一些现象。造成这一结果的原因是人们把外来的分类与关系的框架强加于真实的东西。布莱德雷因此认为，在思维的过程中，人们必定不可避免地使自己陷入矛盾之中。《现象与实在》中提出了这种学说。

布莱德雷对思维进行攻击的主旨是：思维必然是理性的。至于关系，正如他试图表明的那样，则使人们卷入了矛盾。为了确立这个奇怪的结论，布莱德雷采取了“第三者论证”的形式，柏拉图式的巴门尼德派曾用这种形式来反对苏格拉底的参与论。由于品质与关系一方面是有区别的，另一方面又是不可分开的，所以人们应该能够在任何给定的事物中，把属于品质与属于关系的两部分严格区别出来。不过，我们不能区分一种品质本身的各个不同部分，即使能够，现在也将面临把品质与关系这两部分重新扯到一起的难题。这样就牵涉到一种新的关系，“第三者论证”便介乎其中了。

如此一来，思维领域及其科学便为矛盾所困，因而属于现象而不是实在。在这里，布莱德雷令人费解地绕了一圈之后，却得出了和休谟一样的结论，尽管他们的根据各不相同。不过和休谟一样，他也否定了“自我”概念，因为它涉及了关系。正是出于同样的理由，基督教的上帝也必须作为现象不予考虑。

如此清理了现象之后，布莱德雷在“绝对”中发现了实在，这里的“绝对”似乎就是爱利亚学派在一个比理性思维更直接的层次上从内心体验到的“太一”。在这个“绝对”中，一切差异都被统一起来，一切冲突都得到了解决。但这并不意味着取消了现象，因为在日常生活中，思维和科学研究都涉及现象。同样，人所犯下的罪恶，和现象一样，也源于日常世界，挥之不去。但是在“绝对”的高度来看，这些缺陷似乎就消失了。

另一种似乎派生于黑格尔的唯心主义是本纳德多·克罗齐（1866年—1952年）的哲学，尽管维柯的直接影响在此可能更为重要。克罗齐不是一位学院派的哲学家，他一生长寿，而且经济独立。由于他的国际声望，他在法西斯时代幸免于难，没有受到太多的骚扰。第二次世界大战后，他曾经在意大利政府中担任过好几个职务。

克罗齐写下了大量的历史、文学作品。1905年，他创办了文学杂志《批评》，并一直担任该刊的编辑。他对哲学的态度有一个特点，就是强调美学，因为当心灵思索某件艺术品的时候，它正陷入具体的经验。

和黑格尔一样，克罗齐也认为实在是属于精神的，前者的一元论简直不允许为不列颠经验主义甚至康德理论在认识论上的各种困难留有余地。不过，尽管黑格尔强调辩证法，曾经坚持精神过程包含着对障碍的能动性克服，克罗齐还是在这里直接回到了维柯“真理即事实”的公式。不管怎么说，克罗齐意识到了黑格尔主义的某些主要弱点：其一，把辩证法应用于自然；其二，把数的三分法搞得很玄乎。但黑格尔首先就在他的唯心主义体系概念中犯了错误，这一点，在前面已经对此进行了某些批判性的评论，在此，还可以补充一点：辩证发展的学说与终极目标的实现总是矛盾的。克罗齐保留了发展的概念，尽管他没有接受黑格尔对此的解释。他没有采纳辩证的进程，而是对维柯的阶段论进行了修正。维柯曾认为这些发展是循环式的，因此，万物都将最终回到同一个起点，这种观点可以追溯到恩培多克勒。而克罗齐则认为这些变化是前进式的，因此，当心灵回到初始阶段时，它已经在过程中获得了某些新的顿悟。

必须承认的是，克罗齐尽管在驳斥黑格尔，但他仍然在自己的作品中保留了相当程度的辩证法。因此，他在《美学原理》中的说法就几乎使人联想起黑格尔的逻辑学。“谬误与真理之所以会出现紧密的联系，是因为纯粹而绝对的谬误是不可想象的；也正因为如此，这种谬误才不存在。谬误用两个声音在说话：一个声音断言错误的东西，而另一个声音又在否定它；这是一场‘是’与‘非’的冲突，也就是所谓的矛盾。”在克罗齐看来，这段话也可以用来强调如下的观点：心灵可以胜任把握实在的任务。从原则上讲，世界上没有什么事物不能被人发现。任何不可想象的事物都是不可能存在的，因此，存在的事物也就是可以想象的。值得指出的是，布莱德雷持有相反的观点。他认为可以想象的事物就一定存在，其表达公式是：“可能存在和一定存在的事物才存在着。”最后，克罗齐把维柯描绘成19世纪的理性主义者，这是由于受到黑格尔派的影响，维柯实际上是17世纪的柏拉图主义者。

在法国，19世纪末20世纪初最有影响的哲学家是亨利·柏格森（1859年—1941年），他在反对自然科学方面引起了截然不同的变化。他坚持了可以追溯到卢梭以及浪漫主义运动的非理性主义传统。和实用主义者一样，柏格森也强调行动至上。在这方面，他对哲学、科学探索中谨慎而冷静的理性运用表现得有些不耐烦。力求精确是理性思维的主要特征之一，笛卡尔《沉思录》中的格言就很好地刻画了理性思维。首先，当人们试图在语言的框架内抓住瞬间的经验运动时，似乎就已经阻止了实在的流变，得到的只是一幅苍白而静态的语词图画。在这里，可以说遇上了赫拉克利特、巴门尼德的古老问题。柏格森想要做的，就是坚持流变在经验中的实在性，反对以理性的僵化形式来模仿、歪曲世界。

至此，柏格森的问题似乎使人想起了布莱德雷，但这里的答案却是完全不同的。布莱德雷的形而上学最终紧密联系着他的逻辑理论，尤其是真理的一致性理论。而柏格森则认为逻辑本身的影响必须加以克服。在这个意义上，可以把布莱德雷描绘成理性主义者，把柏格森描绘成非理性主义者。

与19世纪唯心主义、唯物主义一元论形成对照的是，柏格森的哲学回到了二元论的世界观。然而，把宇宙一分为二的观点并不完全等同于早期的二元论。一个是笛卡尔所说的物质；另一个则是不同于理性主义世界的心灵或精神的某种活力原则。活力与物质这两股巨大的力量卷入一场永恒的斗争之中，积极的生命冲动试图克服惰性物质所设置的各种障碍。在这一过程中，生命的力量虽然受到物质条件的某些影响，但仍然保持着自由行动的基本特征。柏格森摒弃了传统的进化论，是因为它们具有理性主义的倾向，这些倾向不允许出现任何全新的东西。后者似乎已经蕴含在前者之中，或者被前者预先确定，这就似乎破坏了柏格森赋予生命力量的行动自由。他认为进化产生出真正新的东西，从字面意义来看，进化是创造性的。他在自己最有名的著作《创造性进化论》中提出了这个学说，柏格森所设定的这种进化过程直接来自艺术创作的演绎。正如艺术家在某种创造性欲望的驱使下采取行动一样，自然界的生命力量也是如此。进化的变革通过不断的创造性欲望来产生，而这些欲望针对的则是迄今尚不存在的某些新特性。

对人类而言，进化过程使人类成了智能超越本能的动物。柏格森认为这是一种不幸，卢梭在他之前确实也有同样的观点。人的智能倾向于禁锢本能，从而使人丧失了自由。因为智能把它自己的概念性条条框框强加于世界，因而扭曲了世界的本来面目。理性主义学说把智能看作争取自由的力量，而人类确实已经远离了它。

本能的最高形式是直觉，直觉是某种直接的、与世界相一致的精神活动。智能是在歪曲，而直觉却是在如实地把握经验。按照柏格森的观点，智能的麻烦就在于它只胜任对物质世界非连续性的说明。显然，这种观点和如下的概念有关：语言是非连续性概念的一个框架。至于生活，从本质上看，则是连续的，因而智能不可能理解它。在这里，人们似乎必须求助于直觉。在柏格森看来，智能与直觉的差别类似于空间与时间的差别。智能分解和分析世界，它以一种梦幻般的永恒方式发挥作用。我们以前在词源意义上对比过理论与实践，认为智能就是理论的，它以某种几何学方式来看待世界，对它而言，世界只有空间而没有时间。然而生活却是一种时光在流逝的实实在在的事情，于是直觉便介入了生活。诚然，通过智能而得到的空间性分析有一定的意义，但它们却妨碍了正确地理解生活。物理学理论中的时间并不是一般生活中真正的时间，而是一种空间性暗喻；柏格森把直觉的实在性时间叫作“绵延”。然而“绵延”可能是什么，却不容易解释。柏格森似乎把它看作某种纯粹的经验，当人们停止理性思维，完全放任其滑翔于时间之巅时，这种经验便笼罩了我们。可以指出的是，这种观点在某些方面类似于认识的存在主义模式，这种模式为克尔凯郭尔首先提出，后来又为存在主义者修正接受。

柏格森的时间理论与其记忆解释有关。在记忆中，具有意识的心灵会设法感知过去与现在。过去已不复存在，而现在正具活力。当然，这种说法所假定的恰恰就是那种数学时间；要是在别的地方，柏格森就会煞费苦心地摒弃它，而支持“绵延”。如果要使关于活动的陈述有意义，那么过去与现在就必须分开。另外，“记忆”一词的双重含义也带来了某种糊涂的混淆。有时候，人们把记忆理解为此时此地正在回想的精神活动，有时候又把它理解为正在如此回想的过去事件。精神活动与其对象的混淆导致柏格森把过去与现在扯到一起，纠缠不清。

柏格森的思想具有反理性主义的倾向。与此相符的是，总的说来，他并不喜欢为自己的观点提供理由，无论好的还是坏的。相反，他借助于某种诗化的属性来阐述它们。这一切虽然非常精彩好看，但并不一定会使读者信服。的确，任何企图剥夺理性范围的准则都会面临这种困难。因为，一旦谈到接受观点的理由，这就已经进入了理性的领域。

柏格森的理论提出了经验的若干心理学而不是逻辑学特征。在这个意义上，它是与心理学理论的某些趋向相一致的。对于存在主义，也可以加以类似的考虑。心理学领域的伟大新发展就是精神分析论。不过在开始简略探讨它之前，还必须提到心理学的另一个趋向，即通常所说的行为主义观点，它在许多方面对立于精神分析论。

心理学的行为主义学派是实证主义的一个分支，它否认原来的内省心理学表面上看来神秘的本质，宣称支持公开的行为分析。只有观察到正在做的事情才有意义。在特定的情形下，人们至多能够通过某种方式，以概念框架来描绘行为和行动的意向。而这些都是公开的、可以观察到的，它们经得起物理学家实验的验证。这种方法的一项简单推广，就是为心理学事件找到纯粹的物理化学和生理学的解释。因此，在已经解释过的意义上，这种理论就是唯物主义的和实证主义的。这种发展脉络中最广为人知的方面之一，是俄国生理学家巴甫洛夫的条件反射研究。大家都听说过巴甫洛夫和流口水的狗的故事吧，简而言之，该实验就是在给动物提供食物的同时发出某种信号，例如在屏幕上显示某个形状。过一段时间之后，只需出现形状，就足以使动物产生期待提供食物的生理效应。一见到信号，动物的唾液就开始流出来，这种反应叫作条件反射。

这些研究应该表明的是，可观察的具体情景揭示了某些相关联的事件，而它们的联系可以通过强加的习惯（在某种程度上）来予以改变。从这一点来看，解释所采用的联想主义心理学就是完全传统的休谟方式。不过除此以外，似乎还有如下的言外之意：没有必要把这些神秘本质假设为思想，可观察的相关事件包括了人们能够说的一切。

这也许是一个极端的例证说明，无疑需要某些限定条件。不过，对我们现在的意图来说，它足以预示趋向了。在哲学方面，也出现了一种有些类似的发展，即语言学的某些形式废除了传统意义上的含义，代之以语言的实际用法，或是在适当场合以某些方式使用语言的意向。正如巴甫洛夫的狗一样，我们也应该流口水，而不是去思考。

持有完全对立观点的各种心理学学说则与西格蒙德·弗洛伊德（1856年—1939年）的名字相联。他从某种纯属生物学的观点出发，并最终确立的心理学，不加限制地看到了隐蔽本质。其理论中的“潜意识心灵”概念具有核心的重要意义，就其本质而言，潜意识是不能直接加以观察的。姑且把这个理论是否健全的问题搁到一边。在此必须重复的是，不管怎么说，它都是一个相当正确的科学假设。那些出于实证主义偏见而驳斥假设的人，自然不能理解它在科学方法中的作用。但回到弗洛伊德这里，潜意识心灵的理论及其运作的方式，却为心理学理论的重要发展提供了手段。其一是弗洛伊德关于梦的一般性理论，参见《梦的解析》；其二是他关于遗忘的理论，发表于1904年的《日常生活的心理病理学》一书对其作了通俗的解释。

做梦与清醒及有意识的区别在于：做梦允许某种自由和幻想，这些东西在清醒的生活中是经不起严酷事实考验的。但梦者的这种自由毕竟要比现实中的自由更明显。这必定是任何关于梦的一般性理论的结果。弗洛伊德著作总的假设是：在日常生活中，由于种种原因而受到抑制的期求和欲望，却能在梦中得以实现。在这里，由于篇幅的限制，不能深入地探讨抑制的机制，以及个人心理感官的详细结构。只要指出以下这一点就足够了：梦者有一定的自由，来重新组合构建基于直接经验的各种因素，以及白天乃至孩提时代受到压抑的愿望。解释的任务就是去揭示梦的真正含义，这里面包括对抑制过程中介入的某些象征符号的认识。为了隐藏某种令人不快的真相，或担心这样做得不到支持，而避免直言不讳。在进行这些解释的过程中，弗洛伊德确立了整套的象征符号一览表，不过公正地说，他本人比其追随者更为谨慎地使用了这些象征。在治疗学方面，必须记住的是，弗洛伊德是一位医生，他认为这些过程的暴露或精神分析，有助于调节压抑引发的神经失调。要达到治病的目的，仅靠分析是不够的，但是没有它，甚至不可能作出任何尝试。当然，治疗学里的知识概念并不是什么新东西，如前所示，苏格拉底早就有过这种看法。当代的语言分析学家们也对哲学难题抱有一种极为相似的观点，他们把这些难题比作需要用分析来治疗的语言学神经机能病。

至于遗忘，弗洛伊德认为它和类似的压抑机制相关。人类遗忘的原因是由于在某种意义上害怕记忆。为了治愈人类的遗忘症，就必须了解到，是什么使人害怕记忆。

不管怎么说，弗洛伊德理论是有价值的，它在对梦作出一般性科学解释方面作出了认真的尝试。其中的一些细节性解释无疑并不是完全有说服力的。譬如，弗洛伊德的象征符号一览表似乎就不能全盘接受。当然，正是对性行为和性压抑的坦白承认，才使得精神分析引起了人们更多的注意。同时，这种情况也使它成了无知者的谩骂对象。

自19世纪与20世纪之交以来，美国哲学中的主导力量一直是修正后的实用主义，该运动的主要代表人物是约翰·杜威（1859年—1952年）。他是新英格兰人的后裔，深受该地区古老的自由主义传统的熏陶。他兴趣广泛，而且超越了学院派哲学。也许他的主要影响是在教育领域，自1894年成为芝加哥大学的哲学教授以来，他在这个课题上很有发言权。如果在现今这个时代，传统意义上的教育和技术社会日益需求的职业培训之间的区分模糊不清的话，那么这是由于在一定程度上受到了杜威著作的影响。

在杜威的哲学中的三个核心概念，使他的哲学与某些早期的发展联系了起来。前文已经提到过实用主义的因素，杜威和皮尔士一样，都认为探索是最重要的。其次是对行动的强调，这一点是柏格森主义的，而不是实用主义的。如前面所提到的，实用主义者也的确相信行动的重要性。不过在这里，有必要回顾一下，詹姆斯误解了皮尔士，后者的能动性更接近维柯在阐述“真理即事实”这一公式时所想的东西。最后，杜威的理论有很大程度的黑格尔思想，尤其是他坚持把有机或统一的整体作为探索的终极目标。因此，他把过程中出现的逻辑步骤看作通往整体的工具。这种工具性的逻辑概念和黑格尔的辩证法有许多共同之处，如果把后者视作确立完整体系的一种工具。追随了实用主义学派的杜威，并不希望被传统的真理、谬误概念拖住后腿，因为它们源自毕达哥拉斯和柏拉图的数理哲学。与此相反，杜威谈到了可靠的断言性，这一概念派生自皮尔士，不过可以补充一点，皮尔士后来认为存在着一个能够解决任何问题的答案，无论这个答案离人们多么遥远。

对于消除绝对意义上的真理这个普遍性问题，还可以运用论及普罗泰戈拉时的那种批判。假设有人断言我是一个讨厌的人，如果我以实用主义者的语气，问他是否保证这个断言具有正当的理由，那么他会怎样回答呢？事实上，要是坚持这种观点可能对他有利，那么就会诱使他作出肯定的答复。然而，不管他肯定还是否定，他都会立刻超越自己的实用主义原则，因为这已经不再是一个保证的问题。他根本没有想到第二层的权宜之计或保证，实际上，这样直接导致了一种无穷的回归。反过来说，当他肯定或否定时，他就隐约地承认了真理的某种绝对意义。即使他搞错了问题的真相，这也不会得到改变。他也可能真诚地作出某种答复，最终却发现是虚伪的。但是，要想给出任何一个答案，他都必须隐约地接受某种绝对标准。这种批判不仅适用于实用主义的真理理论，而且适用于寻求以其他标准来定义真理的任何理论。

要看出这种把逻辑纳入行动的企图从何而来并不太难。实际上，它是柏格森派的抱怨，即按照传统的、客观的逻辑，世界上就不可能产生任何真正新的事物。正是由于要求创新和社会扩张，这种理论的建立才受到激发。在这方面，最终出现了将人的活动的多样性与表达这种多样性的语言和逻辑的固定框架相混淆的情况。如果认识不到这些标准，就容易使人越过尺度并忘记自己能力有限。

在此必须提到的另一位主要人物就是我的老同事怀特海（1861年—1947年）。如前所述，他是一位数学逻辑学家。和我共同完成《数学原理》后，他的兴趣逐渐转向了当代科学产生的哲学问题，并最终陷入了形而上学。1924年，他实际上开始了一种新的生涯，被任命为哈佛大学的哲学教授。他的后期作品常常是非常晦涩难读的。虽然说一本书难读，这本身并不是什么批判，但我必须得承认，怀特海的形而上学思辨对我来说，是有些不可思议的。不过，这里还是要尽力对它们做一番简短的陈述。

怀特海认为，为了把握世界，绝不能遵循伽利略和笛卡尔将“实在”分为第一、第二属性的传统。沿着这条路走下去，只能得到一幅被理性主义范畴论所歪曲的画面。更确切地说，世界是由无数活生生的事件构成的，其中每一个事件似乎都让人联想到莱布尼茨的“单子”。然而和“单子”不同的是，事件是暂时性的，而且会消亡，从而生成新的事件，不知为何，这些事件又发生在种种对象之上。我们可以把这些事件看作赫拉克利特的流变，把这些对象看作巴门尼德的“球体”。它们各自当然都是抽象的，但在实际过程中，两者又不可分割地联系在一起。

至于与“实在”的真正接触，则似乎需要一种发自内心的认知，需要把认知者和认知对象合并成一个单一的实体。在这里，这使我们想起了斯宾诺莎。怀特海的确主张：每一个命题最终都应当按照它与宇宙体系的关系来看待。这显然是系统唯心主义的一种形式，尽管它并不完全具有杜威哲学的唯心主义倾向特征。杜威的整体概念要回溯到黑格尔，而怀特海的唯心主义则更是与谢林后期的有机体概念一致。

简言之，这似乎就是怀特海形而上学的主旨。我不敢说它将在哲学史上占据什么样的位置。不过，具有直接兴味的是，一种形而上学的学说在这里是通过一种什么方式，从对某些一般性科学问题的兴趣中直接产生出来。的确，我们已经看到，17世纪的理性主义者和19世纪的唯心主义者都出现了同样的情况。就科学理论试图掌握整个世界这一点来看，它所追求的正是形而上学的目标。不同的是，科学对严酷而难以对付的各种事实承担了更大的责任。

要是说19世纪较之以前的任何时代已经更为彻底地改变了世界的话，那么过去的五十年同样如此，其间的改造甚至更加急剧。第一次世界大战则标志着一个时代的终结。

曾经激发了数代人的主导思想就是进步的概念。世界似乎正朝着一个更美好、更文明的状态发展，西欧是慈善的施舍者，而世界其他地方则是政治上、技术上的附庸。从某些方面看，这种世界观并不是不合理的。西方肯定在政治上，在掌握由工业提供的物质力量方面占据着支配地位。强大的自信，以及上帝站在进步一边的感觉，为这一切提供了后盾。工业社会的发展带来了人口的激增。一百年里，英国的人口数量就增长了五倍，然而马尔萨斯的悲观预言并没有成为现实。与此相反，由于工业社会开始克服了自身的初步问题，社会的一般生活方式逐渐变得舒适起来。

作为这些变革的一个结果，乐观主义情绪和对未来的信心盛行起来；而在这之前，这种情绪和信心一向是动摇的。20世纪所有的主要思潮都带有这种普遍的乐观基调。功利主义、实用主义和唯物主义全都如此。最引人注目的例子或许就是马克思主义，它甚至成功地把“进步不可避免”的信念保持到了现在。作为唯一的政治理论，它一直坚持着自己的天真信仰，尽管自那以后，世界已经经历了各种动乱的困扰。就其僵化的教条和乌托邦式的观点而言，马克思主义是一件19世纪的文物。

在这样一种进步的氛围当中，人们似乎认为，世界建立在一个牢固的基础之上。不仅那些财大气粗的人具有这种思想色彩，就连那些下层的贫民也同样觉得自己的命运能够改善、将会改善，这种希望最终确实没有落空。同时，普及教育的提供也有助于昭示人们可以改善自身的途径。因为在这个新社会中，那些没有身份优势的人能够通过知识和技能出人头地。

这种竞争因素在社会领域是一种新事物。商人之间的竞争历史，当然和商业本身一样古老。然而，一个人可以通过自身的努力来改善自己，这却是一个最近才出现的新概念。在中世纪，人们普遍接受这样的观点：每个人的位置都是由上帝指定的，改变神定的秩序是有罪的。这些陈旧的观点，先是遭到了文艺复兴时期思想家们的怀疑，到了19世纪，则被彻底消除了。

当然，在这里所描述的情况属于工业化正落地生根的地区，其中包括英国和部分西欧地区。应当好好记住的是，这些地区只占地球上可居住面积的一小部分。这些国家更大的发展和对世界历史的影响，已经和它们的人口数量完全不成比例。不过在人类事务中，这也并不是什么新现象。单就面积大小而言，古代波斯帝国比希腊更为辽阔，但它的影响最终却是微不足道的。

对于那些生逢其时，并受到进步思想鼓舞的人来说，似乎有可能满怀信心地为将来做好打算。情形是如此的安定，以至于人们有理由从整体上展望他们未来的事业。同时，这些打算又完全是个人的事情。只有通过自己的不懈努力，才能获得地位和保障。对于下层的贫民，则由有责任心的高尚公民为其提供慈善救济和自愿资助。颇为奇怪的是，提供社会福利的第一步竟然是俾斯麦做出的，为了先发制人地占据社会主义反对派的上风，他给工人们引进了某种形式的健康保险。

这个时期的另一显著特征就是普遍自由主义的政治观。人们理所当然地认为，政府从事的只是旁观性活动，其作用就是对各种冲突利益作出裁决。人们甚至都没有想过政府会干预工业或商业的运作。如今，政府本身经营各类企业，则是马克思主义影响我们对社会问题的一般性看法的结果。至于行动的自由，在整个欧洲的绝大部分地区都是完全不受限制的。正如现在一样，那时的俄国却是一个例外。除了沙皇帝国要求提供护照以外，你不用带任何种类的证件就可以走遍西欧。同时，人们出外旅行的次数也没有现在这么多。部分原因是花费较大，从而限制了相对富裕者的行动。自那以后采取的种种控制则表明，国际间的信任已经衰减到了多么严重的地步。

在政治方面，西欧自1870年以来享受了近五十年的和平。实际上，这种幸福的事态并不是世界性的。非洲有殖民地冲突；在远东，俄国败在了日本的手上，后者努力吸收西方的技术文明，已经取得了大大的发展。尽管如此，对于生活在西欧这一部分的人来说，世界似乎仍旧是一片公道的净土。这就是五十年前的情形。当我们回顾它的时候，就很容易感到，那时的人们仿佛生活在梦的世界。

第一次世界大战（1914年—1918年）摧毁了这种价值与预想的整个体系。虽然在19世纪的发展进程中，已经产生了较强烈的国家意识，但在这之前，那些国家之间的差异是一直受到抑制的，现在它们暴发了出来，并导致了史无前例的世界性大屠杀。随着这场大灾难的出现，人们对于进步的信心减弱了，猜疑的气氛日渐滋长，世界再也没有从中完全恢复过来。

从纯粹技术的方面看，第一次世界大战表明，武器的改良速度已经远远超过了军人战术思想的发展。其结果是，一场可怕的、没有定论的大屠杀极大地削弱了西欧。自1918年以来，法国虚弱而不稳定的状态，在很大程度上就是这次流血战争的后遗症。与此同时，美国开始在世界事务中发挥了日益重要的作用。另外，俄国经历了布尔什维克革命，建立了比沙皇帝国强大得多的新工业化社会。民族主义情绪自维也纳会议以来一直郁积于地下，现在却以新民族国家的形式表现出来。每个国家都对自己的邻国怀有疑心。行动的自由受到了种种限制，只有到了现在，它们才开始再度消失。

然而，欧洲各国的进一步自相残杀从此将真正威胁到西方文明的存续，这一点已经变得明显起来。这也是1919年建立国际联盟的主要幕后动力。在这种努力为国家之间和平合作奠定基础的尝试中，美国总统威尔逊是主要的倡导者之一。事实上，由于他的这个建议最终未能获得本国的支持，因而一开始就大大削弱了国际联盟的地位。同时，各中央权力的失败，反而唤起了更激烈、更不妥协的民族主义的空前复苏。国际联盟成立还不到二十年，德国的国家社会主义独裁就导致了第二次世界大战，其规模和破坏程度都超越了历史上的任何一次战争。更庞大的军备技术力量，更强烈的你死我活的意识形态动机，把军队之间的冲突转向了全面的战争，这不仅影响到了士兵，而且直接波及了大量的普通百姓。原子弹首次在日本显示了令人瞠目的威力，破坏性力量中的这项终极成就，现在已经使人类达到了能够自我毁灭的地步。人们是否会足够明智，从而抵制这种诱惑，则仍日只能拭目以待。我们希望，第二次世界大战后取代了旧联盟的联合国能够成功地制止人类之间不顾生存的相互毁灭。

在整个历史进程中，为技术发展提供了特殊动力的两股主要力量就是贸易和战争。最近发生的种种事件已经以惊人的方式证明了这一点。电子和通信工程的发展产生了现在所谓的第二次产业革命。这种革命就在我们的眼皮底下改造着世界，它所采用的方式甚至比基于蒸汽机的第一次工业革命还要剧烈。

同样，运输工具所经历的变革也是在19世纪连做梦也想不到的。从罗马时代到铁路的出现，相对来说，旅行的方式几乎没什么变化。但自那以后，人们已经把伊卡洛斯的神话变成了现实。

距今大约八十年以前，人们还以为在八十天内环游地球是一种空想，而现在花八十个小时就可能做到了。

从某些方面看，这些意义深远的发展是如此地迅猛，以致人们无法适应新的环境。首先，巨大的国际冲突已经危及了20世纪所盛行的安全感。人们不再可能采取完全相同的方式来长远地看问题。同时，国家的活动严重地侵犯了曾经一度属于个人的行动自由。之所以这样，原因是多方面的。其一，工业国家经济生活的日益复杂化，已经使这些国家对一切骚乱都极为敏感。对于现今这个社会来说，其稳定性远远不如中世纪，因此就有必要对那些可能推翻国家政权的各种势力实施某种程度的管制。其二，为了抵消不可避免的动荡，就得提供某种均衡力量。这样就使国家的行为卷入了经济事务。其三，人们独立争取到的保障虽然丧失了，但在一定程度上，国家提供的种种服务给予了补偿。这些变化与一个国家的政治制度几乎没有什么关系，它们主要取决于文明世界的技术水平。的确值得注意的是，即使在那些政体迥然不同的国家里，这些问题看起来也是多么的相似。

在现代社会生活中，组织体制的决定性影响已经唤起了非理性主义哲学思维的新倾向。在某种意义上，这些非理性主义迸发不仅是对曾经激发过当代独裁统治的权力哲学的反对，而且是对“科学威胁人类自由”的反对。

非理性主义的主要哲学思潮，见之于复苏的存在主义学说，后者近来曾在法国和德国的哲学中发挥过主导性作用，我们将对此做一些简短的评论。在这里，值得注意的要点是：这种趋向包含了各种各样的学说，它们常常相互争执不休。

在欧洲大陆，伴随着存在主义学说的，是对传统形而上学的回归。在英国，哲学近来主要是沿着语言学的轨道发展。大陆哲学与英国哲学之间的鸿沟从不曾像今天这样大。的确，两者甚至都不承认对方真的在从事哲学研究了。

这就是当代世界舞台最直白的背景轮廓。如果想勾勒出一幅草图，那么我们不仅要冒曲解真相的风险，而且要冒缺乏眼力的风险。对于这一点，并无解决问题的良方可觅。不过，我们可以注意到一个普遍性结论。迄今为止，西方文明之所以能够主宰世界，是由于它的技术，以及产生技术的科学、哲学传统。此刻看来，这些力量似乎仍然占据着支配地位，尽管没有任何理由可以解释它们为什么必然如此。由于西方发展起来的技术、技能传播到了世界其他地方，所以我们的优越地位就下降了。

在某些方面，大陆的存在主义哲学相当令人困惑。的确，有时候很难看出其中有什么内容可以算是传统意义上的哲学。但整个存在主义运动共同的总起点似乎是：理性主义是一种无法对人类存在的意义作出可行解释的哲学。理性主义者通过概念体系给出的一般性描述，未能抓住个人经验的具体特性。为了克服这个明显的不足，存在主义者求助于被克尔凯郭尔称为“存在主义思维模式”的东西。理性主义从外部探讨世界，不能恰当地处理鲜活经验的直接性；人们要把握世界，还必须以存在主义的方式从内部入手。

人们可以对这种明显的困惑作出各种不同的论述。首先，有人可能很想指出，从这些思辨所需的含义看，人生是没有意思或意义的。生活的目的就是以一种尽可能饶有兴味的方式活着；至于将来的目的，则都是幻想。另外，存在主义思维模式的概念本身也有一个严重的弱点。假如你反思任何事物的存在，那么你想到的必定是特定的东西。存在本身就是一个错误的抽象概念，甚至连黑格尔也没有意识到这一点。

不过，这些激烈的论证虽然是有效的，却容易妨碍我们看清这些思想家所要暗示的事物。所以，我们应当对存在主义采取较为宽容的态度，并尽力去简要说明它试图表白些什么。

尽管卡尔·雅斯贝斯的存在主义哲学摒弃了唯心主义的形而上学，但在他所承认的三种存在中，却保留了黑格尔意义上的某个辩证因素。雅斯贝斯（1883年—1969年）早年对心理学，尤其是对心理病理学抱有兴趣，并逐渐转入了哲学。因此，他的哲学研究是以人为中心的。在这个意义上，可以把他的存在主义描绘成人本主义，萨特就曾用这一短语来命名自己的哲学。不过，和文艺复兴时期的客观人文主义形成对照的是，这里的存在主义充其量算是一种主观人文主义。所以，使用萨特的格言，就是对存在主义哲学家的一种误解。

在雅斯贝斯的存在论中，会遇到三个不同的概念。最低层次就是客观世界，它简单地存在于此。所以，客观世界的存在就是一种从外部来把握的“存在于此”，它涵盖了一切门类的科学领域。但人们却不能充分、正确地认识它的存在本身。的确，适用于科学领域的客观存在，妨碍了人们感受这种更高层次的存在，即雅斯贝斯所谓的“自我存在”，或简称为“存在”。这种存在模式不再对支配着客观存在领域的理性范畴负责。据说“自我存在”或“个人存在”常常暗示着超越自身的含义。不会使雅斯贝斯感到委屈的是，这里还可以用亚里士多德的术语来描述这一点，即他认为“个人存在”本身蕴藏着各种各样不确定的“潜在性”。在争取突破本身的过程中，这种“自我”便和第三类存在协调起来，后者可以叫作“超越”，它是一种包括了前两种存在模式的“自在”。虽然雅斯贝斯并不追求那种鼓舞着唯心主义者的目标，但很显然，他的“三类存在”构成了辩证进程的一个贴切例子。至此，它们不知怎的竟必然落入了理性的范围。正如我们在前面所看到的那样，对于任何企图在原则上削弱理性的理论来说，这都是一个固有的难题。当然，举出简单的事实，例如人们受感情的驱使，不亚于甚至超过受理性的驱使，这虽然令人难堪，却也完全恰当，从原则上讲，这并不是对理性的一种制约。不过，当它形成了某个理性的理论，而又企图使理性本身无效时，就出现了难堪的自相矛盾。因为，为了解释任何事物，就必然求助于理性。如果否定了理性的能力，就无法找到理论上的借口，人们也就只好保持沉默，说不出道理来。在某种程度上，存在主义者也确实模糊地认识到了这一点，所以他们有时候也提倡沉默，尽管自己并不去实行。至于雅斯贝斯，他意识到了其中的困难，并且尽力作出某些修正：承认理性终归是重要的。

在这种存在划分的基础上，雅斯贝斯主张：本质上必然带有解释性的科学，必定不能真正把握“实在”。因为，如果承认解释与解释对象之间存在着差别的话，就等于隐约地承认了人们已经失败。似乎可以作出这样的设想：一切陈述之所以都是对事实的歪曲，仅仅是因为陈述并不等同于陈述的对象。因此，由于陈述还涉及别的东西，所以它们就被认为是不充分的。需要注意的是，这里的陈述之所以被视为不充分，是由于其本性不充分；而不是如唯心主义所称，由于它脱离了能够为其提供全部意义的其他陈述。

雅斯贝斯认为，哲学讲的就是“超越”或“自在”这种存在模式，或者更确切地说，哲学就是个人在努力超越过程中的奋斗。至于个人的道德生活，则在个人存在的层面上发挥作用。正是在这个层面上，人们才能彼此了解和体验到自由感。既然自由位于理性范围之外，人们就不能对其作出理性的解释，也只能满足于辨认它在某些情绪中的表现。据说人们的自由感是与某种忧虑情绪或恐惧感相随的，雅斯贝斯借用了克尔凯郭尔的这一短语。总之，我们可以说：理性支配着“存在于此”的层面，而情绪则控制着“自我存在”的领域。

当雅斯贝斯的存在主义在“超越”的层面上像克尔凯郭尔学说一样为宗教留有余地时，马丁·海德格尔（1889年—1976年）更具形而上学色彩的著作却充斥着某种极不相同的语调。由于措辞非常离奇古怪，他的哲学因而晦涩难懂。我们不禁要怀疑语言的运用在这里太随心所欲了。其哲学思辨中的一个有趣观点是，他坚持“虚无是某种实证的东西”。正如存在主义中的许多观点一样，这也是一种冒充逻辑分析的心理学观察。

在法国，存在主义运动曾经更为紧密地联系着文学。该运动最著名的倡导者让-保罗·萨特（1905年—1980年）不仅写了有影响力的哲学论文，而且创作了多篇小说。他的大部分存在主义思想都是通过这些作品中的人物角色来体现的，这些角色面临着某种行动的呼唤，这正是存在主义如此重要的一个方面，作为文学媒介的小说则提供了反映人类困境的完美工具。

萨特把人类自由的存在主义观点推向了极致。人类在不断地对自己的命运进行抉择，这些抉择与传统或个人生活中所发生过的都没有联系，仿佛每一个新的决定都需要某种完全的投入。那些害怕这一令人不快的真相的人，试图从世界的合理化思索中寻求保障。在这方面，科学工作者与宗教信徒是一致的，两者都企图逃避现实。但萨特认为他们都糟糕地搞错了，世界并不像科学所看到的那样悲观。至于上帝，似乎从尼采时代起，它就已经死了。准备面对世界本来面目的人，的确使人联想起尼采的英雄。萨特正是从这一根源中派生出了他的无神论。

实际上，萨特反对的是理性主义的必然性概念。这一概念出现在莱布尼茨和斯宾诺莎的著作中，并为唯心主义哲学家们所继承。不妨回顾一下，在这些思想家看来，任何存在物原则上都可以被看作必然的，只要我们采取某种足够宽容的观点。那么，自由学说就不可避免地要采取斯宾诺莎或黑格尔的形式。自由存在于与必然性运作相协调的存在之中。一旦这种自由观遭到摒弃，如萨特那样，别的观点似乎就会完全自行出现。如前所述，理性主义的必然性观点支配着理论科学的领域。因此，一旦我们采纳存在主义的自由学说，那么这种必然性观点就必须被抛弃。同样，还必须抛弃理性主义神学，尽管萨特似乎走得太远，企图把它和无神论联结起来。因为，假如人类具有萨特所想的那种自由，那么，人们就可以随心所欲地作出选择。如前文所述，在这个问题上，不同的存在主义思想家实际上已经作出了不同的选择。

在批判理性主义的必然性观点时，存在主义把注意力集中在一个重要的论点上。不过，它所进行的哲学批判并不比基于心理学基础的情感断言更为有力。正是从某种受压抑的情绪中，存在主义发动了针对理性主义的反叛。这种反叛导致了一种有点奇怪的个人世界观，即现实世界是自由的一个障碍。理性主义者在探讨自然如何运作的知识中看到了自己的自由；而存在主义者则在自己的情感放纵中发现了自由。

这一切背后的基本逻辑观点，可以从谢林对黑格尔的批判中发现相同之处。从一般逻辑原理中是不可能推导出存在的，这种批判是任何正统的经验主义者都乐于赞同的。不过，由于本书前文已经对此谈了很多，因而无须再作任何补充。的确，假如在此批判的基础上演绎出了某种存在主义心理学，似乎就推翻了这个“令人称道”的批判。这也正是萨特理论所要实现的目标。在对各种心理状态的描述中，包含着许多有趣、有价值的意见。但人们按照这种方式来行动和感觉，则并非“存在不是逻辑上必然的”这一事实的逻辑结论。要不然的话，就会在同时既承认又拒绝谢林的观点。所以，虽然人们完全能够认为心理观察是精确的，但要是把这种观察结果转化为本体论，则是行不通的。萨特的著作《存在与虚无》正是以此为目的。该书具有诗意的朦胧和语言的奔放，算得上是德国传统中的上乘之作。它试图把个别的人生观转化为本体论，对于传统哲学家（不管是属于理性主义还是经验主义阵营）来说，这似乎都显得有些离奇古怪，就像有人要把陀思妥耶夫斯基的小说变成哲学教科书一样。

应当注意的是，存在主义者可能会驳斥说，我们的批判并不中肯。他们会说，我们正在运用理性主义的标准。我们不是在这里论述存在主义问题，而是在理性主义逻辑的领域内活动。这也许的确如此。不过，他们的异议也可以反过来驳倒他们自己。这纯粹是另一种说法，即任何标准都只能在理性领域内发挥作用。语言也同样如此。所以，利用语言来鼓吹存在主义学说是有危险的。或者也可以满足于某种诗性的抒发，这样每个人都能从中获得最大的收益。

和萨特不同的是，加布里尔·马塞尔（1889年—1973年）的存在主义哲学具有宗教倾向。在这方面，它有些类似于雅斯贝斯的理论。和所有的存在主义思想家一样，马塞尔也特别关注个人及其对独特人类处境的具体经验。至于一般哲学，马塞尔强调，有必要超越分解式、分析式的通常反思。为了看清完整意义上的实在，我们必须把理性主义分解的各个片断重新组合在一起，这种综合性操作是通过马塞尔所谓的“第二力量反思”来实现的，其意义在于传达更为强烈的概念和更高形式的反思。“第一力量反思”是外向的，而更高级的“第二力量反思”则是内向的自我审视。

肉体—心灵关系是马塞尔所考虑的问题之一，它产生于马塞尔对人类在特定现实背景下的困境的关注。他对笛卡尔二元论的批判，使人联想起贝克莱的批判，后者驳斥了那些把视觉混同于几何光学的人。可以说，心灵有别于肉体，等于是预置了一个暗喻：不知怎的，心灵游离于人体之外，而且心灵与肉体是两个不同的事物。大致说来，这似乎就是马塞尔相当合理的观点。但他把问题的解决和综合反思联系了起来，而我们却倾向于认为，一点点语言分析就可以在此揭示出谬误之所在。

实证主义产生于世纪之交，其代表人物有马赫，在前文已经提到过他的力学著作。在随后的二十年，他逐渐对符号逻辑建立了更广泛的兴趣。这两种趋向结合在一起，形成了以施里克为中心的新运动。和马赫一样，施里克也是维也纳大学的教授，以他为首的团体被称为维也纳学派，其哲学后来作为逻辑实证主义而广为人知。

正如其名所示，逻辑实证主义首先是实证主义的。它坚持认为，人们的全部知识都是由科学提供的；严格说来，旧式的形而上学全是空话。除了经验以外，人们不可能认知任何别的事物。如果抛开“本体”不谈的话，那么这一点就类似于康德的思想。他们不仅坚持经验性考察，而且提出了某种内涵标准，后者与从事实验室研究的科学家的传统实用主义有些相关。这就是著名的可验证性原则，根据这一原则，一个命题的内涵就是它的验证方法。它派生于马赫，马赫在定义力学术语时使用了这种方法。

逻辑实证主义运动虽然发源于维也纳，却并没有在维也纳幸存下来。1936年，施里克被他的一名学生杀害。由于纳粹政权的禁锢即将来临，学会的其他成员发觉有必要移居到别的地方去。结果，他们选择了美国或英国。卡尔纳普在芝加哥，韦斯曼在牛津。与科学语言的统一化总趋势相一致的是，该运动在战争爆发前夕出版了《统一化科学的国际百科全书》的首批专题著作。这套书由芝加哥大学出版社出版，主编奥·纽拉特于1945年在英国去世。因此，逻辑实证主义就从故土移植到了英语国家，并再次与不列颠经验主义的古老传统联系起来，在某种程度上，它受惠于这一传统。在英国，逻辑实证主义学说通过A. J. 艾耶尔的《语言、真理与逻辑》首次赢得了广泛的注意。

在实证主义运动的内部，盛行着某种共同的态度，即轻视形而上学，崇尚科学。但对于别的领域，却在逻辑、科学方法的问题上存在着相当大的分歧。尤其是“可验证性原则”遭到了形形色色的解释。实际上，该运动的历史就是围绕如下的探讨来发展的：可验证性原则的地位和意义究竟如何？

和真理实用论一样，内涵的可验证性理论也因此面临着同样难以自圆其说的困难，这就是针对后者的初步批判。因为，假设我们已经找到了验证命题的某个方法，并对这种方法进行一番描述性的解释，那么现在就可以问：这种解释的内涵是什么？这就立刻导致了内涵需要验证的一种无限循环，除非我们在某个阶段承认命题的内涵就在眼前，无须验证。但这样一来，最初的原则就被摧毁了，而且我们也可以承认：内涵能够被立刻识别出来。

实证主义者立场的进一步困难，就是把一切哲学思辨当作毫无意义的东西予以摒弃。因为，可验证性理论本身就是一种哲学学说。为了尽力避开这一困境，施里克论证道：可验证性原则实际上深深根植于人们的行为之中。之所以要用这么多的话来陈述它，只是为了提醒人们事实上自己是如何去进行的。但是，假如真是这样的话，那么该原则就终归是正确的，从而表达了某个哲学立场。因为，各方都同意它并不是经验科学的一个陈述。

施里克试图避免连续性验证的无限循环。他认为，内涵最终是从能自己看清的经验中推导出来的，经验给命题赋予了内涵。卡尔纳普也寻求了类似的目标，他试图确立一套形式逻辑体系，把认识论问题纳入原始理念，这些理念则由承认相似性的某种基本关系连接起来。

这种办法的基础是一个对应着真理理论的心照不宣的假设。作为对认知问题的一种解释，这个理论的弱点在于：它要求我们站在局外，让经验和命题自己去进行比较。纽拉特看到了这一困难，他坚持一个命题只能和另一个命题相比较。按照他的观点，对命题提供支持的是“拟定性陈述”；他把这种陈述和通常的经验性陈述放在同一层面上来考虑，换句话说，它们并不是必然的。卡尔纳普采纳了相似的观点，但他认为“拟定性陈述”是不容置疑的出发点，这种见解有些笛卡尔主义的风格。无论在哪种情况下，这种探讨问题的方法都会使我们遵循传统理性主义的方式，得出某种一贯性的真理理论。

在逻辑实证主义哲学的核心问题上，卡尔纳普最终把注意力转向了极不相同的态度。假如人们能够发明某种形式化的语言，其构造是如此的奇妙，以至于使不可验证的陈述在其中无法得到阐述；那么采用这样一种语言，就可以满足一切实证主义者的要求。可验证性原则就被原封不动地植入了该体系的句法之中。不过，这种处理问题的方法也是不充分的。其一，内涵的问题不可能纳入句法结构，后者涉及的是遣词造句的方式。其二，构筑这样一种体系，等于是在不言而喻地设想：所有的发现到现在已经完成。在某些方面，它相当于黑格尔的体系化，后者也是基于相似的观点，即世界已经进入其最后阶段。

维特根斯坦虽然不是维也纳学派的成员，但在逻辑实证主义者的眼里，他仍是一位十分重要的人物。他早期的逻辑理论对前者的思想产生过相当大的影响。不过，当逻辑实证主义在英国落地生根之后，带给它全新转变的却是维特根斯坦后期的语言学发展。

实证主义运动产生了形形色色的学派，语言分析学派是其中最重要的学派之一，它在过去数十年中主导着英国哲学。与正统的逻辑实证主义一样，语言分析学派也坚持如下的原则：一切哲学困惑都是敷衍运用语言的结果。因此，他们认为，每一个阐述得当的问题都有一个明白而准确的答案。指出“哲学的”问题产生于对语言的随意滥用，这正是分析的任务。一旦把这些问题模棱两可的解释摆在光天化日之下，那就表明滥用语言是毫无意义的，困惑也就自然消失了。所以，只要运用得当，甚至可以把哲学视为某种语言治疗法。

一个简单的例子将阐明这种方法，尽管我并不接受针对这一点的特殊论证。人们经常对自己提出一切如何开始的问题。是什么启动了世界？或者说世界的运行起点是个什么样？姑且不谈答案，我们先来仔细检查一下问题的措辞。问题中出现的中心词就是“开始”。在日常谈话中，这个词是如何运用的呢？为了解决这个连带的疑问，我们必须考察一下使用这个词的通常情形。譬如，一场交响音乐会可能在八点钟开始。开始以前，我们可能要进城吃饭，结束以后，我们就会回家。需要注意的一个要点是：只有问开始之前或开始之后发生了什么事，这才是有意义的。“开始”指的是时间上的一个点，它标志着事件发生的一个阶段。如果我们现在回到“哲学的”问题上来，我们立刻就会明白自己正在以某种截然不同的方式使用“开始”一词。因为，我们从未打算问每一件事开始之前都发生过什么。的确，通过这种途径，我们就可以看出问题的错误所在。正如要寻找一个圆形的方形一样，寻找没有开始的开始也是不可能的。一旦看清了这一点，我们就不再提出这样的问题，因为我们明白它是毫无意义的。

路德维希·维特根斯坦（1889年—1951年）极大地影响了英国的分析哲学。他曾一度接触过维也纳学派，正如该学派的成员一样，在纳粹德国的风暴骤起之际，他也离开了。后来，他到了剑桥居住，在1939年G. E. 摩尔退休后，他应聘担任了教授一职。《逻辑哲学论》出版于1921年，是他生前唯一问世的著作。他在书中提出了“一切逻辑真理都是同义反复”的观点。按照他的专门含义来理解，“同义反复”就是一个命题，与之相对的是自相矛盾。在这个意义上，“同义反复”大致相当于更为常用的术语

“分析”。到了晚年，维特根斯坦的兴趣偏离了逻辑学，转向了语言分析。就现存的记载而言，他的观点见之于教学笔记和在他身后才发表的论文集中。由于文体独特和有些深奥，他难以干脆利落地作出描述。对于他晚年哲学理论的基本原则，用下面这句话来表述或许是合理的：“词的内涵在于其运用。”

在进行解释的过程中，维特根斯坦提出了“语言游戏”的比喻。根据他的见解，一部分语言的实际运用就像是一场游戏，如下棋，其中既有参与者必须遵循的一定规则，又有允许走棋的某种限制。维特根斯坦完全摒弃了自己早年的著作《逻辑哲学论》，对那时的他来说，似乎有可能把一切陈述都解析成不可再细分的简单终极成分。所以，这个理论有时也被叫作“逻辑原子论”，它与早期理性主义的单纯终极学说有许多共同之处。正是以它为基础，人们试图创造出能够最为精确地表述一切事物的完美语言。晚年的维特根斯坦否认了创造这种语言的可能性。他认为我们永远也不可能完全排除混淆。

因此，通过掌握各种语言游戏的玩法，人们就从词汇的运用中获得了它们的内涵。换句话说，人们有时要学习某个词的“语法”或“逻辑”。这个专门术语在语言分析学中得到了广泛的传播。那么，形而上学问题的产生就将是未能掌握词的“语法”的结果。因为，一旦人们正确地理解了规则，就没有理由提出这类问题。语言治疗法已经治愈了人们的“随心所欲”。

维特根斯坦对语言哲学产生了相当大的影响。不过，在某种程度上，语言分析还是按照自己的某些方式来发展的。尤其是在语言区别方面出现了某种新的兴趣，不管它可能具有什么样的有用疗效。一种新的经院哲学已经诞生，并且像它的中世纪先驱一样，也驶入了有些狭隘的轨道。绝大多数的语言分析流派都持有一个共同的信念，即日常语言是充分适当的，困惑源自哲学的谬误。这种观点忽略了以下事实：日常语言充满着昔日哲学理论渐褪的色彩。

前面所举的例子揭示了应当如何来理解常用的治疗法。在清除相当深奥费解、错综复杂的形而上学糟粕方面，这种分析法当然是有用的武器，但作为一种哲学学说，它还是有某些弱点。的确，我本应当想到，哲学家们一直在悄悄地进行补正。今天之所以不情愿地承认这一点，是由于某种知识上的狭隘观念，这种观念似乎正是最近的时尚。更为严重的问题是，日常语言被推崇为一切争议的仲裁者。我认为，日常语言本身也可能被严重混淆，这一点人们似乎是完全清楚的。如果像对待善的形式一样来对待日常语言，不问它是什么，如何产生、运作和发展，那么，这至少也是一件冒风险的事。正如日常所运用的那样，心照不宣的假设就是具有某种优越本质和潜在智能的语言。与此间接联系的进一步假设，则允许忽视一切非语言的知识，语言分析的信奉者们正是沉迷于这种随心所欲的做法。

结束语

我们已经接近叙述的尾声了。至此，读者可能会问自己从中得到了什么教益。必须提醒读者的是，这里所探讨的每一个主要话题，都有完整的专著可以查阅。在本书的写作中，我只使用了这些浩瀚资料的一小部分。然而，仅仅细读一本书，无论其范围多么广博，是从来不会把读者变为专家的。的确，假如是单纯的阅读，即使读得再多，一个人对任何事物的理解力也是不会自行提高的。除了获得见闻以外，还需要对所遇到的各种问题进行认真的反思。这也是研究哲学史的一个理由，当我们处理每一个单独的论题时，都会有专家提供如此多的详尽著作。对于外行人而言，实际上对学者也是如此，重要的是随时静下心来，不要急于行动，要从宏观上看问题。要做到这一步，他就需要一种既不太庞杂，又不过于细节化的考察，这种考察首先要经过独立的思考。我们所作的并不是字面意义上的百科全书式阐述。无论对人还是对思想，都根据需要有所取舍。我们最大的希望就是能够提供一般性思潮的概貌。同样，对历史背景资料的采用也进行了严格的计划和压缩。本书无意向读者讲授历史，但也时时提醒读者不要忘记产生哲学观点的历史背景。同时，本书还强调了西方文化传统从古希腊到今天的连续性。

或许有人要问，在这样的一本历史书中，为什么没有给通常所谓的“东方智慧”留下一席之地？对于这个问题，我们可以给出若干答案。首先，由于东西方的发展彼此分隔，所以单独说明西方的思想是允许的。此外，本书的写作已经是一项足够艰难的任务，因此我们才会作出选择，把探讨的范围限于西方。不过还有另一个理由是你非相信不可的，即在某些至关重要的方面，西方的哲学传统不同于东方的心灵思辨。东方文明不像希腊文明，后者允许哲学运动与科学传统携手发展。正是这一点赋予了希腊事业独特的视野，也正是这种双重性传统塑造了西方的文明。

搞清这种特殊关系非常重要。在特定领域内从事的科学探索，与哲学并不是同一码事。但哲学反思的源泉之一却来自科学。一般来说，每当人们考虑何为科学的时候，就是正在处理一个哲学问题。对科学方法准则的研究，就是一项哲学研究。哲学家们关注的一个永恒问题，就是试图用世界的普遍特征来解释它像什么。但在这里，我们要谨慎地说清楚：按照科学的方式去描述事实，这并不是哲学研究的一个恰当目标。如果不尊重这一限制，系统的唯心主义者就将时时误入歧途。哲学能够提供的是针对经验探索结果的一种考察方式，是把科学发现纳入某种秩序的一个架构。就唯心主义者以往的尝试而言，都没有越过这条界限，完全位于自己的适当限度之内。同时，我们可以指出的是，一旦着手从事科学工作，我们就已经陷入了某种哲学的世界观。因为，我们所说的常识见解，实际上就是关于事物本性的心照不宣的一般性假设。批判哲学的主要价值，也许就是唤起了人们对这种情况的注意。不管怎么说，它并不是多余的，它提醒人们记住：无论科学理论可以使人们采取什么有利可图的行动，它们的目标都是为了陈述世界上的某种真实事物。正如忘记数的用途是为了计算一样，那些把理论看作不过是抽象形式体系的人，也时时忘记了这一点。

世界探索的对象并不是我们的创造物。实际上，虽然出现了错误和幻觉，人们还是能够设法对付过去，只是常常难以觉察自己正在犯错。然而，使人们获得正确认知的，并不是某些信仰提供给人们的那种随心所欲或心安理得。一个人可能会认为自己财源无尽，因为这种想法带给他某种满足感。虽然确实有人采纳这种观点，但总的说来，银行经理们和法庭并不倾向于赞同他们的见解。探索的种种结果有时是错误的，但这并不表示它们就是主观的。我们可以非常公正地注意到，如果说有错误，那么至少需要有一个当事人。自然本身不可能犯错，因为它未作任何表白。正是人们阐述命题时才会陷入错误。实用主义理论的一个动机或许就来源于这一事实。如果错误在其与犯错者相联系的意义上是主观的，而且没有不犯错的保证，那么我们就会觉得自己总是走不出主观见解的圈子。但这是完全不正确的。说错误可能总是不知不觉地出现，这是一回事；断言我们从未正确过，则是另一回事。如果我所说的与事实一致，那么这个判断里就不存在任何主观的事物。对于错误也同样如此，如果我是错误的，那么我犯错则是一个关于认识世界的事实。重要的是，要强调公正探索的客观性，以及所求真理的独立性。有些人坚持真理是某种可延展的、主观的事物，但他们未能注意到：按照其观点，探索就成了不可能的事。此外，他们还错误地认为，探索者不可能只遵循自己的好奇心，而完全忽视自己在发现中的好处利益。没有人会否认多数研究并不属于这一类，但其中也有一些例外。科学的历史不能用实用主义概念来解释。对于那些产生于主观主义偏见的无限力量的幻觉来说，尊重客观真理很容易起到紧急制动的作用。

这就把我们带入了哲学思辨的另一个主要动机。至此，我们谈到的只是科学及其运作的普遍性原则，哲学研究的一个对象。但是，作为社会动物的人，却不仅对揭示世界怀有兴趣：在世界的范围之内行动，这是他的任务之一。科学考虑的是手段，我们在此探讨的却是目的。人之所以面临着伦理问题，主要是由其社会本性决定的。科学能够告诉人达到一定目的的最佳手段，却不能告诉人应该追求什么样的目的。

至于伦理问题，我们已经看到了许许多多不同的伦理观。在柏拉图的思想中，伦理与科学最终走到了一起，善即知识。假如当真如此，自然令人鼓舞。然而遗憾的是，柏拉图的观点完全过于乐观。有时候，那些知识最丰富的人倒有可能把他的知识转变为罪行。不管怎么说，无论一个人懂得多少，其知识本身并不能解决有待解决的问题。

然后，还有理性与意志的一般性问题。如果我们否定了“两者将有充分余地达成一致”的观点，那么，我们就不得不像奥卡姆那样承认它们是彼此独立的。当然，这并不意味着它们完全没有关联。对于意志和激情而言，理性能够而且确实起到了制约与引导的作用。但严格说来，还是意志在选择目的。

这个事实的一项推论是，人们无法对自己所追求的目标，或对自己所采纳的伦理原则作出科学的证明。只有从一开始就承认某些伦理前提，才能够着手论证。因此，人们可能理所当然地认为，他们的行动也应当如此去维护自己所处的社会，或者应当促进社会体系的某些变革。无论其伦理的前提是什么，基于这个基础都有可能产生出种种论证，以表明为什么应当采取这样或那样的行动步骤。需要注意的重点是，如果没有一个含有“应当”的前提，就不可能推导出一个告诉自己应当做些什么的结论。

现在，很显然，伦理要求可以因人而异。人们常常不同意这些问题，这也的确是一件平常的事。接下来就产生了这样的问题：是否有可能找到一种具有一定程度普遍有效性的伦理原则？无论如何，为了具备可接受性，就要求伦理原则不应当取决于某一个人。我们从中得出的结论是，如果存在着具有普遍范围的伦理原则，那么它们就必须适用于整个人类社会。这和说“一切方面人人平等”并不是同一回事。一定要说它们是同一回事，这将是愚蠢的，因为事实上它们并不是。人们在机会、能力，以及别的许多方面都不一样。但是就做出伦理判断而言，把他们局限于某个特殊的群体，却是行不通的。譬如，倘若主张一个人应当行为诚实，这个伦理原则就并不取决于当事人的身材、状态或肤色。在这个意义上，伦理问题就产生了人的“兄弟般关系”的概念。这一观点首先得到了斯多葛派伦理学说的清晰阐述，后来又传入了基督教。

为文明生活制定的绝大多数原则都具有这种伦理性质。我们不可能用科学的理由来解释为什么对别人施加肆意的暴行是不好的。在我看来，那样做似乎是不好的，我想这种看法也得到相当广泛的认同。至于为什么不好，我却没有把握能够提供满意的理由。这些困难的问题还有待解决，也许在某个适当的时候，能够找到一种解决办法。但与此同时，对于那些持有相反观点的人来说，这也完全可能暗示着他们应当提出如下的问题：自己对这些问题的见解是否脱离了支持这些见解的事实。如此一来，看似一条普遍性的伦理原则，就似乎是一种特殊的辩护罢了。

前面讲过，虽然真正的伦理原则不会因人而异，但这并不意味着所有人都是同等的。在各种众所周知的差别当中，知识差别就是一个特例。我指的并不仅是见闻，而且包括表达清晰有力的知识。苏格拉底认为，知识倾向于与善一致，我们也已经把这种理论视作过于理性主义化而加以批判了。不过，这里有一个绝不能忽略的重要观点。苏格拉底相当坦率地承认，一个人所知道的全部，终究不过是沧海一粟。总之，更重要的是，人应当探求新知。公正超然的探索就是善。这是源于毕达哥拉斯的一个伦理原则。自泰勒斯时代起，不受追求者支配的真理探索，就一直是科学运动背后的伦理推动力。应当承认的是，这确实没有触及可能的运用或滥用发明成果而引起的伦理问题。不过，虽然我们必须正视这个问题，但要是把这些完全相异的不同论点糅到一起的话，却也无助于我们理解这些问题。

因此，探索者面临着一项双重性的任务。一方面，竭尽全力地探求他的独立研究对象，这正是他的使命。不管其结果令人宽慰还是心烦意乱，他都必须这么做。正如伦理原则对所有人都一视同仁一样，探索结果也不一定会尊重我们的感情。另一方面，从伦理意义上来看，还有一个把发现转化为善行的问题。

剩下的一个问题就是，应当如何探索真理是一件善事这个伦理原则。因为，我们显然并不是人人都具有从事科学探索的能力，但也不可能在任何情况下都迟疑不决。人们必须思考，也必须行动。不过，有一件事却是每一个人都能够做到的，那就是允许别人自由决定是否对自己不希望怀疑的问题作出判断。这也就附带说明了，公正中道的探索是与自由（可视为另一种善）相关联的。在一个社会当中，宽容是探索研究得以昌盛的一个先决条件。言论、思想自由是伟大社会的推动力。有自由，探索者才有可能在真理中漫游。在这种意义上，每个人都能对这里至关重要的善做出贡献。虽然这并不意味着人们将对每件事情都持同样的看法，但它保证了不会人为地限制和封闭任何途径。对于人来说，未经审验的生活，的确是不值得过的。

三
个
圈

经典就读三个圈　导读解读样样全

三个圈
独家文学手册

导　言

从历史角度探讨哲学研究[1]

作者：罗素

（英国哲学家、数学家、逻辑学家、历史学家、文学家，分析哲学的主要创始人，主要作品有《西方哲学史》《哲学问题》等。）

1 标题为编者拟定

被我们称为“哲学”的人生观、世界观，均为两大因素之产物：其一，传承而来的宗教与伦理观念；其二，被我们叫作“科学”的有关探究——此处取其最宽泛的意义。对这两大因素在哲学体系中所占的比重大小，哲学家们众说纷纭，莫衷一是。但是，从某种程度上来看，哲学的特色恰恰在于二者之比肩并重。

“哲学”一词应用颇广，其意义或宽泛或狭隘。我建议采用其最宽泛的意义，理由如下：

就我的理解而言，哲学介乎神学与科学之间。哲学与神学类似，是因为它含有人类对目前受知识所限，无法企及之事物的猜想思索；哲学与科学类似，是因为它诉诸人类理性，而非诉诸关乎传统或神示之权威。我认为，凡有限之知识，皆属科学；凡超越有限知识之信条，皆属神学。然而，在神学与科学的夹缝之中，存在一无主之域，它左右为难，两头受气。这个无主之域，就是哲学。几乎一切专精覃思者视为奥妙无穷的疑问，科学都无法解答；而神学家所谓言之凿凿的解释，前几个世纪或许还能为人接受，如今已然无法让人心悦诚服。那么，世界是否可分为“思想”与“物质”呢？如果世界分为“思想”与“物质”，那什么是“思想”，什么又是“物质”？“思想”是从属于“物质”呢，还是有其别具一格的力量？而宇宙呢，是否浑然一体或是目标明确？它是否正在奔向某一终点？世间是确实存在自然法则呢，还是仅仅因为我们自己的内心喜欢万物秩序井然，所以才相信自然法则的存在？人类是否真如天文学家所言，不过是一小块含有杂质的碳水，无能为力地爬行在一个窄小狭隘、无足轻重的星球之上？还是说，人类的真实面貌恰如哈姆雷特之所思所见？甚或二者兼而有之？人的生存之道，又是否有高低贵贱之分，或说万事万物终将化为一场虚空徒劳？如果人的生存真有崇高尊贵之道，那它又具体包括些什么，而我们又该如何成就这等崇高尊贵？再有，高尚美好的，必须是永存的，才值得珍惜吗？抑或纵使宇宙无情，终将毁灭，我们也应对之孜孜以求？世间又是否真的存在聪慧睿智，还是说貌似聪慧睿智者实际上集悬顽蒙昧于一体？凡此种种，科学实验无法解答。神学妄称可以释疑，但终究力有不逮，而其力有不逮，恰恰触发了现代思想对其心存质疑。哲学之责任，就是要对这些疑问进行探究，哪怕最终无法一一解答。

各位或许会质疑，既然如此，又何必浪费时光去探究这些无解之谜呢？对此，我们既可以从历史学家的角度来回应，也可以作为面对无边寂寥而心生敬畏的个体存在来回应。

我将尽我所能，站在历史的角度，在拙作中对为何要研究哲学一一道来。自从有自由思考能力以来，人类的行为很大程度上取决于其人生观、世界观或是善恶观。当今时代尤为如此。要了解某一时代或某一民族，则需了解其哲学，而要了解其哲学，我们自身就需要或多或少化身为一个哲学家。这些方面互为因果，即时代环境决定时代哲学，而时代哲学又反过来决定时代环境。

然而，我们还可以作为个体存在来回答为何要研究哲学。一方面，虽然科学帮助我们获得知识，但知识是有限的，如果我们不能将我们所知的有限牢记于心，就会对许多举足轻重的事物视而不见。另一方面，神学催生出教条主义，教条主义让我们自以为是，浑然不觉自己的无知，并因此对宇宙缺乏应有的敬畏。面对真实具体的希望或者恐慌，感觉福祸难料，这自然是一种痛苦。但是，我们若不想一辈子依靠安慰人的童话故事来支撑，那就得忍受这种福祸难料的状态。无论是将哲学所探询的那些疑惑抛诸脑后，还是麻痹自己假装寻到了毋庸置疑的答案，都于我们毫无裨益。教会人们如何在福祸难料的状态下生活，却不会因犹豫不决而踟蹰不前，也许是哲学在我们的时代，为那些仍然醉心于哲学的人所能解决的最大的一个问题。

哲学作为独立于神学的一门学科，诞生于公元前6世纪的希腊。在历史长河中徜徉一段时间之后，随着基督教的兴起和罗马帝国的灭亡，哲学又被神学所掩埋。它的第二段高峰时期是在11世纪到14世纪，其间罗马天主教占据主导地位，只出现过几个反叛大人物，比如皇帝弗里德里希二世（1195年—1250年）。这一时期终结于以宗教改革为高潮的混乱动荡之中。第三大高峰期是从17世纪至今，科学在这一阶段占据了主导作用，地位空前。在这一时期，传统宗教思想仍然重要，但是在科学的鞭策驱使之下，它也时不时需要为自己辩白解释或是加以修饰润色。站在罗马天主教的角度来看，这一阶段的哲学家没有几个出自正统，且他们的思想更侧重世俗政治，而非宗教体系。

在整个这一时期里，社会凝聚和个体自由之间的关系，也跟宗教与科学的关系一样，彼此存在矛盾冲突或是在争斗中妥协。在希腊，社会凝聚凭借对城邦政体的忠诚得以保障。尽管亚历山大大帝当时搞得城邦制形同虚设，高明如亚里士多德，也认为其他政治制度无出其右。各个城邦中，个体自由在多大程度上受其对城邦的义务所限，差异巨大。在斯巴达，个人享有的自由寥寥无几。而在雅典，尽管偶有压迫，公民在大部分时间里可以不受国家限制，享有充分的自由。直到亚里士多德时代的希腊思想，以对城邦的宗教奉献和爱国热忱为主导，其道德体系融入公民生活并具有大量政治元素。但在希腊人先是臣服于马其顿人，后又为罗马人所治之后，符合希腊独立时期的观念，已经不具有可行性。其结果就是，一方面传统遭受破坏而丧失活力，另一方面个体道德重于社会道德。斯多葛派认为道德生活体现的是灵魂与上帝之间的关系，而不是公民与城邦之间的关系。斯多葛派思想为基督教铺平道路，而基督教和斯多葛主义一样，一开始并不涉及政治，故而，在最初的三个世纪里，基督教信徒对政权没有任何影响力。在从亚历山大时期到康斯坦丁时期的六个半世纪里，社会凝聚靠的不是哲学和古老的忠诚，而是强制力量，先是武力，后是公民管理。罗马一一创建了军队、道路、法律、官场，并使之传承，造就了一个强大的中央集权政权。而这些都跟罗马哲学毫不相干，因为根本就没有什么罗马哲学。

在这一漫长的时期里，传承于自由时期的希腊思想经历了一个逐渐转变的过程。一部分旧思想，尤其是那些被我们认为具有宗教特色的思想，变得相对重要。而另一部分思想，尤其是那些偏向理性主义的部分，却因为不再适应时代精神而遭到摒弃。后来的异教徒就是靠着对希腊传统修修剪剪，使之表面无碍后，再将其嵌入基督教教义之中。

基督教推广了一个重要的观念，这种观念其实在斯多葛派的教义中已经隐隐可见，但对古典主义基本精神而言却还是相当陌生的。我想说，这一观念就是——个体对上帝（天主）的义务重于其对城邦的义务[1]，即苏格拉底和他的学生所推崇的“我们要尊崇上帝而不是尊崇人”。此观念在康斯坦丁大皈依中得以存活，是因为早期的基督教君主都是阿里乌斯教派，或者偏阿里乌斯教派，而这些君主转为正教派之后，这一观念立刻就被束之高阁。在拜占庭帝国和之后的俄罗斯帝国，这一思想一直蛰伏，俄罗斯帝国的基督教是从君士坦丁堡传来的。而在罗马天主教君主几乎立刻被异端野蛮征服者取代的西欧（除了高卢部分地区），宗教忠诚高于政治忠诚这一思想则得以存活，甚至可以说至今犹在。

野蛮侵略使西欧文明中断了六个世纪，不过西欧文明仍在爱尔兰流连，直到丹麦人在9世纪将其摧毁。在西欧文明最终在爱尔兰灭绝之前，诞生了一个重要人物——斯考特斯·艾利葛那。在东罗马帝国，希腊文明以一种枯竭的形式保留下来，就像收藏在博物馆里一样，直到1453年君士坦丁堡沦陷。但是君士坦丁堡除了艺术传统和一部贾斯汀安罗马法典之外，对世界文明没有什么大的贡献。

从5世纪末期到11世纪中叶的黑暗时期，西罗马帝国经历了一些非常有意思的变化。基督教思想引入的“对上帝之义务”与“对城邦之义务”之间的矛盾，体现于教会与君主之间。教皇的

1 这一观点早期也并非不为人所知。例如，在索福克勒斯的《安提戈涅》里就提到过，只不过那时所知者甚少。——原注

教会管辖权延伸到意大利、法兰西、西班牙、大不列颠和爱尔兰、德国、斯堪的纳维亚地区以及波兰。一开始，在意大利和南法兰西以外地区，教皇对主教和修道院院长们并没有多少掌控，但是从乔治七世开始（11世纪末），教会大权在握，一呼百诺。从那时候开始，整个西欧的神职人员形成了一个由罗马直接领导的单一组织，以各种巧妙的方式贪婪地攫取权力，而且大都所向披靡，直到1300年，他们和世俗统治者之间产生了矛盾。教会与政权之间的矛盾不是简单的神职人员和世俗信徒之间的矛盾，它还是地中海世界和北欧蛮族之间矛盾的延续。教会的统一与罗马帝国的统一相互呼应。基督教的祝祷文字为拉丁语，主要信众为意大利人、西班牙人和南法兰西人。这些国家恢复教育之后，实行的又是古典教育，古典教育中的法律观念和政府观念可能更适合马可·奥勒留之类的古罗马皇帝，却并不适合当代君主。教会既代表对历史的传承，又代表当代的最高文明。

与此相反，世俗权力则掌握在条顿人出身的国王和贵族手里，他们竭力维护其从日耳曼山林里带出来的风俗传统。绝对权力有悖于他们的风俗传统，而在这些野蛮强势的侵略者眼里，枯燥乏味的法律制度也是如此。国王迫不得已，只得和封建贵族分享权力，但他们不谋而合，希望偶尔可以通过穷兵黩武、杀人夺命或是奸淫掳掠来释放自己的激情。君主也许会追恨忏悔，因为他们一心向教，而且说到底，追恨忏悔本身也是一种激情。但是，虔诚向教却永远不会在这些人身上激发出那种默默奉献又持之以恒的良好品行。这种良好品行，是现代雇主对其雇员们的要求，而雇员们也往往不负所望。但对那些君主而言，倘若不能开怀畅饮，不能生杀予夺，不能随心所欲，那么征服世界又有何用呢？而且，他们手握由骑士们组成的精兵悍将，怎会甘心听命于一群清心寡欲、手无寸铁的书呆子呢？他们不顾教会反对，相互征战攻伐以维护决斗式裁决的模式，并推出骑士比武的阵仗，奉行宫廷爱情那一套。盛怒之下，他们甚至还会时不时地杀几个地位尊崇的教会人士。

然而，尽管君主们手握重兵，可胜利却属于教会。教会得胜，一方面因为教会垄断了教育，另一方面也因为君主们彼此争战不休。但主要还是因为，除了极少数人之外，无论是统治者还是普通民众，都认为教会才真正拥有权力之钥，并对此深信不疑。教会既可以决定一个君主是恒享天国还是永堕地狱，也可以赦免臣民的忠诚义务，甚而挑起反叛。并且，教会在混乱无序之时代表规矩秩序，从而最终赢得了新兴商人阶级的支持。尤其在意大利，最后一条因素起到了决定性的作用。

条顿人的后代意图保持教会享有一定独立的思想，无论是在政治上，还是在艺术史上，无论是在骑士精神里，还是在战争交锋中，都可以体现出来。但这一思想在知识界却鲜有体现，因为教会几乎掌控了整个教育体系。一目了然的中世纪哲学并没有精准地映射那个时代，而不过是反映了单方面的思想。反观教会内部，尤其是在圣方济会修道士当中，却有一部分人出于各种原因与教皇意见相左。尤其在意大利，文化向世俗信徒普及的时间，比阿尔卑斯山脉北部地区要早好几个世纪。想要建立一套新宗教的弗里德里希二世，就是反教皇文化的极端代表。出生于奉弗里德里希二世为圭臬的那不勒斯王国的托马斯·阿奎那，至今还是反教皇哲学的典型代表。大约五十年之后，但丁兼容并蓄，对整个中世纪思想界作出了唯一的一次均衡阐述。

但丁之后，由于政治方面和学术方面的双重原因，中世纪哲学兼收并包的状态崩溃坍塌。在其崩塌之前，中世纪哲学的特点是条理分明并保持了微观完整性，但凡纳入其体系者，均和其领域内的其他内容有精准的联系。但是，教会大分裂、议会运动，以及文艺复兴时期的教皇制等所导致的宗教改革，摧毁了基督教内部的团结和学术界以教皇为中心的政治理论。在文艺复兴时期，无论是有关古代的知识，还是有关地球表面的新知识，都让世人抵触制度体系，并认为制度是禁锢思想的囚牢。而相比托勒密的天动说，哥白尼的天体学又使地球和人类显得更为渺小。在知识界，新的发现带来各种乐趣，比如推理的乐趣、分析的乐趣，以及条理化的乐趣。尽管文艺复兴时期的艺术领域仍然循规蹈矩，但是思想方面却呈现出了丰富多彩、成果斐然的百家争鸣之势。蒙田堪称这一时期的思想界大师。

政治理论领域与除了艺术领域之外的其他领域一样，也经历了秩序的崩溃。整个中世纪虽然在实际运行上混乱喧嚣，但在思想上却又热衷于以合乎天道为核心，以明确的政治权力理论为主导。一切权力源于神赋。天主赋予教皇权力去管理与神圣事物有关的一切，上帝又赋予君主权力去管理与世俗事物有关的一切。但是无论是教皇还是君主，在15世纪都变得无足轻重。教皇沦为意大利的贵族之一，深陷意大利云谲波诡又肆无忌惮的政治权力争夺之中。而法兰西、西班牙和英格兰的新兴王室，则分散在各自的领土之上，既不从教皇之管，也不服君主之治。在武力恫吓之下，国家在人们的思想感情上有空前的影响，并且逐渐摧毁了罗马思想中仅存的倡导统一文明的信念。

马基雅维利在《君主论》中对这种政治混乱现象有所阐述。

在毫无任何指导原则的情况下，政治会沦为赤裸裸的权力斗争。《君主论》也为如何赢得权力游戏出谋划策，可谓精明老练。希腊时期的历史在文艺复兴时期的意大利重演：传统道德的约束被认为是愚昧迷信，因而土崩瓦解。桎梏的打破，让个体生机勃勃、活力迸发，产生了世所罕见的遍地是天才的盛况。但是道德体系的崩塌不可避免地导致无法无天、阴谋肆虐，所有意大利人都对此无能为力。他们也和希腊人一样，任由那些社会凝聚力尚可，而文明程度却不如他们的国家，掌握了主导。

不过，意大利的结局没有当时的希腊那么惨重，因为这些新兴的强权国家，除西班牙之外，其成就毫不逊于曾经的意大利。

从16世纪之后，宗教改革就成了欧洲思想史的核心。宗教改革是一场复杂多面的运动，其成功可以归结为诸方因素。总的来说，这是北欧国家针对罗马继续掌控权力的一场反叛。宗教力量曾经征服北欧，但是宗教在意大利却已然没落。教皇制度尽管仍然得以维持，却要倚靠德国和英国的纳贡。而这些仍效忠宗教的国家对博尔亚斯和梅迪西斯之流却嗤之以鼻，因为这伙人企图靠金钱赎罪拯救灵魂，并且奢靡无度、道德堕落。民族动力、经济动力和道德动力汇聚交攻，成为对抗罗马的巨大力量。同时，君主们很快发现，如果他们领土上的教会分属各国，他们就可以掌控教会，而他们在本国的权力和教皇分权的时候相比，会大大增加。出于以上各种原因，在大部分北欧国家，无论是统治者还是普通民众都不谋而合，对马丁·路德的宗教改革乐见其成。

罗马天主教有三支起源。其圣史起源于犹太教，神学起源于希腊，而其政治和主要法典则间接起源于罗马。宗教改革摒弃了罗马因素，弱化了希腊因素，但却大大增强了犹太教因素。其时，民族主义力量正在分裂瓦解先后由罗马帝国和罗马教会所倡导的社会凝聚力，于是宗教改革和民族主义一拍即合。在罗马天主教教义中，神圣启示并不止步于《圣经》，而是以教会为媒介代代相传，因而个体有义务服从于教会。相反，新教拒绝承认教会是启示的载体，认为真理只能从《圣经》中获得，而且人人都可诠释《圣经》。其时人们各自对《圣经》的理解有所不同，也没有神定权威来解决争议。其实际做法，就是国家获取了先前教会的权力，但这是篡逆夺权。新教理论认为，灵魂与上帝之间没有什么世俗调解人。

这些变化带来的影响至关重要。真理无需咨询权威才能获得，而是只需通过内心冥想妙悟即可获得。有一种趋势发展迅猛，那就是政治上走向无政府主义，宗教上则走向神秘主义，而神秘主义向来与罗马天主教正统格格不入。这一切造成了一个局面，那就是没有形成大一统的新教，而是各种教派林立；不是哪种哲学反对经院主义，而是所有哲学家都反对经院主义；并且和13世纪一样，不是哪个君主反对主教，而是所有异教君主都反对主教。其结果就是，无论是在思想方面，还是在文学方面，主观主义日渐强化。主观主义一开始以彻底打破精神奴役的方式出现，而今却稳步走向不利于社会理智的个体孤立。

近代哲学起始于笛卡尔，他认为立足于“我思故我在”，即可推断外部世界。这只是近代哲学发展的第一阶段。无论是贝克莱、康德还是费希特，都认为自我的解放高于一切。这是非理性的，并且，自这种极端开始，哲学就一直试图脱离陷入日常常识的世界。

与哲学上的主观主义并肩而行的是政治上的无政府主义。在路德有生之年，他的一些不受待见、不被承认的信徒就已经发展成了重洗派。这一教派曾经在蒙斯特城风行一时。重洗派否定一切规章法律，因为他们认为好人不受形式约束，随时都受到圣灵的指引。他们在遭遇一次英勇的抵抗之后彻底消亡，但是，他们的教义，经过淡化削弱之后，传到了荷兰、英国和美国。从其发展历史来看，重洗派是贵格派的起源。19世纪，一种更激烈的无政府主义兴起，此时它与宗教已经毫不相干。它在俄罗斯和西班牙大获全胜，在意大利影响稍逊，时至今日仍然困扰美国移民当局。无政府主义这一现代形式，尽管反宗教，却仍然秉承了早期新教的主要精神。其区别主要在于无政府主义与世俗政权对立，而路德则与教皇为敌。

主观主义一旦得以释放，就会不受控制。从道德方面来看，新教所强调的个人良心，其实质就是一种无政府主义。风俗习惯力量如此强大，除了明斯特城那种偶尔爆发的个例，哪怕个人主义的信奉者，在道德上也仍然践行传统。但是这种平衡摇摇欲坠。18世纪的“感性崇拜”开始打破这种平衡。感性崇拜认为，某一行为备受推崇并非因其效果良好，也并非因其符合道德准则，而是出于激发这一行为的思想情感。这种态度，又进而发展成了以卡莱尔和尼采为代表的英雄崇拜，以及倡导一切强烈感情的拜伦式狂热。

艺术上、文学上和政治上的浪漫主义运动，与这种主观主义息息相关。主观主义评判他人时，不是将人看作团体的一分子，而是将其看作令人身心愉悦的审美思考对象。猛虎比绵羊更美，但我们却喜欢将猛虎囚于樊笼当中。典型的浪漫主义拆除了樊笼，享受猛虎纵身一跃将绵羊吞于腹中带来的快感。它循循善诱，让人们想象自己是猛虎，可是当心愿达成之时，却发现结局也并非全然美好。

针对近代社会日益泛滥的主观主义形式，各种思想纷纷涌现。首先是自由主义这种半折中主义的哲学观念。这一思想企图将政府和个人区分为两个不同的领域，其现代形式起源于洛克。洛克既强烈反对“热情”，即重洗派倡导的个人主义，又反对绝对权威和盲目推崇传统。而比自由主义更具彻底反叛精神的思想则导致了政权崇拜哲学，将政府的地位提升到和罗马天主教中的教会一样高，有时甚至是和天主的地位一样高。霍布斯、卢梭和黑格尔代表了这一哲学的不同阶段，而他们的信条则通过克伦威尔政权、拿破仑政权和近代德国政权等得到了具体体现。

在这段从公元前600年直至今日的漫长发展历史当中，哲学家分成了两类：一类是想要巩固社会纽带的哲学家，一类是想要削弱社会纽带的哲学家。而这种哲学家间的分歧将其他人紧紧联系起来。信奉严格纪律者鼓吹一套体系化的教条，有新有旧，因而迫于形势多少有点敌视科学，因为他们的教条无法通过实践得以证实。他们一致鼓吹幸福并非什么善良美好，只有“高尚情操”或者“英雄主义”才值得追求。他们同情人类本性中非理性的一面，因为他们觉得理性不利于社会凝聚。相反，信奉自由意志者（极端无政府主义者除外），则崇尚科学、实用和理性。他们反对激情澎湃，敌视一切深刻的宗教。这种对立现象曾在我们当今所说的哲学兴起之前的希腊出现过，并在最早期的希腊思想中有明确的表现。它不断改变，延续至今，并将毫无疑问地在未来多个时代里继续传承下去。

很显然，这一争议的各方各有对错，所有历时漫长的争议莫不如此。社会凝聚力是必要的，况且，迄今为止，人类还从来没有只靠理性的争辩就成功地巩固了社会凝聚力的先例。每个社会都面临两种彼此对立的危险：一个是过度管束和过度尊重传统导致的社会僵化；另一个是日益增长的个人主义和个人独立使得合作无法实现，从而导致社会解体或者屈服于外来征服。总体来看，重要的社会文明均始于一套僵化又迷信的体系，之后逐渐松懈，在某一阶段进入人才济济的时代，传统里的优秀部分得以保留，而传统瓦解必然带来的恶劣一面还没有来得及展现。然而，随着恶劣一面逐渐显露，混乱就会出现，之后就不可避免地进入新的暴政，产生新的体系，需要由新的教条系统来保障。自由主义思想尝试摆脱这种无休无止的波动变化。其实质是意图保障社会秩序，但不以毫无道理的教条为基础；保证社会稳定，但不能超过维护社会稳定的需要而导致过度制约。这种愿望能否实现，只能拭目以待了。

图文解读

在批判中发展的哲学史

哲学源于不断地追问和探究，在任何一个领域，只要你善于去问根本性的问题，在已知之外无限地探索未知之地，那么就已经接近哲学了。关于哲学，没有明确的问题，也没有明确的答案，重要的是把批判性的哲学思考作为日常生活的思考方式，为我们的人生打开更为广阔的视野和格局。

黑格尔曾说，哲学就是哲学史。因此要研究哲学，绕不开的是此前哲学家们探讨的种种问题。从时间上划分哲学史，可粗略分为古代哲学、中世纪哲学、近代哲学、现代哲学。各个时代中哲学问题的侧重点也染上了鲜明的时代色彩，可概括为本体论、认识论和现代性批判。

一、本体论——哲学的起点：“世界是由什么构成的？”

古希腊哲学家们在做着本体论的思考：世界是由什么构成的，即世界的“本原”是什么？

当时的哲学家对世界本原的认识，可以分为“一”与“多”，“动”与“静”的不同组合。

米利都学派

泰勒斯 提出万物本原是水。水是能够在各种不同的聚合状态中保持不变的物质，不同的聚合状态是运动，而不变的水是“一”，因而可以抽象成“运动的一”。

泰勒斯（约前624年—约前546年）

阿那克西曼德 将“无定”视作万物本原，这是一种比水更稀薄、更具有适应性的东西。

阿那克西美尼 认为不同形式的物质是通过气体的聚散过程产生的。尽管所指不同，世界在他们那里都可以抽象为“运动的一”。

毕达哥拉斯学派

毕达哥拉斯 提出“数本原说”，企图用数来解释一切，将世界抽象成“不变的多”。

毕达哥拉斯（约前580年—约前500年）

赫拉克利特 提出“火本原说”，认为世界是一团运动的火焰。同样是“运动的一”，但他的论述更加充分，强调“万物流变”“无物永驻”。

巴门尼德 对此前的自然哲学提出批判，他说，“存在者存在，非存在者不存在”。这一看似无物的论述，真正提出了“存在问题”，将“存在”确定为哲学研究的对象，统治了西方哲学两千多年。

巴门尼德（前6世纪末—前5世纪中叶）

之后的本体论，又在消化巴门尼德的批判中发展下去。

恩培多克勒 提出“水、气、火、土”四元素理论加之“爱”与“冲突”两个动力原则。

阿那克萨戈拉 提出“种子说”加之“奴斯”这一动因。

德谟克利特 原子论代表人物，提出原子和虚空。

前苏格拉底哲学家们的本体论，可以用如下表格概括：

	一元论	多元论
运动	水、无定、气（米利都学派） 火（赫拉克利特）	原子论（德谟克利特）
静止	存在（巴门尼德）	数（毕达哥拉斯学派）

柏拉图 提出“理念论”，认为理念世界是原本，现实世界是理念世界的影子。

亚里士多德 提出“四因说”以说明事物存在所需的基本要素，分别是形式因、质料因、动力因、目的因。这一更为全面的论述，为此前的本原提供了新的归类标准：

数与理念——形式因

水、火、土、气——质料因

爱与恨——动力因

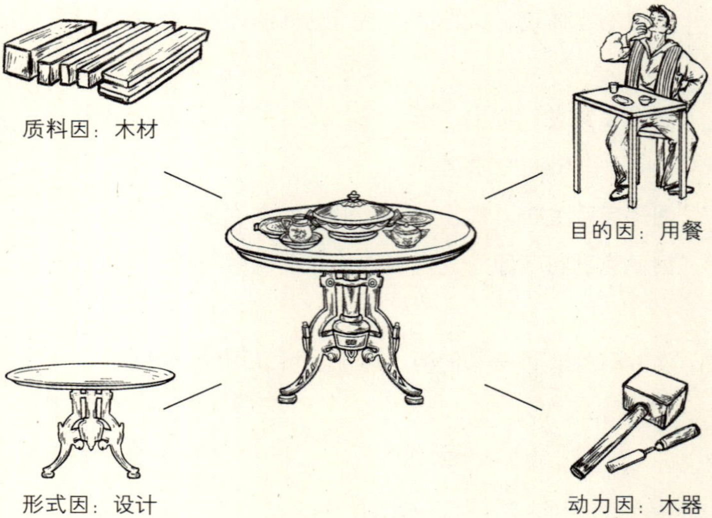

四因说

二、认识论——唯理论与经验论之争：“知识是如何获得的？”

欧洲在经历了漫长的中世纪后，人文主义和自然科学兴起。在对中世纪哲学的批判中，哲学更加关注人和人“如何认识世界”的问题，在对这个问题的不同回答中，产生了唯理论和经验论两大哲学派别。他们彼此对立、反复论争，又相互贯通、相互吸收，由此推动了16世纪至18世纪欧洲各国哲学的发展。

经验论

认识必须从感觉经验开始，除此没有任何其他渠道可以给我们提供事实材料。
“一切自然的知识都应求助于感觉。”

培根（1561年—1626年）

唯理论

毋庸置疑的观念是来自理性直观的，如数学公理等，这是具有普遍性和必然性的知识。这种观念正是理性所固有的天赋观念。

笛卡尔（1596年—1650年）

经验论

"如果现象是我们借以认识一切别的事物的原则，我们就必须承认感觉是我们借以认识一切别的事物的原则。"
"知识的开端乃是感觉和想象中的影像。"

霍布斯（1588年—1679年）

唯理论

"真观念"来自理性直观，真观念与它的外部对象是一致的，认识活动并不是从事物到观念，而是从观念到观念。

斯宾诺莎（1632年—1677年）

经验论

人们心中没有所谓天赋的原则，人心犹如一块白板，人的一切理性与知识都从经验中得来的。
"我们所有的知识都是建立在经验之上，而且最后是源于经验的。"

洛克（1632年—1704年）

唯理论

心灵是一块有纹路的大理石，画家不管在上面画什么都离不开大理石的纹理，这种纹理就是天赋观念。

莱布尼茨（1646年—1716年）

经验论

批判了洛克的实体假设，认为物质实体是多余的设置，有精神实体就足以解释认识过程了。
“存在就是被感知。”

贝克莱（1685年—1753年）

唯理论

承认天赋观念原则的存在，先验认知高于后验认知，以及充分理由原则。
经验和理性对立，经验满足普通人的关注，而哲学家必须用理性超越经验；经验也能为正确的哲学认知提供必要的基础，甚至证实理性的结果。

沃尔夫（1679年—1754年）

经验论

从彻底的经验原则出发否定了任何实体存在，认为物质实体是不可知的，心灵实体同样不可知。

休谟（1711年—1776年）

最终，唯理论和经验论的基本原则都进入了死胡同，直至康德的纯粹理性批判将他们综合，才找到继续发展的方向。

康德认为，事物本身与人所看到的事物是不同的，因为人所看到的事物经过了感官系统的“加工”。我们只能认识事物的表象，永远无法确知事物的真正面貌。其批判方法在哲学史上产生的影响被喻为“哥白尼革命”。

Critik
der
reinen Vernunft

von
Immanuel Kant
Professor in Königsberg.

Riga,
verlegts Johann Friedrich Hartknoch
1781.

《纯粹理性批判》初版扉页

三、现代性批判——面向未来的哲学："我们将前往何处？"

如同近代哲学对中世纪哲学的批判，整个现代哲学的发展也是构建在对近代哲学的批判之上的，并由此诞生了众多新流派，包括语言哲学、科学哲学、政治哲学、生命哲学、心理哲学、存在哲学、道德哲学、艺术哲学等。在纷繁的流派中又可以分为两大研究风格：科学主义和人本主义。两大研究风格可以大致对应到按地域划分的英美分析哲学和欧陆哲学。

弗雷格　　罗素　　摩尔　　维特根斯坦

分析哲学

于20世纪初期盛行于英美哲学界，提出对传统哲学的挑战与抗衡，重视对语言与逻辑语言的厘清，以及对现有知识的分析，对立于传统的欧陆哲学。

分析哲学，包括以罗素为代表的逻辑实证主义和以维特根斯坦为代表的日常语言学派。前者强调形式和逻辑，后者强调概念和语言。他们都主张在解决哲学问题时要从小问题着手，由小到大地逐一解决。

胡塞尔

海德格尔

克尔凯郭尔

尼采

欧陆哲学

从欧洲大陆起源的相关哲学传统，与英美的分析哲学为对照。包括了现象学、存在主义、解释学、结构主义、后结构主义、后现代主义、解构主义，以及批判理论，如法兰克福学派等。

倾向于人本主义的欧陆哲学，包括著名的现象学运动和存在主义，代表人物有胡塞尔、尼采、海德格尔等。欧陆哲学的语言风格更文学化，所关心的内容更多是现实的政治和文化议题，概括地说，关心人类状况及其意义，并且以洞见性和启迪性见长。

在现代哲学的发展中，哲学走出纯理论、纯思辨，走向社会，面向生活，对传统的思维方式和生活方式展开抨击。分析哲学热衷于准确描绘当下的现实，而欧陆哲学则更像是开拓者，力图挖掘未开垦之地，哲学将在两者的相辅相成中朝向未来发展。

哲学术语译名表

actuality and potentiality	现实性与潜在性
Apology (Plato)	柏拉图的《申辩篇》
a priori synthetic	先验的综合
atomism	原子论
categorical imperative	绝对命令
Category	范畴
Catharsis	感情净化
causality	因果论
continuity	连续性
Crito (Plato)	柏拉图的《克里托篇》
Cynics	犬儒主义者
dialectic	辩证法
dualism	二元论
Eleaticism	爱利亚学派
eristic	论辩，巧辩
error	谬误
essence	本质
Euthyphro (Plato)	柏拉图的《尤塞弗洛篇》
evolution	进化
existence	存在
Gnosticism	诺斯替派
humanism	人文主义
hypothesis	假说，假设
Idea	理念
infinite regress	无限回归，无限循环
Law (Plato)	柏拉图的《法律篇》
liberalism	自由主义
linguestic analysis	语言分析
logical positivism	逻辑实证主义
Logos	逻各斯
material implication	实质性内涵
matter and form	物质与形式

Meno (Plato)	柏拉图的《美诺篇》
monad	单子
monism	一元论
Monophyite heresy	一性论异端
natural law	自然法则
Neo-Platonism	新柏拉图主义
nominalism	唯名论
nous	奴斯
Occam's razor	奥卡姆的剃刀
Pantheism	泛神论
paradoxes of motion	运动四悖论
Parmenides (Plato)	柏拉图的《巴门尼德篇》
Phaedo (Plato)	柏拉图的《斐多篇》
Poetics (Aristotle)	亚里士多德的《诗学》
positivism	实证主义
pragmatism	实用主义
Pythagoreans	毕达哥拉斯学派
realism (scholastic)	经院派的实在论
reductio and absurdum	归谬法
Republic (Plato)	柏拉图的《理想国》
romanticism	浪漫主义
Saving appearances	解释 / 说明现象
scholasticism	经院哲学
sense perception	感知
socialism	社会主义
social contract	社会契约
Sophist (Plato)	柏拉图的《智者篇》
sophists	智者
Statesman (Plato)	柏拉图的《政治家篇》
Stoicism	斯多葛主义
subject-predicate logic	主-谓逻辑
syllogism	三段论法
teleology	目的论
Timaeus (Plato)	柏拉图的《蒂迈欧篇》
third man argument	第三者论证
universal	共相
virtue	德行，道德
void	虚空